SINAI & ROTES MEER

Ralph-Raymond Braun

Text und Recherche: Ralph-Raymond Braun
Lektorat: Peter Ritter, Sabine Senftleben
Redaktion und Layout: Nona-Andreea Kolle
Covergestaltung: Karl Serwotka
Covermotive: Harald Mielke (Bild oben: Unterwasserwelt des Roten Meeres;
Bild unten: Oase 'Ain Hudra)
Karten: Judith Ladik, Hana Gundel

Fotoverzeichnis

Ralph-Raymond Braun: Seiten 9, 11, 14, 19, 21, 24, 28, 31, 32, 35, 39, 40, 45, 46, 50, 51, 54, 55, 57, 61, 63, 65, 73, 74, 77, 78, 81, 86, 107, 113, 116, 121, 123, 125, 126, 129, 137, 141, 149, 154, 159, 161, 165, 167, 171, 179, 181, 184, 185, 187, 189, 199, 200, 201, 205, 207, 210, 213, 214, 219, 224, 227, 229, 230, 233, 235, 237, 249, 251, 256
Harald Mielke: Seiten 1, 8, 10, 12, 16, 22, 33, 41, 59, 69, 92, 98, 102, 132, 134, 193, 243
Thomas Schröder: Seiten 85, 89

Die in diesem Reisebuch enthaltenen Informationen wurden vom Autor nach bestem Wissen erstellt und von ihm und dem Verlag mit größtmöglicher Sorgfalt überprüft. Dennoch sind, wie wir im Sinne des Produkthaftungsrechts betonen müssen, inhaltliche Fehler nicht mit letzter Gewissheit auszuschließen. Daher erfolgen die Angaben ohne jegliche Verpflichtung oder Garantie des Autors bzw. des Verlags. Beide übernehmen keinerlei Verantwortung bzw. Haftung für mögliche Unstimmigkeiten. Wir bitten um Verständnis und sind jederzeit für Anregungen und Verbesserungsvorschläge dankbar.

ISBN 978-3-89953-391-0

© Copyright Michael Müller Verlag GmbH, Erlangen, 2000, 2005, 2008. Alle Rechte vorbehalten. Alle Angaben ohne Gewähr. Printed in Italy.

Aktuelle Infos zu unseren Titeln, Hintergrundgeschichten zu unseren Reisezielen sowie brandneue Tipps erhalten Sie in unserem regelmäßig erscheinenden Newsletter, den Sie im Internet unter **www.michael-mueller-verlag.de** kostenlos abonnieren können.

3. aktualisierte und überarbeitete Auflage 2008

Das Land
Mensch und
Gesellschaft

Reisepraktisches

Sinai

Suezkanal

Rotes Meer

INHALT

Das Land 8

Geografie 8
Mittelmeerküste/Zentralsinai 9
Südsinai.................................... 9
Rotmeerküste und Östliche Wüste....10
Das Rote Meer 12
Klima....................................... 13

Pflanzen der Wüste................. 14
Die Tierwelt 15
Säugetiere 15
Reptilien.................................... 16
Vögel.. 17
Umwelt und Ökologie 17

Mensch und Gesellschaft 22

Geschichte 22
Zeittafel.................................... 22
Pharaonen, Ptolemäer und Römer....24
Die ersten Christen.................... 26
Beduinen, Pilger und Kreuzritter 27
Zankapfel der Großmächte......... 28
Land gegen Frieden................... 30
Bevölkerung 31
Die Beduinen des Sinai 31

Die Nomaden der
    Östlichen Wüste 33
Die Religion 34
Der Islam 34
Zurück zum Gottesstaat?........... 37
Die Koptische Kirche................. 38
Wirtschaft............................... 40
Politik 42
Musik 44

Anreise 46

Unterwegs im Land 50

Bewegungsfreiheit 50
Mietwagen................................ 51
Bus... 53
Sammeltaxi (servis)................... 54

Taxi (special)............................. 55
Mit dem Fahrrad........................ 56
Bahn... 56
Inlandsflüge.............................. 57

Aufenthalt 57

Übernachten............................ 57
Hotels....................................... 58
Jugendherbergen....................... 59
Camping.................................... 60
Essen und Trinken 60
Lokale....................................... 60
Die ägyptische Küche 61

Getränke................................... 64
Aktivitäten.............................. 67
Tauchen.................................... 67
Segeln und Surfen..................... 71
Hochseeangeln.......................... 72
Golf.. 72
Reiten und Trekking................... 72

Wissenswertes von A bis Z 75

Alkohol..................................... 75
Bakschisch................................ 75
Behinderte................................ 76
Diplomatische Vertretungen....... 76
Einkaufen/Souvenirs.................. 77
Elektrizität................................ 78
Feiertage................................... 78
Fotografieren............................. 79

Frauen allein unterwegs............ 79
Gastfreundschaft....................... 81
Geld.. 82
Gesundheit................................ 82
Information................................ 84
Karten und Stadtpläne............... 84
Lesestoff................................... 85
Maße und Gewichte................... 86

Medien 86
Notruf 87
Öffnungszeiten 87
Post 87
Religiöse Stätten 88

Sicherheit 88
Telefon 90
Verständigung 90
Zeit 91

Sinai 92

Von Suez nach Scharm el-Scheich ... 93
Ras es-Sudr 93
Serabit el-Chadim 94
Gebel Maghara 97
Wadi Mukattab 99
El-Tur 100
Ras Mohammed 102
Scharm el-Scheich 104
Von Scharm el-Scheich
  nach Dahab 117
Dahab 118
Umgebung von Dahab 126
Nuweiba 128
Umgebung von Nuweiba 132
Von Nuweiba nach St. Katharina ... 133
Von Nuweiba nach Taba 134
Taba 137
Von Taba nach Suez 138

Sankt Katharina 139
Der Nationalpark 140
Katharinenkloster 142
Mosesberg/Gebel Musa 147
Umgebung von St. Katharina ... 150
Katharinenberg und
  Wadi el-Arba'in 150
Berg des Abbas Pascha
  (Gebel Tallah) 152
Grab des Nebi Salah 153
Blaue Berge 153
Wadi Feiran 153
Gebel Serbal 153
Nordsinai 154
El-Qantara 155
Pelusium 155
El-Bardawil/Zaraniq 157
El-Arisch 158

Suezkanal 161

Port Said (Bur Sa'id) 165
Mansala-See 172
Ismailia (Isma'ileiya) 172

El-Fayed 175
Suez 176

Rotes Meer 179

Am Golf von Suez 179
'Ain Suchna 180
Antoniuskloster und
  Pauluskloster 182
Ras Gharib 186
El-Gouna 187
Mons Porphyrites 194
Bir Qattar 198
Hurghada (el-Ghardaqa) ... 199
Zwischen Hurghada und Safaga ... 216
Port Safaga (Bur Safaga) ... 218
Mons Claudianus 223
El-Quseir 226
El-Quseir el-Qadim 230

Die Wüstenroute nach Qft ... 231
Bir Umm Fawachir 232
Wadi Hammamat 233
Zwischen el-Quseir und
  Marsa Alam 235
Port Ghalib 236
Marsa Abu Dabbab/Marsa Schagra ... 238
Marsa Alam (Mersa el-'Alam) ... 239
Scha'ab Samadai 241
Nationalpark Wadi el-Gemal ... 242
Die Inseln/Offshore Islands ... 244
Berenike (Baranis) 246
El-Schalatin und Halaib 249
Gebel Elba 250

Register 253

Kartenverzeichnis

Übersicht Sinai/Rotes Meer				Umschlagklappe vorne
Übersicht Halbinsel Sinai				Umschlagklappe hinten

Antoniuskloster	183	Na'ama Bay	111
Dahab	119	Nuweiba	128
El-Gouna	191	Pauluskloster	186
El-Quseir	228	Port Safaga	220
Hurghada	203	Port Said	168/169
Hurghada – Ed-Dahar	211	Scharm el-Scheich und	
Hurghada – Hinterland	215	Na'ama Bay – Übersicht	105
Hurghada – Siqala	209	Scharm el-Scheich	109
Ismailia	174/175	Soma Bay	218
St. Katharina – Tempel	143	Südliche Rotmeerküste	245
St. Katharina – Umgebung	151	Südsinai	100/101
Makadi Bay	217	Suez	176/177
Marsa Alam	241	Suezkanal	163
Mons Claudianus – Übersicht	223	Serabit el-Chadim – Tempel	95
Mons Claudianus	225	Serabit el-Chadim – Umgebung	97
Mons Porphyrites	195	Zaraniq	157

Zeichenerklärung für die Karten und Pläne

Autobahn	Campingplatz	Taxistandplatz
Hauptverkehrsstraße	Leuchtturm	Parkplatz
Nebenstraße	Sendemast	Tauchstation
Piste	allgemeine Sehenswürdigkeit	Grenzstation
Bebaute Fläche	Kirche	Information
Grünanlage	Moschee	Post
Gewässerfläche	Kloster	Tankstelle
Berggipfel	Schloss/Festung	Bank
Wasserfall	Ausgrabung	Telefon
Aussicht	Flughafen/-platz	Apotheke
Badestrand	Bushaltestelle	Krankenhaus

Was haben Sie entdeckt?

Haben Sie den ultimativen Strand gefunden, ein freundliches Restaurant mit leckerer Speisekarte, ein nettes Hotel mit Atmosphäre?

Wenn Sie Ergänzungen, Verbesserungen oder neue Tipps zum Buch haben, lassen Sie es uns wissen! Schreiben Sie an:

Ralph-Raymond Braun / Stichwort „Sinai"
c/o Michael Müller Verlag GmbH
Gerberei 19 / 91054 Erlangen
E-Mail: r.braun@michael-mueller-verlag.de

Willkommen am Roten Meer!

Keine fünf Flugstunden von Europa, haben sich die Gestade des Roten Meers jüngst zu einem beliebten Ferienziel entwickelt und der klassischen Bildungsreise zum Nil den Rang abgelaufen. Vor allem im Winterhalbjahr suchen sonnenhungrige Urlauber an den 1500 ägyptischen Küstenkilometern zwischen Israel im Norden und dem Wendekreis des Krebses im Süden Abwechslung vom grauen Alltag. Tropische Wassertemperaturen, die auch in der kalten Jahreszeit nicht unter 22 Grad sinken, locken Badeurlauber, im frischen und stetigen Wind gleiten Surfer über die Buchten. Für Taucher und Schnorchler verspricht eine einzigartige Unterwasserwelt Abenteuer. Auch das Hinterland hat einiges zu bieten: Eine abwechslungsreiche Wüstenlandschaft mit schroffen Felsen, romantischen Wadis, Bilderbuchoasen, Beduinen, heilige Stätten und viele Spuren untergegangener Kulturen.

Der Autor bereist die Region seit zwei Jahrzehnten und wurde dabei Zeuge, wie sich eine vormals nahezu menschenleere Landschaft in atemberaubendem Tempo zu einer Ferienwelt wandelt – und dabei auch manche Auswüchse, wie man sie von Spanien oder Italien kennt, wiederholt. *Hurghada*, mit bald 60.000 Fremdenbetten der wichtigste Ferienort, hat inzwischen den Ruf, ein ägyptisches Rimini zu sein – Masse statt Klasse, doch unschlagbar preiswert. *Scharm el-Scheich*, die etwas teurere Konkurrentin an der Südspitze des Sinai, gibt sich gediegener und profitiert von der Nähe zu den hervorragenden Tauchgründen des Nationalparks Ras Mohammed. *Dahab*, vormals Treff jugendlicher Individualtouristen mit schmalem Geldbeutel, wird allmählich zu einem „normalen" Urlaubsort und auch in den Katalogen der Reiseveranstalter angeboten. *Soma Bay* und *El-Gouna* stehen für die neue Generation der luxuriösen Urlaubsstädte vom Reißbrett – ein Stück Europa in Afrika. Weitab jeder gewachsenen Ansiedlung wachsen um *Marsa Alam* an den schönsten Bade- und Tauchplätzen isolierte Hotelanlagen und Feriendörfer aus dem Nichts. Fortgeschrittene Taucher finden hier noch eine weitgehend intakte und erst durch wenige Besucher gestörte Unterwasserwelt.

Für welches Ziel Sie sich auch entscheiden: Dieses Buch will Ihnen eine Hilfe dabei sein, auch die Welt außerhalb Ihrer Hotelanlage zu entdecken. Die Rotmeerküste und der Sinai sind mehr als nur Sonne, Sand und Meer.

Schönen Urlaub wünscht ...

Oasenromantik als Menschenwerk: Dattelpalmen werden gepflanzt und künstlich bestäubt

Das Land

Geografie

Die natürliche Oberfläche des Sinai und der Küste des Roten Meeres besteht aus Sandwüsten, Geröllfeldern und kahlen Gebirgen. Nur in Oasen und an der Mittelmeerküste gibt es genug Süßwasser für Gärten und Felder.

Jenseits des Suezkanals setzt Ägypten mit dem Sinai einen Fuß auf den asiatischen Kontinent. Die vom Mittelmeer, Israel, dem Golf von Aqaba und dem Golf von Suez eingefasste Halbinsel misst etwa 60.000 km²; von Nord nach Süd misst sie längstens 400, von West nach Ost maximal 230 km. Für den Namen stand vielleicht der mesopotamische Mondgott *Sin* Pate – jedenfalls gleichen weite Teil des Sinai durchaus einer Mondlandschaft. Als habe der Schöpfer sich bei den Korallenriffen zu sehr verausgabt, ist das Innere der Halbinsel ein kahles, unwirtliches Gelände.

Seine groben **Umrisse** erhielt der Sinai vor etwa 40 Millionen Jahren. Mit der Verschiebung der Erdplatten trennten sich Afrika und Asien – bis heute driften die beiden Kontinente in jedem Jahrhundert etwa 20 cm auseinander. Dieser Riss, der im Golf von Aqaba bis 1830 m unter den Meeresspiegel reicht, lässt sich vom Libanon über das Jordantal und das Rote Meer bis hinunter nach Mosambik verfolgen. An der Südspitze des Sinai trifft er auf einen älteren, flachen Graben, den Golf von Suez.

Mittelmeerküste/Zentralsinai

Vom Suezkanal über das Vogelparadies der Lagune El-Bardawil bis zur Landesgrenze bei Rafah zieht sich ein Streifen Flugsand mit stattlichen **Dünen.** Ein Großteil der spärlichen Winterregen versickert hier sofort im Sand. Wo der so gespeiste Grundwasserstrom jedoch dicht an die Oberfläche kommt, wachsen Dattelpalmen, Feigen und sogar Gemüse. In einem solchen einigermaßen fruchtbaren Gebiet liegt El-Arisch, die größte Stadt des Sinai. Hier wird die Vegetation auch durch ein großes **Wadi** begünstigt, in (und vor allem unter) dem die im Zentralsinai gefallenen Niederschläge ins Mittelmeer fließen. Nach ergiebigen Winterregen säen die Beduinen am Rande des Flussbetts Gerste und Weizen.

Vom Meer blasen die Nordwinde den feinen, fast weißen Sand bis zu 50 km tief ins Land. In diesem Gebiet entspricht die Wüste wenigstens teilweise dem Bilderbuch-Klischee. Wie in einem Atelier für ästhetische Formen und Oberflächenstrukturen bildet die Natur aus dem Sand beständig neue Kunstwerke, um sie, mit dem Ergebnis scheinbar unzufrieden, im nächsten Sturm zu einem neuen, aber ebenso perfekten Meisterwerk umzuformen. Die **Beduinensiedlungen** jedoch wollen dem romantischen Klischee nicht folgen: Längst haben sich die Wüstenbewohner in festen Siedlungen niedergelassen, wo ein – von der Regierung gestiftetes – Haus dem anderen gleicht und allenfalls im Hinterhof noch Hütten aus Palmzweigen die Erinnerung an die Zeit der Wanderungen wach halten.

Landeinwärts lassen die Niederschläge rasch nach. Die nördlichen drei Viertel der Halbinsel bestehen aus gestalt- und farblosen, nur von wenigen Hügelketten unterbrochenen Ebenen, die schließlich zur *Badiet el-Tih,* der **„Wüste des Irrens",** auf etwa 600 m ansteigen. Ringförmig umschließen Sedimente aus dem Kreidezeitalter (vor 100 Mio. Jahren) die Kalksteine des Tih-Plateaus. Der Kalkanteil nimmt dabei von den älteren zu den jüngeren Formationen (d. h. von Süd nach Nord) zu, ohne dass die Landschaft mit der „Weißen Wüste" im Westen Ägyptens konkurrieren könnte.

Südsinai

Wesentlich abwechslungsreicher zeigt sich die Landschaft im Südsinai. Hier erhebt sich ein wildes, zerklüftetes Granitmassiv, das mit vier Gipfeln die Zweitausender-Marke überschreitet. Gebel Katharina (2937 m), Gebel Musa (2640 m)

*Coloured Canyon –
ein Naturwunder der Erosion*

Ein aufgeschütteter Strand von el-Gouna an der Rotmeerküste

und zu seinen Füßen das Katharinenkloster sind die Highlights dieser **Bergwelt.** Hier hat die Erosion uralten *Granit* freigelegt. Variationen von Rot, Rosa, Purpur und Graugrün prägen das Bild, dazwischen sind schwarze Lavakanäle auszumachen. An der für Urlauber wenig interessanten Westküste, dem Golf von Suez, ist den Bergen eine breite, eintönige Küstenebene vorgelagert.

Vor 300 Millionen Jahren füllte sich der im Entstehen begriffene Trog des Golfs von Suez mit einer Sandsteinformation, die sich als schmales Band zwischen dem El-Tih-Plateau und den Granitbergen des Südsinai quer über die Halbinsel fortsetzt. Stellenweise haben Wind und Wasser den Sandstein abgetragen oder zu einer nur noch dünnen Schicht erodiert. So mussten die Bergleute in Serabit el-Chadim nur wenige Meter tiefe, senkrechte Schächte in den Berg treiben, um an die türkishaltigen Schieferlagen unter dem Sandstein zu kommen. Auch Gold und in neuerer Zeit Kohle und Mangan wurden hier geschürft.

Im Osten reicht das Gebirge bis unmittelbar an den **Golf von Aqaba** mit seinen Ferienorten und Tauchgründen. Noch Anfang der achtziger Jahre lebten im gesamten Südsinai nur etwa zehntausend Menschen. In Nuweiba, Dahab und Scharm el-Scheich hinterließen die Israelis gerade drei Hotels. In den nächsten Jahren wird die Küste von Scharm el-Scheich bis zum Grenzort Taba, soweit sie nicht durch Schutzgebiete blockiert ist, durchgehend mit Hotels überbaut werden. Wer sich bis jetzt noch kein Ufergrundstück gesichert hat, kommt zu spät. Der Golf ist ausverkauft.

Rotmeerküste und Östliche Wüste

Von Suez bis hinunter nach Halaib gehören knapp tausend Küstenkilometer des Roten Meeres zu Ägypten. So sehen es jedenfalls die Ägypter, nach deren Auffassung die Grenze zum Sudan exakt mit dem 22. Breitengrad zusammenfällt. Der Sudan dagegen sähe die Grenze in Küstennähe gern ein wenig nordwärts verschoben und beansprucht den mit vielen ägyptischen Soldaten und wenigen

Das Land

Nomaden „besiedelten" Wüstenzipfel um Halaib für sich – in der vagen Hoffnung, hier einmal Öl zu finden.

Das Areal zwischen Nil und Meer, ein Gebiet von etwa 220.000 km², füllt die Arabische oder Östliche Wüste. Sie beginnt im Norden mit dem Galala-Plateau, einem Hügelland mit weiten Schotterflächen und tief eingeschnittenen Wadis, das zum Nil hin sanft ausläuft, sich auf der Meerseite aber zu einem regelrechten Gebirge auftürmt. Diese zerklüfteten Basalt- und Granitformationen erreichen mit dem Gebel Schayib el-Banat 2187 Höhenmeter und begleiten die Küste bis zur Grenze. Die **ägyptischen Kordilleren,** wie sie der deutsche Geograf Georg Schweinfurth nannte, entstanden vor gut 500 Millionen Jahren zeitgleich mit dem Sinaimassiv.

Die Pharaonen und römischen Kaiser gewannen in den Bergen das Material für ihre Tempelbauten und reichlich Gold. Diese Vorkommen wurden so gründlich geplündert, dass die Prospektoren unserer Tage an den scheinbar Erfolg versprechenden Quarzadern lediglich die Abraumhalden der antiken Bergleute vorfinden. So wird heute auf der Meerseite des Gebirges lediglich Phosphat für die Düngemittelindustrie gewonnen.

Eine 10 bis 20 km schmale **Küstenebene,** die geologisch ihrem Gegenüber an der Westküste des Sinai entspricht, trennt das Gebirge vom Meer. In dieser Ebene ist selbst das Grundwasser ungenießbar, sodass die wenigen Brunnen entlang der alten Karawanenrouten im Landesinneren liegen. Noch vor einer Generation war die Küste nahezu menschenleer, heute lassen sich die festen Siedlungen an zwei Händen abzählen. Inzwischen ist etwa die Hälfte des Uferstreifens an Investoren aus aller Welt verkauft, die hier Hotels und Feriendörfer bauen werden.

Auf der Küstenstraße zwischen Kap Za'farana und Hurghada begleiten den Reisenden die Förderpumpen und Abfackelungen der **Erdölfelder.** Bereits die Römer wussten Rohöl zu Petroleum und Teer zu verarbeiten. Sie gewannen es am Gebel el-Zeit, etwa 70 km nördlich von Hurghada, den sie treffend Mons Petroleus nannten. Den Durchbruch in der Ölgewinnung brachte 1965 die Entdeckung der Morgan Fields, die auf der Höhe von El-Tur mitten im Golf liegen. Inzwischen stammen zwei Drittel des ägyptischen Öls aus dem Golf von Suez. Auf der Einnahmenseite der ägyptischen Zahlungsbilanz stehen die Öl- und Gasexporte nach den Überweisungen der Emigranten und den Tourismuseinnahmen an dritter Stelle. Angesichts eines rasch steigenden Eigenbedarfs des 70-Millionen-Volkes und sinkender Weltmarktpreise bringt der Export von Öl und Gas den Ägyptern aber zusehends weniger Geld in die Kasse.

Aufsteigende Lava durchbrach das Urgestein am Gebel Ghizlani

Im warmen Wasser des Roten Meeres fühlen sich Korallen und Fische pudelwohl

Das Rote Meer

Das *Bahr el-Ahmar,* wie das Rote Meer auf Arabisch heißt, verdankt seinen Namen den Sandsteinfelsen der Wüste, die in der Antike „das rote Land" im Unterschied zum „schwarzen Land" des Niltals genannt wurde. Das Wasser ist keineswegs rot, sondern wechselt je nach Licht, Tiefe und Untergrund zwischen tiefblau über türkis nach grün.

Obwohl es ein gutes Stück vom Äquator entfernt liegt, gehört das Rote Meer mit dem Persischen Golf zu den wärmsten Meeren der Erde. Selbst im Februar sinkt die Wassertemperatur nur im äußersten Norden, dem Golf von Suez, unter 22 Grad. Verantwortlich für die hohe Wassertemperatur und damit auch für Korallen und das farbenprächtige Unterwasserleben ist ein kompliziertes Zusammenspiel von Wind, Strömung und der Topografie des Meeresgrundes.

Im Winter sinkt kaltes Wasser auf den Boden des Suez-Golfes und fließt von dort in den bis 2360 m tiefen Trog des Hauptmeeres. Vor dem 30 km breiten Bab el-Mandab, wo das Rote Meer in den Indischen Ozean übergeht, verhindert eine Bodenschwelle den unterirdischen Wasseraustausch zwischen beiden Meeren. So bleibt das kalte und nährstoffreiche Tiefenwasser der Weltmeere ausgesperrt, und das Rote Meer ist auch auf seinem Grund etwa 22 Grad warm.

Der Austausch zwischen den Meeren – ohne diesen wäre das Rote Meer längst zu einer Salzmasse erstarrt – beschränkt sich auf die oberen, warmen Wasserschichten. Die von September bis Juni am Bab el-Mandab vorherrschenden Südostwinde bringen Oberflächenwasser vom Indischen Ozean, das sich über das kühlere und salzigere, also schwerere Wasser des Roten Meeres legt. Letzteres fließt darunter, doch über dem Tiefenwasser in den Ozean ab.

Wegen der starken Sonneneinstrahlung und der hohen Verdunstung ist das Rote Meer besonders salzig. Vom Suezkanal abgesehen, bekommt es nur vom Indischen Ozean her „frisches" Wasser, das seinerseits schon salzig ist.

Ägypten in Zahlen

Fläche: 997.739 km²
Nordsüdausdehnung: 1025 km
Ostwestausdehnung: 1240 km
Höchster Berg: Gebel Katharina (2637 m)
Längster Fluss: Nil (6670 km)
Einwohner: 72 Mio. (2006), davon unter Armutsgrenze: 25 %

Hauptstadt: Kairo (ca. 16 Mio. Einw.)
BIP: 1500 $ je Einw. (entspr. etwa 4700 $ Kaufkraft): Anteil Landwirtschaft: 15 %; Anteil Industrie: 36 %
Lebenserwartung: durchschn. 71 Jahre
Religion: 88 % Muslime, 12 % Christen
Analphabeten: ca. 42 %

Klima

Mit Ausnahme der Mittelmeerküste herrscht subtropisches Wüstenklima. Die Sommer sind heiß und trocken. Auch im Winter klettert das Thermometer noch über 20 Grad. An der afrikanischen Küste trübt dann allerdings oft heftiger Wind das Vergnügen am Sonnenbad.

Im **Sommer** schätzen Europäer wie Ägypter das Wetter der Mittelmeerküste: sonnig, gut warm doch nicht zu heiß, dazu oft eine angenehme Brise. Weiter gegen Süden steigen die Temperaturen rasch an. An der Küste sind Tagesspitzen von etwa 35 Grad üblich, ausnahmsweise kann die Quecksilbersäule auch auf 40 Grad klettern. Die trockene Luft macht die Hitze allerdings erträglicher als in den Tropen. Das warme Meer sorgt für milde Nächte. Der hochsommerliche „Kälterekord" von Quseir, also die *niedrigste* dort je in einer Juli- oder Augustnacht gemessene Temperatur, beträgt 21 Grad! Im Inland und besonders in Bergen sinkt die Temperatur nach Sonnenuntergang jedoch rasch und um einiges tiefer.

Von November bis Anfang März fallen an der Mittelmeerküste die **Winterregen**. Zum Baden ist es jetzt viel zu kalt, auch an Land ist es klamm, kühl und ungemütlich. In den Bergen herrscht Nachtfrost, und an manchen Tagen stapfen die morgendlichen Wanderer auf den Mosesberg gar über eine dünne Schneedecke. Im Roten Meer kann man dagegen bei 22 Grad Wassertemperatur auch im Winter angenehm schwimmen. Wer den Tag nicht nur im Wasser und danach im Hotel oder in Bar und Disco verbringen will, sollte von Mitte Dezember bis Ende Februar allenfalls Scharm el-Scheich als Urlaubsort wählen. Auf der Hurghada-Seite des Roten Meeres wirbelt ein heftiger Wind den Staub durch die Straßen und über den Strand. Noch unangenehmer ist der *Chamsin*, ein heißer, zum Glück seltener Wüstenwind, der im März und April seine Staubfracht über dem Roten Meer ablädt. Dann brennen die Augen, knirscht es zwischen den Zähnen, und die Straßenkleider der hastenden Passanten zeigen einen einheitlichen Braunton.

Südlich der Mittelmeerküste sind winterliche Niederschläge sind zwar selten, dann aber umso heftiger. Bei solchen **Unwetter** füllen sich die Wadis mit reißenden Sturzfluten, die ganze Straßen samt Lastwagen wegspülen. So kommt es zu dem Paradox, dass in der Wüste mehr Menschen ertrinken als verdursten. Immerhin bemerken die Beduinen (und vor allem ihre Tiere) rechtzeitig das Aufziehen solcher Unwetter – ihre Warnungen sollte man stets beherzigen.

*Die Tamariske – ein willkommener Schattenspender
in der glühenden Mittagssonne*

Pflanzen der Wüste

**Neben den auffälligen Dattelpalmen der Oasen und den Akazien und
Tamarisken in den Wadis sind auf dem Sinai noch knapp tausend weitere
Blütenpflanzen und Farne bekannt – eine angesichts der Wüste über-
raschende Artenvielfalt.**

Um zu überleben, müssen sich die mehrjährigen Wüstenpflanzen möglichst reiche
Wasservorkommen sichern. Sie wachsen deshalb an strategisch günstigen Stellen:
in einem Wadi oder am Fuß eines Felsens, von dem das Wasser abfließt, oder am
Rand einer Teerstraße. Kleine Pflanzen und Kräuter durchdringen mit ihren Wurzeln ein ausgedehntes Terrain. An der Oberfläche scheinen sie deshalb in weitem
Abstand voneinander zu stehen, und dennoch kann sich eine Pflanze nur dort an-
siedeln, wo eine andere abgestorben ist oder von Tieren gefressen wurde.

Bäume und Büsche zapfen vor allem das Grundwasser an. **Akazien** sind regelrechte
Tiefbohrer und treiben ihre Wurzeln bis 30 m tief in den Boden. So können sie sich
in den Wadis einen leicht erhöhten Standplatz am Rand leisten, um von den Sturz-
bächen nicht fortgerissen zu werden. Die Bäume sind in der Lage, zehn Jahre ohne
jeden Regen überstehen, erreichen ein hohes Alter und haben steinhartes Holz.

> **Tipp:** Akazien sind in der Mittagssonne ein verlockender, weil schattiger Park-
> platz. Räumen Sie zuvor aber die herabgefallenen Äste beiseite. Ihre Dornen
> sind so spitz, dass sie auch Autoreifen mühelos durchdringen.

Tamarisken, die in den Wadis als einsame, bis 10 m hohe Schattenspender den
Blick auf sich ziehen, und andere Gewächse sind in der Lage, aufgenommenes Salz

durch kleine Drüsen an den Blättern wieder auszuscheiden. Sie können so auch leicht versalzte Böden besetzen. In den hochgradig versalzten Böden am Rande von Salzseen oder im Brackwasser überleben allerdings nur wenige Arten wie etwa der *Meerlavendel* oder der *Salpeterstrauch*.

Etwa die Hälfte der Wüstenpflanzen überdauert die oft jahrelangen Trockenzeiten nur als **Samen,** die irgendwo im Boden auf den nächsten Regen warten. Doch nicht nach jedem Regen grünt und blüht die Wüste. Die Samen beginnen erst dann zu sprießen, wenn der Boden ausreichend durchfeuchtet ist, um der künftigen Pflanze einen vollständigen, vier- bis sechswöchigen Lebenszyklus zu ermöglichen. Die meisten Arten benötigen dazu wenigstens 15 mm Niederschlag. Keimungshemmende Stoffe in der Samenschale, die erst bei ausreichender Feuchtigkeit ihre Wirkung verlieren, verhindern ein vorzeitiges Austreiben.

Andere überstehen die Trockenheit eine Armeslänge tief im Boden als Zwiebel. Sie leben zwar länger, brauchen zur Vermehrung aber besonders günstige Bedingungen, denn die Samen müssen in der Vegetationsperiode ja erst eine Pflanze und diese wiederum eine Zwiebel ausbilden.

Auf das wenige Grün haben natürlich die Tiere der Wüste ein scharfes Auge. Ziegen und Kamele lassen sich auch von Stacheln und Dornen nicht schrecken. Vor dem Tierfraß wirklich geschützt sind nur Giftpflanzen und -früchte wie etwa die orangengroßen **Wüstenkürbisse.** Ausdauernde Gewächse in strahlendem Grün gehören mit großer Wahrscheinlichkeit zu einer giftigen Spezies. Bei deren Ausbreitung sind die Weidetiere sogar hilfreich, indem sie konkurrierende Arten vertilgen.

Die Tierwelt

Beim Stichwort Wüste denkt man sogleich an Kamele. Selbst die sesshaften, Pick-up fahrenden Beduinen des Sinai wollen auf die majestätischen Wüstenschiffe noch nicht verzichten. Weitaus häufiger sind jedoch lästige Fliegen, die Mensch und Tier plagen.

Löwen, vor denen sich noch die ersten Mönche des Katharinenklosters fürchteten, Giraffen und andere afrikanische Steppentiere, die noch in historischer Zeit in Ägypten heimisch waren, wurden durch die allmähliche Klimaveränderung und das Vordringen der Wüste von ihren Verwandten in Schwarzafrika abgeschnitten und starben als isolierte Population schließlich aus. Nur der äußerste Südosten Ägyptens liegt bereits jenseits des Wüstengürtels. Hier kommt der oft in Wolken gehüllte *Gebel Elba* als küstennaher Berg regelmäßig in den Genuss winterlicher Niederschläge. Auf gerade 10 x 10 km^2 versammelt das wertvollste und zugleich kaum erforschte Biotop des Landes nicht nur 400 Arten an Wildpflanzen, sondern auch Strauße, Leoparden, Zebras und manch andere Tierart, die man im übrigen Ägypten vergebens sucht. Da diese Arche Noah als Nationalpark geschützt ist und zugleich inmitten einer weiträumigen militärischen Sperrzone liegt, jagen hier allenfalls die wenigen Nomaden für den Eigenbedarf.

Säugetiere

Weiter nördlich sind die größeren Säugetiere der Wüste durch den Jagdeifer vor allem arabischer Touristen nahezu ausgerottet. Wenn noch irgendwo eine Gazelle gesichtet wird, ist dies eine Zeitungsmeldung wert, wobei der genaue Ort, der Jäger wegen, nicht genannt wird. Herden der **Dorkas-Gazelle** mit ihren runden, an der Spitze leicht nach innen gebogenen Hörnern wurden zuletzt vor zwanzig Jahren in der Östlichen Wüste und im Sinai beobachtet. Ebenso rar sind die **Nubischen Steinböcke** geworden, majestätische und zugleich elegante Kletterer, die schon in vorgeschichtlicher Zeit in Felszeichnungen verherrlicht wurden.

Ein Dromedar – nur noch Folklore und Fleisch für den Metzger

Doch immer wieder entdecken die Beduinen scheinbar ausgestorbene Tiere. Der bislang letzte Sinai-Leopard wurde vor gut zehn Jahren gefangen und lebt jetzt im Zoo von Giza. Auch eine **Sandkatze** wurde noch in den neunziger Jahren von den Söhnen der Wüste entdeckt. Diese schmächtige, höchstens drei Kilo schwere Verwandte der Hauskatze lebt, man glaubt es kaum, tief in der Wüste und ist menschenscheu. Mit ihrem fahlen, sandfarbenen Fell hat sie sich der Umgebung angepasst – kauert die Katze in Jagdstellung, verschwindet die am Schwanz und an den Beinen angedeutete Streifenzeichnung. Die Unterseite ihrer Pfoten ist behaart. Nur so kann das Tier auch am Tag über den kochend heißen Wüstenboden schleichen.

Während der Sandfuchs und der Wüstenfuchs (Fenek) rar geworden sind, muss man sich um den Bestand an **Rotfüchsen** nicht sorgen. Die haben sich gut an den Menschen angepasst und finden auf den Müllkippen der Ferienorte mehr Nahrung denn je. Sowieso sind in Ägypten jene Arten am erfolgreichsten, die sich gut mit den Menschen und ihren Abfällen arrangiert haben: Ratten, verwilderte Hauskatzen und wilde Hunde.

Alle Wüstentiere müssen angesichts der spärlichen Wasservorkommen sehr schonend mit dieser Ressource umgehen und ihre Ausscheidung über die Haut und den Urin möglichst reduzieren. Zumindest die Säuger können jedoch auf das Pinkeln nicht ganz verzichten: Sie müssen den Stickstoff, der bei der Verdauung anfällt, als wassergebundenen Harnstoff wieder loswerden. Hier sticht die possierliche **Wüstenspringmaus** durch besondere Sparsamkeit hervor, indem es ihr gelingt, eine Harnstoffkonzentration von 25 % auszuscheiden. Für die gleiche Menge Harnstoff müsste der Mensch viermal mehr Wasser lassen.

Reptilien

Mit der Kälte können die Kriechtiere gut umgehen, doch bei Körpertemperaturen über 45 Grad zerfallen die lebensnotwendigen Enzyme, und das körpereigene

Eiweiß würde gerinnen wie ein Ei in der Pfanne. Der Wüstensand aber kann sich in der Mittagssonne bis auf 80 Grad aufheizen, so findet man Reptilien vor allem dort, wo sich zwischen Steinen genug schattige Plätze finden lassen. Echsenkönige des Sinai sind der ein Meter lange **Wüstenwaran** *(Varanus griseus)* und die nur wenig kürzere Dornschwanz-Agame *(Uromastix aegyptius)*.

In Dünenlandschaften leben giftige Sandvipern, die im Sand vergraben auf ihre Beute aus Kleintieren lauern. Die Hornviper *(Pseudocerastes persicus)* bevölkert Geröll- und Felslandschaften. Tödlich ist der Biss einer Sandrasselotter *(Atractaspis engaddensis)*. Diese **Schlangen** sind tagaktiv und werden deshalb recht häufig gesichtet. Die seltene Wüstenkobra *(Walterinesia aegyptia)* hat im Unterschied zu ihrer indischen Verwandten keine „Haube" und vermag ihr Gift nicht zu spucken – gefährlich ist allein der Biss.

Vögel

Typische Vertreter der Vogelwelt sind etwa Gänsegeier, der bei uns selten gewordene Fischreiher, oder im Gebirge der prächtige rote Steingimpel *(Carpodacus sinoicus)* und der Tristramstar *(Onychognathus tristrami)*. Ornithologen denken beim Golf von Suez und dem Sinai jedoch vor allem an die **Zugvögel**, die hier auf ihrer Reise zwischen Europa und Afrika zweimal im Jahr in unvorstellbarer Zahl passieren. Für die Segler, also die großen Vögel, die sich nicht mit der Kraft des eigenen Flügelschlages, sondern nur mit der Thermik in die Höhe schrauben können, ist die Route über den Sinai oder den Suezkanal geradezu ein Muss: Sie könnten das offene Meer, auf dem es keine Thermik gibt, nur im Sinkflug passieren und würden auf längeren Strecken irgendwann hilflos ins Wasser stürzen. Generell wird man im Herbst mehr zu sehen bekommen als im Frühjahr, denn manche Arten wie die Störche in Scharm el-Scheich rasten nur auf dem Flug gen Süden, wenn sie durch die sommerliche Aufzucht des Nachwuchses geschwächt sind und die unerfahrenen Jungvögel im Schlepp haben. Mehr dazu im Reiseteil dieses Buches.

- *Vogelbeobachtung* Gute Plätze zur Beobachtung von Zugvögeln sind 'Ain Suchna, Ras Mohammed, die Nawara Farm (Scharm el-Scheich) und Nabq; passionierte Ornithologen besuchen die Lagune El-Bardawil und den Zaranik-See (beide an der Mittelmeerküste). Ornithologische Reisen nach Ägypten veranstaltet Dr. Koch Reisen, Am Stadtgarten 9, 76137 Karlsruhe, ✆ 0721/151151, www.dr-koch-reisen.de.
- *Lesetipps* Bertel Bruun, *Common Birds of Egypt*. Richard Porter und David Cottridge, *A Photographic Guide to Birds of Egypt and the Middle East*. Beide erschienen bei AUC-Press und in Ägypten oder via Amazon erhältlich.

Umwelt und Ökologie

In ihrer althergebrachten Lebensweise waren die Beduinen die besten Umweltschützer: Sie hatten ihr Leben an die Natur angepasst, statt diese verändern. Heute bedrohen Massentourismus und Industrialisierung die Umwelt.

Die erste ökologische Katastrophe, die damals freilich noch niemand als solche benannte, kam mit dem arabisch-israelischen Krieg 1967. Der Sinai wurde zum Kampfplatz und mit Militärschrott und Minen zugepflastert, auch die Strände der Rotmeerküste wurden mit einem Sperrgürtel vermint.

Die Korallenriffe

Weit nördlich des Äquators konnte sich im warmen Wasser des Roten Meers eine tropische Tier- und Pflanzengemeinschaft entwickeln. Ihr wichtigster Baustein sind die Korallen. Die mit ihnen assoziierten Algen und Kleinstlebewesen stehen am Anfang der Nahrungskette, und zwischen den Korallen finden viele Meeresbewohner ihr überlebensnotwendiges Versteck.

Korallen schaffen eine bizarre und erstaunliche Welt. Was ist die größte, von Lebewesen geschaffene Struktur auf diesem Planeten? Falsch, nicht die chinesische Mauer. *Great Barrier Reef* wäre in die entsprechende Zeile eines Kreuzworträtsels einzutragen, ein 2300 km langes Korallenriff vor der Küste Australiens. Doch nicht nur mit schierer Größe, auch von der Vielfalt ihrer Arten, Formen und Farben sind die Korallen echte Naturwunder.

Lange hielt man sie für Mineralien, dann für Pflanzen, und erst im 20. Jh. rangen sich die Biologen zu der Erkenntnis durch, dass Korallenstöcke in Wirklichkeit das Werk Abertausender kleiner Tierchen sind. Ihre nächsten Verwandten sind, so unglaublich es scheint, die Quallen. So sehr sich die bunten und meist von einem steinharten Kalkmantel geschützten Korallen optisch von den durchsichtigen Schwabbeltieren unterscheiden, so ähnlich ist beider Körperaufbau. Mit je nach Art acht oder zehn Fangarmen fächelt der Polyp Plankton in seinen sackförmigen Hohlkörper, der ihm als Magen dient. Wie bei der Qualle sitzen in den Tentakeln Nesselzellen, die den Griff nach dem lebenden Tier mit bösem Brennen bestrafen.

Korallen vermehren sich gewöhnlich durch Zellteilung und bilden so große Kolonien, die Korallenstöcke. Nur ihre Oberfläche ist lebendig; den Sockel bildet der Kalk der alten, abgestorbenen Tiere. Ein Stock wächst im Jahr etwa einen halben Zentimeter. Daraus ergibt sich, dass die Korallenstöcke des Roten Meeres maximal 10.000 Jahre alt sind. In der Südsee gibt es bis 1000 m starke Kolonien, die demnach 200 Millionen Jahre alt sein müssen. Die geschlechtliche Vermehrung der Tierchen ist ein eher seltenes Ereignis. Wie auf ein geheimes Kommando hin stoßen an einem bestimmten Tag alle Korallen derselben Art Spermien aus, die, mit Glück, von den Tentakeln eines Artgenossen aufgefangen werden, der damit das Ei in seinem Magensack befruchtet. Nach kurzer Reifezeit schwimmen die jungen Polypen davon und finden hoffentlich ein Riff, wo sie den „Grundstein" einer neuen Kolonie bilden.

Viele Korallenarten leben in Symbiose mit mikroskopisch kleinen Algen, von denen sie Sauerstoff und Kohlehydrate bekommen, sodass sie ihren Kalkmantel zehnmal schneller aufbauen. Für ihre Photosynthese brauchen die Algen Licht. Deshalb bevorzugen auch die meisten Korallen die für Taucher leicht zugänglichen Wassertiefen bis 40 m.

Info Mehr über Korallen bei www.coral.org.

Mit den Urlaubern kamen Müll, Wassermangel und Landschaftsfraß. Auf dem Sinai, in geringerem Maß auch in Hurghada, vermied man aber auch manche Umweltsünden. **Baurichtlinien** verbieten Gebäude unmittelbar am Ufer und begrenzen etwa in Scharm el-Scheich die Höhe der Hotels auf drei Geschosse und ihre Grundfläche auf ein Viertel des Grundstücks. Ihr Wasser müssen die Hotels selbst aus dem Meer aufbereiten und nach Gebrauch mit eigenen Kläranlagen reinigen.

Problematisch ist dagegen die Entsorgung des Mülls, der irgendwo in der offenen Landschaft verbrannt und dann mit Bulldozern verscharrt wird.

Die Tauchclubs und einige Hoteliers haben inzwischen erkannt, dass ohne behutsamen Umgang mit der Unterwasserwelt und entsprechender Schulung der Taucher nicht nur die Natur, sondern auch ihr Geschäft keine Zukunft hat: Wer taucht noch an einem abgestorbenen Riff? Die von Geschäftsleuten und ansässigen Ausländern der Ferienorte getragenen **Umweltgruppen** bringen Bojen aus, damit die Tauchboote ihre Anker nicht mehr in die Riffe werfen, sammeln den Unrat von Stränden und Meeresgrund, organisieren ökologische Projekttage in den Schulen und betreiben in Scharm el-Scheich eine weltweit einzigartige Krankenstation für Störche und andere Vögel.

● *Information* **Red Sea Environmental Center** (SEC), Sarah, Dahab, ✆ 069/640646, www.fnz.at. Das von Österreichern geführte Zentrum bietet Studierenden und Wissenschaftlern Praktikumsplätze und Kurse in Meeresbiologie. Schwerpunkt ist die Erforschung der Riffökologie.

Der größte Umweltsünder der Region dürfte die **Ölindustrie** sein. Bei Suez pumpen Tanker draußen im Meer ihre zähflüssige Ladung in die Pipeline um. Unmittelbar an der Küste reihen sich Vorratsbunker, eine Raffinerie und petrochemische Fabriken. Zwischen Hurghada und Abu Bakr liegen, wiederum unmittelbar am und sogar unter Wasser, die größten Öl- und Gasvorkommen Ägyptens. Auch ohne dass sich ein Unfall ereignen muss, tritt bereits im Normalbetrieb Öl ins Meer aus. Um Kosten zu sparen, reinigen manche Tankerkapitäne ihre leeren Kammern nicht im Hafen, sondern im offenen Meer von den Ölrückständen. Das Resultat sieht man während der Fahrt auf der Küstenstraße. Die schönsten Strände sind menschenleer – und von einer schwarzbraunen Teerschicht überzogen.

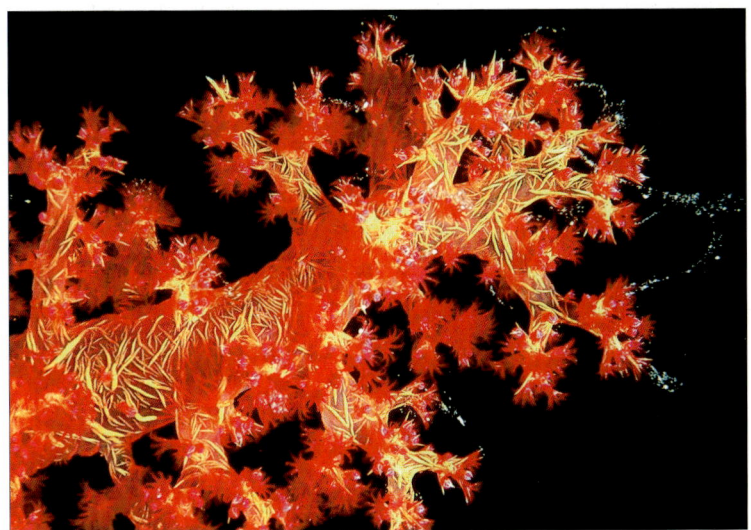

Begegnung mit einer roten Hornkoralle

Bei Hurghada hat dagegen die Tourismusindustrie das maritime Ökosystem gestört. Felsige Flachwasserzonen wurden bedenkenlos mit Sand aufgefüllt, um künstliche Strände zu schaffen. Tauchschiffe luden ihren Müll über Jahre auf einsamen Inseln ab oder warfen ihn einfach ins Meer. Vor Giftun, einer beliebten Bade- und Tauchinsel, zerschmettern die Anker der Ausflugsboote die **Korallenriffe.** Schildkröten und Seevögel waren der menschlichen Störungen überdrüssig und haben sich neue Brutgebiete gesucht. Am Scha'ab el-Erg und am Scha'ab Abu Nigara ist das biologische Gleichgewicht umgekippt: Seeigel grasen die Algen ab und zerstören dabei den Laich der Schalentiere; Stachelfisch und Kugelfisch, die natürlichen Feinde des Seeigels, hat der Mensch dezimiert. Sie landen nicht etwa im Kochtopf, sondern auf „natürlich" präpariert oder als Lampenschirm im Rückwarensortiment der Souvenirläden. Selbstverständlich ist der Verkauf solcher Trophäen verboten. Doch die Touristen zahlen dafür gutes Geld, und die Polizei schaut weg.

Auch um die **Mangrovenwälder** vor Hurghada steht es schlecht. Die Bäume wachsen in der schmalen Zone, die den Gezeiten ausgesetzt ist. Zwischen ihren bizarren Luftwurzeln leben Algen, Schwämme und Krabben, Wasservögel finden hier Unterschlupf und Nistplätze. Neuerdings sammeln sich hier auch Plastikflaschen, Dosen und Teerklumpen. Nicht nur die Schiffe benutzen das Meer als Müllkippe.

Besser geht es den Mangrovenwäldern von Nabq (Sinai), wie man sich überhaupt auf dem Sinai mehr um den Erhalt der Naturschönheiten bemüht. Etwa 20 % der Halbinsel sind als **Schutzgebiete** ausgewiesen, darunter nahezu alle Riffe im Golf von Aqaba. Nicht überall werden Einschränkungen so wirksam kontrolliert wie im Nationalpark Ras Mohammed, wo die Parkranger ein Auge darauf haben, dass die Regeln auch eingehalten werden. Doch ein Anfang ist damit gemacht.

Bitte nicht!

Zugegeben, Benimmregeln klingen nach Bevormundung, und im Prinzip kann jeder mit ein wenig Nachdenken selbst darauf kommen, wie er der Natur möglichst wenig Schaden zufügt. Doch an einem oft besuchten Korallenriff oder entlang der Jeeprouten in der Wüste wird schnell klar, dass viele Urlauber gedankenlos handeln und sich benehmen wie ein Elefant im Porzellanladen.

Jeep- und Buggy-Safaris: Autoreifen zerstören Pflanzen und verdichten den Boden, sodass die Samen nicht mehr keimen können. Wenn Sie schon mit dem Geländewagen oder Buggy durch die Wüste preschen müssen, dann bleiben Sie auf den Pisten.

Müll gehört nicht in die Wüste oder ins Meer, sondern in die Siedlungen, aus denen er kommt. Verbrennen Sie Ihr (benutztes) Klopapier.

„Fundsachen" in einsamen Gegenden: Die Beduinen verlieren nichts. Sie lassen Gebrauchsgegenstände wie etwa ein Seil oder einen Schöpfbecher bewusst an dem Ort, wo sie nützlich sind, oder deponieren ihre Habe auf Wanderungen in einem Baum, um sie beim Rückweg wieder abzuholen. Lassen Sie solche Bündel oder Dinge dort, wo sie sind.

Brennmaterial: Wer mit dem Auto zu einem romantischen Lagerfeuer in die Wüste fährt, bringt sein Brennmaterial mit. Auch abgestorbene Äste und Büsche sind ein kostbares Gut und sollten denen bleiben, die zu Fuß unterwegs sind. Auf keinen Fall sollten Sie frische Pflanzen ausreißen und verbrennen (was sowieso gewöhnlich viel Qualm, aber kein gutes Feuer gibt).

Unter Wasser: Schonen Sie das Riff. Das Berühren von Korallen, Muscheln und anderen Tieren ist verboten. Dem Meer, so will es das Gesetz, darf nichts entnommen werden, keine Koralle, keine Fossilien, nicht einmal ein toter Fisch!

Nationalparks und wichtige Schutzgebiete

	Bedeutung	Schutz	Konflikte	Zugang
Zaraniq-See bei El-Arisch	Feuchtgebiet mit Wasservögeln, Zugvogelrastplatz	Jagd- und Fisch-Weideverbot, keine Besiedlung, Aufsicht durch Ranger und Militär	mit den Beduinen um Landrechte und Vogeljagd; industrielle Salzgewinnung	mit Gruppen möglich, für Individualreisende erschwert
Sankt Katharina	Ensemble aus Natur- und Kulturdenkmälern (Heilige Stätte)	Teilzonen für Jeeps, Trekking und Weide gesperrt, Ranger	mit den Beduinen über Weiderechte	in Teilzonen beschränkt (nur mit Führer) bis verboten)
Ras Mohammed mit Inseln Tiran u. Sanafir	Korallenriffe, Mangroven, Zugvögel, Fossilien	kontrollierter Tourismus, keine Bebauung, Teilzonen völlig gesperrt, Ranger	mit Tauchbasen über den Zugang für Tauchboote	in Teilzonen beschränkt bis verboten, sonst gegen Eintritt
Wadi Nabq bei Scharm el Scheich	Mangroven, Riffe, Zugvögel, Gazellen	Multiple Use Management mit Beduinendörfern und Krabbenfarm	mit Investoren über Umfang der touristischen Erschließung	unbeschränkt
Ras Abu Galum bei Dahab	Korallenriffe, Felshabitat	Beduinenreservat keine touristische Erschließung vorgesehen	unbekannt	unbeschränkt
Gebel Elba bei Halaib	400 Pflanzenarten, Bäume, seltene Tiere wie Strauße, Leoparden, Zebras	weiträumige Absperrung, Zugang nur für Beduinen und Militär	unbekannt	nicht möglich

Weite Teile des Sinai stehen unter Naturschutz

Beduinenmädchen am Strand des Hotels La Sirène in Nuweiba

Mensch und Gesellschaft

Geschichte

Zeittafel

Bis etwa ins 7. Jh. v. Chr. sind sich die Forscher zwar weitgehend über die Abfolge, aber nicht über die Datierung der ägyptischen Geschichte einig. Eine Minderheit setzt diese Ereignisse um bis zu 300 Jahre näher an unserer Zeit an.

Vor Christus

4500–3500	Eilat-Kultur (Sinai): Feuersteinexport und erster Ackerbau. Die Östliche Wüste ist noch eine Savannenlandschaft mit Giraffen und Elefanten.
3500–2500	Timna-Kultur (Sinai): Türkis- und Kupferabbau, die Toten werden in Steinhütten (Nawamis) bestattet.
3700–3300	Nakada-II-Kultur: Im Niltal Übergang von der Sammler- und Jägerwirtschaft zum Ackerbau.
3050	König Narmer (Menes) vereint Ober- und Unterägypten, Beginn der Hochkultur (Pharaonenzeit).
2650	3. Dynastie: Ägypten bemächtigt sich der Bergbaugebiete und Handelswege auf dem Sinai.
2340	5. Dynastie: Beginn der regelmäßigen Handelsexpeditionen von den Häfen des Roten Meeres ins „Weihrauchland Punt".
2000–1000	In der Östlichen Wüste Übergang von der Sammler- und Jägerwirtschaft zur Viehzucht.
1670–1570	Die vorderasiatischen Hyksos fallen mit Pferden und Kampfwagen über den Sinai in Ägypten ein.
600	Im Auftrag von Pharao Necho umrunden phöniz. Seeleute Afrika.

525	Der Perserkönig Kambyses schlägt bei Pelusium (Sinai) ein ägyptisches Heer, Ägypten wird persische Provinz.
332–30	Griechische Herrschaft: Nach der Eroberung durch Alexander den Großen herrschen die Ptolemäer über Ägypten.
30 v. Chr.– 395 n. Chr.	Ägypten wird römische Provinz, die Kaiser herrschen als Pharaonen; Höhepunkt des Bergbaus in der Östlichen Wüste.

Nach Christus

280	Paulus von Theben zieht sich als Einsiedler in die Östliche Wüste zurück, in der Folgezeit erste Klostergründungen.
337	Kaiserin Helena stiftet eine Kapelle zu Füßen des Mosesbergs.
385	Die galizische Äbtissin Aetheria besucht den Mosesberg und hinterlässt uns einen Reisebericht.
395–640	Byzantinische Herrschaft.
451	Auf dem Konzil von Chalkedon trennt sich die ägyptische (koptische) Kirche von der Reichskirche.
542	Baubeginn der von Kaiser Justinian gestifteten Basilika des Katharinenklosters.
640–1250	Nach der Eroberung durch Amr Ibn al-As wird Ägypten von verschiedenen muslimischen Dynastien regiert.
ca. 730	Beginn der Einwanderung von Beduinen aus der arabischen Halbinsel nach Ägypten.
1058–1273	Die Pilgerkarawanen nach Mekka nehmen nicht mehr den Weg über den Sinai, sondern über den Rotmeerhafen Aidhab.
1115	Die Kreuzritter erreichen den Golf von Aqaba und bauen auf der Pharaonen-Insel eine Festung.
1182	Die Piratenflotte des Kreuzritter-Barons Rainald von Chatillon sucht die Häfen des Roten Meers heim.
1250–1517	Die Mamelucken herrschen über Ägypten.
1517–1798	Ägypten ist Provinz des Osmanischen Reiches, die Regierung bleibt in den Händen der Mamelucken.
1798–1801	Expedition Napoleons und französische Herrschaft.
1805–1952	Mohammed Ali und seine Dynastie regieren Ägypten.
1869	Eröffnung des Suezkanals.
1914–1918	1. Weltkrieg, Kämpfe zwischen Türken und Briten auf dem Sinai.
1882–1946	Besetzung Ägyptens durch britische Truppen.
1948	Gründung des Staates Israel, der Sinai wird Frontgebiet.
1952/53	Staatsstreich der „Freien Offiziere", Ausrufung der Republik.
1956	Verstaatlichung des Suezkanals, Suezkrise und Krieg mit Israel.
1967	Sechstagekrieg, Israel besetzt die Sinai-Halbinsel.
1973	Oktoberkrieg zwischen Ägypten und Israel.
1979	Im Camp-David-Abkommen wird die Rückgabe des Sinai an Ägypten vereinbart.
1981	Nach der Ermordung von Anwar el-Sadat wird Hosni Mubarak neuer Präsident Ägyptens.
1982	Israel gibt das letzte Teilstück des Sinai an Ägypten zurück.
1985	Die Reiseveranstalter entdecken den Sinai und das Rote Meer.
2006	Ein terroristischer Anschlag in Dahab fordert 23 Todesopfer.

Pharaonen, Ptolemäer und Römer

Bereits lange vor den alten Ägyptern haben Menschen auf dem Sinai gelebt. Ihre Spuren reichen bis in die Steinzeit zurück und konzentrieren sich dort, wo der wertvolle Feuerstein zutage tritt.

Die Halbnomaden der Eilat-Kultur (4500–3500 v. Chr.) legten auf den Sohlen der Wadis erste Felder an, und die folgende Timna-Kultur (3500–2500 v. Chr.) beutete bereits die Türkis- und Kupfervorkommen aus und hatte Handelskontakte mit Ägypten. Die Timna-Leute hinterließen auf dem Sinai rund dreißig **„Wüstendrachen"**, geradezu geniale Fallen für die Gazellenjagd: Die Herde wurde zwischen zwei gut 100 m lange Steinmauern getrieben, die v-förmig aufeinander zu liefen. Am Scheitelpunkt, dem vermeintlichen Ausgang der Falle, stürzten die Tiere dann in eine Grube und konnten bequem gefangen und getötet werden. Ihre Toten bestatteten die Timna-Leute in den **Nawamis,** igluartig geschichtete Steinhäuschen, die man vor allem im Südsinai findet.

Ein unscheinbares Schminktablett hält die **Vereinigung Ober- und Unterägyptens** (um 3000 v. Chr.) unter dem ersten Pharao Narmer fest. Manche Forscher wollen in den Reliefs dieser Narmer-Palette auch Hinweise auf einen Sinai-Feldzug des Reichseinigers sehen. Endgültig bemächtigten sich die Ägypter um 2600 v. Chr. des Sinai. Doch ihre Kontrolle beschränkte sich auf die Bergbaugebiete und den „Weg des Horus" entlang der Mittelmeerküste, den jedes Heer zwischen Ägypten und Palästina nehmen musste. Den Rest des Landes überließ man den „Beduinen des Ostens", wie sie in den Inschriften genannt werden, solange diese willig in den Bergwerken arbeiteten und Frieden hielten. Abseits der Gruben, der Heerstraße und weniger Häfen gab es in der pharaonischen Zeit auf dem Sinai keine ägyptischen Siedlungen.

Felsinschriften im Wadi Hammamat

Nachdem Cäsars Rivale Pompeius Palästina für das Römische Reich gewonnen hatte, unterwarf der junge Augustus 30 v. Chr. auch Ägypten. Als Verbindung zwischen den beiden Regionen wurde wiederum die alte Heerstraße im Nordsinai militärisch gesichert. Wie die Felsinschriften bezeugen, waren die

Karawanenwege im Zentral- und Südsinai dagegen im Einflussbereich der **Nabatäer**, eines semitischen Händlervolks, das im jordanischen Petra seine Hauptstadt hatte. Erst 106 n. Chr. bezogen die Römer den gesamten Sinai in ihre Verwaltung ein und stationierten später in Eilat eine ganze Legion.

Auch die Östliche Wüste war für die Pharaonen und später die Römer vor allem wegen ihrer **Bodenschätze** und der **Handelswege** zum Roten Meer interessant. In den Bergwerken wurden neben Gold und Edelsteinen auch Granit und der graugrüne Porphyr für die Tempel im Niltal und später für die kaiserlichen Paläste in Rom gewonnen. Zahlreiche Inschriften und Graffiti im Wadi Hammamat berichten von den Expeditionen. So schickte Ramses IV. (1153–1147 v. Chr.) über 8000 Mann in die Wüste, um Steine zu brechen und an den Nil zu schleifen.

Auch das gesamte Baumaterial für die Schiffe musste vom Niltal durch die Wüste ans Rote Meer gebracht werden. Von den Häfen Misti (bei Hurghada), Sawa (Safaga) und Ta'au (bei Quseir) fuhren die Handelsflotten der Pharaonen nach Arabien und ins sagenhafte Weihrauchland **Punt** (vermutlich Somalia), aus dem sie Weihrauch, Myrrhe, Gold, seltene Mineralien, Farbstoffe, Edelholz, Elfenbein und Straußenfedern heimbrachten. Im Tempel der Hatschepsut (Luxor) halten Wandbilder in zarten Farben die Rückkehr einer solchen Flotte mit ihren Schätzen fest.

Die Ichthyophagi („Fischesser")

„Hinter dem Hafen des Eumenes wohnen bis Dire und bis zur Meerenge der sechs Inseln Fischesser, Fleischesser und Verstümmelte bis ins Binnenland hinein. Hier finden sich auch mehrere Elefantenjagden, unbedeutende Städte und vor der Küste kleine Inseln. Die meisten sind Wanderhirten, nur wenige Ackerbauern. Bei einigen von ihnen wächst ziemlich viel Storax.

Die Fischesser sammeln die Fische während der Ebbe, werfen sie auf Steine und rösten sie an der Sonne. Wenn sie dieselben so durchröstet haben, werfen sie die Gräten auf einem Haufen zusammen; das Fleisch aber treten sie und machen Kuchen daraus, die sie, nochmals an der Sonne getrocknet, speisen. Bei stürmischem Wetter aber, wo sie keine Fische sammeln können, zerstoßen sie die aufgehäuften Gräten, machen Kuchen daraus und verzehren sie; die frischen aber saugen sie aus. Einige essen auch Muscheln, welche Fleisch enthalten, indem sie dieselben in Pfützen und Meerlachen einsetzen, ihnen Fischbrut zur Nahrung vorwerfen und sie bei Mangel an Fischen verzehren. Sie haben auch allerlei Fischbehälter, aus denen sie haushälterisch nehmen. Einige von den Bewohnern der wasserlosen Küste ziehen immer nach fünf Tagen mit ihrem ganzen Hause unter Jubelgesang zu den Zisternen und trinken, auf den Vorderleib hingeworfen, gleich den Rindern, bis ihr Bauch wie eine Trommel anschwillt; dann kehren sie wieder ans Meer zurück. Sie wohnen in Höhlen oder Hütten, die mit Balken und Sparren von Walfischknochen und Gräten gebaut und mit Laubwerk vom Ölbaum gedeckt sind."
Nach „Strabos Erdbeschreibung" in der Übersetzung von A. Forbinger, 3. Auflage, Berlin 1908

2000 Jahre vor Vasco da Gama umrundeten phönizische Seeleute im Auftrag von Pharao Necho den afrikanischen Kontinent. Im 3. Jh. v. Chr. reisten die Händler von der ptolemäischen Hafenstadt Berenike bis nach Indien, und die Römer unterhielten gleich vier Straßen zwischen Niltal und Rotem Meer, die im Abstand von Tagesetappen mit Militärlagern, Karawansereien und vor allem Brunnen versehen waren.

Über die „Eingeborenen" früherer Tage wissen wir nur wenig. In der Vorzeit war die heutige Wüste eine Savannenlandschaft mit reichem Tierleben. Vor 6000 Jahren im Wadi Hammamat geschaffene **Felszeichnungen** zeigen die Jagd auf Elefanten, Giraffen und Flusspferde. Damals bildete die Östliche Wüste mit dem Niltal noch einen einheitlichen, von Jägern und Sammlern bewohnten Kulturraum. Erst im 4. Jahrtausend v. Chr. trennten sich mit fortgeschrittener Trockenheit die Welten: Am Nil entwickelte sich eine Bauernkultur; die Menschen der Wüste blieben Jäger, ritzten jetzt aber statt des verschwundenen Großwilds Steinböcke und Gazellen in die Felsen.

Reliefs in den Tempeln und Gräbern, auf denen Pharaonen die auf Feldzügen gefangenen Wüstenbewohner samt abgeschlagenen Köpfen vorführen, zeigen die Physiognomie jener Nomaden, die bis heute den Südosten Ägyptens durchstreifen: Stämme vom Volk der **Beja** (siehe S. 248). Den Felszeichnungen nach zu urteilen, wurden die meisten Jäger irgendwann im 2. Jahrtausend v. Chr. zu Hirten. Andere, wie der als glaubwürdige eingeschätzte Bericht des griechischen Geografen Strabo zeigt, spezialisierten sich auf den Fischfang (siehe Kasten S. 25).

Die ersten Christen

Ägypten war die Geburtsstätte des christlichen Einsiedler- und Klosterwesens. Aus den Eremitagen des Antonius und des Paulus entstanden die vielleicht ersten Klöster der Christenheit.

Durch die Schriften des Alexandriner Philosophen Philo (gest. 45) war die Kunde von den jüdischen Asketengemeinschaften der Essener und Nazarener an den Nil gedrungen, und schon lange vor den Christen lebten, meditierten und philosophierten heute vergessene heidnische Sekten wie die Katakoi oder die Gymnosophen in kleinen, abgeschiedenen Gruppen am Rande der Wüste.

Der heilige **Paulus von Theben** (228–343), der sich um 280 in einer Höhle auf der Südseite des Galala-Plateaus niederließ, war sicher nicht der erste christliche Einsiedler in Ägypten. Durch seine von Hieronymus verfasste Lebensgeschichte wurde er aber der berühmteste unter den frühen Anachoreten. 312 ließ sich der heilige **Antonius** (241–356) auf der anderen Gebirgsseite nieder.

Die „Vita Antonii" des Kirchenvaters Athanasius verbreitete die Geschichte vom Leben des Antonius über den gesamten christlichen Erdkreis, und bis nach Irland orientierten sich fromme Gemeinschaften an den „idiorrhythmischen Regeln", die Antonius für die Gemeinschaften seiner Schüler aufgestellt hatte.

Zu den frühen Anachoreten der Östlichen Wüste gehörten auch christliche Zwangsarbeiter aus den Bergwerken, denen Kaiser Konstantin die Freiheit geschenkt hatte. Ihre Klausen und die 341 gestiftete Kirche findet man einen Tagesmarsch von den Steinbrüchen an der Quelle Bir Qattar, einem der schönsten Plätze in der sonst lebensfeindlichen und unwirtlichen Gebirgswüste.

Als biblischer Schauplatz zog vor allem der Sinai die Gottesfürchtigen an. Hier waren die ersten Gläubigen wohl einige römische Soldaten, die im **Wadi Feiran** stationiert waren. Die größte Oase im Süden der Halbinsel hatte ab dem 4. Jh. einen eigenen Bischof. Im Jahr 337, so die Überlieferung, besuchte Helena, die Mutter Konstantins, den „Brennenden Dornbusch" zu Füßen des **Mosesbergs** und stiftete den dort siedelnden Eremiten eine Kapelle und einen befestigten Turm – nach den Berichten späterer Jahre rettete dieser Turm manchen Frommen vor den Überfällen der Beduinen, die die Anachoreten regelmäßig um ihre spärliche Habe erleichterten.

„Dort befanden sich viele Klausen heiliger Männer und eine Kirche … Davor ist ein hübscher Garten mit reichlichem, ausgezeichneten Wasser, und in diesem Garten wächst der Dornbusch", schrieb die galizische Adelsdame Aetheria, die auf ihrer Pilgerfahrt 385 auch den Gebel Musa erklomm, und deren lange verschollener Reisebericht erst Ende des 19. Jh. wieder in einer italienischen Klosterbibliothek auftauchte.

Nach großzügigen Schenkungen des byzantinischen Kaisers Justinian (reg. 527–565) und seiner Gattin Theodora kam das **Katharinenkloster** bald zu internationalem Ruhm. Schon im 6. Jh. stieg ein Mönch zum Patriarchen von Antiochia auf, und der römische Papst Gregor stiftete Möbel für das Hospiz. Stolz zeigen die Mönche einen Schutzbrief Mohammeds – genauer, eine Abschrift desselben aus der Zeit Sultan Selims, der das heute verschollene Original seiner Handschriftensammlung einverleibte. Während die Christen der Östlichen Wüste bei der Kirchenspaltung ihrem Patriarchen in Alexandria folgten und damit zur ägyptischen, koptischen Kirche gehörten, blieb das Katharinenkloster der griechisch-orthodoxen Reichskirche von Konstantinopel treu.

Beduinen, Pilger und Kreuzritter

Im Jahre 640 eroberte ein arabisches Heer unter Amr Ibn al-As Ägypten für die Kalifen und öffnete das Land damit auch den arabischen Beduinen.

Spätestens unter dem Kalifen Hischam (reg. 724–743) nahmen die Vorfahren der heutigen Sinai-Beduinen die Halbinsel in Besitz, andere Stämme stießen in die Östliche Wüste vor und stritten hier mit den Beja um sie Ende des 8. Jh. neu entdeckten Goldminen. Auch auf friedlichem Weg „unterwanderten" die Araber die Urbevölkerung. Die arabischen Rabi'a heirateten die Töchter der matrilineal organisierten Beja und gelangten so an die Spitze einzelner Beja-Clans. Ihre Nachkommen, die Ababda, siedeln heute im Grenzbereich zwischen semitischen und hamitischen Beduinen der Östlichen Wüste.

Über die Häfen El-Tur, Quseir und das heute verschwundene Aidhab (auf der Höhe des 22. Breitengrads) sowie über den Sinai lief nun der **Pilgerverkehr** nach Mekka. Zu den besten Zeiten waren auf dem Darb el-Hagg zwischen Suez und Aqaba 10.000 Menschen unterwegs. Am Brunnen El-Themed traf der Pilgerweg auf den Darb el-Schawi, den bereits die pharaonischen Karawanen zu den Minen im Ostsinai benutzt hatten. Von El-Themed querte er südlich von Nachl das Tih-Plateau zum Wadi Sudr. Dessen Eingang und einen der seltenen Brunnen bewacht die Qala'at el-Gundi. Die von Saladin (reg. 1169–1193) auf einem Kalkhügel gegen die Kreuzritter errichtete Festung hatte aber nie eine militärische Bewährungsprobe zu bestehen.

Im 12. Jh. fielen mehrmals die **Kreuzritter** auf dem Sinai ein. Wegen dieser Bedrohung mussten die spanischen und nordafrikanischen Mekkapilger noch bis 1273 den umständlichen Weg über den Nil, durch die Östliche Wüste und schließlich über das Rote Meer einschlagen. Doch auch diese Route war nicht völlig sicher. 1182, als Saladin den Rittern im Norden Syriens zusetzte, nutzte Baron Rainald von Chatillon die Gunst der Stunde, ließ von seiner Burg Kerak nahe dem Toten Meer

Auf dem Friedhof der Oase Feiran

fünf in Einzelteile zerlegte Schiffe mit Eseln und Kamelen nach Aqaba bringen und verbreitete mit dieser Piratenflotte Angst und Schrecken in den Hafenstädten bis hinunter zum 22. Breitengrad.

Untereinander konkurrierten die Hafenstädte um den Fernhandel. So wurde das sagenhafte Aidhab, in dessen Schutt die Archäologen chinesische Porzellanscherben entdeckten, 1426 nach einem Streit mit dem gegenüberliegenden Jeddah von den Truppen des Mameluckensultans Al-Aschraf Barsbay für immer zerstört.

In der Östlichen Wüste setzten die Beduinen den Pilgern zu. Noch 1803 überfielen die Ma'aza, kaum dass sie aus Arabien eingewandert waren, die Pilgerkarawane auf der Straße zwischen Qift und Quseir. Ihre Torheit, das Beutegut samt den versklavten Pilgern anschließend auf dem Markt von Kairo feilzubieten, gab dem späteren Vizekönig Mohammed Ali dann freilich eine bequeme Gelegenheit zu blutiger Vergeltung.

Zankapfel der Großmächte

Mit Napoleons Ägyptenfeldzug (1798) entdeckte auch die europäische Gelehrtenwelt das Land am Nil. Ein Tross von 165 Wissenschaftlern begleitete das militärische Expeditionskorps und veröffentlichte, als der Korse längst abgesetzt und auf die Atlantikinsel St. Helena verbannt war, das gesammelte Wissen in der vielbändigen *Description de l'Egypte*. General Kléber besuchte das Katharinenkloster, ließ die Wehrmauer renovieren und finanzierte die Erneuerung des bei einem Unwetter zerstörten Nordflügels. Auch die Händler und Beduinen in Quseir lernten während der nur drei Jahre währenden französischen Besatzung bleichgesichtige Soldaten kennen, die das Hafenfort bewachten.

Obwohl es den Türken mit britischer Hilfe gelungen war, die Franzosen wieder vom Nil zu vertreiben, gehörte Ägypten im 19. Jh. nur noch auf dem Papier zum Osmanischen Reich. Tatsächlich hatten zuerst Vizekönig Mohammed Ali und seine Nachfolger das Sagen, bis das Land zusehends unter britischen Einfluss geriet und

1882 schließlich von den Briten besetzt wurde – mit dem Bau des Suezkanals war Ägypten für die Weltmacht zu wichtig geworden, um es weiter Vizekönigen, Khediven und Sultanen zu überlassen (zur Geschichte des Kanals siehe im Reiseteil Kapitel Suezkanal).

Erster Weltkrieg: Die nominelle türkische Herrschaft über Ägypten endete mit dem Ersten Weltkrieg. Großbritannien, das gegen die mit den Deutschen verbündeten Osmanen kämpfte, erklärte Ägypten zum Protektorat, was an den tatsächlichen Verhältnissen aber kaum etwas änderte, sieht man davon ab, dass der Vizekönig sich jetzt Sultan nannte und aus dem britischen Generalkonsul ein Hochkommissar wurde.

Auf dem Sinai trennte zunächst ein breiter Streifen Niemandsland die feindlichen Armeen. Bei Kriegsausbruch hatten die Briten sich an das leichter zu verteidigende Ostufer des Suezkanals zurückgezogen, um dort die türkischen Vorstöße abzuwehren. Auch die Unterstützung durch deutsche und österreichische Soldaten brachte den Osmanen keinen Durchbruch. Ein bayerischer Oberst Kress von Kressenstein scheiterte vor dem Kanal ebenso wie eine k.u.k.-Gebirgshaubitzendivision, die Kaiser Franz-Joseph mit der verbürgten Bemerkung *„Na, ich glaub doch, die sehn wir nimmer!"* an die Front geschickt hatte. 1918 rückten schließlich die Briten durch den Sinai nach Palästina vor.

Ein Mahnmal am Südostufer des Timsah-Sees (Ismailia) erinnert an diese Episoden, die deutschen und österreichischen Gefallenen liegen in Kairo begraben.

Zweiter Weltkrieg: Rommels Vorstoß auf El-Alamein wurde von vielen ägyptischen Nationalisten als Auftakt zur „Befreiung" ihres Landes von den Engländern geschätzt. Führer der „Jungägypter" (Misr al-Fatah) hatten schon 1936 auf dem Nürnberger Reichsparteitag Hitler gehuldigt. „Ilal amam ya Rommel!" („Vorwärts, Rommel!") erschallte es nun auf den Straßen Kairos. Besonders aber alarmierten den britischen Oberbefehlshaber Montgomery die Nachricht, dass König Faruk insgeheim mit den Achsenmächten verhandle. Am Morgen des 4. Februar 1942 umstellten englische Panzer den Palast und zwangen dem König einen neuen Ministerpräsidenten auf, der sich alliierten Wünschen gegenüber willfährig zu zeigen versprach. Was hieß: Kriegsrecht, Pressezensur und das Unterbinden aller pro-deutschen Umtriebe. Ihren Nachschub für die Afrikafront brachten die Engländer in Safaga an Land, das damals zum größten Hafen der ägyptischen Rotmeerküste ausgebaut wurde.

Suezkrise: Nach Kriegsende räumte die Royal Air Force Ägyptens Himmel und Flugfelder, zog die Royal Navy aus Alexandria, Safaga und anderen Häfen ab und verließ die Royal Army das Land am Nil – nur die Zone um den Suezkanal blieb weiterhin unter britischer Verwaltung, bis Ägyptens Präsident Gamal Abdel Nasser im Juli 1956 die Kanalgesellschaft verstaatlichte und die Kanalzone besetzte.

Frankreich und England zeigten sich bestürzt: Die Briten, weil ihre Regierung drei Achtel der Kanalaktien besaß, die Franzosen, da der Hauptanteil der von de Lesseps gegründeten Kanalgesellschaft in französischen Händen lag. Am 29. Oktober 1956 griffen israelische Soldaten die Ägypter auf dem Sinai an. Zwei Tage später bombardierten die Engländer Port Said. Die Sowjetunion drohte mit einer Intervention, die Amerikaner gaben den Europäern eins auf die Finger – sie sollten die Rolle des Weltpolizisten künftig den Supermächten überlassen. Schließlich landeten UNO-Truppen am Kanal, um einen Waffenstillstand und den Rückzug der Invasoren zu überwachen. *Time* erklärte Nasser zum „Mann des Jahres", denn niemand habe es wie er geschafft, aus einer Niederlage als Sieger hervorzugehen.

Gamal Abdel Nasser – der „gute Diktator"?

Gamal Abdel Nasser (1918–1970) war einer der bedeutendsten arabischen Staatsmänner des letzten Jahrhunderts. Als Kopf der „Freien Offiziere" plante und führte er 1952 den Putsch gegen die Monarchie. Nachdem er seine Konkurrenten ins politische Abseits manövriert hatte, übernahm der in einem Dorf bei Assiut geborene Sohn eines Postbeamten 1954 die Regierungsgewalt und ließ sich schließlich per Volksabstimmung zum Präsidenten küren. Auf internationalem Parkett zählte er mit dem Jugoslawen Josip Broz Tito und dem Inder Jawarhalal Nehru zu den Führern der blockfreien Staaten, die einen „Dritten Weg" zwischen Ost und West suchten. Mit Nassers Widerstand gegen ein US-dominiertes Militärbündnis im arabischen Raum („Bagdad-Pakt") kühlten die Beziehungen zum Westen weiter ab, der Ägypten mit dem Entzug der Militär- und Finanzhilfe bestrafte. Nasser revanchierte sich mit der Verstaatlichung des Suezkanals und gewann die Sowjetunion für die Finanzierung des Assuan-Staudamms.

Zu seinen großen innenpolitischen Erfolgen gehört die Verteilung des Großgrundbesitzes an Kleinbauern und Pächter, eine Reform, die in den 90er Jahren wieder rückabgewickelt wurde. Auf der Habenseite des Nasserismus stehen auch der Ausbau des Schulwesens, der Aufbau eines flächendeckenden Netzes von Gesundheitsstationen im ländlichen Raum und eine Beschäftigungsgarantie für alle Studierten nach Abschluss der Ausbildung. Sein Land regierte der Ra'is („Führer") jedoch mit harter Hand und Hilfe der Geheimdienste. Kommunisten wurden ebenso verfolgt wie die islamistische Moslembruderschaft.

Trotzdem war der charismatische Redner beim Volk beliebt wie kein anderer ägyptischer König oder Präsident des 20. Jh. Zu seiner Beerdigung am 1. Oktober 1970 sah Kairo den bislang größten Massenauflauf seiner Geschichte. Mehr als eine Million Menschen säumten die Route des Trauerzugs, und die Polizei schaffte es nicht, den angereisten Staatsgästen einen Weg zum Leichnam zu bahnen. Selbst gestandene Männer weinten, zerrissen ihre Kleider und schrien: „Gamal Abdel Nasser, verlass uns nicht!" Noch heute betrachten viele Ägypter die Jahre unter Nasser als goldenes Zeitalter.

Land gegen Frieden

Die nächste militärische Auseinandersetzung mit dem ungeliebten Nachbarn hatte für Ägypten schlimmere Folgen. Am 6. Juni 1967 überschritten israelische Truppen die Grenze und rückten in kürzester Zeit bis an den Suezkanal vor. Nach dem **Sechstagekrieg** gehörte der Sinai für fünfzehn Jahre zu Israel. Während sich in Ofira (Scharm el-Scheich) und Nevi'ot (Nuweiba) die ersten Taucher und Badegäste tummelten, lieferten sich Israelis und Ägypter nun einen jahrelangen Abnutzungskrieg: Die einen schossen über den Kanal, die anderen bombardierten Suez und sogar Ziele am Nil.

Nassers Nachfolger Anwar el-Sadat tilgte mit einem Überraschungsangriff die Schmach der Niederlage. Am 6. Oktober 1973, dem israelischen Feiertag Yom Kippur, überwanden ägyptische Panzer die israelischen Befestigungen auf dem östlichen Kanalufer und stießen tief in den Sinai vor. Doch bevor die Vereinten Nationen schließlich einen Waffenstillstand vermittelten, hatten im Süden auch die israelischen Verbände den Kanal überschritten und standen am Stadtrand von Suez. So feiern heute beide Seiten den **Oktoberkrieg** als militärischen Sieg. Politisch zog Ägypten den größeren Nutzen: Das Friedensabkommen von Camp David (1979) brachte dem Land im Tausch gegen die Anerkennung des Staates Israel die Rückgabe des Sinai, der 1982 von den letzten israelischen Siedlern und Soldaten geräumt wurde.

Bevölkerung

Auf dem Sinai, am Roten Meer und in der Östlichen Wüste leben nur etwa eine halbe Million Menschen. Gegenüber den Zuwanderern aus dem Niltal sind die einheimischen Beduinen inzwischen eine Minderheit.

Die Beduinen des Sinai und im Norden der Östlichen Wüste stammen ursprünglich von der Arabischen Halbinsel. Von den eigentlichen Ägyptern aus dem Niltal unterscheiden sie sich in der Lebensweise (bis in die jüngste Zeit waren die Beduinen Nomaden), in der Kleidung, in der Physiognomie und im Dialekt: So heißt etwa „Berg" auf Ägyptisch-Arabisch *Gebel*, während ihn die Beduinen hocharabisch *Dschebel* aussprechen. Noch weniger haben die Stämme im Süden der Östlichen Wüste mit den Niltal-Ägyptern gemein.

Die Beduinen des Sinai

In den Oasen zeigen sich die Beduinen von einer Seite, wie wir sie von Karl May oder aus *Lawrence von Arabien* nicht kennen: als Gärtner. Viele haben ihre Zelte aufgegeben und feste Häuser bezogen, vor denen der Pick-up parkt. Andere „Söhne Ismails" – alle Beduinen betrachten den biblischen Ismail als ihren Stammvater – verdienen sich ihr Geld als Arbeiter in der Ölindustrie oder im Tourismus. Bis vor

Die hölzernen Daus sind am Roten Meer nicht mehr gefragt

wenigen Jahren blieben diese Beschäftigungen aber temporär. Keinem Beduinen fiel es ein, in die Stadt überzusiedeln; die Familie blieb in der Wüste oder im Dorf, wohin auch die erwerbstätigen Männer nach wenigen Wochen oder Monaten wieder zurückkehrten. Das neben der Lohnarbeit zweite ökonomische Standbein, die Welt des Stammes und der Familie, wurde nicht aufgegeben.

Neben den Tieren gilt die besondere Liebe den Gärten. „Das Geld bringt uns die Lohnarbeit und der Handel; wer einen Brunnen gräbt und einen Garten anlegt, erntet zwar Nahrung und Wasser, macht aber keinen Profit", erklärt Audah Saleh von Stamm der Musina. Doch wie alle Söhne Ismails träumt auch er davon, in einem schattigen Palmenhain zu liegen, dem Rauschen des Wassers zu lauschen und in den Apfel vom eigenen Baum zu beißen. Und für Notzeiten hält er sich selbstverständlich seinen Vorrat an Getreide, Datteln und Trockenobst. Die Oase und die Ziegenherde mögen sich, in Renditekategorien betrachtet, tatsächlich „nicht rechnen". Doch sie geben in Krisenzeiten wirtschaftliche Sicherheit. Nicht zu reden vom Kamel, das als Statussymbol einfach dazugehört.

Beduinen heute: Politische Veränderungen, von denen der Sinai oft genug betroffen war, eine plötzliche Flaute im Touristengeschäft oder einfach nur Schwankungen in der Nachfrage nach Arbeitskräften können den Job und die Geschäfte von heute auf morgen in Frage stellen. Seit dem 19. Jh. verdienten sich einige Stämme ein Vermögen mit dem Schmuggel von Haschisch und Opium. Als 1967 nach der israelischen Besetzung des Sinai zwei Armeen den Weg nach Ägypten versperrten, die ohne viel Aufhebens auf alles schossen, was sich zwischen den Fronten bewegte, war es mit dem Schmuggel vorbei. Nach dem Ausbruch des Oktoberkrieges wurde die Öl- und Erzförderung abrupt eingestellt. 1100 Beduinen verloren ihren Arbeitsplatz. Als während der Golfkrise die Touristen ausblieben, sank die Nachfrage nach Führern und Kameltouren auf Null und die ägyptischen Hotelmanager entließen zuerst die Beduinen.

Kinderarbeit

Schon allein aus Vorsorge gegen solche und ähnliche Wechselfälle muss der Beduine auch Mitglied seines Stammes bleiben. Nur so hat er das Recht, auf dem Gebiet des Clans Häuser zu bauen, Brunnen zu bohren, Gärten anzulegen, Tiere zu weiden, Touristen zu führen und, heute allerdings von weniger Bedeutung, Karawanen zu überfallen oder an den gemeinsamen Raubzügen teilzunehmen.

Die neuen Beduinensiedlungen in Dahab, Nuweiba und St. Katharina sind insofern Ergebnis der guten Verdienstmöglichkeiten, die sich seit Beginn des Touristenbooms bieten. In schlechteren Zeiten werden die Nomaden sich in die Berge zurückziehen. Der Beduine am Strand von Nuweiba, der auf der Vorderseite seiner Bude Tee und Datteln an die Touristen verkauft und hinten sein –

Beduinen in der Oase 'Ain Hudra

scheinbar überflüssiges – Kamel füttert, hängt also nicht nur alten Traditionen nach, sondern balanciert zwischen Sicherheitsdenken und schnellem Geld. Die ägyptische Zentralregierung nimmt auf die Kultur und Gewohnheiten der Beduinen wenig Rücksicht. Sie zwingt die Kinder in die Schule und die Burschen später ins Militär, verkauft die Wüste, die einst dem Stamm gehörte, an Hoteliers, regiert mit Beamten, Richtern und Polizisten vom Nil und entmachtet so die Scheichs. So sind die Beziehungen zwischen den Beduinen und der Obrigkeit nicht immer die besten.

Die Nomaden der Östlichen Wüste

In der Östlichen Wüste sind die arabischen Beduinen fast bis zur Straße von Qift nach Quseir vorgedrungen. Zwischen Suez und 'Ain Suchna wird man vielleicht auf ein Camp der *Haweitat* treffen, die auch auf dem Sinai siedeln. Die *Ma'aza* auf dem Galala-Plateau bekommt der Reisende dagegen kaum zu Gesicht. Auch die Fischer von Hurghada stammen ursprünglich aus Saudi-Arabien.

Gescheiterte Entwicklungshilfe

Mit einem ungewöhnlichen Entwicklungsprojekt versuchte einst die Ethnologin Schahira Fawzi, das Leben der Beja zu erleichtern. Im Wadi Allaqi am Nasser-Stausee brachten ägyptischen Bauern den Nomaden bei, wie man Brunnen bohrt, Gärten anlegt und Akazien pflanzt. Ein Gemeindezentrum mit Moschee und Klinik wurden gebaut, regelmäßig kam ein Arzt vorbei. Doch das Projekt funktionierte nur so lange, wie Fawzi selbst vor Ort war. Inzwischen lehrt sie als Professorin in den USA, und die Beja haben die kleine Siedlung wieder verlassen – anders als die arabischen Beduinen, die seit je her in ihren Oasen auch Gärten anlegen und denen das Bauernleben deshalb nicht völlig fremd ist, überlassen die Beja die Aussaat weiter der Natur.

Südlich des Wadi Hammamat gehört die Wüste zwei Stämmen der **Beja,** einem Volk das vor allem im Sudan und in Eritrea zu Hause ist. Der Stamm der *Ababda* spricht inzwischen Arabisch, unterscheidet sich in seiner Kultur und Lebensweise aber wenig von den *Bischarin*, die die alte hamitische Sprache behalten haben und in Ägypten um den Gebel Elba zu Hause sind. Über die Zahl der ägyptischen Beja gehen die Meinungen weit auseinander: Ethnologen schätzen sie auf 60.000 bis 200.000 Menschen, von denen aber nur noch ein Teil als Nomaden lebt. Mehr über die Beja erfahren Sie im Reiseteil auf der S. 248.

Lesetipp Joseph J. Hobbs, *Bedouin Life in the Egyptian Wilderniss*, AUC-Press (via Amazon erhältlich), ein akademisches, doch gleichwohl faszinierendes Buch über die Ma'aza-Beduinen.

Religion

Ob Ägypter, Beduinen oder Beja, nahezu alle Einheimischen und Zuwanderer am Roten Meer und auf dem Sinai bekennen sich zum Islam. Die Kopten, Ägyptens Christen, spielen hier im Unterschied zum Niltal kaum eine Rolle. Der Reisende wird ihnen allerdings in zwei Klöstern an der Rotmeerküste begegnen.

Der Islam

„Es gibt keinen Gott außer Allah, und Mohammed ist sein Prophet", ver kündet der Muezzin in jedem Gebetsruf. Wer dieses Glaubensbekenntnis ausspricht, gilt als Moslem.

Dass sie von Andersgläubigen in Analogie zu Christen oft Mohammedaner ge nannt werden, beleidigt die Gläubigen tief. Denn Mohammed wird eben nur als Prophet, nicht als Gott verehrt. Ihm verkündete Allah durch den Erzengel Gabriel den *Koran*. Diese abschließende Offenbarung vollendete das Werk früherer Pro pheten wie etwa Abraham, Moses und Jesus. Schon 20 Jahre nach Mohammeds Tod (632) ordneten Gelehrte die Offenbarungen und gaben dem Koran seine bis heute verbindliche Fassung. Den Koran ergänzt die im Hadith niedergeschriebene *Sunna* („Gewohnheit"), die Überlieferung von Mohammeds Taten und eigenen Reden – im Unterschied zum göttlichen Wort des Korans.

Unrein (und verboten) sind den Muslimen Alkohol, Schweinefleisch in je dem Fall, anderes Fleisch, wenn die Tiere nicht geschächtet wurden. Unrein heit entsteht auch durch Schlaf, Verrichtung der Notdurft, die Berührung der eigenen Genitalien oder einer Person des anderen Geschlechts. Nackt heit ist dem Islam unmoralisch, die erogenen Zonen sind völlig tabu.

Eine je nach dem Grad der Unreinheit große oder kleine **Waschung** stellt die zur Verrichtung des Gebets erforderliche rituelle Reinheit wieder her. Der kleinen Waschung (Kopf, Füße, Hände und Unterarme) dienen die Brunnen vor der Moschee. Auch der Gebetsplatz muss sauber sein. In der Moschee zieht man deshalb die Schuhe aus. Andernorts gibt der Gebetsteppich, not falls auch eine untergelegte Zeitung den reinen Boden.

Das **Glaubensbekenntnis** ist die wichtigste der *fünf Säulen des Glaubens*, denen je der Moslem folgen soll. An zweiter Stelle steht das fünfmal am Tag zu verrichtende **Gebet,** bei dem sich der Moslem mit dem Gesicht gegen Mekka wendet. Besonders

Die tanzenden Derwische begannen als islamische Bruderschaft

eifrige Beter erkennt man an der *Zebiba*, einem dunklen Fleck auf der Stirn, der vom häufigen Berühren des Bodens herrührt. Wenigstens einmal die Woche sollen die Gläubigen zum gemeinsamen Gebet zusammenkommen. In der Moschee weist der *Mihrab* (Gebetsnische) die Richtung nach Mekka. Vom erhöhten *Minbar* (Kanzel) hält der Vorbeter die Freitagspredigt. Kaum ein Muezzin steigt noch persönlich aufs Minarett, um die Gläubigen zum Gebet zu rufen. Heute spricht der Gebetsrufer unten in ein Mikrofon; lautstarke bis brüllend-laute Megafone ersparen ihm die Kletterei. Manche Moscheen verfügen über getrennte Frauenabteile oder dem weiblichen Geschlecht vorbehaltene Emporen. Wo nicht, müssen Frauen zu Hause beten. „Der Prophet wusste wohl, warum er die Betenden trennte", meinte ein Ungläubiger: „Denn der Anblick so vieler weiblicher Hinterteile in der Moschee hätte sicher manchen Gläubigen abgelenkt."

Die dritte Säule ist die **Almosengabe** *(zakat)*, die sich heute gerne der Staat unter dem Etikett „Vermögenssteuer" aneignet. Daneben gibt es eine besondere Naturalgabe, meist Fleisch, die an Festtagen bedürftigen Nachbarn, Bekannten und Verwandten zukommt. Als besonders verdienstvoll gelten Almosen, die anonym gegeben werden.

Vierte Pflicht des Gläubigen ist das **Fasten.** Während des Fastenmonats Ramadan wird zwischen Sonnenauf- und -untergang der Verzicht auf Essen, Trinken, Rauchen und Beischlaf verlangt. Wobei das Versäumte nach Einbruch der Dunkelheit umso eifriger nachgeholt wird, sodass etwa die Fleischer gerade im Ramadan ihre Spitzenumsätze machen.

Die letzte Säule erwartet von den Gläubigen wenigstens eine **Pilgerfahrt** nach Mekka. Im Monat Du'l-Higga reisen die Gläubigen nach Mekka und vollziehen dort ein teilweise noch aus vorislamischer Zeit stammendes Ritual. Für alle Gebote mit Ausnahme des Glaubensbekenntnisses gelten Ausnahmen. Schwangere, Stillende, Kranke, Gebrechliche, Reisende, Soldaten und aus „wichtigem Grund" zu schwerer Arbeit Genötigte sind im Ramadan vom Fasten befreit und gehalten, das Versäumte später nachzuholen.

Über die fünf Säulen hinaus regelt die Scharia das Leben der Gläubigen. Man kann sie sich als eine Rechtsbibliothek vorstellen, die auch Essensvorschriften, Ehe- und Erbrecht, Bestimmungen über den Handel bis hin zum Straf- und Prozessrecht umfasst. In der Scharia sind alle Grundzüge und viele Details der gerechten und gottgefälligen Gesellschaft festgelegt. Das in sich geschlossene und unabänderliche Gesetzessystem wurde in den ersten drei Jahrhunderten des Islam aus dem Koran und der Sunna abgeleitet. Spätere Gesetze und Entscheidungen müssen mit der Scharia im Einklang stehen.

Die Pilgerfahrt nach Mekka

Einmal im Leben, so das Gebot, soll jeder männliche Moslem, der gesund und finanziell dazu in der Lage ist, im Du l-Higga, dem letzten Monat des Jahres, nach Mekka pilgern. Alle Gläubigen, denen die göttliche Gnade der saudiarabischen Staatsbürgerschaft versagt blieb und die auch nicht in den Genuss der persönlichen Einladung eines der vielen saudischen Prinzen kommen, benötigen für die Hadsch ein Einreisevisum. Und da die heiligen Stätten nicht mehr als 2,5 Mio. Pilger gleichzeitig bewältigen können – auch bei dieser Zahl kommt es immer wieder zu diversen Katastrophen –, beschloss eine Konferenz der Organisation islamischer Staaten, dass jedes muslimische Land nur für ein Tausendstel seiner Bevölkerung Visa erhält. Demnach dürfen jedes Jahr nur 65.000 Ägypter auf Pilgerfahrt gehen – ein Bruchteil derer, die gern möchten.

Die Verteilung der Einreisegenehmigungen übernimmt der ägyptische Staat. Ein fünftel geht an Wohlfahrtsvereinigungen und religiöse Institutionen wie etwa die Al-Azhar-Universität oder das Ministerium für die religiösen Stiftungen, die sie an ihre Mitglieder und Günstlinge weitergeben; zwei fünftel bekommen Reisebüros, und die restlichen Plätze werden verlost. Die glücklichen Gewinner dieser Lotterie müssen sich dann selbst um ein Reisearrangement kümmern, denn die Hadsch soll aus eigener Tasche finanziert werden – damit sich niemand ruiniert, ist es nach religiösem Recht verboten, für die Hadsch einen Kredit aufzunehmen.

Für die 19-stündige Busfahrt mit zehn Nächten einfacher Unterkunft zahlen sie etwa 5000 Pfund, für eine Flugreise noch 2000 mehr – vorausgesetzt, die Ziehung war nicht so spät, dass alle Flüge und Unterkünfte bereits ausgebucht sind. Bei Durchschnittsgehältern von vielleicht 300 LE kostet die Hadsch damit mehr als für unsereinen eine Nilfahrt der Luxusklasse. Wer sein Glück nicht der Lotterie überlassen will, kann die komplette Reise samt Visum auch bei einem Reiseveranstalter erstehen. Diese kombinieren ihr Visakontingent jedoch nur mit Übernachtungen im Nobelhotel und verlangen dafür wenigstens 18.000 Pfund.

Während der Reise kleiden sich die Pilger in weiße, nahtlose Umhänge und Sandalen. Frauen müssen ihren Körper mit Ausnahme des Gesichts und der Hände verhüllen. Das Ritual in Mekka beginnt mit dem siebenfachen Umkreisen der Kaaba. Bei jedem Umgang ist eine anderes Gebet zu sprechen. Die meisten lesen es von Zetteln ab, um keine Fehler zu machen.

In einer langen Halle pendeln die Pilger vierzehnmal von einem Ende (Safa) zum andern (Marwa). Hagar, die Magd Abrahams und Mutter seines Sohnes Ismail, wurde nach der Überlieferung vom Stamm verstoßen und suchte in der Wüste Wasser für sich und ihr Kind. Der Gang durch die Halle soll an diese Suche erinnern und endet an der Quelle Zemzem, die Gott schließlich vor den Füßen Hagars sprudeln ließ. Auch zwei Gebete am Maqam Ibrahim, dem Platz, wo das Haus Ibrahims stand, gehören zum Programm.

Am achten Tag der Hadsch werden die Pilger in Bussen in das Städtchen Mena transportiert und machen sich hier am nächsten Morgen auf den Weg zum Berg Arafat, wo sie vom Mittag bis Abend in einem millionenstimmigen Chor Gott anrufen. Im Hintergrund warten Ambulanzen, um jene abzutransportieren, deren Kreislauf in der prallen Hitze kollabiert. Nach Sonnenuntergang sammeln die Pilger Kiesel, mit denen sie am nächsten Morgen, dem ersten Tag des Opferfests, die Felsnadel Gamaret el-Aqaba steinigen, die den Teufel symbolisiert – ein Ritual, das wiederum siebenmal vollzogen werden muss, bevor dann im Gedenken an das Opfer Abrahams ein Schaf geschlachtet wird. Nur wenige Tiere werden gemetzgert. Die meisten Kadaver verscharren Bulldozer in riesigen, zuvor ausgehobenen Gruben. Nach dem Opfer rasieren sich die Männer das Haupt und kehren nach Mekka zurück. Zum Abschluss muss wieder die Kaaba siebenmal umrundet werden, der Gamaret el-Aqaba gesteigt und nochmals die Kaaba besucht werden. Dann geht es wieder nach Hause.

Zurück zum Gottesstaat?

Auch in Ägypten verbreiten kleine Gruppen religiöser Eiferer mit Terroranschlägen Angst und Schrecken. Andere Islamisten verzichten auf Gewalt und gewinnen ihre Anhänger mit Krankenhäusern, Armenspeisungen und sozialen Hilfen.

Der Islam begreift sich als universelles Lebensprinzip, das neben den religiösen auch die weltlichen Angelegenheiten der menschlichen Gemeinschaft zu regeln beansprucht. Auch wenn die Einheit von *Din* (Religion) und *Daula* (Staat) allenfalls in den Anfängen der islamischen Geschichte gegeben war, blieb sie als Ideal präsent. Das säkulare Prinzip der Trennung von Staat und Religion lehnen die gelehrten Anhänger der Scharia strikt ab. Aufklärung und Rationalismus, wie sie sich in Europa des 18. Jh. entwickelten, seien eine Begleiterscheinung des Christentums und dort vielleicht sogar notwendig gewesen, um die Freiheitsrechte der Bürger aller Konfessionen zu sichern. Wie Kapitalismus und Kommunismus sei auch der weltliche Staat nur eine von Menschen ersonnene Ordnung. Demgegenüber sei die Scharia Teil der Schöpfungsordnung des allwissenden und allmächtigen Gottes, erläutert der Al-Azhar-Theologe Fawzy Mohamed Tayel in einem Grundsatzartikel.

Im 19. Jh. nahm die islamische Welt Begriffe wie Vaterland, Freiheit und Fortschritt begeistert auf. Nach westlichem Vorbild konzipierte Nationalstaaten traten die Nachfolge des Osmanischen Reiches an. Doch sie erfüllten die in sie gesetzten Hoffnungen nicht. Je mehr sich die soziale, politische und wirtschaftliche Lage verschlechterte, je mehr Kriege die Araber (gegen Israel) verloren, desto mehr stellten die Gläubigen die Frage: „Warum sind uns die Siege und Erfolge verwehrt, die dem Propheten und den ersten Kalifen so klar in den Schoß fielen?" Und kamen zu dem Schluss: „Weil wir vom rechten Lebenspfad und Glauben abgewichen sind."

Der Damaszener Philosoph Sadiq al-Azm sieht die islamische Renaissance als eine Spätfolge von Fehlern der Nasser-Ära. „Die Modernisierung der arabischen Welt geschah damals nicht radikal, nicht konsequent genug. Der arabische Nationalismus hat versucht, die sozioökonomischen Rahmenbedingungen zu verbessern, eine Industrie aufzubauen, aber er hat nicht das Denken der Menschen verändert. Die Nasseristen haben den Kulturkampf versäumt." Trotzdem glaubt der Syrer, dass es auch für die Araber langfristig keine Alternative zum weltlichen Nationalstaat gibt. „Die arabische Welt wird in ihrer Entwicklung längst von Europa bestimmt. Nationalismus und Säkularisierung sind Kräfte europäischen Ursprunges, und sie formen unsere Gesellschaft seit 200 Jahren. Man kann aus der Geschichte nicht einfach aussteigen."

Nach einer Umfrage des *Nationalen Zentrums für Sozial- und Kriminalforschung* hält allerdings die überwältigende Mehrheit der Ägypter die Scharia für geeignet, ihre sozialen und wirtschaftlichen Probleme zu lösen. Selbst die Hälfte der befragten Kopten befürwortete die drakonischen Leibesstrafen der Scharia. Sie wollten auch nichtmuslimische Ehebrecher gepeitscht oder gesteinigt und die Gliedmaßen christlicher Diebe amputiert wissen – Strafen, die der osmanische Sultan Mehmet II. vor einem halbem Jahrtausend als nicht mehr zeitgemäß empfand und abschaffte.

Wie weit sich das frühmittelalterliche Konzept eines Gottesstaates mit der modernen Zivilisation vereinbaren lässt, bleibt bisher offen. Mahmun Houdaibi, ein Führer der Moslembruderschaft, sieht für sein Privatleben keinen Widerspruch: „Ich benutze Flugzeuge, gehe zu Ärzten, spreche Englisch, sehe fern, höre Radio, telefoniere und fahre Auto. Meine Töchter sind Ärztinnen und einer meiner Söhne ist Professor. Wir leben im 21. Jh. und nicht im Frühmittelalter. Trotzdem sind wir fromme Muslime."

Die Koptische Kirche

Nach der christlichen Überlieferung brachte der Evangelist Markus den neuen Glauben nach Ägypten. Die meisten der knapp zehn Millionen ägyptischer Kopten leben heute in Kairo und im mittelägyptischen Niltal.

Schon im 2. Jh. hatte sich die neue Religion bis nach Oberägypten ausgebreitet. Auf dem Lande entwickelte sich eine eher einfache Volksfrömmigkeit, die mit Paulus von Theben, Antonius und Pachomius die Väter des abend- wie morgenländischen Mönchtums hervorbrachte und das Christentum mit älteren, asketischen Lebensformen verband. Dem stand Alexandria mit seiner religiösen Hochschule als ein intellektuelles Zentrum gegenüber, wo die philosophisch-theologischen Strömungen der Zeit wie Gnosis, neuplatonische Ideen und manichäisches Gedankengut miteinander rangen. Arius und Athanasius, die großen Widersacher des ersten Konzils von Nicäa (325), stammten beide aus Alexandria.

Die auf dem Konzil von Chalkedon (451) vollzogene Abspaltung des koptischen Patriarchats von der damals noch geeinten griechisch-römischen Kirche hatte eher politische denn theologische Ursachen. Kämpfe um die Vormacht unter den Patriarchen von Konstantinopel, Antiochia und Alexandria verbanden sich mit Spekulationen um die wahre Natur Jesu. Die griechisch-römische Kompromissformel von den beiden „unvermischt und ungetrennt verbundenen" menschlichen und göttlichen Naturen Jesu erkannten die Ägypter nicht an, sondern beharrten auf einer einzigen, göttlich-menschlichen Natur.

Der theologische Streit war für die Ägypter ein guter Vorwand, sich wenigstens in religiösen Angelegenheiten von den Autoritäten in Rom und Konstantinopel zu emanzipieren. In der heidnischen Zeit hatten die römischen Kaiser auch Ägyptens Christen gnadenlos malträtiert. Die Christenverfolgungen unter Kaiser Diokletian blieben in so schrecklicher Erinnerung, dass der koptische Kalender bis heute mit dem Regierungsantritt des Kaisers am 12. September 284 unserer Zeitrechnung beginnt, um dieser „Ära der Märtyrer" zu gedenken.

Nach dem konstantinischen Toleranzedikt bzw. der Erhebung des Christentums zur Staatsreligion (380) besserte sich das Verhältnis zur weltlichen Obrigkeit nicht. Unter dem christlichen Deckmantel pflegten die Alexandriner nationalistische und fremdenfeindliche Gefühle, die sich in Judenpogromen und der Ermordung der neuplatonischen Philosophin Hypatia entluden. Die Kirchenversammlung von Ephesos (449) ging in die Geschichte als „Räubersynode" ein, da die Ägypter ihre religiösen Auffassungen mit einer Horde bewaffneter Mönche nachhaltig durchsetzen.

Nach der Kirchenspaltung stritten, ebenfalls häufig ganz unchristlich mit Mord und Totschlag, der vom Kaiser unterstützte griechische („melkitische") Patriarch und sein nationalägyptischer (koptischer) Kollege miteinander. So begrüßten die Kopten den islamischen Feldherren Amr Ibn al-As konsequent als Befreier und nicht als ungläubigen Heiden. Etwa um 900 war die Mehrheit der Ägypter allerdings zum Islam über-

Das Antoniuskloster – eines der ältesten Klöster der Christenheit

getreten, und ab der Jahrtausendwende kam es zu Verfolgungen, Kirchenschließungen, Kleiderordnungen und weiteren Diskriminierungen der Christen.

Schließlich teilte die **koptische Sprache,** eine Fortentwicklung des Altägyptischen, das Schicksal des Lateins und wurde zu einer toten Kirchensprache, die heute nur noch in der Liturgie benutzt wird. Wer einmal ein koptisches Gesangbuch oder eine Bibel in die Hand nimmt, sieht neben dem koptischen Text (geschrieben mit um acht Sonderzeichen erweiterten griechischen Lettern) eine arabische Übersetzung – nicht nur die Gemeinde, auch mancher Priester würde sonst den Text nicht verstehen.

Der Pflege koptischer Theologie, Sprache und Kultur widmet sich das Koptische Institut in der Hauptstadt, und die Gemeinschaft unterhält ihre eigenen Krankenanstalten, Waisenhäuser und Altenheime. Am unteren Ende der Sozialskala rangieren Kairos private Müllsammler und -verwerter, die ausschließlich Kopten sind; gleichzeitig dürfte die christliche Minorität unter den freien Berufen der oberen Mittelschicht (Anwälte, Ärzte usw.) und den Inhabern von Handelsgeschäften überproportional vertreten sein. In den politischen Spitzenrängen sucht man Kopten genauso vergebens wie unter den gewählten Abgeordneten – von jenen

Parlamentsmandaten, die der Staatspräsident nach Gutdünken vergeben darf, werden allerdings gewohnheitsmäßig Sitze den Kopten eingeräumt. Auch der bekannteste koptische Politiker, der frühere UN-Generalsekretär Boutros Ghali, konnte am Nil nicht weiter als zum Staatssekretär aufsteigen.

> **Lesetipps**: Emma Brunner-Traut, *Die Kopten. Leben und Lehre der frühen Christen*, Herder-TB; Alexander Flores u. a. (Hg.), *Die Zukunft der orientalischen Christen*, INAMO. Im **Internet** findet man unter www.coptic.net/CopticWeb/ zahlreiche Links zum koptischen Christentum.

Wirtschaft

„Es ist für einen ägyptischen Arbeiter nicht leicht, hier zu Hause gute Arbeitsbedingungen zu finden. Trotzdem denken wir, dass es nicht notwendig ist, ins Ausland zu gehen. Die Bezahlung dort steht in keinem Verhältnis zu den Risiken und Gefahren, denen sich die Leute aussetzen."

Essam el-Din Hassan von der ägyptischen Menschenrechtsorganisation (EOHR) hat gut reden. Die offizielle Arbeitslosenrate beläuft sich in Ägypten auf knapp 20 %. Keine Statistik zählt jene, die sich als Straßenverkäufer, Handlanger, Wäscherinnen oder mit anderen Gelegenheitsjobs durchschlagen. Gleichzeitig arbeiten etwa zwei Millionen Ägypter in Libyen, Saudi-Arabien, am Golf, auf Zypern oder wo immer sich ein Job findet. Ihre Überweisungen von 4,3 Mrd. Dollar im Jahr sind nach den Einnahmen durch den Tourismus und den Export von Erdgas der größte Posten auf der Habenseite der ägyptischen Zahlungsbilanz. Demgegenüber bringt der Suezkanal nur knapp 4 Mrd. Dollar in die Devisenkasse. Zu den Emigrantenüberweisungen kommen jede Menge Bargeld, dazu langlebige Konsumgüter wie Videorecorder, Kühlschränke und was die Gastarbeiter noch alles beim Heimaturlaub ins Land bringen.

Dahab lebt vom Tourismus

Die Emigranten verdienen im Ausland leicht das Doppelte bis Dreifache wie bei einem Job am Nil. So suchen außer Ungelernten, die sich etwa als Bauarbeiter verdingen, auch Ärzte, Lehrer und Ingenieure ihr Glück in der Fremde.

Der Buchhalter Mohamed Abu Selim zum Beispiel käme in einer ägyptischen Bank auf ein Monatssalär von etwa 500 Pfund. In Saudi-Arabien kann er monatlich umgerechnet 1800 Pfund zu seinen Gunsten verbuchen. Die Schattenseite sind ein 14-stündiger Arbeitstag und ein Job, zu dem außer Buchhaltung auch der Dienst als Chauffeur, Laufbursche und Hilfsgärtner seines Chefs gehört. Dazu kann er morgen gefeuert oder gar des Landes verwiesen werden, wie es 800.000 Ägyptern

Arbeitsmigranten aus dem Niltal in Scharm el-Scheich

am Vorabend des Golfkriegs geschah, als sie gleichzeitig aus dem Irak, Kuwait und Jordanien gehen mussten. Viele verloren dabei ihre im Ausland deponierten Ersparnisse, andere wurden nur um den letzten Lohn geprellt. Doch solange die Bevölkerung am Nil schneller wächst als die Zahl der Arbeitsplätze, werden weiterhin viele Ägypter ihr Brot im Ausland verdienen müssen und die damit verbundenen Risiken in Kauf nehmen.

▶ **Große Pläne:** Mit dem Sinai und der Rotmeerküste verbindet Ägyptens Wirtschaft große Zukunftshoffnungen. Entlang der Mittelmeerküste soll der im Bau befindliche El-Salam-Kanal 1600 km² neues Ackerland samt Industriezonen erschließen und bis zum Jahr 2017 drei Millionen Siedler aus dem übervölkerten Niltal in die Wüste locken. Aller Erfahrung nach sind solche Zahlen freilich übertrieben: In der letzten Dekade erhöhte sich die Bevölkerung in den Randgebieten nur um 200.000 statt der prognostizierten Million. Und wo sollen die Menschen auch Arbeit finden, wenn nur 25 % der neuen Ackerflächen an Kleinbauern, der Rest aber an Großfarmen vergeben wird, die mit viel Gerät und wenigen Menschen produzieren?

▶ **Die Tourismusindustrie:** Selbst die vormalige Umweltministerin Nadia Makram Ebeid tut die für das Rote Meer auf 2017 vorgesehenen 300.000 Hotelbetten als einen Wunschtraum ab. Statt 9 Millionen Touristen sollen dann 16 Millionen Erholungssuchende Ägypten besuchen. Immerhin: Die 260 Küstenkilometer am Golf von Aqaba sind weitgehend an Hotelinvestoren übergeben, und zwischen Hurghada und Berenike sind in sechs neuen Touristenstädten 240 Hotels und Feriendörfer bereits geplant und 360 weitere Grundstücke verkauft.

Während andere Länder sich unter dem Stichwort „Qualitätstourismus" darum bemühen, eine möglichst zahlungskräftige und -willige Klientel anzusprechen, um so auch bei stagnierender Touristenzahl höhere Einnahmen zu erzielen, setzt Ägypten auf Dumpingangebote und Masse. Dank günstiger Landpreise, Steuervorteilen, Zollbefreiungen und unbegrenztem Gewinntransfer ins Ausland kommt ein Hotel am Roten Meer bereits nach drei oder vier Jahren in die Gewinnzone.

Durch die Sehenswürdigkeiten am Nil, so die richtige Erkenntnis, lassen sich kaum noch zusätzliche Besuchermassen schleusen, denn die meisten Bildungsreisenden besuchen Ägypten nur einmal. Badeurlauber dagegen sind Wiederholungstäter, und am Meer ist ja noch reichlich Platz. Hier konkurriert Ägypten aber mit anderen Billigdestinationen rund ums Mittelmeer, weshalb zur Freude der Urlauber die Preise sinken. Nach den Arabern, die es vor allem nach Kairo und ans Mittelmeer zieht, stehen die Urlauber aus deutschsprachigen Ländern auf dem zweiten Platz der Touristenstatistik.

Politik

Wenn die Ägypter alle paar Jahre an die Urnen gerufen werden, um die 444 Abgeordneten des Parlaments neu zu wählen, steht das Ergebnis im Großen und Ganzen bereits fest: Gewinnen wird auch diesmal wieder die Regierungspartei NDP.

Der eine oder andere altgediente NDP-Kandidat mag vielleicht seinen Wahlkreis gegen einen „unabhängigen" Konkurrenten verlieren; andere, von der Partei nicht aufgestellt, gehen auf eigene Faust und mit viel Geld ins Rennen – nach der Wahl werden sich auch die „Unabhängigen" der Regierungsfraktion anschließen, denn nur so können sie Einfluss ausüben und haben Zugriff auf die Fleischtöpfe. Kein Wunder also, dass die Ägypter keine allzu begeisterten Urnengänger sind.

Der starke Mann im Land ist Staatspräsident Mohammed Hosni Mubarak. Unter seinem Vorgänger Anwar el-Sadat Vizepräsident, erbte er nach dessen Ermordung 1981 die Macht. Sadat wiederum war als Stellvertreter des an Herzversagen gestorbenen Gamal Abdel Nasser auf den Präsidentenstuhl gekommen, sodass noch jeder Präsident dieses Amt bis zum Tode ausübte und an seinen Vize vererbte, den der vorsichtige Mubarak bislang allerdings nicht ernannt hat.

Ägyptens Außenpolitik balanciert zwischen einem „kalten Frieden" mit Israel, der Kooperation mit den arabischen Nachbarn einschließlich Libyen und der Bindung an die Vereinigten Staaten, die in Ägypten mehrere Militärstützpunkte unterhalten und das Land mit großzügiger Wirtschafts- und Militärhilfe bedenken, die nur von den Zahlungen an Israel übertroffen wird.

Beruf: Zensor

Abdel Hamid Ibrahim verbringt seinen Arbeitstag in einem abgedunkelten Büro zwischen Stapeln von Videokassetten und schaut sich Werbespots an. Über den Bildschirm flimmert gerade die Werbung für ein Waschmittel. Nach dem Film wird Abdel Hamid ein mehrseitiges Formular ausfüllen, einen Bericht schreiben und dann die nächste Kassette begutachten. Abdel Hamid ist Zensor. Man sollte denken, dass eine Waschmittelwerbung kaum Gefahr läuft, religiöse Gefühle zu verletzen, den Staat zu gefährden oder die Moral zu untergraben. Doch das Gesetz will, dass die Zensur *jeden* Film begutachtet, der importiert oder hier hergestellt wird, samt Werbespots, Comics, Schulfilmen; dazu jedes Buch, jede Zeitschrift, jedes Theaterstück, jeden Songtext. Und heute hat es sogar die Waschmittelwerbung in sich: Für das neue Produkt wirbt Claudia Schiffer, die durchaus einen langbeinigen Angriff gegen die Moral verkörpern könnte.

Abdel Hamid wird seinen Bericht über die Waschmittelwerbung an den Abteilungsleiter für ausländische Filme weiterreichen. Der wird ihn lesen, abzeichnen und an den Leiter der Filmabteilung weiterreichen. Der wird ihn wohl nur noch abzeichnen und an den Chef der Zensurbehörde weitergeben. Der wird wiederum unterzeichnen, und dann wird, nachdem insgesamt mehrere Monate vergangen sind, die Kassette mit der Waschmittelwerbung der ägyptischen Vertretung des ausländischen Waschmittelherstellers zugestellt, der sie jetzt synchronisieren und zeigen darf. Seitdem ist Claudia Schiffer die berühmteste Blondine Ägyptens: Züchtig bekleidet wirbt der Männerschwarm erfolgreich für das auch uns bekannte Wäschereinigungsprodukt.

Hollywoodfilme erfordern besonderen Aufwand. Nur die besten unter den Zensoren, und davon drei gleichzeitig, werden darauf angesetzt. „Die Amerikaner wissen nicht, was bei uns erlaubt ist." *Schindler's List* fiel durch. Offizielle Begründung: zu viel Gewalt. Tatsächlich ist alles, was Sympathien für Juden wecken könnte, nicht opportun. Actionfilme mit Sylvester Stallone, Schwarzenegger und van Damme haben weniger Probleme. Doch das Totalverbot bleibt die Ausnahme. Meist arbeiten die Zensoren mit dem Schneidetisch und entfernen lediglich einzelne anstößige Szenen. Die werden in einem Giftschrank verwahrt und einmal im Jahr unter strenger Aufsicht verbrannt.

Um ein guter Zensor zu sein, reicht die Kenntnis des Zensurgesetzes und des dicken Regelbuches nicht aus. Der echte Zensor muss spüren, was Anstoß erregen könnte – er muss insoweit kein Kunstkenner, sondern ein Opportunist sein. So wechseln mit dem gesellschaftlichen Klima auch die Stellen, an denen die Schere ansetzt. Politisch ist heute, solange der Präsident und die Armee aus dem Spiel bleiben, mehr erlaubt als unter Nasser. Wenn es um Sex und Erotik geht, wird dagegen mehr geschnitten denn je. Eine Frau im Badeanzug kann nur dann auch in Großaufnahme durchgehen, wenn die Szene im Westen spielt und die Kamera diskret bleibt; an einem ägyptischen Strand wäre sie undenkbar. Prostitution und Drogen entgehen der Schere nur, wenn sie eindeutig verurteilt werden. Von allem, was auch nur irgendwie mit Religion zu tun haben könnte, lässt jeder Autor am besten die Finger.

Für manche Zensoren ist ihre Arbeit mittlerweile ebenso ein Albtraum wie für die Künstler. Sie sind frustriert. Doch während die einen sich mehr Freiheit wünschen, wollen die anderen endlich bessere Arbeitsbedingungen: keine Waschmittelreklame mehr anschauen müssen, mehr Platz, einen zeitgemäßen Schneidetisch, mehr und besser ausgebildetes Personal, Computerspezialisten, um das Internet überwachen zu können, höhere Gehälter und mehr Anerkennung. Demnächst soll die bislang über halb Kairo verstreute Behörde ein neues Gebäude gleich bei der Oper beziehen. Ein angemessener Platz für jene, die darüber entscheiden, was Kultur sein darf? „Wir helfen den Künstlern", erklärt Abla Abdel Monem, die alle ausländische Dreharbeiten in Ägypten darauf überwacht, dass das Land nicht in einem schlechten Licht dargestellt wird. Die Zensur, so behauptet wenigstens der *Economist,* sei vor 4600 Jahren in Ägypten erfunden worden. Sie werde bleiben, solange der Nil Wasser führt.

Die englischsprachige *Middle East Times* (www.metimes.com) veröffentlicht ihre zensierten Zeitungsartikel als eigene Rubrik im Internet.

Alle Präsidenten kamen aus dem Militär, und pensionierte Generäle haben gute Chancen auf Spitzenposten in der zivilen Verwaltung wie etwa den Job als Provinzgouverneure. Ein anderes Herrschaftsinstrument sind die verschiedenen Geheim- und Sicherheitsdienste, die es zwar nicht mehr so wild treiben wie unter Nasser, denen Amnesty International und andere Menschenrechtsgruppen aber gleichwohl einen exzessiven Einsatz von Folter vorwerfen. Terroristen werden von Militärgerichten routinemäßig zum Tod durch Erhängen verurteilt oder bereits von der Polizei wegen „Widerstands gegen die Verhaftung" erschossen.

Über die öffentliche Moral und politische Meinungsäußerung wacht eine Zensurbehörde. Dennoch ist die Presse für arabische Verhältnisse relativ frei.

Musik

Seit dem Einzug von Radio und Film ist Kairo das Zentrum der arabischen Musikszene. Die favorisiert heute Hits, die ihre musikalischen Anleihen gleichermaßen bei der Folklore wie in der internationalen Musikszene nehmen.

Selim Sahab bemüht sich darum, die etwas in Abseits geratene arabische Musik wieder populärer zu machen. Das Publikum, klagt der Dirigent, hörte heute nur noch europäische Komponisten, und auch die Ausbildung der Konzertmusiker bevorzuge die europäische Musik. „Wer noch arabische Musik hört, gilt als rückständig." An die traditionelle arabische Kunstmusik, wie sie seit dem Mittelalter komponiert und an den Höfen der Herrscher aufgeführt wurde, denkt Sahab dabei erst gar nicht. Er meint mit „arabischer Musik" jene **Schlager,** wie sie seit den Dreißigern für Film und Radio komponiert wurden und mit denen etwa Umm Kulthum bei ihren donnerstäglichen Radiokonzerten die gesamte arabische Welt vor den Lautsprecher versammelte und in ihren Bann zog. Diese Schlager orchestriert Selim Sahab. Der Erfolg gibt ihm recht: Die monatlichen Konzerte von Sahabs *National Arabic Music Ensemble* im Kairoer Opernhaus sind gewöhnlich ausverkauft.

Am Übergang von der Klassik zum Schlager steht *Sayid Darwisch*, von dem es nur wenige knisternde und rauschende Originalaufnahmen gibt. Sein Stil ist noch von der traditionellen Homophonie der arabischen Musik gekennzeichnet, schier endlosen Ausschmückungen, bei denen der Sänger mit hartem, hohem Stimmeinsatz seinen Ton moduliert, variiert und den Vortrag mit einer (scheinbar) zweiten Stimme ausschmückt. *Umm Kulthums* Verdienst war es, das arabische Lied, das in der Kunstmusik oft eine halbe Stunde oder länger dauerte, auf die nur wenige Minuten kurze Spieldauer einer 78er-Schellackplatte zu straffen – nur so wurde sie für Film und Radio überhaupt vortragsfähig. Sie kontrastierte ihre Stimme mit vielköpfigen, auch europäisch instrumentierten Orchestern und Männerchören und sang von Liebe und Vaterland.

Neben der 1975 verstorbenen Diva gilt der Komponist und Sänger *Mohammed Abdel Wahab* als Pionier der modernen arabischen Musik. Die „vierte Pyramide", wie ihn die Presse nannte, begann noch als Hofmusiker bei König Faruk, trat in Musikfilmen auf, besang nach der Revolution die „nationale Sache" und zog sich schließlich aus dem öffentlichen Leben zurück, um nur noch zu komponieren. Schon längst zur Legende geworden und von vielen bereits tot geglaubt, spielte Abdel Wahab als hochbetagter Greis nach dreißig Jahren des Schweigens 1991 noch einmal einen Song ein: *Min ghair leh* („Ohne Grund"). Dieses Lied war seinerseits schon Legende, bevor es nur irgendjemand gehört hatte. Ursprünglich für

Abdel Halim Hafez komponiert, hatten die Krankheit und der frühe Tod des auf der Bühne als schmachtender Herzensbrecher auftretenden Stars die Einspielung verhindert. Während seine Kollegen mit kräftiger Stimme und langem Atem den Ruhm der arabischen Nation besangen, hatten Abdel Halims sentimentale Lieder Liebe und Persönliches zum Inhalt. Als einziger Sänger seiner Generation ist er auch bei der heutigen Jugend populär und, gemessen an den Verkäufen von Kassetten und CDs, noch vor Umm Kulthum der erfolgreichste arabische Interpret aller Zeiten.

Die neueren Bands orientieren sich eher an der Folklore und gleichzeitig an Europa und den USA, die Stile differenzieren sich. *Ahmad Adaweer* gilt als Begründer des **Schaabi,** des ägyptischen Gegenstücks zum algerischen Rai. Wegen ihrer frechen Texte kaum in den Medien gespielt und als vulgär verpönt, kombinieren die Schaabi-Sänger improvisierte Texte mit harten Beats und später mit Rap und Discorhythmen. Das andere Extrem verkörpern etwa die harmonischen, sanftromantischen Lieder von *Aida Ayubi,* die auch selbst komponiert und sich gern von Klavier, Flöte und Kinderstimmen begleiten lässt. *Mustafa Sax* brachte, wie sein Künstlername verrät, das Saxophon in die Kairoer Popszene. Manche Musiker, so etwa der populäre *Mohammed Mounir,* gingen über Jahre ins Ausland, um sich von den musikalischen „Erblasten" zu befreien. Mit Erblasten anderer Art kämpft Teenie-Idol *Ruby.* Wegen allzu freizügiger Songtexte und DVD-Clips traf sie der Bannstrahl des ägyptischen Musiksyndikats. Ja, selbst das Parlament empfahl dem Volk und den Betreibern der Satellitenkanäle, Ruby zu boykottieren.

Nicht jede Tänzerin zeigt ihren Bauch

Eine Renaissance erlebte die **Volksmusik,** seit sie auch ohne leibhaftige Musiker mittels Kassetten und CDs immer und überall gespielt werden kann. Die Beduinenmusiker des Sinai erzählen zu rhythmischer Begleitung alte Epen und moderne Heldengeschichten. Die Bands vom Suezkanal spielen gerne die *sinsimeya,* eine Art Banjo. Beim **Sayidi,** der Musik Oberägyptens, gibt die *nahrasan,* eine beidseitig mit Stöcken geschlagene Trommel, den komplizierten Rhythmus vor, während die *mismar,* eine Art Schalmei, schrillt, als müsse sie die Mauern von Jericho zum Einsturz bringen. Als Vertreter dieses Genres seien *Ahmed Ismail* und *Sohar Magdy* empfohlen. Schon sehr afrikanisch beeinflusst ist die **nubische Musik,** wie sie etwa Altmeister *Ali Hassan Kuban* auch auf europäische Bühnen bringt.

● *Sound Clips* Samples arabischer Musik findet man etwa unter *www.focusmm.com/egypt/eg_musmn.htm.* Bei *www.raqsdance.demon.co.uk/musicinfo.htm* werden weitere Seiten mit Songs von Abdel Halim, Farid el-Atrache und anderen Stars gelistet. Wer **www.mazika.com** lädt, kann sich aus der derzeit wohl umfangreichsten Bibliothek mit Downloads arabischer Popmusik bedienen.

Lesetipp: Frederic Lagrange, *Al-Tagrab – Die Musik Ägyptens* (Palmyra-Verlag).

Mancherorts ist der Straßenbelag noch verbesserungsfähig

Anreise

Vier bis fünf Stunden ist man zwischen Deutschland und Scharm el-Scheich oder Hurghada, den beiden wichtigsten Flughäfen am Roten Meer, in der Luft. Neben Egypt Air bedienen auch Chartergesellschaften wie Air Berlin, Belair und Lauda Air die Routen ins Zielgebiet.

Internationale Verträge und die weltweite Liberalisierung des Luftverkehrs haben Ägypten gezwungen, seine Flughäfen auch für ausländische Ferienflieger zu öffnen. So bleibt der staatlichen *Egypt Air* etwa auf den rasch expandierenden Routen ans Rote Meer nur noch jeder vierte Flug. Weit im Süden wurde bei Marsa Alam ein neuer Airport erbaut, und einige Chartergesellschaften laden ihre Gäste auch in Luxor aus, von wo man noch einen dreistündigen Bustransfer nach Hurghada vor sich hat.

Auch wenn viele Fluggesellschaften heute meist direkt nach Hurghada, Scharm el-Scheich und Luxor fliegen, bleibt Kairo die Drehscheibe des Linienverkehrs. Die *Lufthansa* bietet Sondertarife von Frankfurt oder München nach Kairo und zurück ab 400 Euro. *Egypt Air*, die in punkto Service von den Fachzeitschriften nicht immer die besten Noten bekommt, bietet für diesen Preis auch Linienflüge über Kairo nach Hurghada und Scharm el-Scheich an. Preiswerter, nämlich ab 300 Euro, fliegt *Air Berlin* (www.airberlin.com) direkt nach Hurghada und Scharm el-Scheich.

Im Zeitalter von Internet und Billigfliegern sind reine Charterflüge Auslaufmodelle. Fast alle Ferienfluggesellschaften verkaufen ihre Plätze über das Internet auch direkt an die Endkunden. Auch die Tage der herkömmlichen Tarifstrukturen scheinen gezählt. Der Trend geht zu Oneway-Tarifen mit dynamischen Preisen: Man bucht Zubringer-, Hin- und Rückflug einzeln – und je mehr Plätze bereits verkauft sind, desto teurer werden die noch verbleibenden.

Nur noch wenige Reiseveranstalter arbeiten mit **ägyptischen Airlines** zusammen. Die sind zwar billig, sparen aber oft auf Kosten der Sicherheit. Fluggesellschaften werden über Nacht gegründet, betreiben eine Zeitlang zwei, drei uralte Maschinen und verschwinden plötzlich wieder vom Markt. Wer erinnert sich noch an *Pharao Airlines*, deren einziges Flugzeug eine 31-jährige Boeing 737 war? An *Flash Airlines*, die mit dem Absturz einer Maschine bei Scharm el-Scheich die Hälfte ihrer Transportkapazität verlor? An die in Konkurs gegangene *Shorouk Air* oder an die *ZAS*? Noch immer fliegt die in Internetforen herb kritisierte *AMC Aviation*. Wem aber gehört sie? Die junge *Luxor Air*, mit zwei Maschinen im Transportgeschäft, ist der seriösen, in Portugal beheimateten *Air Luxor* zum Verwechseln namensähnlich.

Doch was nützt es dem Urlauber, wenn er angesehene und weniger angesehene Fluggesellschaften zu unterscheiden vermag? Egal, was bei der Buchung versprochen wird, weiß der Pauschalreisende bis unmittelbar vor dem Abflug nämlich nicht, bei wem er letztlich an Bord geht. Denn oft genug werden Flüge kurzfristig gestrichen. Dann sorgt der Veranstalter für Ersatz – durch welche Airline auch immer.

▶ **Restplätze:** Die berühmten *Last-Minute-Angebote*. Spezialisierte Anbieter wie zum Beispiel Marktführer *l'tur* (www.ltur.de) kaufen die Überkapazitäten der Charterfluggesellschaften und der großen Veranstalter auf und verscheuern sie ab zwei Wochen vor Flugtermin zu Dumpingpreisen. Schnäppchen wie Frankfurt – Hurghada und zurück für 150 Euro sind durchaus drin. Bei den meisten Last-Minute-Angeboten handelt es sich um reine Flüge; der Anteil an „echten" Pauschalreisen nimmt eher ab, weil die Konzerne gezielter planen und den Hotels inzwischen das Zugeständnis abgerungen haben, gebuchte Kapazitäten auch kurzfristig zu stornieren. Um das Geschäft mit dem „Sonderangebots-Urlaub" nicht zu verpassen, werden unter dem Etikett *Last-Minute* dann gewöhnliche Billigreisen angeboten, ohne dass sie gegenüber dem Katalog auch nur einen Pfennig reduziert wären.

● *Egypt Air* D-10719 Berlin, Kurfürstendamm 206, ✆ 030/8852674; D-80366 München, Schwanthaler Str. 17, ✆ 089/5458820; A-1010 Wien, Opernring 3–5, ✆ 01/58743211; CH-8001 Zürich, Uraniastr. 14, ✆ 01/2212592.

● *Direktflüge ans Rote Meer (Stand 2007)*
Hurghada (HRG) mit Air Berlin, Condor, Hamburg International, TUIfly, Belair, Edelweiss, Hello, Swiss, AUA, Laudaair
Marsa Alam (RMF) mit Air Berlin, Condor, TUIfly, Edelweiss, Hello, Laudaair
Scharm el-Scheich (SSH) mit Air Berlin, Condor, Hamburg International, TUIfly, Belair, Edelweiss, Hello, Laudaair
Taba (TCP) mit Hello

● *Fluggesellschaften im Internet*
www.aua.com
www.airberlin.de
www.flybelair.com
www.condor.de
www.edelweissair.ch
www.egyptair.de
www.hamburg-international.de
www.hapagfly.com
www.hello.ch
www.laudaair.com
www.lufthansa.de
www.swiss.com
www.tuifly.com

● *Internet-Angebote* Suchmaschinen bieten Hilfe und Preisvergleiche bei der Jagd nach dem Schnäppchen-Flug.
www.ltur.de: l'tur, der zum TUI-Konzern gehörende Marktführer im Last-Minute-Bereich, sucht und bucht auch Flüge. Bei unserem Test waren manche Angebote um wenige Euro teurer als bei der Konkurrenz. Verkauf auch über Filialen in ganz Deutschland.
www.travelchannel.de: Der Reisedienst des Ottoversands findet zuverlässige und manchmal auch günstigere Angebote als l'tur. Zu loben ist auch die idiotensichere Menüführung.
www.kelkoo.de und **www.idealo.de**: Diese Preissuchmaschinen haben auch eine Rubrik für Flüge, unter der Fluggesellschaften und Buchungsdienste wie **Opodo** und **seat 24** nach Angeboten durchforstet werden.
www.spartours.de führt zum Online-Reisebüro des Thomas-Cook-Konzerns.

Transport von Gepäck und Sportgerät

Auf allen Flügen nach Ägypten dürfen 20 kg Freigepäck mitgenommen werden, etwas Übergepäck wird gewöhnlich toleriert. Bei größeren Gewichten kostet jedes zusätzliche Kilo 3–7 € Aufschlag.

Mit den Sondertarifen und Aufschlägen für Sportgepäck hält es nahezu jede Airline anders. Noch relativ übersichtlich ist der Markt beim Fahrradtransport, für den 30–80 € verlangt werden. Surfbretter berechnen die meisten pauschal (50–100 €), einzelne Gesellschaften aber nach Gewicht. Golfern gegenüber zeigen sich einige Airlines etwas großzügiger und erlauben 15 bis 30 kg Golf-Ausrüstung ohne Aufpreis, manche verlangen pauschal 50 €. Am verwirrendsten ist die Situation bei Tauchausrüstungen. Hier verlangen die einen gnadenlos Übergepäckzuschlag, während andere bis zu 50 kg umsonst befördern. Ein Preisvergleich im Reisebüro lohnt sich also.

In jedem Fall muss Sportgepäck bei der Buchung angemeldet werden. Dabei erfährt man auch den geforderten Verpackungsstandard.

Einreisebestimmungen

▸ **Visum:** EU-Bürger und Schweizer benötigen einen noch mindestens sechs Monate (für Deutsche drei Monate) gültigen Reisepass bzw. Kinderausweis. Auf dem Luftweg ist auch die Einreise mit dem Personalausweis möglich, sofern man zusätzlich ein Passbild für das Visum mitbringt. Dieses wird bei der Einreise auf dem Flughafen oder im Fährhafen Nuweiba erteilt, Individualreisende erhalten die erforderliche Gebührenmarke für derzeit umgerechnet 15 $ bei den Wechselstuben vor der Passkontrolle. Wer mit einem Pauschalarrangement kommt, für den erledigt die Reiseleitung diese Formalität und kassiert, wenn das Visum nicht ausdrücklich im Reisepreis inbegriffen war, anschließend im Bus – natürlich mit einem Aufschlag, der in die Kasse des Unternehmens oder des Reiseleiters fließt.

An den beiden Grenzübergängen von Israel werden keine Visa ausgestellt. Hier muss man sich zuvor an die ägyptische Vertretung im Heimatland oder in Israel bzw. Jordanien wenden. Dort werden Visa innerhalb weniger Stunden erteilt. Allerdings gibt es am Übergang Eilat/Taba und in Nuweiba das so genannte **Sinai-Permit** (10 $), mit dem die Ostküste des Sinai bis Scharm el-Scheich (nicht Ras Mohammed!) und das Katharinenkloster (nicht über die Straße durch das Wadi Feiran) besucht werden dürfen. Das Permit ist 14 Tage gültig und kann nicht verlängert werden.

Wer mit einem gewöhnlichen Touristenvisum einen Abstecher von Ägypten nach Israel unternimmt, muss bei der Ausreise angeben, dass er später wieder zurück will und bekommt dann ein **Reentry-Permit** in den Pass gestempelt (Details zu den Grenzübergängen finden Sie im Regionalteil).

Mit Stempeln im Reisepass, die auf einen Besuch in Israel schließen lassen, wird Ihnen die Einreise nach Syrien, Libanon und in weitere arabische Länder (ausgenommen Jordanien) verweigert!

Die normalen Touristenvisa sind einen Monat gültig. Wer ein paar Tage überzieht, geht straflos aus, wer dagegen bei der Ausreise mit einem zwei Wochen und länger abgelaufenen Visum erwischt wird, muss eine saftige Strafe berappen. Deshalb lässt man ein abgelaufenes **Visum** besser **verlängern:** Dies erledigen für einen Gesamtaufenthalt von bis zu sechs Monaten die Ausländerbehörden in Hurghada, Ismailia und anderen Provinzhauptstädten, die dafür außer einem Passbild 30–50 LE verlangen.

Natürlich kostet jeder Stempel und jedes Permit Geld. Dazu kassieren die Grenzer zwischen Ägypten und Israel auf beiden Seiten Ein- und Ausreisesteuern. Und schließlich sollte man sich daran erinnern, dass die Bürokratie einst am Nil erfunden wurde, und bei Behördengängen viel Geduld mitbringen.

● *Ägyptische Visaabteilungen in den Nachbarländern* **Israel**: *Tel Aviv*, 54 Basel St., ✆ 03-5464151, So–Do 9–11 Uhr. *Eilat*, 68 Afraty St., ✆ 059-5976115, So–Do 9–11 und 13–13.30 Uhr, Fr 9–10 und 11–12 Uhr.

Jordanien: *Amman*, 14 Riyad el-Mefleh, ✆ 06-5605175, www.embegyptjordan.com, So–Do 9–12 Uhr. *Aqaba*, Sh. al-Istiqlal, ✆ 03-2016171, So–Do 9–14 Uhr.

▸ **Devisen:** Die Ein- und Ausfuhr der Landeswährung ist auf 5000 LE begrenzt. Angesichts der schlechten Wechselkurse im Ausland wäre es allerdings töricht, Ägyptische Pfund über die Grenze zu tragen. Wer ungewöhnlich große Bargeldbeträge in Fremdwährungen mit sich trägt, sollte diese bei der Einreise registrieren lassen, um später nicht als Geldwäscher oder anderweitiger Untaten verdächtigt zu werden.

▸ **Fahrzeuge:** Für die Einfuhr benötigen Sie neben einem internationalen Kfz-Schein ein Carnet de Passage (erhältlich beim Automobilclub) oder eine Zollgarantie einer in Ägypten ansässigen Person/Firma, der Reederei, die das Auto transportiert, bzw. einer in Ägypten akkreditierten Bank. Ersatzweise kann bei der Einreise eine Barkaution in Höhe des (ägyptischen) Wagenwertes hinterlegt werden. Ist jemand anderes Eigentümer des Wagens, mit dem Sie einreisen wollen, benötigen Sie dessen von der ägyptischen Botschaft beglaubigte Vollmacht. Weitere Details über das Abenteuer, ein Auto oder Motorrad nach Ägypten zu bringen, verrät Ihnen der ADAC (✆ 0180-5101112). Die Einreise mit dem Mietwagen ist ebenso wenig erlaubt wie ein Abstecher mit ägyptischen Autos nach Israel.

▸ **Einreise mit Tieren:** Erforderlich ist neben dem EU-Heimtierpass auch ein amtsärztliches Gesundheitszeugnis, das von der ägyptischen Botschaft beglaubigt werden muss. Die Tollwutimpfung darf nicht länger als zwei Wochen zurückliegen.

▸ **Zoll:** Die ägyptischen Zollbestimmungen unterscheiden sich kaum vom internationalen Standard. Verboten ist die Einfuhr von Waffen, Munition und Sprengstoffen, von Drogen, Pornos und Schriften, die dem nationalen Interesse zuwiderlaufen oder die öffentliche Moral gefährden. Vermeiden Sie die Einfuhr von Videofilmen – diese muss sich erst ein Zensor anschauen, und das kann lange dauern. Mitgebracht werden dürfen bis 200 Zigaretten und 1 Liter Spirituosen, und bis 24 Stunden nach Einreise dürfen Sie in den *Egypt Duty Free Shops* weitere drei Flaschen Schnaps kaufen, die im Pass vermerkt werden. Für die Ausfuhr von Antiquitäten benötigen sie eine Erlaubnis der Antikenverwaltung. Vorsicht bei Imitaten: Der Zöllner mag auch diese für echt halten.

Exotische Tiere, Krokodilledertaschen, Korallen, seltene Muscheln – all dies und noch einiges mehr darf nach dem Washingtoner **Artenschutzabkommen** nicht ohne weiteres von einem Land ins andere gebracht werden und wird spätestens am deutschen Flughafen vom Zoll beschlagnahmt.

Anreise

Unterwegs im Land

Wer ein Ausflugsprogramm bucht, muss sich um seine Fortbewegung nicht weiter kümmern. Doch auch auf eigene Faust lässt sich das Land gut bereisen. Busse und Sammeltaxis erreichen zu Spottpreisen noch das letzte Dorf. Für Ausflüge in die Einsamkeit warten Mietwagen und Kamele.

Bewegungsfreiheit

Je nach Sicherheitslage wurden in den letzten Jahren bestimmte Gebiete oder Verkehrswege für Touristen zeitweise völlig gesperrt oder ihnen Polizei-Eskorten zur Seite gestellt.

Dies betraf vor allem Mittelägypten, aber auch die Straßen zwischen Niltal und Rotem Meer. Auf den sensiblen, doch für den Fremdenverkehr wichtigen Routen durften Ausländer nur im Konvoi fahren. Touristenbusse und Mietwagen sammeln sich mehrmals am Tag und werden dann unter militärischem Schutz durch die gefährdeten Gebiete geleitet.

Die Sicherheitskräfte bemühen sich jedoch, alle touristischen Ziele für Ausländer zugänglich zu halten. So werden Antikenfans im gepanzerten Fahrzeug durch die archäologische Stätte Tell el-Amarna gefahren, und unerschrockene Radler, die eine Tour entlang des Nils durch Mittelägypten bestehen, sehen sich kurzerhand in einen Panzer gesetzt und das Rad samt Gepäck auf den Geschützturm geschnallt.

Nicht alle Reisebeschränkungen dienen vorrangig dem Schutz der Touristen. In den für Ausländer gesperrten Grenz- und Wüstengebieten im Süden und Westen Ägyptens will sich das Militär nicht in die Karten schauen lassen und fürchtet das Eindringen von Schmugglern, Terroristen oder sonstigen unwillkommenen Besuchern. Wo konkret Fremde gerade unerwünscht sind, erfährt der Ausländer am besten vor Ort. Wenn ihm an einem der zahlreichen Checkpoints die Weiterfahrt höflich verweigert wird und auch das nächste Touristenbüro kein Permit besorgt, sondern nur Ausflüchte bereit hat, dann weiß er: Sperrgebiet.

Auf Konvoistrecken gilt: Touristenbusse, Mietwagen und (Sammel-)Taxis mit Ausländern dürfen die Strecke nur zu den vorgesehenen Zeiten und mit Polizei-Eskorte befahren. Stopps gibt es unterwegs nur dann, wenn der gesamte Konvoi anhält. „Gemischte Sammeltaxis" mit Einheimischen und Ausländern sind nicht erlaubt. Einzige Chance, auf diesen Strecken ohne Konvoi zu fahren, sind die öffentlichen Busse oder der Zug. Oder man bucht bei der Polizei für schlappe 500 LE seine eigene Eskorte – dafür darf man dann Tempo und Route selbst bestimmen.

Mietwagen

Mietwagen sind in Ägypten noch wenig verbreitet und relativ teuer. Bislang bieten nur einzelne Reiseveranstalter (z. B. TUI) Fly-&-Drive-Arrangements.

Vorab kann man einen Mietwagen beispielsweise über *www.holidayautos.de* oder *www.billiger-mietwagen.de* buchen. Für einen vor Ort gebuchten Kleinwagen rechne man mit unbegrenzten Kilometern wenigstens 300 € pro Woche – ein Taxi mit Fahrer kommt auf jeden Fall günstiger, und auch die chaotische Fahrweise anderer Verkehrsteilnehmer animiert wenig dazu, sich selbst ans Steuer zu setzen. Schließlich legt es auch der technische Zustand vieler Leihwagen nahe, das Beheben von Pannen einem Fahrer zu überlassen. Motorräder werden bislang nur in Scharm el-Scheich vermietet – ein Roller kostet dort gerade so viel wie ein Pkw.

Autofahrt durch die Palmenhaine der Oase Feiran

● *Voraussetzungen* Auf dem Papier müssen Fahrer oder Fahrerin mind. 23, bei einzelnen Verleihern 25 Jahre alt und ein Jahr im Besitz des Führerscheins sein, dazu wird ein internationaler Führerschein verlangt. In der Praxis nehmen die Verleiher es damit nicht so genau – sie wollen ja verdienen.

● *Übernahme* Die Leihzeit rechnet sich in 24 Std. Wenn Sie also z. B. ein Auto am Fr um 20 Uhr für 7 Tage übernehmen, müssen Sie es am folgenden Fr bis spätestens 20 Uhr wieder zurückgeben. Wer den Mietwagen nicht am Ort der Übernahme wieder zurückgibt, muss zusätzliche Überführungskosten bezahlen. Wählen Sie nach Möglichkeit ein im Land gängiges Modell, damit Ihnen bei einer Panne leichter geholfen werden kann, und verlassen Sie sich nicht allein auf Allah, sondern prüfen Sie bei der Übernahme soweit nur möglich den technischen Zustand des Wagens. Lassen Sie sich den obligatorischen Feuerlöscher, Wagenheber und Ersatzrad zeigen und erklären, wie die Motorhaube geöffnet wird. Prüfen Sie besonders den Zustand der Reifen. Ist der Tank voll?

• *Preise* Für einen kleinen Wagen (z. B. Opel Corsa) rechne man nach zähem Feilschen pro Tag mit 100 km 40 $, mit 250 km 50 $, mit unbegrenzten Kilometern 60 $. Geländewagen beginnen bei 80 $. Ab 6 Leihtagen kann man mit 10 % Rabatt rechnen.

• *Zahlung* Vorauszahlung bei Übernahme wird erwartet. Am liebsten ist den Verleihern ein Blankokreditkartenformular zur Sicherheit und anschließende Barzahlung, um so die 5-%-Kommission der Kreditkartenfirmen sparen zu können. Wer ohne Kreditkarte anmietet, muss eine hohe Barkaution hinterlegen.

• *Versicherungsschutz* In den Leihpreisen sind z. B. bei Europcar Haftpflichtversicherung und Vollkasko mit einer Selbstbeteiligung von rund 100 $ (bei Diebstahl des Wagens 315 $) eingeschlossen. Will man dieses Risiko ausschalten, sind zusätzlich 6 bis 7 $ pro Tag fällig. Platte Reifen, zerborstene Scheiben, eine defekte Ölwanne und weitere derartige Schäden sind nicht versichert! Zudem beschränkt das Kleingedruckte die Fahrerlaubnis bei herkömmlichen Pkws auf Asphaltstraßen.

• *Verkehrsregeln*

Vorfahrt hat das größere und stärkere Fahrzeug mit dem mutigeren Fahrer.

Ampeln müssen nur dann beachtet werden, wenn zusätzlich ein Polizist an der Kreuzung steht.

Hupen beweist die Potenz, grüßt alle Bekannten, warnt die übrigen Verkehrsteilnehmer (besonders Fußgänger) und zeigt ein beginnendes Überholmanöver an.

Höchstgeschwindigkeit: Wo andere Autofahrer das Speedlimit von innerorts 50, auf Landstraßen 80 und Autobahnen 100 km/h ohne Not einhalten, ist mit einer Radarfalle zu rechnen.

Parken ist im Prinzip überall möglich. In Städten mit Parkraumnot verwalten informelle Parkwächter die Abstellplätze, und wo kein Auto steht, hat dies seinen Grund (weil der Ladenbesitzer die Fläche beansprucht, die Polizei gerade hier gerne abschleppt usw.)

Rechts fahren: Im Prinzip ja, doch wenn Ihnen einmal ein Geisterfahrer auf Ihrer Fahrbahn begegnet, will der möglicherweise nur links abbiegen oder auf der falschen Straßenseite parken.

Licht: Rücklicht ist unnötig, denn warum beleuchten, was man hinter sich gelassen hat. Nachts betreiben einander entgegenkommende Fahrzeuge ein Wechselspiel mit Fernlicht, Abblendlicht und völliger Verdunkelung.

Als Fußgänger die Straße überqueren: Fahrzeuge bremsen erst dann, wenn der Fußgänger tatsächlich losläuft, und erwarten, dass dieser Richtung und Tempo beibehält und auf keinen Fall plötzlich auf der Straße stehen bleibt.

Erwischte Verkehrssünder: Ihnen nimmt die Polizei gelegentlich Führerschein und Wagenpapiere ab, die dann in der Provinzhauptstadt auf dem Revier der Verkehrspolizei wieder ausgelöst werden können.

Unfälle: Kleine Blechschäden erledigen sich mit einer lautstarken Auseinandersetzung. Bei größeren lohnt es sich, die Polizei hinzuzuziehen (Protokoll für die Versicherung). Für überfahrene Hühner, Ziegen und Schafe erwartet der Eigentümer Entschädigung zum Marktpreis. Wer mit dem Auto einen Fußgänger verletzt, ist nach islamischem Rechtsverständnis grundsätzlich schuld und muss mit dem Volkszorn rechnen.

Entfernungen

Rotes Meer

	Hurghada	Kairo	Luxor	Suez	Safaga	Quseir	M. Alam
Hurghada	—	510	280	400	60	140	270
Kairo	510	—	720	135	570	650	780
Luxor	280	720	—	680	220	260	390
Suez	400	135	680	—	460	540	670
Safaga	60	570	220	460	—	85	210
Quseir	140	650	260	540	80	—	130
M. Alam	270	780	390	670	210	130	—

Sinai

	Scharm el-Scheich	Kairo	Suez	Port Said	El-Arisch	Sankt Katharina	Taba
Scharm el-Scheich	—	500	370	530	470	240	240
Kairo	500	—	135	220	330	450	390
Suez	370	135	—	175	290	320	260
Port Said	530	220	175	—	240	490	420
El-Arisch	470	330	290	240	—	430	290
St. Katharina	240	450	320	490	430	—	200
Taba	240	390	260	420	290	200	—

Off Road

Die Östliche Wüste und der Südsinai sind weitgehend Fels- und Geröllwüsten, doch in Küstennähe und in den Wadis findet man auch Sandflächen, in denen selbst Geländewagen stecken bleiben können. Wer auf eigene Faust im Sand unterwegs ist, keine Erfahrung mit Wagen und Gelände hat und damit die fahrtechnischen Grenzen nicht realistisch einschätzen kann, wird sich mit größter Wahrscheinlichkeit irgendwann festfahren.

Solange das Auto sich nicht eingegraben hat, kann man es meist mit Muskelhilfe und Rückwärtsgang in der eigenen Spur wieder aus dem Sand schieben. Versuche, mit Motorkraft *vorwärts* aus dem Sand zu kommen, münden in durchdrehende Reifen, mit denen sich der Wagen nur tiefer im Sand eingräbt. In diesem Fall gilt es zu schaufeln: Die Räder müssen vom Sand befreit, mit dem Wagenheber angehoben und dann mit Steinen und Gestrüpp unterlegt werden, mit denen auch die Fahrspur befestigt wird.

Natürlich macht es wenig Freude, wiederholt im Sand stecken zu bleiben, und man tut vielleicht besser daran, auf die vorgesehene Route zu verzichten. Oder mietet sich gleich einen Wagen mit Chauffeur. Die Beduinen haben mehr Erfahrung mit den Pisten und wissen, was geht und was nicht.

Tipp: Vergessene Minen, die Jahrzehnte tief im Sand des Sinai schlummerten, werden oft von Unwettern frei gespült und an neuen Stellen abgelagert. Verzichten Sie deshalb nach Sturzregen auf Wüstentouren ohne ortskundige Führer!

Bus

Die Überlandbusse, die zwischen den großen Städten verkehren, sind relativ komfortabel. Oft übertreiben die Chauffeure den Komfort sogar: Die Klimaanlage sorgt für Eiseskälte und aus den Lautsprechern schreien die Akteure des Videostreifens, der über das Bordfernsehen gezeigt wird. Dann sind Pullover und Ohrenstöpsel angebracht. Nachtbusse (nur auf den langen Strecken) sind etwas schneller, kosten aber einen Aufschlag.

Auf dem Sinai und am Suezkanal verkehrt *East Delta Travel*, während die Rotmeerküste von *Upper Egypt Travel* angesteuert wird. Wer vom Sinai nach Hurghada will, muss deshalb gewöhnlich in Suez den Bus wechseln. Mit den staatlichen Busgesellschaften konkurrieren die besonders komfortablen, rot-schwarz-goldenen „Golden Arrows" von *Superjet*.

Metropolen wie Kairo und Alexandria haben gleich mehrere Busbahnhöfe, doch die meisten Städte begnügen sich zum Glück mit einem zentralen Terminal für alle

Safaga um 1980: Ein Werkbus sammelt die Anhalter

Buslinien. Fahrpläne wechseln, aber die Abfahrtszeiten werden pünktlichst einge-halten! Wer zu spät kommt, hat Pech gehabt. Verlässliche Auskunft über die Ab-fahrtszeiten erhalten Fremde letztlich nur an den Busbahnhöfen – Fahrpläne im Internet oder auch nur eine englischsprachige Telefonauskunft gibt es bisher nicht.

Für Langstrecken wie etwa Scharm el-Scheich – Kairo kauft man die Fahrscheine (mit Platzreservierung) besser ein bis zwei Tage im Voraus. Bei kürzeren Entfer-nungen oder in Kleinstädten ist eine Reservierung nicht immer möglich und nötig; schlimmstenfalls bekommt man nur einen Stehplatz.

Sammeltaxi (servis)

▶ **Fernverkehr:** Sammeltaxis fahren ähnlich einem Linienbus auf festen Routen, star-ten aber nicht nach Fahrplan, sondern strikt nach Nachfrage, nämlich erst, wenn alle Plätze belegt sind – oder die wartenden Passagiere ungeduldig werden und für die leeren Plätze mitbezahlen. Für die Fahrt über größere Entfernungen (zum Bei-spiel von Suez nach Hurghada) sollte man sich am Taxiterminal einfinden, Sam-meltaxis auf kürzeren Routen halten auch unterwegs auf ein Handzeichen hin, sofern noch ein Platz frei ist. Morgens ist die Chance auf Mitreisende am größten, Nachtfahrten sind dagegen in der Wüste nicht üblich. Der Platz im „Servis", das im gehobenen Ägyptisch-Arabisch auch *arabiya bel nafar* heißt, kostet etwas mehr als das entsprechende Busticket.

Während der Ausländer am Roten Meer mit etwas Geduld und Geschick durchaus zu fairen, also gleichen Preisen wie die Einheimischen befördert wird, trifft er im Sinai auf ein gut organisiertes Transportkartell der Beduinen, das Fremde, zu denen auch die Niltal-Ägypter gerechnet werden, ausquetscht wie eine reife Zitrone. Die Chauffeure werden Ihnen stets weismachen wollen, dass der letzte Bus bereits ab-gefahren ist oder heute ausnahmsweise nicht kommt, dass die Familie groß und Kinder kostspielig seien, die Straße schlecht und die Strecke lang.

Vertrauen ist gut – Kontrolle ist besser

Größere Gepäckstücke werden für längere Fahrten gerne aufs Dach geladen. Vergewissern Sie sich selbst, dass Ihr Koffer oder Rucksack auch ordentlich festgezurrt ist, und vertrauen Sie nicht blind dem Fahrer – denn der vertraut manchmal blind dem Herrgott, und wenn es das Schicksal dann will, fällt auch mal ein Koffer runter. Vom Schaden ganz abgesehen, wird die Sache besonders ärgerlich, wenn zunächst keiner den Sturz bemerkt, und später die Strecke mühsam nach dem verlorenen Stück abgesucht werden muss.

▶ **Stadtverkehr:** Auch der innerstädtische Transport ist überwiegend Sache der Sammeltaxis. Kleinbusse pendeln auf festen Routen in die Außenbezirke, und selbst die gewöhnlichen Taxis (Limousinen) arbeiten üblicherweise als Servis. Die Richtung gibt der Kunde vor, der zuerst einsteigt, der Fahrer versucht unterwegs noch weitere Passagiere aufzusammeln, die in die gleiche Richtung wollen. Taxameter, sofern überhaupt vorhanden, werden kaum benutzt. Auch an die offiziellen Tarife, die mancherorts sogar auf einem amtlich abgestempelten Blatt im Auto ausliegen, hält sich niemand. Sie würden oft nicht einmal die Unkosten des Taxifahrers decken, und so zahlen selbst Einheimische freiwillig mehr. Wer sich auskennt und um den „üblichen Preis" weiß, muss beim Einsteigen nicht feilschen, sondern zahlt am Ende der Fahrt kommentarlos die angemessene Summe. Als Anhaltspunkt kann man im Stadtverkehr von maximal 5 LE pro Kopf ausgehen. Erkundigen Sie sich in Ihrem Hotel oder bei ortskundigen Urlaubern nach den üblichen Preisen. Wer gleich am Anfang der Tour den Chauffeur nach dem Preis fragt, gibt sich als ahnungslose Melkkuh zu erkennen.

Taxi (special)

Ein an der Straße angehaltenes Taxi ist grundsätzlich ein Sammeltaxi. Wenn der Fahrer unvermutet von *special* zu reden beginnt, will er Ihnen eine Exklusivfahrt verkaufen und keine weiteren Passagiere mehr mitnehmen. Bestehen Sie auf „servis" und steigen Sie notfalls wieder aus. Wer sich auf „special" einlässt, muss erheblich mehr bezahlen als im Sammeltaxi und sollte den Preis vorher aushandeln. Taxis, die vor Hotels, Restaurants oder am Flughafen stehen, sind allesamt „special" und warten auf besonders zahlungskräftige Kundschaft. Für längere Ausflüge und Tagestouren ist ein Special jedoch immer noch deutlich preiswerter als ein Mietwagen. Überlandfahrten mit Ausländern muss der Fahrer zuvor bei der Polizei anmelden – und braucht dazu oft eine Kopie ihres Ausweises.

Straßenszene in Dahab

Mit dem Fahrrad

Für kürzere Ausflüge werden in den Ferienorten Fahrräder vermietet. Im Sinai trifft man ab und an auch Radurlauber. Insgesamt ist Ägypten jedoch kein Radlerland und nur wenig dazu geeignet, eine komplette Reise als Radtour unternehmen.

In Ägypten ist das Fahrrad vor allem ein Transportfahrzeug. Radler balancieren Backbleche, Stoffballen, aufgetürmte Schachteln, Glasscheiben, vier je 32 kg schwere Gasflaschen und was noch alles mit akrobatischer Geschicklichkeit durchs Verkehrsgetümmel. Die Räder sind sozusagen mechanische Arbeitspferde: Jahrzehnte alt, mit schwerem Rahmen, oft fehlt die Bremse und noch öfter die Klingel, vom Licht nicht zu reden – wenn ein Radler hinter Ihnen mit der Zunge schnalzt, ist dies keine Anmache, sondern eine Warnung: Als Fußgänger sollten Sie schleunigst zur Seite springen.

Zum schlechten Straßenzustand, der mit Schlaglöchern und allerlei auf der Straße liegendem Müll Reifenpannen geradezu herausfordert, kommen weitere Unannehmlichkeiten hinzu: Baustellen mit „Schwimmasphalt“, wo der Verkehr über gerade frisch geteerte Strecken geleitet wird, die Abgase der Autos, mit denen man mangels Radwegen die Straße teilen muss, wilde Hunde, die Radler als potentielle Jagdbeute behandeln, und schließlich Steine werfende Kinder, die es besonders auf Radlerinnen abgesehen haben. Ägypterinnen setzen sich nie aufs Fahrrad, Ausländerinnen kommen oft für die ägyptischen Maßstäbe zu leicht oder aufreizend bekleidet daher, und so gilt eine radelnde Urlauberin abseits der Touristengebiete als eine die Moral verletzende Provokation, während ein Mann schlimmstenfalls als etwas verrückt eingestuft wird.

Leihfahrräder: Einige Hotels, dazu auch Geschäfte in Hurghada, Dahab und Nuweiba verleihen Mountainbikes für 30–100 LE/Tag, einfache Fahrräder auf für weniger.

Bahn

Wer seinen Urlaub nur auf dem Sinai und am Roten Meer verbringt, dem wird das folkloristische Erlebnis einer ägyptischen Eisenbahnfahrt wahrscheinlich entgehen.

Zwar verbindet eine neu gebaute Bahnstrecke den Hafen Safaga mit dem Niltal, doch werden hier bislang nur Güter befördert. Dabei wäre diese Linie durchaus auch für Touristen attraktiv: Ein Tross Journalisten, der von Safaga zum Nil und weiter in die Oase Charga fahren durfte, bedankte sich für die Tour im Luxuszug mit begeisterten Presseberichten.

Auch auf dem Sinai rollen wieder Züge. Einst konnte man mit der Bahn von Kairo nach Damaskus reisen, doch mit der Gründung des Staates Israel wurde die alte Palästinabahn unterbrochen, Gleise und Metallschwellen entfremdeten die Militärs zum Bunkerbau und zu Panzersperren. Doch mit der Erschließung des Nordsinai sollen demnächst wieder Züge von Kairo nach El-Arisch fahren. Etwa die Hälfte der Neubaustrecke ist bereits fertig.

Auf den bereits bestehenden Strecken am Westufer des Suezkanals und von Kairo nach Suez und Ismailia bedürfte es allerdings einiger Verbesserungen, damit die Bahn wieder mit dem Bus konkurrieren kann. Derzeit fahren hier nur Bummelzüge mit Wagen der II. und III. Klasse. Hier pferchen sich auf harten Holzbänken die Armen, die auf jeden Piaster schauen müssen. Auch für hart gesottene Eisenbahnfans sind diese Züge noch eine echte Herausforderung.

Inlandsflüge

Seit der innerägyptische Lufttransport nicht mehr ein Monopol der Egyptair bzw. ihrer Töchter ist, sind die Preise drastisch gefallen. So gibt es den einfachen Flug von Kairo nach Scharm el-Scheich oder Hurghada schon ab 200 LE.

Kairo ist die Drehscheibe des ägyptischen Luftverkehrs. Auch wer etwa von Hurghada nach Scharm el-Scheich fliegen will, um sich den zeitraubenden Landweg zu sparen, wird an den meisten Tagen den Umweg über Kairo nehmen müssen. Südlich von Hurghada ist bei Marsa Alam ein weiterer Flughafen entstanden. Da die Flüge oft von Reisegruppen gebucht werden, bleiben für Einzelreisende nur wenige Plätze übrig, die schnell aus- und übergebucht sind. Frühzeitige Reservierung ist deshalb ebenso unabdingbar wie die erneute Bestätigung drei Tage vor dem Abflug. Die Flugauskunft der Egyptair erreicht man unter den folgenden Telefonnummern:
Kairo ☎ 02/26350270; Hurghada ☎ 065/3447501; Marsa Alam 065/3700003; Port Said ☎ 066/3220921; Scharm el-Scheich ☎ 069/3600314; Taba ☎ 069/3530010; Tickets über www.egyptair.com.

Hotels aus Tausendundeiner Nacht

Aufenthalt

Übernachten

Zu den Hotels und Resorts gibt es wenig Alternativen. Ferienwohnungen oder gar Privatzimmer werden in den Urlaubsgebieten eben so wenig vermietet wie es Campingplätze gibt. Wüstenromantik mit Übernachtungen unter dem Sternenzelt ist nur weitab von den Urlaubsorten möglich – an der Küste findet sich kaum noch ein Plätzchen, an dem wildes Zelten geduldet wird.

Hotels

Da die Hotels den Reiseveranstaltern großzügige Rabatte einräumen, fährt der Pauschaltourist günstiger als jene Reisenden, die erst vor Ort und auf eigene Faust eine Unterkunft suchen.

Trotzdem sind Häuser wie Hilton und Sheraton im Weltmaßstab vergleichsweise billig. Umso mehr gilt das für die einfachen Herbergen. Schon für 100 LE findet man ein ordentliches, sprich sauberes Doppelzimmer mit Bad. Singles, die Einzelzimmer beanspruchen, reisen wie üblich etwas teurer als Paare. Sehr einfache Hotels bieten gelegentlich Mehrbettzimmer an, die man mit anderen Reisenden teilt.

Ägyptische Hotels dürfen sich von Staats wegen mit bis zu fünf Sternen schmücken. Die Luxushotels gehören zu den internationalen Ketten wie Mövenpick, Hilton und Marriott und haben den üblichen Komfort; beim Service sollte man allerdings keine mitteleuropäischen Maßstäbe anlegen. In den mittleren Kategorien kann das Niveau der Häuser erheblich schwanken: Ein sonst gutes Hotel bekommt beispielsweise nur zwei Sterne, wenn es weniger als 30 Zimmer hat. Andererseits kann ein Drei-Sterne-Haus völlig heruntergekommen sein, aber die rein formalen Bedingungen (Zimmergröße, Ausstattung, Lift, Bäder usw.) noch immer erfüllen. Um die Einstufung noch unübersichtliche zu machen, gibt es seit 2006 ein neues, dem tatsächlichen Niveau angemesseneres Klassifizierungssystem, das zudem nun auch den Service berücksichtigt – aber nur für neu eröffnete Hotels gilt oder für solche, die sich freiwillig neu bewerten lassen. So sind neu eröffnete oder wenigstens generalsanierte Hotels den älteren vorzuziehen, zumal viele Betreiber die Instandhaltung vernachlässigen und zugleich Ausstattungsstandard und selbst Architektur in den letzten Jahren um einiges besser wurden.

Für Individualreisende lohnt es sich also, ein Hotel vorher anzuschauen. Leider spricht sich ein besonders gutes Preis-Leistungs-Verhältnis schnell herum – diese Häuser sind oft ausgebucht, ohne Reservierung findet man kein Unterkommen.

Gepäckbeladene Neuankömmlinge müssen sich am Busbahnhof zunächst der Schlepper erwehren, die von „ihren" Hotels für jeden angeschleppten Gast eine kleine Kommission kassieren. Sein Versprechen, Ihnen nur den Weg zum Hotel ihrer Wahl zu zeigen, wird der Schlepper kaum erfüllen, sondern Ihnen unterwegs einreden, dieses Haus sei gerade voll, geschlossen, für seine Wanzen berüchtigt oder hätte gestern die Preise verdoppelt; statt dessen empfiehlt er Ihnen wärmstens ein anderes Hotel. Leider bedienen sich vor allem die schlechten, überteuerten Häuser solcher aufdringlichen Helfer, während die besseren Billighotels über Mund-Propaganda unter den Travellern genug Gäste bekommen.

• *Hotelpreise* Hotels mit 3 und mehr Sternen berechnen die Preise für Ausländer weitgehend auf Dollarbasis. Diese Hotels müssen dann auch in ausländischer Währung (bevorzugt Euro oder Dollar) oder per Kreditkarte bezahlt werden. Bei den einfachen Häusern (1–2 Sterne) werden die Preise in Landeswährung festgelegt und gelten gleichermaßen für Ausländer wie Einheimische. Nach den offiziellen Listenpreisen rechne man für ein Doppelzimmer der Luxuskategorie rund 200 $ (einschließlich Frühstück, Steuern, Service und anderer versteckter Kosten, die den ausgehängten Zimmerpreis am Ende um bis zu 30 % erhöhen können). Ein gehobenes Haus (vier Sterne) schlägt mit 100–150 $ und mehr zu Buche, ein ordentliches Mittelklassehotel, das auch noch für Reisegruppen akzeptabel ist, kostet ab 50 $, während ein einfaches Zimmer mit eigenem Bad für rund 100 LE bzw. 13 € zu haben ist.

Gerade in den teureren Hotels stehen die offiziellen Preise aber oft nur auf dem

Brunch mit Meeresrauschen

Papier. Die einen vermieten überhaupt nur an Reiseveranstalter und wollen keine Individualtouristen. Andere wechseln die Preise je nach Saison und Auslastung, wieder andere lassen mit sich handeln. Insoweit können die von uns vor Ort recherchierten Preise nur ein Anhaltspunkt sein. Weichen Listenpreise und im Hotel abgefragte Prei-

se deutlich voneinander ab, gebe ich beide als Preisspanne an.

● *Hotelverzeichnis* Gibt es bei der Egyptian Hotel Association, 8 Sh. el-Sadd el-Ali, Dokki, Kairo, ☎37485083, www.eha.org.eg; ein Teilüberblick mit Links zu den Hotels steht im Internet auch unter www.hotels travel.com/egypt.html.

Tipps für die Hotelsuche

Wenn Sie zu zweit sind, lassen Sie Ihr Gepäck unter Aufsicht des Reisepartners zunächst in einem Café und machen sich ohne Rucksack und Koffer auf den Weg. So werden Sie auch von den Schleppern weniger belästigt. In den Hotels lassen Sie sich mehrere Zimmer zeigen. Testen Sie in den Billigquartieren besonders WC-Spülung, Wasserhähne und die Abläufe von Dusche und Waschbecken, dazu die Klimaanlage oder den Ventilator. Auch ein Blick auf das Bettzeug und unter das Bett kann vor späterem Ärger bewahren. Klopapier, Handtuch und Seife sind in einfachen Hotels eher die Ausnahme.

Jugendherbergen

Die preiswerte Unterkunft für nur wenige Pfund ist mit einigen Handicaps verbunden: Die Jugendherbergen in Scharm el-Scheich, Hurghada und Ismailia liegen weitab vom Schuss; einheimische Schulklassen oder Studentengruppen, die wegen der abendlichen Schließstunde früher ins Bett müssen, als sie eigentlich wollen, sorgen für erheblichen Lärm. Tagsüber bleiben die Gäste ausgesperrt. Manche Hostels nehmen gegen einen Aufpreis auch Besucher ohne Internationalen Jugendherbergsausweis auf, doch sollte man sich darauf nicht verlassen.

Deutsches Jugendherbergswerk, Bismarckstr. 8, 32760 Detmold, ☎ 05231/7401-0, www.djh.de.

Camping

Ägypten ist bisher auf Campingreisende nur unzureichend eingerichtet. Auf dem Sinai und am Roten Meer gibt es keinen einzigen regulären Campingplatz. Nur einige einfache Hotels räumen Campern und Wohnmobilfahrern einen Platz im Garten ein. In der Wüste erregen Camper gelegentlich den Argwohn der Militärs. An den Küsten (ausgenommen den Golf von Aqaba, wo die internationale Friedenstruppe MFO die Küste bewacht) ist Zelten aus Sorge vor Schmugglern offiziell verboten. An den noch wirklich einsamen Stränden droht zudem Gefahr von den noch immer nicht gänzlich geräumten Minen. Wer unbedingt am Ufer campieren will, sollte sich über die Touristenpolizei (Adressen im Reiseteil) eine Genehmigung besorgen lassen oder sich wenigstens beim nächsten Militärposten anmelden.

Essen und Trinken

In ihrer langen Geschichte wurde die ägyptische Küche von libanesischer, türkischer, griechischer und französischer Kochkunst beeinflusst. Weil Fleisch für die breite Masse noch immer ein Luxus ist, stehen vegetarische Gerichte hoch im Kurs.

Die Hauptstadt Kairo wäre auch ein gutes kulinarisches Reiseziel – das Rote Meer und der Sinai sind es nicht. Hier fehlt die zahlungskräftige einheimische Kundschaft, ohne die gute Restaurants nicht gedeihen können. Die meisten Urlauber haben Halbpension gebucht, essen somit in ihrem Hotel und geben dabei auch der Hotelgastronomie wenig Anreiz zu herausragenden Leistungen: Zum einem schätzt der Gast das, was er bereits kennt, und zum andern hat er ja sowieso bereits bezahlt. Die Hotels tischen zum abendlichen Dinner gewöhnlich ein Büfett auf, das sich selbst beim „orientalischen Abend" bemüht, den europäischen Durchschnittsgeschmack nicht allzu sehr mit ägyptischen Spezialitäten und Gewürzen zu strapazieren.

Lokale

▶ **Restaurants:** Wer ägyptisch essen will, sollte ein A-la-carte-Restaurant in den Luxushotels (Hauptgericht um 50 LE) oder eines der nicht-hotelgebundenen Restaurants (Hauptgericht ab 10 LE) besuchen, die in den Ortskapiteln empfohlen werden. In den einfachen Lokalen sind Speisekarten ein Zugeständnis an die Gewohnheiten der Ausländer und deshalb meist auch auf Englisch oder sogar deutsch abgefasst. Nicht alles, was drauf steht, ist auch tatsächlich jeden Tag vorrätig. Einheimische, die oft nicht lesen können, fragen den Wirt, was die Küche heute Gutes anzubieten hat. Gegessen wird mittags zwischen 13 und 16 Uhr, am Abend ab 19 Uhr oder noch später. Auf die Rechnung addiert der Maître noch Service und Steuern, dazu erwartet er vom Gast ein Trinkgeld. Nur die gehobenen Restaurants schenken auch alkoholische Getränke aus.

▶ **Fastfood und Garküchen:** Natürlich sind auch die internationalen Burger- und Chicken-Ketten in Ägypten vertreten. Die weniger betuchten Einheimischen begnügen sich mit Imbissständen oder einfachen, gekachelten Schnellrestaurants, deren Speisen für wenig Geld viele Kalorien enthalten und deren Ambiente nicht dazu einlädt, länger als zur Nahrungsaufnahme nötig dort zu verweilen.

▶ **Kaffeehäuser:** Das Stammcafé, Mittelpunkt der ägyptischen Männerwelt, liegt gerade soweit von der Wohnung entfernt, dass der Bub dem Papa nötigenfalls eine

Hühner am laufenden Meter – guten Appetit!

Nachricht bringen kann. Hier verbringt man(n) den größten Teil seiner Freizeit, trifft einander, tratscht, schaut, spielt Backgammon *(taula)*, trinkt Schwarztee mit Minze *(schai bi nanaa)* oder einen Mokka *(ahwa)* und schmaucht die Wasserpfeife *(schischa)*. Das Café, so argumentieren die Ägypter, bietet gegenüber der Wohnung vor allem zwei Vorteile: Man kann Freunde empfangen, ohne dass diese die häusliche Armut sehen, und ist unter sich, sprich ohne die Frauen. Dass Touristinnen in diese Männerdomäne eindringen, wird toleriert, wenn nicht sogar goutiert. Eine Ägypterin würde ein volkstümliches Kaffeehaus allerdings nie besuchen – es schickt sich nicht.

> „Bemerkenswert ist die Zahl der Kaffeehäuser ... Man begegnet ihnen auf Schritt und Tritt und die Menschen treffen sich dort. Fromme und solche, die des Gebetes wegen früh aufstehen, gehen dorthin, trinken eine Tasse Kaffee und beleben so ihr Leben. Diese Belebung stärkt sie für die religiösen Pflichten und das Gotteslob. Aus diesem Gesichtspunkt sind die Kaffeehäuser zu empfehlen und lobenswert.“
>
> *Der Chronist Mustafa Ali vor 400 Jahren*

Die ägyptische Küche

An fahrbaren Imbissständen beginnen die Ägypter auf dem Weg zur Arbeit ihren Tag mit dem Nationalgericht Foul Medames, dazu Salat und vielleicht in heißem Fett gebackenes Bohnenpüree (ta'amiya); anschließend, wenn die Zeit noch reicht, ein Glas Tee.

Foul, das „Fleisch des kleinen Mannes“, ist das mit Abstand wichtigste Gericht. Ägypter, die es ins Ausland verschlagen hat, zeigen nach einigen Tagen regelrechte

Entzugserscheinungen: für einen Teller Foul würden sie noch so raffinierte Köstlichkeiten stehen lassen. Die Grundbestandteile Saubohnen, Linsen und Wasser, manchmal mit Karotten, Tomaten und klein gehackten Zwiebeln angereichert, werden über Nacht in einem geschlossenen Gefäß auf kleiner Flamme geköchelt. Früher brachte man die birnenförmigen Kochtöpfe ins nächste Badehaus und nutzte die nächtliche Glut des Ofens. Das eigentliche Geheimnis jedes Foulverkäufers ist die Mischung aus Öl, Zitronensaft, Salz, Kümmel und anderen Gewürzen, die erst unmittelbar vor dem Servieren unter die Bohnen gemischt wird und dem Gericht die individuelle Note gibt.

Andere Imbissstände haben sich auf in schwimmendem Fett gebackene Schmankerln spezialisiert. Neben Pommes und Auberginenschnipseln verkaufen sie in der Hauptsache **Ta'amiya.** Die ägyptische Ta'amiya wird gewöhnlich aus Bohnen hergestellt, während in Syrien und Palästina für die äußerlich kaum vom Ta'amiya unterscheidbaren Bratlinge *(felafel)* Kichererbsen verwendet werden. Die über Nacht eingeweichten Bohnen dreht man mit etwas Lauch, Zwiebeln und reichlich Knoblauch durch den Wolf, würzt mit Dill, Koriander, Petersilie, Cayennepfeffer, Kümmel, Salz und etwas Backsoda. Nachdem der Brei eine Stunde gezogen hat, werden kurze, etwa 2 cm dicke Würstchen geformt, mit Sesam paniert und im schwimmenden Fett ausgebacken.

Zu den Bohnengerichten wird, besonders in der heißen Jahreszeit, gerne **Turschi** bestellt, sauer eingelegtes Mischgemüse. Manchmal sind gar Limonen darunter, die samt Schale zu verzehren nicht jedermanns Sache ist. Wem dies zu ägyptisch ist, der findet an größeren Frühstücksständen auch **Sandwichs** mit Ei, Käse, Rindswurst und dergleichen mehr.

Was dem Ägypter am Morgen sein Foul, ist ihm im Lauf des Tages sein **Kuschari,** eine Mischung aus Reis, Nudeln, Linsen, gebratenen Zwiebeln und manchmal Kichererbsen. Für umgerechnet keinen viertel Euro wird *doublo* serviert, nämlich die doppelte Portion Zutaten. Falsch zu bestellen, ist praktisch unmöglich. In einem Kuscharilokal gibt es ausschließlich Kuschari; nur als Dessert steht vielleicht noch ein Reispudding im Kühlschrank. Mit der scharfen Soße, die in Flaschen auf dem Tisch steht, sollte man sparsam umgehen. Mehr als ein paar Tropfen, und das Essen ist für europäische Gaumen ungenießbar.

Nicht fehlen dürfen auf dem „Tisch der Armen" Frühlingszwiebeln, Tomaten, Chas, **Moluchia** (fein gewiegte Blätter einer spinatähnlichen Pflanze in Hühner- oder Kaninchenbrühe gekocht) und als allgegenwärtige Beilage das **Fladenbrot.**

Zu viel des Guten

Hunger und Unterernährung sind kein ernstes Problem am Nil. Im Gegenteil. Die meisten Ägypter sind zu fett. Zu wenig Eiweiß und zu viele Kalorien als Ergebnis übermäßigen Brot- und Zuckergenusses bereiten den Medizinern Sorge. Mit 30 kg Zucker pro Kopf und Jahr sind die Ägypter Weltmeister im Zuckerverbrauch – und stehen auch in der internationalen Hitliste der Diabetiker-Häufigkeit an vorderer Stelle. Eine andere Mangelkrankheit ist Anämie (infolge Eisenmangels). Dick ist insbesondere bei den Frauen „in". Der Softdrink-Riese Coca-Cola brach seinen ersten Versuch, *Cola-Light* auf dem ägyptischen Markt einzuführen, nach wenigen Monaten wieder ab. Es fehle an Kalorienbewusstsein.

Auch der Gemüseladen schmückt sich für den Ramadan

Aufenthalt

Richtiges Fleisch *(lachma)* war und ist auf dem Speisezettel der einfachen Leute etwas Besonderes – und für die Reichen ein Mittel zu zeigen, dass man eben Geld hat. So ist in der Tradition der ägyptischen Gastronomie das Fleischlokal streng getrennt von jenen ordinären Stätten, die sich mit dem Garen von Saubohnen abmühen. In einem guten Kebab-Haus bestellt man nach Gewicht, für den durchschnittlichen Esser ein halbes Pfund. So preiswert uns ein einfaches Fleischgericht scheinen mag, ein ägyptischer Durchschnittsbeamter muss dafür ein Zehntel seines Monatsgehalts auf den Tisch legen. Neben gegrillten Fleischstückchen **(Kebab)** und Hackfleisch vom Spieß **(Kufta),** beide aus Lamm- und Hammelfleisch hergestellt, gibt es oft auch Tauben und, seltener, Wachteln. **Schwarma,** das bei uns als Gyros bekannt gewordene Schabefleisch vom Drehspieß, wird an Imbissständen verkauft. Rindfleisch findet man nur in gehobenen Restaurants mit internationaler Speisekarte, Kamelfleisch wird nur im Haushalt verwendet. Selbst Muslime mit westlichem Lebensstil meiden Fleisch vom Schwein, das als unreines Tier tabu ist.

Umso beliebter sind Hühnchen **(Firach).** Neben den bei McDonalds, Kentucky Fried Chicken und Andrea's (dem ägyptischen „Wienerwald") wie wohl überall auf der Welt zubereiteten Grillhuhn am Spieß *(firach maschwiya)* gibt es auch raffiniertere Varianten: etwa gebraten mit Oliven *(firach bil zeytoun)* oder in Joghurt gekocht *(firach matboucha bil zabadi)* und mit frischer Minze serviert.

Auch der Fisch **(Samak)** wird in den Restaurantküchen überwiegend gegrillt *(maswil)*, manchmal aber auch als Ragout *(tagen)* zubereitet. Aus einheimischen Gewässern werden Brassen, Tintenfische, Krabben und sogar Hummer gefischt. Eine Spezialität der Mittelmeerküste ist **Fenikh,** ein kleiner, stark gesalzener Fisch, der übel riecht und roh gegessen dennoch als Delikatesse gilt.

Einige Speisen wie Zwiebeln, Knoblauch, Bohnen und Linsen, Okraschoten, Moluchia und **Batarekh** (Fischroggen) standen schon auf dem Speiseplan der Pharaonen.

Wandmalereien in den Tempeln und Gräbern zeigen mit Opferspeisen überreich gedeckte Tische. Andere Gerichte brachten die fremden Eroberer aus ihrer Heimat. Am deutlichsten ist der türkische Einfluss in der ägyptischen Küche zu spüren. Die Soldaten Selims des Grausamen sollen mit ihrer Vorliebe für **Burghul** (türk. Bulgur, eine Weizenzubereitung), **Baklava, Kunefa** (türk. Künefer, eine süße, käsehaltige Teigspeise), **Schischkebab** (Grillspieß), gefüllte Paprika, Auberginen und Weinblätter die Küche am Nil bereichert haben. Auch **Mousaka,** zwischen Türken und Griechen Gegenstand heftigen Streits über das Urheberrecht, kam durch die Türken nach Ägypten.

Aus Marokko kam der **Couscous** und aus Syrien und dem Libanon viele der **Mezedes** (kalte Vorspeisen). Bei einem üppigen Mahl mit zahlreichen Gästen werden gleichzeitig oder nacheinander wohl 20 bis 30 Platten mit verschiedenen kalten Vorspeisen serviert, unter denen auch der kritischste Esser etwas seinem Geschmack Entsprechendes findet: Salate mit Dips und Soßen, Gemüse, Fleisch- und Fischspezialitäten, Käse. Unklar ist die Herkunft der **Tahina,** einer sämigen Soße aus Olivenöl und gemahlenem Sesam, gewürzt mit Zitrone, Pfeffer, Salz und Kümmel. Gelegentlich kommt sie auch als **Hummus** (aus Kichererbsen) oder **Babaghanusch** (aus pürierten Auberginen) auf den Tisch. Kenner löffeln diese sämigen Soßen mit der Tasche des Fladenbrotes.

Zum Abschluss jedes Gastmahls kommen die Süßspeisen auf den Tisch – je süßer, desto besser, heißt das Leitmotiv. Zucker steht für Fest, Freude und Wohlbefinden. Wer es gut mit seinem Gast meint, gibt ihm noch ein Würfelchen Zucker extra in den Tee, wer Kindern Zuneigung beweisen will, schenkt ihnen Bonbons. So schwimmen manche Teigwaren mit gehackten Nüssen, Pistazien und Mandeln in dickem Zuckersirup oder sind reichlich mit Honig übergossen. Wer es maßvoller wünscht, kann sich an **Milhalabiya** (Reispudding) und Creme Caramel gütlich halten.

Getränke

▸ **Tee & Kaffee:** Ägyptens Nationalgetränk Tee *(schai)* wird traditionell durch Aufkochen der Teeblätter hergestellt. Teebeutel gelten jedoch als modern und schick. Im Winter wärmt ein mit Milch, Zimt und Nüssen angesetzter Gewürztee *(sahleb),* in der warmen Jahreszeit trinken die Ägypter gern Schwarztee mit Minze *(schai bi naana).* Auch Kräutertee *(helwa),* Fencheltee *(yassun)* und Hibiskustee *(karkade)* sind in jedem Kaffeehaus zu bekommen. Kaffee wird als türkischer Mokka *(ahwa turki)* zubereitet und je nach Wunsch des Gastes ohne Zucker *(saada),* mit Zucker *(masbut)* oder extrem süß *(siyaada)* gekocht.

▸ **Fruchtsäfte & Wasser:** Straßenstände bieten frisch gepresste Fruchtsäfte aus dem Obst der Saison wie Orangen *(burtu'an),* Mango *(manga),* Erdbeere *(farawla)* und Granatäpfeln *(asiir rumi)* an, dazu Bananenmilch *(mus bi laban)* und Zuckerrohrsaft *(aasab).* Zu den exotischeren Drinks zählen Dattellimonade *(charrub)* und *tamrhindi,* hergestellt aus Tamarindenwurzeln und geschmacklich irgendwo zwischen Lakritze und schwarzem Johannisbeersaft.

Leitungswasser *(maya baladi)* ist entweder hochgradig gechlort und damit von unangenehmem Geschmack oder weniger gechlort und somit hygienisch nicht unbedenklich, auch wenn die meisten Einheimischen ihr Leben lang nur dieses Wasser trinken. Der Urlauber greift besser auf Mineralwasser *(maya maadaniya)* in Flaschen zurück. *Baraka* ist am meisten verbreitet, während der Kauf einer Flasche *Safi* Geld

Mittagsruhe im Kaffeehaus von Safaga

in die Kasse der ägyptischen Streitkräfte bringt, die mit zahlreichen Firmen und Beteiligungen einen Teil der Kosten für die Landesverteidigung selbst erwirtschaften.

▸ **Bier:** Während sich die Ägyptologen ausführlich mit der Braukunst der Pharaonenzeit beschäftigten, harrt die Geschichte der neuzeitlichen Bierbrauerei Ägyptens noch der Bearbeitung durch trinkfreudige Historiker. Soweit bekannt, begann die Brauerei Crown 1897 in Alexandria mit der Produktion eines *Stout*, dem bald ein *Pilsener* folgte. In den Zwanzigern tauchte erstmals der Markenname *Stella* auf, und 1958 brachte die inzwischen nach den neuen Besitzern *Bomonti* genannte Brauerei ein *Munchner Beer* auf den Markt, das später gar zum *Bier* und 1973 zum *Bayrish Beer* mutierte. Pilsener, Munchner und Bayrish gingen ebenso sang- und klanglos unter wie die Bomontis, doch Stella blieb. Der blaue Stern im gelben Oval ziert seit über 75 Jahren kaum verändert das Etikett von Ägyptens beliebtester Biermarke. Nostalgiker bedauern lediglich, dass die einst unverwechselbaren grünen oder braunen 0,6-Liter-Pfandflaschen durch kleinere Flaschen nach internationaler 0,5-Liter-Norm abgelöst wurden.

Neben dem klassischen Stella gibt es die etwas stärkere Exportqualität (mit silberblauem Etikett) in kleineren Einwegflaschen und ein Premium namens *Meister*. Nur selten findet man das kräftige *Märzen* oder das dunkle *Aswali*. Auch die Frommen müssen auf ihr Bier nicht verzichten: sie greifen zum alkoholfreien *Birrel*. Aus den Sudhäusern des Ferienortes El-Gouna kommt, unter Aufsicht eines deutschen Braumeisters, *Sakara*, dazu auch *Löwenbräu*, das wie seine Namensvettern in Spanien oder Griechenland mit dem bayerischen Vorbild aber nur den Namen gemein hat – ans deutsche Reinheitsgebot sind die Löwenbrauer im Ausland nicht gebunden. Neu auf dem Markt ist ein Bier namens *Luxor*, mit denen ein internationales Konsortium das bisherige Beinahe-Monopol der *Al-Ahram Beverage Company* brechen will.

Wein aus der Wüste

Ein Vorzug Ägyptens, den zu loben man etwas vorsichtig sein sollte, sind seine guten Weine. Nicht, dass Ägypter stets nur *Meschrubat* (wörtl. das Erlaubte, nämlich Alkoholfreies) trinken würden. Wie die gut besuchten Geschäfte des staatlichen Alkohol-Monopols vermuten lassen, wird sogar ziemlich gesoffen – nur eben zu Hause; öffentlich zeigen oder zugeben will sein sündiges Laster kaum ein Moslem.

Vielleicht liegt die Neigung zum Alkohol einfach im „pharaonischen Blut". Bier, so wissen die Ägyptologen, war das wichtigste Getränk im alten Ägypten. In den Wandgemälden der alten Gräber kredenzen kaum bekleidete Dienerinnen den Verstorbenen Kelche mit Wein, sind Szenen von der Weinlese und der Arbeit an den Torkeln dargestellt. Im Grab des Tutenchamun fand Carter drei Dutzend Weinkrüge, deren Aufschriften Jahrgang und Winzer nennen.

An die altägyptische Weintradition knüpfte Ende des 19. Jh. der Grieche Nestor Gianaclis an. In der Mariotis, der heutigen Tahrir-Provinz, wo schon die Römer ihren *Vinum Mariticum* gezogen hatten, kaufte er Land und pflanzte aus Griechenland, Frankreich und Italien eingeführte Reben. Das in der wüsten Landschaft nötige Wasser brachte ein Stichkanal vom Nil.

Gianaclis wurde zum Markenzeichen des ägyptischen Weinbaus. Die Spitzenabfüllungen durften auf keiner Gala des Hofes und der besseren Gesellschaft fehlen. Die 70 km² große Plantage eines der größten zusammenhängenden Weinbaugebiete der Welt beschäftigte fast 2000 Arbeiter, nicht gezählt die vielen Beduinen, die sich nur in der Erntezeit verdingten. Nasser nationalisierte den Betrieb und vereinigte ihn mit verschiedenen Schnapsbrennereien zur *Egyptian Vineyards and Distilleries Company*. Mit vielen anderen griechischen Geschäftsleuten mussten auch Gianaclis Erben das Land verlassen. Nur Kellermeister Alexander Kondilios blieb bis in die 80er Jahre als Garant der guten Weine im Amt. Nach seiner Pensionierung ging es mit der Qualität jedoch drastisch bergab.

Nunmehr erneut privatisiert und im Besitz der von US-amerikanischem Kapital dominierten *Al-Ahram Beverage Company (ABC)*, nimmt das Weingut einen neuen Anlauf in Sachen Qualität und Marketing. Französische Berater sollen das Risiko ausschließen, statt des erhofften Weines eine Flasche mit Essig zu öffnen. Ob die neuen Eigner den Absatz von *Obelisque* und *Grand Marquis* von *Omar Khayyam* (rot), *Rubis* (rosé), *Cru de Ptolemées* oder *Gianaclis* (beide weiß) über die bisherige Jahresproduktion von etwa 150.000 Hektolitern steigern können, bleibt abzuwarten. Bei einem Ladenpreis von 60 LE für die 0,7-Liter-Flasche, 75 % davon gehen als Steuer an den Staat, bleibt Wein für die Ägypter ein Luxusgut. Einem Export in die arabischen Länder steht der wieder erstarkte Islam entgegen, und die Ausfuhr in die EG verhindert die Brüsseler Lobby der europäischen Winzer.

▶ **Hochprozentiges:** Importierte Alkoholika sind in Ägypten unverschämt teuer – der Staat belastet sie mit einem Steuersatz von 3000 (in Worten: dreitausend) Prozent. Umso lieber werden sie in den Hotelbars ausgeschenkt. Die einheimischen Alkoholika sind zwar nicht von Weltklasse, für einen Longdrink oder gar einen Rausch aber gut genug. Beim ägyptischen Brandy hat man die Auswahl zwischen *Maa'tak* (beste Qualität), *Ahmar* (der billigste) und *Vin* (der beliebteste). Die Etiketten von Gin und Whiskey sind Weltmarken nachempfunden und erst auf den zweiten, noch nüchternen Blick von ihren Vorbildern zu unterscheiden. Notorische Trinker halten sich vor allem an *Zibib*, den ägyptischen Ouzo.

Aktivitäten

Wie es sich für eine Badedestination gehört, steht der **Wassersport** im Mittelpunkt. An den Stegen warten Motorboote auf Wasserskifahrer und Paraglider, die sich am Gleitschirm das Meer von oben betrachten wollen. Auf lautstarken und für Schwimmer nicht ungefährlichen Wasserscootern paradieren junge Burschen vor dem Ufer, während Cliquen sich den Spaß des Bananaridings (Bananenreiten) gönnen – ein vom Motorboot gezogener Gummiwulst, von dem man nur zu schnell ins Wasser plumpst. Auf die ernsthafteren Aktivitäten wie Tauchen und Surfen gehe ich später noch näher ein.

Zu Lande bieten die Reisebüros von Hurghada und Umgebung Tagesausflüge im Bus zu den Sehenswürdigkeiten von Luxor oder Kairo. Mit den Touristen sind auch einige Kamele wieder nach Hurghada gekommen, wer jedoch Beduinen- und Wüstenromantik sucht, reist besser auf den Sinai. Hier gibt es in den Ferienorten ein sehr viel breiteres Angebot an Kameltouren vom kurzen **Ausflug** („Sonnenuntergang in der Wüste") bis zur mehrtägigen Safari, und mit den Beduinen lassen sich auch gut individuelle Touren arrangieren.

Badespaß

Wer gerne im Meer badet, sollte in Hurghada oder Scharm el-Scheich ein Hotel mit eigenem Strand buchen. Die wenigen öffentlichen Strände sind nicht zu empfehlen.

Tauchen

Mit seinen Korallenriffen zählt das Rote Meer zu den schönsten Tauchgründen der Welt. Die relative Nähe zu Europa und die im Vergleich zu den Seychellen, dem Great Barrier Reef oder den Südsee-Archipelen niedrigen Preise haben den Tauchsport enorm beflügelt. Über hundert Tauchschulen helfen beim Einstieg in die Unterwasserwelt.

Anfänger und Schnorchler sind am Golf von Aqaba und besonders in **Scharm el-Scheich** (Après-Dive!) am besten aufgehoben. Hier erstrecken sich die Korallenriffe, oft nur wenige Meter vom Ufer entfernt, fast ausschließlich entlang der Küstenlinie. Dies bietet die einmalige Möglichkeit, schöne Tauchplätze direkt vom Strand aus zu erkunden. Besonders geschätzt wird dies von nicht ganz seefesten Tauchern. Fortgeschrittene Taucher erreichen die Außenriffe in der Meerenge von Tiran und Ras Mohamed per Boot.

Während aus den einst verträumten Beduinendörfern des Sinai aufstrebende Ferienorte mit allumfassender Infrastruktur wurden, hinkt die Entwicklung der südlichen Rotmeerküste um einige Jahre hinterher. Erfahrene Taucher, denen mehr an der Natur als am Nachtleben liegt, finden um **El-Quseir** und **Marsa Alam** noch relative Einsamkeit. Die Highlights der Wasserwelt können mit Tauchbooten auf

Aufenthalt

Tagestouren erreicht werden. Hier trifft man an den exponierten Orten mit zeitweise starker Strömung auch Großfische.

Die Tauchgründe um **Hurghada** haben in den letzten Jahren dagegen sehr gelitten; hier ist das Tauchen vom Ufer entweder nicht üblich oder unmöglich, und die Boote fahren wenigstens eine Stunde zum nächsten Riff. Wer jedoch einen ganzen Urlaub (Tauchsafari) auf dem Boot bucht, dem kann es egal sein, von welchem Hafen die schwimmende Tauchbasis in See sticht.

Das Niveau der rund hundert **Tauchbasen** ist in den letzten Jahren erfreulich gestiegen. Ohne Tauchschein werden keine Geräte mehr ausgeliehen, ein Dive Check ist obligatorisch. Kursteilnehmer lernen neben der reinen Technik auch etwas über Ökologie und Verhalten gegenüber Mittauchern und der Natur. Auch wenn die medizinische Versorgung noch immer zu wünschen übrig lässt, stehen in Scharm el-Scheich, El-Gouna und bei Hurghada für Notfälle Dekompressionskammern mit Fachärzten bereit. Wenn es ganz schlimm kommt, schickt die Ölgesellschaft ihren Helikopter (und später die Rechnung).

Die meisten Tauchbasen arbeiten eng mit „ihren" Hotels zusammen, stehen aber auch Gästen von außerhalb offen und bieten diesen sogar einen Abholservice. Die auch deutschsprachigen Kurse und Tauchgänge können entweder vor Ort oder schon in Deutschland über die Reisebüros bzw. online gebucht werden. Anfänger wählen eine Tauchschule mit Deutsch als Unterrichtssprache, um nicht jeden Fachausdruck im Englischwörterbuch nachblättern zu müssen. Entscheidend für die Qualität der Tauchbasis sind Equipment und die Erfahrung der Instruktoren – in Ägypten darf jeder eine Tauchschule aufmachen und keine Gewerbeaufsicht garantiert das Niveau der Tauchlehrer. Auch die Gruppengröße spielt eine Rolle: Es macht einen Unterschied, ob der Instruktor mit vier Neulingen oder gleich zehn auf Tauchgang geht. Anfänger, die das Niveau noch nicht selbst beurteilen können, sind deshalb mit einer großen, auch über Reiseveranstalter vermittelten Schule gut beraten.

● *Ausrüstung* Die bis 10 € Leihgebühr (täglich) für eine ABC-Ausrüstung kann man sich sparen und Maske (mit Nasenerker), Flossen und Schnorchel bereits von zu Hause mitbringen, wo sie schon für 50 € in guter Qualität zu kaufen sind. Auf einen eigenen Taucheranzug sollten Anfänger allerdings so lange verzichten, bis sie auch wirklich wissen, ob ihnen dieser Sport zusagt, und ob sie ihn nur im warmen Meer oder auch in kalten Gewässern ausüben wollen, wo der Anzug höheren Anforderungen genügen muss. Pressluftflaschen, die das Fluggepäck nur unnötig belasten und sowieso nur entleert in den Flieger dürfen, leiht man sich in jedem Fall besser in der ägyptischen Tauchbasis.

● *Gesundheit* Auch wenn einzelne Tauchschulen die Gesundheitsprüfung durch den Hotelarzt akzeptieren, kann jedem Anfänger nur angeraten werden, sich noch zu Hause von einem Allgemeinmediziner auf seine Tauchtauglichkeit untersuchen zu lassen.

● *Internetseiten* Infos und Links zum Thema Tauchen im Roten Meer finden Sie bei www.goredsea.com. Zum Tauchen allgemein sind derzeit die Seiten www.taucher.net unschlagbar, wo Sie unter www.taucher.net/redsea/index.html auch Linksammlungen zum Tauchen im Roten Meer finden.

● *Preise* Für einen fünftägigen Anfängerkurs bis zum OWD-Brevet, sozusagen dem Grundschein der Taucher, rechne man 250–450 €; ein Kurs für Fortgeschrittene kostet 200–320 €. Mit dem OWD-Brevet kann man sich auch geführten Tauchgängen (150–250 € im Zehnerpack) anschließen. Um auf eigene Faust tauchen zu dürfen, wird die Erfahrung von 30, mancherorts auch 50 Tauchgängen bzw. das AOWD-Brevet erwartet.

• *Veranstalter* Auch die Branchenriesen TUI und ITS haben Tauchreisen und auf Taucher spezialisierte Hotels mit angeschlossener Tauchbasis im Angebot. Erfahrene Taucher fühlen sich bei Spezialveranstaltern besser aufgehoben, die an ihre Tauchbasen besonders hohe Maßstäbe anlegen. Zu den Marktführern zählen **Sub Aqua** (Adalbertstr. 8a, D-80799 München, ✆ 089/3847690, www.sub-aqua.de) und **Tauchreisen Roscher** (Aachener Str. 695a, D-50226 Frechen, ✆ 02234/967096, www.tauchreisen-roscher.de).

Tauchkreuzfahrten

Der Serienbau komfortabler Tauchschiffe macht früher aufwändige und teure Tauchkreuzfahrten inzwischen für einen breiteren Personenkreis erschwinglich. Und weil die meisten Taucher immer neue Herausforderungen und den ultimativen Kick suchen, erfreuen sie sich auch zunehmender Beliebtheit. Weitab der landgestützten Tauchbasen muss man das Riff nicht mit Tagesausflüglern teilen. Viele Punkte sprechen für das Leben an Bord. Das Schleppen der Ausrüstung entfällt ebenso wie die Anfahrt zum Hafen oder Tauchplatz. Jeder kann seinen Tag gestalten, wie er Lust hat, und abtauchen, wann er mag. Die Pausen verbringt man auf dem Liegestuhl, und viele ziehen die Nacht auf Deck unter dem Sternenhimmel der klimatisierten Kabine vor.

Weil auf den Tauchsafaris keine Ausbilder an Bord sind, taugt dieses Vergnügen nur für erfahrene Taucher. Wer gerade erst die Grundausbildung abgeschlossen hat, sollte sich auf dieses Abenteuer noch nicht einlassen. Je nach Veranstalter werden 30 bis 50 absolvierte Tauchgänge vorausgesetzt.

Zum Schutz der Unterwasserwelt gesetzlich verboten ...

• Das Mitführen oder gar der Gebrauch von Harpunen
• Das Berühren von Fischen, Muscheln, Korallen und anderen Lebewesen
• Die Entnahme von Tieren, Pflanzen oder Fossilien aus dem Meer
• Das Füttern von Fischen oder die Entsorgung von Essensresten ins Meer

Wer sich daran nicht hält, der wird „verzeigt und gebüsst", wie man in der Schweiz zu sagen pflegt. Oder ein anderer Taucher lupft ihm mal kurz die Maske vom Gesicht und leitet so den Aufstieg ein.

Gefahren im Wasser

Tauchsicherheit und Gefahren werden in den Tauchkursen ausführlich behandelt. Trotzdem kommt es immer wieder zu Unfällen, auch solchen mit tödlichem Ausgang. Behörden wie Tauchschulen haben wenig Interesse daran, solche tourismusschädigenden Nachrichten publik zu machen – doch im Tauchernet (www.taucher. net) liest man Geschichten von schier unglaublichem Leichtsinn, vor dem leider auch erfahrene Taucher und sogar Ausbilder nicht gefeit sind.

Die wenigen Giftfische des Roten Meers sind nicht aggressiv und verletzen nur den, der sie berührt. Zwar heißt eine Klippe am Ras Mohamed nicht von ungefähr *Sharks Observatory*, doch bevorzugen die gefährlichen Arten von **Haien** die offene See. Nur der Weiße Hai greift Menschen aus purem Appetit an. Von dieser Art verirren sich selten Exemplare ins Rote Meer. Soweit bekannt, wurden am Golf von Aqaba in den letzten 50 Jahren nur vier Menschen Opfer der Räuber: ein amerikanischer Soldat, der über das offene Meer zur Insel Tiran schwimmen wollte – er wurde von seinem Begleitboot gerettet –, ein Mädchen, das in

Eilat eine außerhalb des Hafens liegende Jacht ansteuerte, wiederum ein Amerikaner, der auf offener See mit Delphinen schwamm, und zuletzt ein Schnorchler in der Coral Bay. Alle waren bezeichnenderweise keine Taucher, sondern Schnorchler oder Schwimmer.

Trotzdem sollte man allen Haien mit Respekt begegnen. Heftiges Plantschen, Blut oder gar das Zappeln und die hochfrequenten, für Menschen unhörbaren Todesschreie harpunierter Fische versprechen Beute. Auf Haie wirkt der harpunierte Fisch etwa so wie der Geruch eines Grillfestes in der Steppe auf eine Horde hungriger Löwen. Leicht wird der (verbotenerweise) jagende Taucher dabei selbst zum Gejagten.

Gelegentlich wird auch von unliebsamen Begegnungen mit **Barrakudas** berichtet. Alles, was unter Wasser glitzert und spiegelt, erweckt die Aufmerksamkeit dieser Räuber. Zum Glück ist die neugierige Spezies im Roten Meer weniger aggressiv als ihre karibische Verwandtschaft. Die meisten Wassertiere ziehen sich vor Tauchern und Schnorchlern zurück. Gefährlich werden sie erst dann, wenn sie sich in die Enge getrieben fühlen und ihnen der Fluchtweg verstellt ist. Der unvorsichtige Griff in den Hohlraum eines Korallenstocks kann schmerzhaft zwischen den Zähnen einer **Muräne** enden.

Am gefährlichsten sind jene Tiere, die sich statt durch Flucht mit ihrer perfekten Tarnung schützen. Da gibt es den etwa einen halben Meter großen **Steinfisch.** Er liegt bewegungslos am Grund und ist leicht mit einem Stein zu verwechseln. An manchen Hautstellen wachsen ihm sogar Algen. Wehe, wer versehentlich auf ihn tritt. In den Flossen verborgene Stacheln sondern beim Berühren ein für Menschen lebensgefährliches Gift ab. Wird die Wunde nicht sofort in heißes Wasser getaucht oder die toxische Eiweißverbindung durch Auflegen heißer Trockenkompressen zerstört, ist auch ein kundiger Arzt mit seinem Latein am Ende.

Auch die harmlos scheinende **Kegelschnecke** wird schnell unangenehm, wenn man ihre Ruhe stört. Mit ihrem giftigen Stachelzahn, der an der Spitze eines Rüssels sitzt, kann sie alle Stellen ihrer Schale erreichen. Und im sandigen Meeresgrund lauern der Stechrochen und sein elektrisierender Verwandter, der **Zitterrochen.**

Segeln und Surfen

Der stete Wind hat das Rote Meer zu einem beliebten Ziel für Surfer und Segler gemacht. Die Surfcracks treffen sich vor allem in Safaga, während Anfänger und Segler in Hurghada und Dahab besser aufgehoben sind.

Bei gewöhnlich stabiler Wetterlage und klarem Himmel kann man das ganze Jahr über mit Windstärken von 3 bis 7 Beaufort rechnen. Bis etwa 5 Beaufort bleibt das Wasser glatt, bei höheren Windstärken bauen sich Windwellen auf. Die Gezeiten spielen kaum eine Rolle: Safaga hat einen Tidenhub von gerade 1 m.

Der Surfertag beginnt in Safaga und Hurghada bald nach Sonnenaufgang mit einem schräg ablandigen Vormittagswind, den man nutzen sollte. Besonders im Winter schläft die Brise nämlich manchmal gegen Mittag ein, und das war's dann. An den meisten Tagen dreht der Wind jedoch durch dem Thermiksog der Wüstenberge allmählich die Richtung, bläst nachmittags auflandig und verhilft bis Sonnenuntergang zum Surfvergnügen.

Renommierte Surfstationen halten für qualifizierte Segler auch einige Katamarane bereit; der Unterricht im Katamaransegeln steht dagegen nicht überall auf

dem Programm. Wer nicht gleichzeitig tauchen will, für den sind längere Segel-
törns auf dem Roten Meer mit seinen wüsten, eintönigen Küsten nicht sonderlich interessant.

● *Preise* Eine Woche Board mit freier Rigg-
wahl je nach Material 150–200 €; Einsteiger-
kurs (10 Std., mit Ausrüstung) bis Grundschein ca. 160 €, ein Kitekurs 200–250 €. Ein
Tag Katamaran (TopCat) mit Reviereinwei-
sung etwa 80 €, Katamaran-Einsteigerkurs
(15–20 Std.) bis VDS-Grundschein ca. 200 €.

● *Spezialveranstalter* **Surf & Action Company**, Grünwalder Weg 28, D-82041 Ober-
haching, ✆ 089/6281670, www.surf-action.
de; **Happy Surf**, Franz-Joseph-Str. 43, D-
80801 München, ✆ 089/338833, www.happy-
surf.de.

Hochseeangeln

Angler, die sich nicht länger mit Hecht und Forelle aus dem heimischen Bach
begnügen wollen, versuchen sich auf hoher See an dicken Fischen. An Bord speziell
ausgerüsteter Jachten und unterstützt von einer Crew, die die aussichtsreichen
Fanggründe kennt, werfen sie ihre Köder nach Zackenbarschen, Barrakudas und
Haien. Damit sich die Angler nicht gegenseitig den Fisch wegschnappen, nehmen
die Jachten höchstens fünf Sportler mit auf See – ein teures und exklusives Vergnügen also, das vor allem von Hurghada und Quseir aus angeboten wird.

Veranstalter: 5 Oceans, Ashraf el-Weshahy, Gabriele-Münter-Str. 4, D-65795 Hattersheim,
✆ 06145/990634, www.5oceans.de. Infos auch unter www.wrackangeln.de.

Golf

Golf in der Wüste? Kein Urlaubsland meint heute noch auf Golfplätze verzichten
zu können, und so wurden auch in Scharm el-Scheich, El-Gouna und an der Soma
Bay (beide bei Hurghada) drei 18-Loch-Anlagen gebaut. Vorgeklärte Abwässer
aus den Hotels bewässern den Rasen. Ob eine Golfpartie bei 40 Grad im Schatten
Vergnügen bereitet, sei dahingestellt. Im Winter hat man aber sicher mehr Freude
als im feuchtkalten Europa. Der Platz in Scharm wird von der Mövenpick-Kette
betrieben, die Gäste des Golfhotels haben auf dem Platz Startpriorität und vergüns-
tigte Preise. Deutschsprachige Golfkurse auf dem Platz in der Soma Bay veranstaltet der dortige Robinson Club (zu buchen über TUI).

● *Golfplätze* **Sharm Golf Resort**, Scharm
el-Scheich, ✆ 069/3603200, www.moeven
pick-hotels.com;
Taba Heights Golf Resort, Taba Heights,
✆ 069/3580073, www.tabaheights.com;
Cascades Golf Resort, Abu Soma Bay,
✆ 065/3549896, www.somabay.com;

Steigenberger El-Gouna Golf Resort,
El-Gouna, ✆ 065/3580009, www.el-gouna.stei
genberger.de.
● *Preise* Als Anhaltspunkt seien genannt:
Greenfee Package für drei Runden 160 €,
Anfängerkurs (5 Std.) für 2 Pers. 250 €.

Reiten und Trekking

Auch wenn das eine oder andere Hotel seinen Gästen Pferde anbietet, sind
Kamele sicher das bessere und romantischere Fortbewegungsmittel in der Wüste. Wer einmal mit dem Kamel in den Bergen des Sinai war, mag dieses Erlebnis
nicht mehr missen. Gemächlichen Schritts erschließt sich die majestätische
Schönheit der Landschaft, die gleichmäßige, wiegende Bewegung des Tieres stiftet Ruhe und Beschaulichkeit. Kameltouren vermitteln die Hotels. Für individuelle Ausflüge kann man auch einfach die Beduinen ansprechen. Von Dahab und
Nuweiba ist man relativ schnell in den Bergen, während die Umgebung von

Aufenthalt

Auf zu den Pyramiden!

Scharm el-Scheich eher eintönig ist. Entlang der Küstenstraße warten die Führer an den Eingängen der bekannteren Wadis auf Kundschaft.

Vor Ihrer mehrtägigen Safari mit Zelt und Proviant sollten Sie zunächst einen Kurzausflug auf dem Wüstenschiff machen – sein Schaukeln ist nicht jedermanns Sache, nach dem Ritt folgt der unausweichliche Muskelkater. Immerhin bewegen sich die Tiere nur im Schritt. Man kann also jederzeit nebenher laufen, wie es auch die Beduinen bei ihren Wanderungen tun, und bei Steigungen und in schwierigem Gelände trägt das Kamel sowieso keinen Reiter. Achten Sie darauf, dass der Sattelknauf gut gepolstert ist. Die Beduinen legen beim Reiten ein Bein um ihn, doch können Sie auf dem Kamel natürlich auch wie auf einem Pferd sitzen. Das Kamel mit dem Halfter in die gewünschte Richtung zu bewegen, werden Sie schnell lernen; es jedoch zum Absteigen in die Knie zu zwingen, sollten Sie dem Führer überlassen, viele Tiere lassen sich dieses Manöver nur sehr widerwillig aufzwingen.

Für **Bergwanderungen** kommt vor allem die Gegend um das Katharinenkloster in Frage. Bei längeren Ausflügen sollten Sie einen Führer mitnehmen – zu Ihrer Sicherheit, weil es Vorschrift ist, und weil die Beduinen das Gebiet als ihr Territorium betrachten und auch an Wanderern verdienen wollen.

● *Ausrüstung* Bei mehrtägigen, individuellen Touren ins Landesinnere benötigen Sie Schlafsack, Sonnenschutz, Kopfbedeckung, Toilettenpapier (nach Gebrauch verbrennen!), warme Kleidung für den Abend, Essbesteck, Proviant, Tabletten (Micropur ö. Ä.) zur Desinfektion von Zisternenwasser oder Ihren persönlichen Wasservorrat, Kochgeschirr und Gas- oder Benzinkocher. Klären Sie mit dem Organisator der Tour, ob Sie oder der Führer für Kochen und Proviant verantwortlich sind.

● *Preise* Bei individuell arrangierten Touren rechne man für ein Kamel mit Führer und

Verpflegung pro Tag 100–200 LE, bei größeren Gruppen etwas weniger. Auch bei mehrtägigen Fußwanderungen wird das große Gepäck (Schlafsäcke, Proviant usw.) gewöhnlich mit Kamelen von Camp zu Camp transportiert.

● *Link* Gute deutschsprachige Webseiten zum Sinai-Trekking finden sich unter www.sinai-bedouin.com.

● *Tipp* Nehmen Sie nach Möglichkeit einen älteren Führer. Die haben es nicht mehr so eilig wie die jungen ...

● *Veranstalter* **Alpinschule Innsbruck (ASI)**, In der Stille 1, A-6161 Natters, ☎ 0043 512546000, www.asi.at, zu buchen auch über TUI, hat Sinai-Expedition mit Kamel, Geländewagen und Wanderungen im Programm.

Das Kamel

Den alten Pharaonen war es noch unbekannt: Frühestens 500 v. Chr. kamen die ersten Kamele oder, genauer, einhöckrige Dromedare *(Camelus dromedariensis)* nach Ägypten und wurden für den Karawanenhandel und

die Beduinen schnell unverzichtbar. Heute, nach Straßenbau und Motorisierung, drohen sie zur Folklore und zum puren Amüsement der Urlauber zu verkommen. Zwei Wochen kann ein Kamel ohne Wasser auskommen, um dann auf einen Schlag hundert Liter zu saufen, die es in der Magenwand speichert. Kaum eine Spezies ist so an die Wüste angepasst: Beim Ausatmen kühlt der Wasserdampf über die Nase Augen und Hirn, die Niere entzieht dem Harn Restwasser und führt es in den Blutkreislauf zurück. Knorpel und Schwielen an Gelenken und Bauch schützen beim Niederknien vor der Bodenhitze, tellerförmige Hufe verhindern eine Einsinken im Sand.

Den Beduinen liefert das Kamel Fleisch, Milch und Fell – für den Transport benutzen sie heute weitgehend Lastwagen und Pick-ups. Die prächtigsten Tiere, nahezu weiße, auf Geschwindigkeit getrimmte Rennkamele, hält in Ägypten die Reitertruppe der Armee. Auf der arabischen Halbinsel werden Rennkamele gezüchtet (weniger schön ist der Einsatz von Kindersklaven als Jockeys), auch in El-Arisch und St. Katharina finden gelegentlich Kamelrennen statt.

Wissenswertes von A bis Z

Alkohol	75	Karten und Stadtpläne	84
Bakschisch	75	Lesestoff	85
Behinderte	76	Maße und Gewichte	86
Diplomatische Vertretungen	76	Medien	86
Einkaufen/Souvenirs	77	Notruf	87
Elektrizität	78	Öffnungszeiten	87
Feiertage	78	Post	87
Fotografieren	79	Religiöse Stätten	88
Frauen allein unterwegs	79	Sicherheit	88
Gastfreundschaft	81	Telefon	90
Geld	82	Verständigung	90
Gesundheit	82	Zeit	91
Information	84		

Wissenswertes von A bis Z

Alkohol

Nach dem Koran ist Muslimen der Genuss von Alkohol verboten. Natürlich hält sich nicht jeder daran. Der muslimische Dichter Omar Khayyam beispielsweise fragte sich zeitlebens, wie das Paradies denn ein Paradies sein könne, wenn es dort zwar Frauen, aber keinen Wein gebe; der Kummer darüber trieb ihn in manchen Suff. Schon allein wegen der koptischen Minderheit war Alkohol in Ägypten immer frei erhältlich. Für den Hausgebrauch wird er, hoch besteuert, in speziellen Läden verkauft, alle Touristenhotels und die besseren Restaurants haben eine Lizenz zum Alkoholausschank. Mit Rücksicht auf die religiösen Gefühle sollten Sie jedoch nicht auf der Straße bzw. in aller Öffentlichkeit trinken.

Bakschisch

Selbst ein Rucksackreisender ist nach den Maßstäben des Durchschnittsägypters unermesslich reich. Und so wird von Ausländern für jede noch so kleine Dienstleistung ein Trinkgeld erwartet. Bereits am Flughafen werden sich ungerufene Kofferträger um Ihr Gepäck balgen – nicht aus Freundlichkeit, sondern um ein *Bakschisch* zu verdienen. Geradezu unverschämt zeigen sich viele Taxifahrer. Da hier bereits ein saftiger Ausländerzuschlag im regulären Fahrpreis enthalten ist, wäre ein zusätzliches Bakschisch nicht angemessen.

Neben dem Bakschisch als Trinkgeld kennt man die **Gefälligkeit:** etwa für einen Wächter, der Sie außerhalb der regulären Zeiten durch eine archäologische Stätte führt, oder für einen Beamten, der eine Ausnahme von Regeln macht, die vielleicht nur deshalb geschaffen wurden, um für ihre Umgehung etwas kassieren zu können. Von regelrechten Bestechungsversuchen sollten Sie dagegen absehen. Nicht, dass es in Ägypten keine Bestechung gäbe, ganz im Gegenteil. Doch als Fremder kennen Sie weder die komplizierten Regeln noch die Preise und könnten sich schnell die Finger verbrennen.

Schließlich gibt es noch die **Gabe an den Bettler.** Betteln gilt als ehrenrührig – wer es dennoch tut, zumal als Frau, hat's wirklich nötig, und viele Bettler am

Straßenrand verkaufen anstandshalber Streichhölzer, Papiertaschentücher oder andere Kleinigkeiten. Selbst arme Ägypter geben Bettlern ein paar Münzen – tun Sie's auch. Bettelnde **Kinder** sollten Sie jedoch ignorieren. Sie gehen, teils Sport, teils Spiel, ausschließlich Ausländer um Kaugummis, Kugelschreiber und Geld an, und jeder Erfolg ermuntert zu fortschreitender Aufdringlichkeit. Auch die Einheimischen sehen es nicht gerne, wenn sich ihre Kinder ans Betteln gewöhnen.

Trinkgelder: Liftboy und Toilettenmann (wenn der Zustand des WC ein Trinkgeld rechtfertigt) 1 LE; Gepäckträger pro Gepäckstück 1 LE; Kellner 5–10 % der Rechnung; Zimmermädchen 1 LE pro Tag (übergeben Sie es persönlich, ansonsten nimmt es der Minibar-Service oder jemand anderes an sich). Busfahrer einer Reisegruppe 1–2 LE am Tag. Einheimische Reiseleiter erwarten gar 10–20 LE pro Tag und Gast. Empfehlung: Bleiben Sie deutlich darunter und geben Sie Ihr Geld besser anderen, die Reiseleiter verdienen genug. Soldaten an einsamen Checkpoints oder Wachposten freuen sich über Zigaretten, etwas zu essen, ja manchmal sogar über Trinkwasser.

Ausländische Münzen: Wer häufig mit Ausländern zu tun hat, wird seine gesammelten ausländischen Münzen irgendwann bei anderen Touristen in Scheine umwechseln. Für einen Bettler sind fremde Münzen dagegen wertlos wie ein Hosenknopf.

> „Und wenn einer stocktaub wäre: Dies *Bakschiesch* hört er in Ägyptenland durch, und wenn er kein arabisches Wort weiter aussprechen und behalten lernte; diese Parole der ägyptischen Proletarier und der Eselsburschen, dies *Bakschiesch* bekommt er vom ersten Augenblick fort. So tönt ihm von einem Ende Ägyptens bis zum andern, und über das Meer bis nach Haus; von Alexandria bis zu den Katarakten, und wahrscheinlich bis zu dem Orte, wo noch irgend ein Reisender hingekommen ist, und die Geldgier dieser armseligen, nackten Menschen gereizt hat. – Dieses *Bakschiesch* also zeigt demjenigen, welcher die Nilquellen verfolgt, wie weit seine Vorgänger vorgedrungen sind."
>
> *Bogumil Golz, 1853*

Behinderte

Behinderungen sind in Ägypten sehr viel häufiger als in Mitteleuropa. Wo das Geld für den Arzt und die richtigen Medikamente fehlt, mündet manche an sich heilbare Krankheit in bleibende Schäden. Taubstumme (mit denen Sie im Kaffeehaus besser kommunizieren können als mit arabischsprachigen Gästen), Blinde, Verkrüppelte gehören zum Alltag, sind „Gottes Wille" und erregen keine weitere Aufmerksamkeit. Der hilfsbereiten Bevölkerung steht ein Defizit an Hilfsmitteln und behindertengerechter Infrastruktur gegenüber. Rampen, rollstuhlgerechte Toiletten und Hotelzimmer sind die absolute Ausnahme. Dass Behinderte jüngst von den Tauchschulen als neue Zielgruppe entdeckt wurden, lässt allerdings hoffen. Spezialveranstalter für Tauchreisen unterbreiten auf Anfrage entsprechende Angebote.

Behindertentauchen wird immer populärer und inzwischen auch von **TUI** in Zusammenarbeit mit dem Camel Dive Club (Scharm el-Scheich) angeboten.

Spezialanbieter für Rollstuhlreisen ist **Rolls Reisen**, Friesenstr. 27, D-10965 Berlin, ☎ 030-69409700, www.rollsreisen.com. Vermittelt werden behindertengerechte Hotels und Behindertenreisen.

Diplomatische Vertretungen

Wenn der Fall der Fälle, d. h. der Verlust der gesamten Barschaft, tatsächlich einmal eintritt, erwarte man sich zumindest von den deutschen Auslandsvertretungen nicht allzu viel Hilfe. Erfahrungsgemäß mehr Unterstützung gewähren die Schweizer ihren Bürgern. Meist wird der „Bittsteller" aufgefordert, sich das nötige Geld für die sofortige Heimreise von zu Hause schicken zu lassen. Verständlich, wenn man bedenkt, dass die Auslandsvertretungen in erster Linie die politischen, wirtschaftlichen und kulturellen Beziehungen mit dem Gastland pflegen sollen, aber keine Filialen von Kreditinstituten, Krankenkassen oder Reisebüros sind. Bei Verlust des Reisepasses erteilt die Botschaft ein Legitimationspapier, das zur Ausreise berechtigt. Auch bei vermissten Angehörigen, Naturkatastrophen, Verhaftungen sowie bei Todesfällen und Beerdigungen wird Unterstützung gewährt. Alle Botschaften haben ihren Sitz in Kairo.

Deutsche Vertretung: 8 Sh. Hassan Sabri, Kairo-Zamalek, ✆ 02/27399600, ✆ 27360530, www.german-embassy.org.eg.
Konsulat Hurghada: Peter-Jürgen Ely, 65 El-Gabal el-Shamali, ✆ 0265/3443605.
Österreichische Vertretung: 5 Sh. Wissa Wassef Ecke Sh. el-Nil, Kairo-Giza, ✆ 02/25702975, ✉ 25702979, www.austriaegypt.org.

Das italienische Konsulat in Port Said

Schweizer Vertretung: 10, Sh. Abdel Khaleq Sarwat, Kairo, ✆ 02/275758284, ✉ 25745236, www.eda.admin.ch/cairo.

Einkaufen/Souvenirs

Generell ist das Preisniveau in den Ferienorten höher als in Kairo. Seien Sie besonders vorsichtig, wenn ein Schlepper oder Reiseleiter Sie zu einem Geschäft bringt. Er bekommt eine kräftige Kommission, die Sie selbstverständlich mitbezahlen. Die gängigen Mitbringsel drängen sich dem Ausländer auch ohne Vermittler auf: Straßenverkäufer halten ihm bemalte Papyri und Alabastervasen unter die Nase, freundliche Gelegenheitsbekanntschaften arbeiten „rein zufällig" in einer „Parfümfabrik" oder einem Lederwarengeschäft. Eine Kette mit Goldkartusche erhebt jeden Fremden zum Pharao – die Juweliere kleben den persönlichen Namen in goldenen Hieroglyphen auf den Rohling. Gut dran ist, wer einen kurzen Namen hat, denn andernfalls gerät das Schmuckstück unförmig lang. Beliebt sind gravierte Tabletts oder Stoffapplikationen in grellen Farben. Auch die von Kindern in den als „Schulen" verbrämten Manufakturen gefertigten Bildteppiche sind typisch ägyptische Souvenirs. Als vergänglicher Schmuck werden Henna-Tattoos auf der Haut angeboten.

Für das **Feilschen** können keine festen Regeln aufgestellt werden – es muss das Fingerspitzengefühl entscheiden. Falsch wäre es, immer zu feilschen, genauso falsch, jeden geforderten Preis zu zahlen. Die meisten Dinge des täglichen Bedarfs haben ihren Festpreis, den man allerdings, wenn die Ware nicht ausgezeichnet ist, kennen muss. Und je öfter der Verkäufer schon erfahren hat, dass Fremde die

Für drunter und drüber – der Basar hat alles

Preise nicht kennen, desto eher ist er versucht, seine Kunden zu übervorteilen. Preisvergleiche sind also angebracht.

Dieses Gebot gilt umso mehr bei touristischen Artikeln bzw. in Touristengeschäften. Hier wäre es ein sträflicher Fehler, so genannte Festpreise zu akzeptieren, auch wenn die Ware ausgezeichnet ist. Nehmen Sie sich bei wertvolleren Stücken Zeit, trinken Sie mit dem Verkäufer Tee, plaudern Sie über das Wetter und die Familie, lassen Sie grundsätzlich ihn zuerst seine Forderung nennen, und machen Sie dann ein unverschämt niedriges Angebot. Feilschen kann Spaß machen, und ein guter Abschluss ist nur jener, bei dem beide Seiten zufrieden auseinander gehen.

Elektrizität

Die Spannung beträgt 220 Volt. Deutsche Stecker passen nicht immer (bringen Sie einen Universaladapter mit), Glühbirnen haben gelegentlich französische Bajonettfassungen. Erdung ist Luxus, und statt Sicherheit herrscht Gottvertrauen. Vermeiden Sie es, Straßenlampen zu berühren – manchmal stehen die Masten unter Spannung!

Feiertage

• *Unbewegliche Feiertage*
25. April: Tag der Befreiung des Sinai
1. Mai: Tag der Arbeit
18. Juni: Suezkanal-Tag
23. Juli: Tag der Revolution
6. Oktober: Tag der Armee (Oktoberkrieg)

• *Bewegliche Feiertage*
Die islamischen Feiertage werden nach dem (islamischen) Mondkalender berechnet und schieben sich jedes Jahr um 11, gelegentlich aber auch 10 oder 12 Tage vor. Die koptischen Feiertage werden nach dem julianischen Kalender berechnet.
Id el-Fitr (Ende des Fastenmonats): 2. (abends) bis 5. Okt. 2008; 21.–24. Sept. 2009; 10.–23. Sept. 2010.
Id el-Adha (Opferfest): 20. (abends) bis 24. Dez. 2007; 9.–13. Dez. 2008; 28. Nov. bis 2. Dez.. 2009; 17.–21. Nov. 2010.

Mulid en-Nebi (Geburtstag des Propheten):
20. März 2008; 9. März 2009; 26. Febr. 2010.
Islamisches Neujahr: 10. Jan. 2008; 29. Dez.
2008; 18. Dez. 2009; 7. Dez. 2010.
Scham en-Nessim (Frühlingsfest): am
Montag nach dem koptischen Osterfest.

• *Halboffizielle Feiertage*
1. Januar: Neujahr
7. Januar: koptisches Weihnachtsfest
24. Oktober: Tag der Befreiung von Suez
25. Dezember: römisches Weihnachtsfest

Fotografieren

Beim Ablichten von Personen sind Respekt und Zurückhaltung angebracht. Es ist, wie überall auf der Welt, nicht jedermanns Sache, geknipst zu werden, und dieses Recht am eigenen Bild sollte respektiert werden.

Fragen Sie, und das geht auch mit Gesten ganz leicht, Personen deshalb vor einer Ablichtung um ihr Einverständnis. Der eine wird es brüsk verweigern, der andere einwilligen, ein Dritter sich stolz in Pose stellen und Ihnen seine Adresse hinterlassen, damit Sie ihm einen Abzug schicken können. Als Mann sollten Sie keine Frauen fotografieren, und auch die Würde einer religiösen Stätte wird für manchen besonders durch Blitzlichtaufnahmen verletzt. Verboten ist, wie überall, das Ablichten militärischer Einrichtungen, wozu in weiterer Auslegung auch Brücken, Uniformierte und Bahnhöfe gehören. Vorsicht ist bei Bildern angebracht, die das Land und seine Menschen in ein schlechtes Licht rücken könnten.

Frauen allein unterwegs

Als allein reisende Frau(en) werden Sie grundsätzlich männlichen Annäherungsversuchen ausgesetzt sein; doch das sollte kein Grund sein, auf eine Reise nach Ägypten zu verzichten. Die Belästigungen sind im Grunde nicht ärger als in jeder heimischen Diskothek, sie folgen nur anderen Mustern, mit denen umzugehen Sie weniger gewohnt sind und die deshalb zu bedrohlichen Situationen führen können.

Wichtigster Schutz: Ihr Selbstbewusstsein. Sie, nicht der Mann, kontrollieren Situation und Kommunikation; seien Sie weder arrogant noch kokett, aber zeigen Sie, dass Sie wissen, was Sie wollen und was nicht. Zweite Regel: Lassen Sie sich nicht einseifen und gehen Sie immer davon aus, dass kein, aber auch gar kein arabischer Mann Sie als geschlechtliches Neutrum betrachten wird – egal, ob Sie sich noch so verhüllt oder unattraktiv gemacht haben. Für ihn bleiben Sie letztlich immer eine begehrenswerte Frau. Ob er Sie damit offen konfrontieren wird oder nicht, bleibt seinem Taktgefühl und Ihrer Steuerung der Kommunikation überlassen.

Und damit wären wir bei den größten Gefahren: Ihrer Neugierde und Ihrem Vertrauen. Arabische Männer sind ungeheuer nett und so ganz anders, als Sie es von zu Hause gewöhnt sind. Dies mag dazu verführen, neugierig und arglos die Dinge sich einfach zu entwickeln lassen, wie sie eben kommen. Dann aber entwickeln sie sich immer eindeutig. Und wenn Sie das nicht wollen, lassen Sie Ihrer Neugierde lieber keinen freien Lauf und seien Sie grundsätzlich misstrauisch und reserviert.

Nochmals zur Kleidung: In einem derart verhüllten Land wie Ägypten, wo Frauen selbst das Meer gänzlich bekleidet betreten, zieht jeder Zentimeter nackte Haut Blicke auf sich. Wenn Frauen sich belästigt fühlen, sollen sie sich doch verschleiern, argumentieren die religiösen Fundamentalisten und finden dabei Zeitgeist und Staat auf ihrer Seite. Genau auf diese Weise werden jedoch die beiden Kategorien der (verschleierten) unantastbaren islamischen Schwester und der (unverschleierten) Hure, die es ja nicht anders will, geschaffen und jene Ägypterinnen unter Druck

Wissenswertes von A bis Z

Grabscher und Tatscher

„Ich würde gern in Frieden leben, aber ich kann nicht einen Schritt auf unsere Straßen setzen, ohne mir unflätige und schmutzige Sprüche anhören zu müssen und dauernd angestarrt zu werden. Im 21. Jahrhundert fällt unser Land in punkto Angst, Engstirnigkeit und Ignoranz ins Mittelalter zurück", beklagt sich die 25-jährige Nadia aus Kairos Mittelschichtviertel Zamalek. Wie alle Ägypterinnen hat sie von klein auf gelernt, auf der Straße jeden Blickkontakt mit Männern zu vermeiden und stattdessen auf den Boden oder in den Himmel zu schauen, um entgegenkommende Männer einen großen Bogen zu machen, verbale Attacken zu ignorieren. Doch es bleibt nicht bei Blicken und Worten. In der Menschenmenge, die sich in Ägypten kaum umgehen lässt, werden Männer jeden Alters zu Grabschern und Tatschern, greifen Passantinnen von hinten zwischen die Beine oder pressen ihnen die Brust. Buben, Kinder noch, lernen solche Unsitten von Älteren und imitieren sie. Eine Studentin fährt nicht mehr mit dem Minibus, seit neben ihr ein Mann onanierte, einer Journalistin geschah Gleiches mit einem Taxifahrer – sie benutzt notgedrungen weiter Taxis.

Nach Meinung der Soziologin Saneya Saleh liegt die Schuld bei den Opfern: „Eine Frau, die auf sich hält, wird nicht belästigt." Denn, so darf man hinzufügen, die Frau, die auf sich hält, bewegt sich nur mit dem eigenen Wagen und nie zu Fuß oder in öffentlichen Verkehrsmitteln. Wenn sie es sich leisten kann. Auch für General Mohamed Sami Ismail, den Chef der Sittenpolizei, die jedes Jahr etwa 15.000 Männer wegen unzüchtigen Verhaltens festnimmt, sind die Ursachen klar: spätes Heiratsalter der Männer, Pornos, Sat-TV und schließlich die Frauen selbst, die sich schminken, körperbetont anziehen und aufreizend bewegen. Nadia pflichtet ihm teilweise bei: „Verschleierte Frauen haben inzwischen so überhand genommen und die Männer sich so an diesen Anblick gewöhnt, dass sie ausflippen, wenn ihnen dann doch einmal eine schicke und attraktive Frau auf der Straße begegnet." Doch auch der Schleier oder fortgeschrittenes Alter schützen nur mehr bedingt vor männlichen Übergriffen, die heute weit zahlreicher sind als noch vor einer Generation, da sich kaum eine Frau verschleierte. Ob die Empfehlung eines untergeordneten Beamten der Zensurbehörde, man müsse nur endlich Softpornos in die Kinos lassen, um das Thema Sexualität zu entkrampfen und den jungen Burschen ein Ventil zu schaffen, diese im realen Alltag zu mehr Zurückhaltung und Respekt veranlassen würde, sei dahingestellt.

Derzeit bleibt Frauen nichts anderes übrig, als mit dem Risiko zu leben und sich gegen Handgreiflichkeiten heftig und lautstark zu wehren.

gesetzt, die sich der Verhüllung nicht unterwerfen wollen. Im Sinne Ihrer ägyptischen Geschlechtsgenossinnen wünschenswerter als eine Überanpassung in den Kleidungsnormen scheint es mir deshalb, wenn Sie im Umgang mit einheimischen Männern deutlich machen, dass westlich Gekleidete keineswegs Freiwild, sondern zu respektieren sind.

Lesetipp: Christine Pollok, *KulturSchock Islam*, Bielefeld (Rump). Ein Sachbuch zur Problematik von Touristinnen in islamischen Ländern.

Beduinenmädchen in Dahab flechten den Touristen Zöpfchen

Wissenswertes von A bis Z

Gastfreundschaft

Viele unbestimmte Einladungen sind ein Gebot der Höflichkeit, doch keinesfalls ernst gemeint. Peinlich, wenn der unerfahrene Ausländer dann wirklich vor der Türe steht. Eine reelle Einladung wird stets mit fixer Uhrzeit und genauer Adresse bekräftigt. Bei Verabredungen im Restaurant gilt: Wer das Lokal vorschlägt, der zahlt. Und es wäre höchst unschicklich, einen etwaigen Geschäftspartner schon während des Essens mit dem wahren Anliegen zu behelligen. Das Ernste hat Zeit, zunächst plaudert man über das Wetter, die Familie und preist die Vorzüge des Gastlandes.

Gastfreundschaft hat ihre Wurzeln in den Gesetzen der Wüste. Wer in ein fremdes Zelt oder Haus eingeladen wird, steht unter dem Schutz des Hausherren, als gehöre er zu dessen Stamm und Familie. Gastfreundschaft ist ein moralischer Imperativ an sich und sollte nicht mit besonderer Wertschätzung einer bestimmten Person verwechselt werden. Der Gast im Haus setzt ein unerbittliches Ritual und eine Kette von teuren Verpflichtungen der Gegen- und Gegen-Gegen-Bewirtungen in Gang. Da wird der Kühlschrank geräumt, das letzte Huhn geschlachtet, die wichtigste Erledigung hintangestellt – der Gast ist König und darf bleiben, so lange es ihm behagt. Vor noch nicht allzu langer Zeit schickten die Beduinenscheichs ihre bewaffneten Söhne los, um den Gast wieder einzufangen, der sich nicht wenigstens drei Tage hatte bewirten lassen.

Lesetipp: Michel Rauch, *Polyglott Land & Leute: Ägypten*, München (Polyglott)

Geld

Das Ägyptische Pfund *(gini)* ist in 100 Piaster (*irsch* oder *kurusch*) eingeteilt. Es gibt Noten zu 100 Pfund (LE), zu 50, 20, 10, 5 und 1 LE, zu 50, 25, 10 und 5 Piaster, dazu Münzen zu 100, 50, 25, 10 und 5 Piaster. Nehmen Sie keine beschädigten Noten an – einzig die Zentralbank ersetzt kaputte Geldscheine.

Wechselkurs: Nach zuvor starken Verlusten ist das Pfund (LE) seit 2005 gegenüber dem Dollar stabil. Umgerechnet kosten (Stand Herbst 2007) 100 LE rund 13 €, 100 € entsprechen ca. 770 LE. Tagesaktuelle Umtauschkurse erfahren Sie unter www.oanda.com.

Ganz abgesehen davon, dass Ein- und Ausfuhr von mehr als 5000 LE nicht erlaubt sind, wechseln Sie in Ägypten günstiger als in Europa. **Banken** und private **Wechselstuben** *(forex)* wechseln zu einem nahezu einheitlichen Tageskurs. Von einer unbedeutenden Stempelgebühr abgesehen, sind Kommissionen oder andere Abzüge nicht üblich. Die Wechselbelege sollte man aufheben. Sie müssen eventuell bei der Visaverlängerung oder beim Kauf von Flugtickets vorgelegt werden. Ein Rücktausch zu viel gekaufter Pfunde ist praktisch nur in den Wechselstuben möglich.

Noch ein Wort zum **Reisebudget.** Ägypten ist eines der billigsten Reiseländer überhaupt. Rucksackreisende mit bescheidenen Ansprüchen können mit 100 € pro Woche über die Runden kommen – in einem guten Hotel kann man diese Summe natürlich an einem Tag durchbringen. Demgegenüber beträgt der **Durchschnittslohn** eines Ägypters, sofern er überhaupt einen Arbeitsplatz hat, rund 250 LE (rund 32 €) im Monat, und damit muss er eine ganze Familie ernähren. Wer kann, hat mehrere Jobs: morgens in einer Verwaltung, was ihm Krankenversicherung und im Alter eine Minimalrente garantiert; mittags als Taxifahrer und abends vielleicht noch als Kellner. Jobs im Tourismus sind wegen der Trinkgelder besonders begehrt. Wer es nach Studium und harter Auslese durch Prüfungen zum lizenzierten Reiseleiter gebracht hat, gehört mit über 2000 LE Monatseinkommen zu den Spitzenverdienern.

• *Öffnungszeiten der Banken* So–Do 8.30–14 und 18–21 Uhr (im Winter 17–20 Uhr), teilw. auch Sa/So 10–12 Uhr. Die Banken an den Flughäfen und Grenzen haben durchgehend geöffnet.

• *Reiseschecks* American Express und Cooks werden von allen Banken akzeptiert, allerdings wird das Geld nur in ägyptischen Pfund ausbezahlt. Die privaten Wechselstuben nehmen gewöhnlich keine Schecks an.

• *Kreditkarten* Sie werden in den größeren Hotels und von Mietwagenfirmen akzeptiert; manche Geschäfte verlangen bei der Bezahlung per Kreditkarte einen Aufschlag von bis zu 5 %.

Verlorene oder gestohlene Kredit- und Bankkarten können Sie in Deutschland unter der Telefonnummer 01805/021021 sperren lassen.

• *Geldautomaten* Die Geldautomaten akzeptieren gewöhnlich Visa- und Mastercard, an den meisten Automaten kann man auch mit Maestro- und Cirrusbankkarten Geld abheben. Sollte ein Automat an touristischen Standorten außerhalb der Bankzeiten einmal nicht funktionieren, hat ihn möglicherweise der Security-Beamte lahm gelegt und verdient sich mit der prompten Ingangsetzung sein Bakschisch. Einfallsreich sind sie, die Ägypter, im Geldverdienen ...

Gesundheit

Impfungen: Cholera- und Gelbfieber-Schutzimpfungen werden bei der Einreise aus Europa oder dem Nahen Osten nach Ägypten nicht verlangt. Empfohlen wird die Immunisierung gegen Hepatitis A und B. Vorsichtige Urlauber sollten mit ihrem Hausarzt über Impfungen gegen Typhus sprechen. Auch das gegebenenfalls erforderliche Auffrischen des Schutzes vor Kinderlähmung und Wundstarrkrampf sollte nicht bis nach der Reise aufgeschoben werden. Gegen die in Ägypten relativ häufige Tollwut, die angesichts des schlechten Rettungswesens oft mit dem Tod des Infizierten endet, gibt es bisher keinen hundertprozentigen Impfschutz. Eine vorbeugende Spritze mildert jedoch den Krankheitsverlauf und sichert das Überleben. Malaria-Prophylaxe wird nur bei einem längeren Aufenthalt im Fayum angeraten, wo die letzten Infektionen allerdings bereits einige Jahre zurückliegen.

Aktuelle Impfempfehlungen und Risikowarnungen für Ägypten finden Sie unter www. fitfortravel.de.

Krankenversicherung: Da die gesetzlichen Krankenkassen in Ägypten entstandene Behandlungskosten nicht übernehmen, wird der Abschluss einer speziellen Auslandskrankenversicherung empfohlen. *Aqua Med* (www.aqua-med.de) bietet auch auf Nichttaucher zugeschnittene Auslandskrankenversicherungen mit dem zusätzlichen Bonbon des Notfallmanagements an: Eine Hotline ist rund um die Uhr mit Ärzten (nicht ahnungslosen Callcenter-Jobbern) besetzt und organisiert ihre medizinische Versorgung in Ägypten bis hin zum Rücktransport, wenn es den sein muss.

> ### Hinweis des Auswärtigen Amtes
>
> „Die medizinische Versorgung außerhalb Kairos hat sich in den letzten Jahren zwar deutlich gebessert. Dennoch entspricht sie auch in den Touristenzentren nicht immer westeuropäischem Standard. Daher wird nachdrücklich der Abschluss einer **Auslands-Reisekrankenversicherung** empfohlen, die auch einen im Notfall medizinisch notwendigen (Flug-)Rücktransport abdecken sollte.“

Reisekrankheiten: Magen- und Darmerkrankungen bei ausländischen Besuchern sind oft auf eiskalte Getränke zurückzuführen. Wer empfindlich ist, nimmt rohes Obst nur geschält zu sich. Erwischt Sie dennoch der Durchfall, essen Sie trockenes Brot, Reis und reichlich Jogurt. Fragen Sie in der Apotheke nach *Sekem-Tee*, den es als eine spezielle Kräutermischung gegen Diarrhöe gibt. In hartnäckigen Fällen oder bei Blut im Stuhl suchen Sie besser den Arzt auf – nur die Laboruntersuchung kann entscheiden, ob es sich um durch Bakterien oder Amöben verursachte Beschwerden handelt.

Häufig sind Erkältungskrankheiten vom hartnäckigen Schnupfen bis zur Grippe. Bei frühmorgendlichen Fahrten mit dem Taxi oder Bus hilft ein Tuch gegen den gefährlichen Durchzug.

Medizinische Versorgung: Für ägyptische Krankheiten gilt, dass ägyptische Ärzte sie auch am besten zu diagnostizieren und zu behandeln wissen. Eine Konsultation kostet 100–200 LE. Doch Vorsicht: Auch unter Ärzten gibt es Abzocker und in manchen Hotels besteht eine recht undurchsichtige Verflechtung zwischen Hotelrezeption, Reiseleitung und dem herbeigerufenen Doktor, die in völlig überzogene Rechnungen mündet. Suchen Sie also wenn möglich selbst den Arzt auf oder schicken Sie Ihren Reisepartner, um ihn zu benachrichtigen, und verzichten Sie auf die Vermittlung durch touristisches Personal.

Für komplizierte Fälle gibt es in Kairo Kliniken der Maximalversorgung, die unseren Universitätsspitälern in nichts nachstehen. Alle Krankenhäuser verlangen vor Aufnahme des Patienten eine Vorauszahlung. Problematisch ist noch immer die

Versorgung auf dem Land, wo es den Ärzten der staatlichen Kliniken oft an wichtigen Medikamenten mangelt. Die entlang der Hauptstraßen in wenigstens 50 km Abstand errichteten Ambulanzstationen mit Rettungswagen sollten nicht darüber hinwegtäuschen, dass auch die Erstversorgung nach Verkehrsunfällen im Argen liegt. Die Stationen sind nämlich nur mit Sanitätern, aber nicht mit Ärzten besetzt – zum Unfallort kommt also kein Notarzt.

Apotheken finden sich in jeder größeren Stadt. Die gängigen Basismedikamente sind preiswert und werden auch ohne Rezept verkauft, nur im Ausland hergestellte Spezialarzneien gibt es natürlich nicht überall.

Aktuelle Gesundheitsinformationen und den vollständigen Horrorkatalog landestypischer Infektionskrankheiten bietet **Travel Health Online** unter www.tripprep.com.

Information

Die ägyptischen **Fremdenverkehrsämter im Ausland** verteilen Prospektmaterial und geben Auskünfte über Hotels und Reiseveranstalter. Die Broschüren sollen vor allem Appetit auf die Reise machen – allzu informativ sind sie nicht. Die Adressen der **Büros im Land** finden Sie im Regionalteil des Buches.

Wer sich über **Ägypten via Internet** informieren möchte, kann sich zum Einstieg **www.egypt.travel,** die offizielle Visitenkarte des Landes und Homepage der *Egyptian Tourism Authority* anschauen. Unter **www.touregypt.net** kann man einige tausend Seiten mit Informationen abrufen, dazu gibt es Videos, Fotogalerien und eine schöne Kinderseite. Als deutschsprachige Seiten sei **www.aegypten-online.de.** Das *Informationsamt der Regierung* präsentiert unter **www.sis.gov.eg** Politik, Geschichte und Kultur des Landes. Zugang zu einer umfangreichen Linksammlung findet man über **www.egyptbot.com.**

Mit ägyptologischen Quellen im Internet, darunter viele inzwischen digitalisierte Klassiker, verlinkt die Bibliothek der Universität Heidelberg: **www.ub.uni-heidelberg.de,** dann weiter „Fachbezogene Informationen" und dort „Ägyptologie". Als Datenbank zur Literaturrecherche benutzten Ägyptologen die Tempelbibliothek von Edfu, die sich über das Portal **www.aigyptos.uni-muenchen.de** öffnet. Fleißige Forscher der Chicago University verzeichnen geografisch sortierte Aufsätze zu Archäologie, Kunst, Philologie und Geschichte des alten Ägypten unter **www.etana.org/abzu/.** Mit den gleichen Themen beschäftigt sich **www.guardians.net,** das auch die Webseiten der ägyptischen Altertümerverwaltung enthält. In deutscher Sprache präsentiert **www.selket.de** eine detailfreudige Faktensammlung samt üppiger Literaturliste mit Rezensionen und einen Terminkalender zu Ägyptenveranstaltungen (Ausstellungen u. Ä.) in Deutschland. *Kemet*, die führende populärwissenschaftliche Zeitschrift der Freunde des alten Ägypten, findet man unter **www.kemet.de,** und selbstredend beschäftigt sich auch **www.mein-altägypten.de** mit dem Pharaonenreich. **www.isis-und-osiris.de** gefällt vor allem mit seinem Forum, das man auch unter **www.aegyptenreiseforum.de** anklicken kann.

Ägyptische Fremdenverkehrsämter: *Deutschland*, Kaiserstr. 64a, D-60329 Frankfurt, ☏ 069/252153, ✆ 239876; *Österreich*, Opernring 3/3, A-1010 Wien, ☏ 01/5876633, ✆ 5876634; *Schweiz*, Marktgasse 59, CH-3011 Bern, ☏ 031/3112210, ✆ 3112285.

Karten und Stadtpläne

● *Übersichtskarten* Von den Autokarten erscheint **Freytag & Berndt** *Ägypten* (1:1.000.000) am zuverlässigsten. Die Karte ist auch arabisch beschriftet. Den äußersten Süden der Rotmeer-Küste deckt meines Wissens nur die Ägyptenkarte der un-

Passendes Ambiente für die Lektüre von „Tod auf dem Nil"

garischen **Cartographia** ab. Sie wird auch im deutschen Buchhandel vertrieben und verfügt zudem über ein Register, das Arabophile mit der wissenschaftlichen Umschrift der Ortsnamen bis hin zum Ta' marbutah erfreut. Die Karte ist aber mit ihrem dünnen Papier und der komplizierten Faltung für den Gebrauch unterwegs weniger geeignet.

● *Regionalkarten* In Ägypten erhältlich sind *Sinai* sowie *Red Sea* von **Geodia** (Verona). Die nach Satellitenfotos gezeichneten Karten sind nicht maßstabsgerecht (perspektivische Verzerrung im Randbereich), geben Straßen, Pisten, Sehenswürdigkeiten und Relief aber gut wieder und enthalten auch Kurzbeschreibungen von Sehenswürdigkeiten und Stadtpläne

von Scharm el-Scheich bzw. Hurghada.

● *Für Spezialisten* Mit dem Zerfall des roten Riesen sind die Ägyptenkarten des sowjetischen Generalstabs aus den 1970er- und 80er-Jahren auf den Markt gekommen, darunter auch die Serien 1:200.000 und 1:100.000. Vertrieb in Deutschland über **Därr Expeditionsservice**, ✆ 089/282032, www. daerr.de. Der Versandkatalog bzw. die Webseite enthalten auch einen Kartenriss. Beim Kartenstudium kann man dann auch gleich die kyrillische Schrift lernen.

● *Stadtpläne* Am aktuellsten waren bei unserer Recherche die **Geodia/Elias**-Pläne von Scharm el-Scheich bzw. Hurghada, beide nur vor Ort erhältlich. Im Internet findet man Orientierungspläne unter www. goredsea.com.

Lesestoff

Allen voran ist natürlich der Altmeister und Nobelpreisträger Nagib Machfus zu nennen, von dem nahezu alle Texte inzwischen auch auf Deutsch vorliegen. Seine Romane und Novellen spielen in Kairo oder Alexandria und sind nicht immer leichte Kost. Versuchen Sie sich für den Anfang vielleicht an der Kriminalstory *Der Dieb und die Hunde* oder an *Das Hausboot am Nil,* der Geschichte vom fortschreitenden Realitätsverlust des „Vorstehers" einer Haschischrunde. Wer Zeit mitbringt und sich in den anfangs ungewohnten Erzählrhythmus gefunden hat, dem sei die „Kairoer Trilogie" empfohlen *(Zwischen den Palästen, Palast der Sehnsucht, Zuckergässchen)* – ein faszinierender Mikrokosmos einer Kairoer Kaufmannsfamilie in der ersten Hälfte des 20. Jh.

• *Ägyptische Literatur in dt. Übersetzung*
Im deutschen Sprachraum hat sich vor allem der Baseler Lenos-Verlag um die Übersetzung moderner ägyptischer Literatur
verdient gemacht. Nagib Machfus wird auf
Deutsch vom Union-Verlag verlegt.

Büchertürme im Antiquariat

Salim Alafenisch, *Der Weihrauchhändler*,
Zürich (Union) – Märchen und Geschichten
der Beduinen. Vom gleichen Autor auch:
Das Kamel mit dem Nasenring, *Das ver-
steinerte Zelt* und *Die Nacht der Wünsche*
sowie das Jugendbuch *Amira, Prinzessin
der Wüste*.
Salwa Bakr, *Der goldene Wagen fährt nicht
zum Himmel*, Basel (Lenos) – Asisa hat ihren Stiefvater umgebracht, dessen Geliebte

sie war, ohne dass die blinde Mutter etwas
ahnte. Um dem Gefängnisalltag zu entflie-
hen, träumt sie von einer goldenen Kutsche, schöner noch als die des Königs ...
Alaa al-Aswani, *Der Jakubijan-Bau*. Ein
Haus an Kairos Hauptgeschäftsstraße wird
zum Mikrokosmos der Ägyptischen Gesellschaft. Der Roman zeigt auch erstaunlich
offen auch jene Seiten des Alltags, über die
sonst nur hinter vorgehaltener Hand
gesprochen wird.
Edwar al-Charrat, *Safranerde*, Basel
(Lenos) – eine nostalgische Hymne auf
Alexandria und ein Dokument koptischer
Subkultur (Roman). Nicht leicht zu lesen –
die NZZ sieht stilistische Wahlverwandt-
schaften des Autors mit Marcel Proust –
doch meisterhaft übersetzt.
Gamal al-Ghitani, *Seini Barakat*, Basel (Lenos) – historischer Roman. In einer Zeit der
Wirren wird Seini Barakat zum Hoffnungs-
träger für eine Zukunft voller Gerechtigkeit
und Freiheit. Doch auf dem Gipfel der
Macht angelangt, verhält er sich nicht besser als seine Vorgänger.
Taufiq al-Hakim, *Staatsanwalt unter Fellachen*, Zürich (Union) – der Kriminalfall als
Handlungsrahmen für einen Gesellschafts-
roman.
Miral al-Tahawi, *Das Zelt*, Zürich (Union) –
Die Mauern des väterlichen Gehöfts lassen
sich nur im Traum überwinden, doch mittels Geschichten und Fantasie schafft sich
das Mädchen seine eigene Freiheit. Die
Autorin wuchs in einer Beduinenfamilie auf
und erhielt als erste Schriftstellerin den
ägyptischen Förderpreis für Literatur. 2006
erschien auf Deutsch ihr autobiografisch
geprägter Roman *Gazellenspuren*.
Mohamed al-Machsangi, *Eine blaue
Fliege*. Ägyptische Kurzgeschichten, Basel
(Lenos).
Alifa Rifaat, *Zeit der Jasminblüte*, Zürich
(Union) – Sammlungen von Kurzgeschichten der gottesfürchtigen Autorin.

Maße und Gewichte

In Ägypten gilt seit langem das metrische System. Zwei alte Maßeinheiten sind
aber dennoch gebräuchlich: Flächen werden in *Feddan* (= 0,42 ha) gemessen, und auf
Märkten und beim Gemüsehändler wird manchmal mit *Okka* (= 1,25 kg) gewogen.

Medien

Presse: Die überregionalen deutschen Zeitungen kommen üblicherweise zwei bis
drei Tage nach Erscheinen in Ägypten an. Hinweise auf Verkaufsstellen für aus-

ländische Presseerzeugnisse finden Sie im Reiseteil bei den jeweiligen Orten. *Al-Ahram,* Ägyptens regierungsnahe und renommierteste Tageszeitung, bringt wöchentlich eine englische *(Al-Ahram Weekly)* und französische *(Al-Ahram L'Hebdo)* Ausgabe heraus. Ebenfalls wöchentlich kommt die unabhängige *Middle East Times* an den Kiosk. Spannende Reportagen und viel Kultur enthalten das Monatsmagazin *Egypt Today* und sein französischer Ableger *La Revue d'Egypte.* Die dünnen Tageszeitungen *Egyptian Gazette* (englisch) und *Le Progrès Egyptien* (französisch) zeigen sich brav bis langweilig. Informativer und kritischer ist die ägyptische Ausgabe des im Libanon beheimateten *Daily Star.*

Presse online

Al-Ahram Weekly: www.ahram.org.eg/weekly/; **Middle East Times**: www.metimes.com; **Egypt Today**: www.egypttoday.com; **La Revue d'Egypte**: www.larevuedegypte.com; **Egyptian Gazette**: www.egyptiangazette.net.eg; **Daily Star**: www.dailystaregypt.com. Presseartikel finden sich auch auf der Webseite des **Informationsministeriums** (www.sis.gov.eg/En/CPR/).

Radio: Wer einen Kurzwellenempfänger hat, kann sich zwischen Rauschen und Knacken über das Geschehen in der Heimat auf dem Laufenden halten. Über Mittelwelle sind deutsche Sender nach Einbruch der Dunkelheit und mit viel Mühe noch an der Mittelmeerküste zu empfangen. Besser hört man die britische *BBC* auf 1325 kHz. *Radio Kairo* (www.egyptradio.tv) strahlt im 2. Programm auch fremdsprachige Sendungen aus, täglich ab 18 Uhr in Deutsch. Nach Mitteleuropa wird dieser Beitrag täglich um 19 Uhr Weltzeit auf Kurzwelle 9990 kHz gesendet.

Fernsehen: Das 2. Programm des ägyptischen Staatsfernsehens sendet abends oft ausländische Spielfilme und Seifenopern mit arabischen Untertiteln. Französische (19 Uhr) und englische Nachrichten (20 Uhr) berichten Ihnen, wen der Präsident heute getroffen und was er sonst noch für sein Volk getan hat. Daneben bieten die meisten Hotels ausländische Satellitenprogramme von *Deutsche Welle TV* bis hin zum *ZDF*.

Notruf

Polizei ☎ 122; Krankenwagen ☎ 123; Feuerwehr ☎ 125; Touristenpolizei ☎ 126; Pannenhilfe ☎ 110.

Öffnungszeiten

Da es kein Ladenschlussgesetz gibt, kann jeder Händler seinen Laden offen halten, so lange er Lust hat und sich Umsatz verspricht. Als Faustregel kann man bei Geschäften mit Öffnungszeiten von 10 bis 14 und 17 bis 21 Uhr rechnen. Ruhetag ist überwiegend der Freitag, einzelne Läden schließen auch am Sonntag. Behörden und Büros arbeiten (Kernzeit) Sonntag bis Donnerstag von 10 bis 14 Uhr. Da einige Firmen die 5-Tage-Woche haben, ausländische und koptische Firmen dagegen sonntags geschlossen sind und die Banken wiederum freitags und samstags, sollte man bürokratische Angelegenheiten möglichst von Montag bis Donnerstag erledigen.

Post

Post- und Telefonamt sind in Ägypten in verschiedenen Gebäuden untergebracht. Briefmarken verkaufen auch viele Postkartenhändler und die Zeitschriftenläden in den Hotels. Kernzeit der Postämter ist Sonntag bis Donnerstag von 9 bis 15 Uhr. Postlagernde Sendungen landen auf dem jeweiligen Hauptpostamt.

Die gewöhnliche Luftpost nach Europa kostet pro Brief oder Karte 1,50 LE (Stand 2007) und kann durchaus eine Woche unterwegs sein – oder nie ankommen. Eilige Post vertrauen Sie besser dem *Express Mail Service (EMS)* an. Diesen Service gibt es an den größeren Postämtern des Landes. EMS garantiert nach Europa die Zustellung von Briefen und Dokumenten binnen 48 Stunden, hat aber mit umgerechnet zehn Euro und mehr seinen Preis. Noch teurer ist der Haus-zu-Haus-Kurierdienst des Anbieters *DHL*.

Postalischer Taschenspielertrick

Der unbekannte Erfinder eines besonders einfallsreichen Bakschisch-Tricks aus Scharm el-Scheich sei durch Erwähnung an dieser Stelle belohnt: Briefmarkenverkäufer und Postler behaupten, das Porto sei kürzlich auf 2 LE erhöht worden. Es gebe aber noch keine neuen Marken, und deshalb seien die alten (zu 1,50 LE) eben jetzt 2 LE wert und würden um eben diesen Preis verkauft. Alles Humbug natürlich – wenn das Porto je auf 2 LE steigen sollte, wird man halt noch ein 0,50er-Märklein zusätzlich aufkleben müssen.

Religiöse Stätten

Im Prinzip sind alle Moscheen auch Andersgläubigen zugänglich. Sollte man Sie dennoch am Zutritt hindern, wäre es allerdings unklug, auf diesem Recht zu bestehen. Beim Besuch wird jedoch züchtige Bekleidung erwartet, also bedeckte Schultern, keine Shorts oder Miniröcke. Frauen müssen zusätzlich ihre Haare mit einem Tuch verhüllen, und die Schuhe bleiben am Eingang.

Auch die Kirchen und Klöster erwarten keusche Bekleidung, stören sich aber nicht an barhäuptigen Frauen. Unmittelbar vor der Altarwand schickt es sich nicht, dieser den Rücken zuzuwenden. Der Raum hinter der Ikonostase ist dem Priester vorbehalten, der allerdings Männern manchmal den Zutritt gestattet.

Sicherheit

Nach sieben Jahren Ruhe ist die Hydra des Terrors 2004 wieder erwacht. Es begann im Oktober mit dem Anschlag auf das Taba-Hilton. Im Frühjahr 2005 war Kairo mit dem Khan el-Khalili, der Zitadelle und dem Vorplatz des Ägyptischen Museums an der Reihe, im Sommer der Basar von Scharm el-Scheich, 2006 dann Dahab. „Mit weiteren Anschlägen ist zu rechnen", heißt es beim Auswärtigen Amt. Vorsicht ist deshalb besonders rund um die 3-Sterne-Sehenswürdigkeiten und an all jenen Orten geboten, wo Touristen massenweise zusammentreffen. Denn mit ihren Bomben auf Urlauber zielen die Terroristen auch auf den ägyptischen Staat, dessen wichtigste Einnahmequelle, der Fremdenverkehr, geschwächt werden soll.

Informieren Sie sich vor Antritt ihrer Reise über die aktuelle Einschätzung der Sicherheitslage beim Auswärtigen Amt unter www.auswaertiges-amt.de.

Vor der gewöhnlichen **Schwerstkriminalität** haben Ausländer dagegen nichts zu fürchten. In der Weltrangliga der Tötungsdelikte liegt Kairo zwar weit vor Rio und New York, doch sind die Opfer selten Ausländer: Getötet wird im Streit, aus Eifersucht und Rache, um die verletzte Familienehre wieder herzustellen. Raubüberfälle sind dagegen nahezu unbekannt.

Gelegenheit macht **Diebe**. Glaubt man der ägyptischen Polizei, beklauen sich ausländische Rucksackreisende vor allem untereinander. Touristische Brennpunkte sind aber zugleich auch der Arbeitsplatz von Taschendieben und vor allem von Trickbetrügern. Ein echter Volkssport sind inzwischen Mogeleien beim Bezahlen und Herausgeben des Wechselgelds. Da wird etwa unauffällig und blitzschnell eine Note gegen eine geringerwertige ausgetauscht und dem Touristen dann mit Unschuldsmiene weisgemacht, er habe da wohl einen falschen Schein gezückt. Nehmen Sie's sportlich und werden Sie aus Schaden klug, indem Sie auf jeden Trick höchstens einmal hereinfallen.

Brutalität, Misshandlung und Korruption haben die **Polizei** bei den Einheimischen in Verruf gebracht. Gegenüber Ausländern, die nicht gerade unter dem Verdacht der Spionage oder des Drogenbesitzes stehen, zeigen sich die Beamten jedoch meist höflich und hilfsbereit.

Tempel und Touristen werden gut bewacht

Ägyptens Polizei hat viele Uniformen und Abteilungen. Bei Problemen wende man sich am besten zunächst an die **Touristenpolizei** – zumindest die meisten Offiziere sprechen ein wenig Englisch und vermitteln den Ausländer dann an den „Zuständigen". Auf eigene Faust den richtigen Ansprechpartner und Stempelgewaltigen für ein Unfall- oder Diebstahlprotokoll zu finden, ist nicht einfach.

> **Tipp**: Benutzen Sie den Hotelsafe, achten Sie auf Flughäfen und Busbahnhöfen besonders auf Ihre Habe. Eine Reisegepäckversicherung entschädigt Sie, wenn das Gepäck beim Transport „verloren" geht.

Neben der gewöhnlichen Stadtpolizei *(Municipal Police)* gibt es die Verkehrspolizei *(Traffic Police)*, die Wasserschutzpolizei *(River Police)*, die hoch gerüstete Sicherheitspolizei *(Central Security)*, die weit gehend aus Wehrpflichtigen bestehende Bereitschaftspolizei, die Militärpolizei, die Flughafenpolizei und die Bahnpolizei. Mit dem Spitznamen *Galabiya bulis* bezeichnet der Volksmund die zahlreichen mit Zivilkleidung getarnten Beamten, die in den Touristenorten natürlich im westlichen

Freizeitlook auftreten (für die Kleiderordnung wäre die Sittenpolizei zuständig). Als wären so viele Polizeitruppen nicht genug, gibt es noch das schwer zu durchschauende Geflecht der mehr oder minder geheimen Dienste *(muchabarat)*.

Telefon

Die roten oder silberfarbenen Automaten der staatlichen Telefongesellschaft sind eine seltene Spezies und gewöhnlich von Menschentrauben umlagert. Weitaus häufiger sind die öffentlichen Fernsprecher der privaten (und teureren) Anbieter *Menatel* (grün-gelb) oder *Nil-Tel* (rot). Jede Gesellschaft hat ihre eigenen Telefonkarten, die an Kiosken oder in Supermärkten erhältlich sind.

Auslandsgespräche führt man von den Kartenautomaten auf den Telefonämtern *(central)*. Telefonkarten für 20 und 30 LE werden am Schalter verkauft. Nach 20 Uhr gilt ein ermäßigter Europatarif. Eine Alternative sind die öffentlichen Telefone der privaten Anbieter *Menatel, Mobinil* oder *Ringo*. Menatel etwa verrechnet für die Minute nach Europa ca. 5 LE. Die erforderlichen Telefonkarten gibt es in Läden oder Kiosken mit dem Menatel-Sticker. Im Hotel geführte Ferngespräche sind stets teurer. Die Mindestgebühr (ab 40 LE) wird in manchen Häusern schon fürs bloße Anläuten verlangt, auch wenn der Angerufene gar nicht abhebt.

Mobiltelefone finden in den besiedelten Gebieten Anschluss. Lücken im Netz gab es 2007 noch auf den Wüstenstraßen zwischen den Oasen. Mit einer deutschen Handykarte in Ägypten zu telefonieren geht ziemlich ins Geld: Selbst für ankommende Gespräche verlangt der Betreiber auch von Ihnen Gebühren.

Eine Alternative sind **ägyptische Prepaidkarten** – sofern Ihr Handy auch für „fremde" SIM-Karten freigeschaltet ist. Ägyptische Karten sind unschlagbar günstig, wenn Sie auch ägyptische Anschlüsse anrufen wollen. Nach Europa telefoniert man zum Minutenpreis von 3,50−4,25 LE. Unter dem Label *Holiday* bietet **Vodafone Egypt** (www.vodafone.com.eg) einen Zugang zu seinem ägyptischen Handynetz an. Die Leitung ist 40 Tage offen, gegen Aufpreis auch 70 Tage. Die Telefonläden verkaufen Prepaidkarten im Wert von 25−300 LE mit 20 % Aufschlag auf den Nominalwert.

Ein ähnliches Tarifmodell mit etwas günstigeren Minutenpreisen bietet der Vodafone-Konkurrent **Mobinil** (www.mobinil.com).

Wer häufig ins Ausland reist, mag eine **internationale Prepaidkarte** wie *Global Sim* (www.globalsim.net) oder Travel Sim (www.tourist-mobile.de) in Erwägung ziehen. Für eine einmalige Grundgebühr von 15−30 € fallen dabei in 80 Ländern bei ankommenden Gesprächen keine Roaming-Kosten an. Gespräche von Ägypten nach Deutschland werden mit 40 Cent/Min. berechnet. In der Schweiz wird eine entsprechende Karte von *United Mobile* (www.united-mobile.com) auf allen Postämtern verkauft.

Internet-Telefonie: In vielen ägyptischen Internetcafés ist das Programm *Skype* installiert. Mit einem Skype-Account (siehe www.skype.com) können Sie ab 2 Cent/Min. per Computer ins europäische Fest- und Mobilnetz telefonieren.

Vorwahlen in Ägypten: Kairo 02; Alexandria 03; Assuan 097; Luxor 095. **Auslandsvorwahlen**: nach Ägypten 0020; nach Deutschland 0049; nach Österreich 0043; in die Schweiz 0041.

Verständigung

Nicht nur, dass der Ägypter mit Arabisch eine fremde Sprache spricht – er schreibt sie auch noch fremdartig: von rechts nach links (Ziffernfolgen allerdings von links nach rechts), ungeheuer schnell, ohne mit dem Handrücken das gerade Geschriebene zu verwischen, dabei die kurzen Vokale auslassend. Wer ein geschriebenes Wort nicht kennt, kann es daher, selbst wenn er die einzelnen Buchstaben lesen kann, nicht aussprechen. Das Alphabet hat 28 Buchstaben, die oft drei verschiedene Formen haben, je nachdem, ob sie in der Wortmitte, am Anfang oder am Ende vorkommen.

Man unterscheidet die Sprache des Korans und der Literatur, nämlich das klassische Hocharabisch, vom modernen Standardarabisch *(fusha)* der Massenmedien, vom lokalen Dialekt und schließlich vom Ägyptisch-Arabisch *(ammia)*. Diese Umgangssprache fußt auf dem Kairoer Dialekt und wird, durch Film und Fernsehen verbreitet, längst auch in der arabischen Welt außerhalb Ägyptens überall verstanden.

Doch auf den ausgetretenen Touristenpfaden muss sich der Reisende mit Arabisch nicht plagen: Die Ägypter sind Meister im Erlernen von Fremdsprachen; wer mit Ausländern Geschäfte machen will – und wer will das nicht? –, hat mit Sprachkenntnissen einen unschätzbaren Vorteil. So wird in den Urlaubszentren außer Englisch auch Deutsch und sogar Russisch gesprochen.

Zum **Sprachkurs** nach Kairo oder doch besser nach Damaskus? Da sind die Experten geteilter Meinung. Wer Ägypten in Erwägung zieht, findet auf den Webseiten des DAAD (http://cairo.daad.de) Adressen und sogar einen Testbericht zu den wichtigsten Sprachschulen – das beste Preis-Leistungs-Verhältnis, so viel sei hier verraten, hatte das TAFL-Centre der Universität Alexandria.

Über die Tücken der arabischen Schrift

„[...] Es werden wiederum die Worte so dicht nebeneinander oder ineinander geschoben, daß kaum ein Eingeweihter, geschweige ein Anfänger, arabische Schrift mit Leichtigkeit zu lesen vermag. Was zu trennen wäre, das wird mit stenografischen Abkürzungen dergestalt ineinandergezogen, daß eventualiter drei Worte ein einziges Zeichen bilden müssen – und was zusammengefaßt, einheitlich unter einer Idee und einem Bilde begriffen bleiben sollte, das wird streng gesondert und individualisiert. Hierfür eine kleine Exemplifikation:

Es gibt eine Frucht, welche Sim-Sim heißt; die arabischen Buchstaben für das Wort Sim sind م س ; der Vokal *i* bleibt wie im Hebräischen und in allen semitischen Sprachen fort. Im Schreiben aber werden nicht nur *m* und *s* einmal, sondern beide Worte Sim Sim mit nachstehender Abkürzung zu einem Wortbilde konfiguriert; und es wird also statt م س م س nur das Zeichen geschrieben: سمسم.“

Bogumil Goltz, 1853

Zeit

In Ägypten gilt die osteuropäische Zeit. Die Uhren sind also gewöhnlich gegenüber Mitteleuropa eine Stunde vorzustellen. Doch keine Regel ohne Ausnahme: Die ägyptische Sommerzeit geht von Ende April bis Ende Oktober, beginnt also einen Monat später als bei uns. Deshalb haben Mitteleuropa und Ägypten von Ende März bis Ende April die gleiche Uhrzeit.

Canyon light

Sinai

Der Sinai ist das Land der Wunder und der Propheten, die von Juden, Christen und Muslimen gleichermaßen verehrt werden. Auf ihren Spuren kamen die frühchristlichen Asketen, um ihren Verfolgern zu entgehen und zugleich Gott nahe zu sein – Berge und Wüste sind der beste Ort für Visionen, und das Katharinenkloster am Fuße des Mosesbergs zählt zu den heiligen Stätten der Christenheit. Eine schroffe, einsame Landschaft mit leeren Sandflächen, kahlen, vielfarbigen Felsen, wilden, chaotischen Tälern, durch die nach den seltenen Regen reißende Wildbäche strömen. Aber auch Beduinen, Oasen, Kriegsschrott, Ölstädte und natürlich die Ferienzentren am Golf von Aqaba, der zu einem einzigartigen Schnorchel- und Tauchgrund wurde.

● *Veranstalter von Wüstenreisen im Sinai*

Bedu Expeditionen Peter Franzisky, ☏ 0049-89-62439791, www.bedu.de, bietet Trekkingtouren und Kamelwandern in der Umgebung des Katharinenklosters.

Wüstenmeditationen Hans-Jürgen und Maria Geisler, ☏ 0049-8141-386355, www.wuestenmeditation.de, organisieren und leiten Meditationsreisen in die Gebirgswüste des Sinai.

Renommierte Veranstalter wie Hauser Exkursionen (www.hauser-exkursionen.de) und Wikinger Reisen (http://wikinger-reisen.de) bedienen sich für die Durchführung ihrer Trekkingtouren auf dem Sinai der deutsch-ägyptischen Reiseagentur **Spirit of Sinai** in Scharm el-Scheich, ☏ 0020-69-010-5400322, www.spiritofsinai.de.

Desert Team, ☏ 0041-31-3184878, www.desert-team.ch. Der Schweizer Wüstenspezialist hat mit Bergwanderungen und Kameltouren auch den Sinai im Programm.

Von Suez nach Scharm el-Scheich

Die wenigen Sehenswürdigkeiten an der Ostküste des Sinai, allen voran der Wüstentempel Serabit el-Chadim, liegen abseits der Hauptstraße und sind ohne eigenen Wagen schlecht zu erreichen. Surfer schätzen die guten Windverhältnisse bei Ras es-Sudr.

Wer mit dem Bus von Kairo nach Scharm el-Scheich reist, kann die Landschaft getrost per Blick aus dem Fenster genießen; die Strände sind vom Müll und Öl der Schiffe verschmutzt, die hier auf Fracht oder die Passage durch den Suezkanal warten, der Anblick ist eher eintönig.

Ahmet-Hamdi-Tunnel: Bis zum Bau der Brücke bei el-Qantara war der 1980 eröffnete Tunnel unter dem Suezkanal hindurch die einzige Landverbindung zwischen Afrika und Asien. Er trägt den Namen eines ägyptischen Generals, der im Oktoberkrieg fiel. Neben der Straße, die vom Tunnel quer über den Sinai nach Nuweiba und Taba führt, erinnern die Skulptur einer Frau und ein kleiner Friedhof an die jugoslawischen Flüchtlinge, die während des Zweiten Weltkriegs hier in einem Camp Unterschlupf fanden. Die Route nach Scharm el-Scheich folgt dagegen dem Kanal nach Süden. An der Fähre von **esch-Schatt,** die Fußgänger und Lastwagen von Suez auf den Sinai übersetzt, gibt es eine Versorgungsstation mit Tankstelle, Teebuden und Sammeltaxis.

'Uyun Musa: Die Überlieferung lokalisiert in dieser Oase die bitteren Quellen, deren Wasser Moses mit Gottes Hilfe trinkbar machte (Exodus 15:23–24). Einige sind in Becken gefasst, in deren warmem Wasser man auch gut baden kann, und an denen Bussarde, Geier und Adler ihren Durst stillen. Während des Vogelzugs erhalten sie Gesellschaft durch ausländische Fluggäste, die sich anschließend von der Thermik über den Golf von Suez tragen lassen. Um 1900 diente 'Uyun Musa als Quarantänestation für die zurückgekehrten Mekkapilger. Viele der herrlichen Palmen und Obstbäume der Oase verbrannten während der Sinaikriege, und in den 60ern beschoss die israelische Artillerie von hier die Stadt Suez. Ein kleines **Museum** feiert in einem restaurierten Bunker die Rückeroberung durch die Ägypter. Die seltenen Besucher kommen in den Genuss einer ausgedehnten Führung durch einen gut Englisch sprechenden Offizier. Südlich von 'Uyun Musa sprießen neue Feriendörfer.

Ras es-Sudr

Weil auf der anderen Seite des Golfs das Gebirge beginnt, bläst hier ein besonders kräftiger Wind. Die ägyptischen Windsurfer haben deshalb die Küste zwischen Kap Sudr und Kap Matarma, gerade zwei Autostunden von Kairo entfernt, schon vor Jahren zum Revier auserkoren – die zunehmende Verbauung des Uferbereichs trübt allerdings das Surfvergnügen. Der feine Sandstrand bietet den Kairoern zudem eine Alternative zu den überfüllten Badeplätzen am Mittelmeer. Bis 30 m weit kann man ins flache Wasser hinauslaufen. Ausländer trifft man dagegen kaum – mancher mag sich am Anblick einer nahen Ölraffinerie stören. Auch ist das eigentliche Städtchen Ras es-Sudr, das vorübergehend sogar Provinzhauptstadt des Südsinai war, ein eintöniger bis trostloser Ort.

● *Anfahrt* Do, Fr und Sa gibt es Direktverbindungen morgens von Kairo (Almaza-Terminal) nach Ras es-Sudr und abends wieder zurück. Außerdem halten hier die Busse zwischen Kairo/Suez und el-Tur/Scharm el-Scheich.

• *Übernachten* **Ramada Ras Sudr**, ☎/📠 069-3400935, 📠 3400108, www.ramada.com, Hotelpreis DZ ohne Frühstück 90 $, pauschal bei Club Mistral (www.clubmistral.com) für 2 Pers. im DZ, HP, mit Flug ab 1200 €. Ein feines Sporthotel am Meer, das vor allem von Kitern und Surfern besucht wird. Seine Lage im Nirgendwo und einen trägen Service macht es mit Meer, Sand und gutem Wind wett. Außer Kiten und Surfen im Club Mistral gibt es auch Wüstentouren.

Moon Beach, 38 km südlich von Ras es-Sudr, ☎ 010-5810088, www.moonbeachretreat.com, DZ 60 $. Einfaches Bungalowdorf am Wasser mit weitgehend einheimischem Publikum, Camping oder Tagesaufenthalt (mit Essen und Strandhütte) möglich, Surfbrettverleih.

Qala'at el-Gundi: Auf einem Tafelberg mitten in der Wüste baute Saladin eine Festung, um den Pilgerweg und Ägypten vor dem vermuteten Anmarsch der Kreuzritter zu schützen. Noch bevor die Burg 1187 fertig war, hatte er die Christen aber bereits im Heiligen Land geschlagen. Innerhalb der mächtigen Wehrmauer erkennt man noch die Reste der Moschee, die Zisterne und das Haus des Kommandanten. Selbst den Luxus eines kleinen Badehauses gönnte man sich damals. Vor allem belohnt der Burgberg den halbstündigen Aufstieg aber mit einer herrlichen Aussicht.

An der Ras-es-Sudr-Junction die Straße landeinwärts nach Bir el-Thamada nehmen, nach etwa 50 km liegt die Burg auf der linken Seite.

Hammam Fara'un (Bad des Pharao): Aus Erdlöchern und einer Grotte („Sauna") sprudelt und rinnt heißes Schwefelwasser, in dem der Legende nach bereits die Pharaonen Linderung von Gicht und Rheuma suchten. Leider ist der beliebte Picknickplatz stark verschmutzt. In den 80er Jahren sollte hier ein großes Kurhotel gebaut werden. Kaum war das Werbeschild aufgestellt, versiegte die Quelle, um erst nach der Beerdigung des Projekts wieder zu fließen – ohne Zweifel ein Fingerzeig Gottes. Oder steckt jener Pharao dahinter, der samt seinem Heer bei der Verfolgung der Israeliten in den Meeresfluten ertrank und dessen Geist hier umgeht (so wenigstens Karl Baedeker anno 1878)? Kein schlechter Platz für eine Seele, die sich einst mit Moses anlegte.

5 km nach Ras es-Sudr rechts von der Hauptstraße ab und noch knapp 5 km Richtung Küste.

Abu Zenima: Ein Versorgungsort der Ölindustrie, doch oft genug zuckt der Tankwart bedauernd die Schultern. Wenn wieder einmal der Strom ausgefallen ist, müsste er von Hand pumpen, und wer hat dazu in der Sommerhitze Lust. Der Lokalheilige Abu Zenima, dessen Namen die Siedlung trägt, kannte diese Probleme nicht. Er nährte sich in seiner Höhle ausschließlich von Kaffeebohnen, die ihm Vögel aus dem Jemen oder, wer weiß das noch genau, aus Mekka brachten. Am südlichen Ortsausgang markieren Schuppen, Lagerhäuser und eine Verladerampe den neuzeitlichen Hafen der Erzgruben. Das antike *Marcha*, aus dem die Pharaonen Türkis und Kupfer hinüber nach Ägypten verschifften, lokalisierten die Archäologen bei einer kleinen Oase 8 km südlich von Abu Zenima.

Marwa Hotel, ☎ 069-3420444. Einfache und konkurrenzlose Unterkunft im Stadtzentrum.

Serabit el-Chadim

Auf diesem Abstecher erleben Sie die grandiose Einsamkeit der Wüste, lernen den einzigen pharaonischen Tempel des Sinai kennen und gewinnen einen kleinen Einblick in das Leben der Beduinen.

Wer im bescheidenen Touristvillage von Scheich Selim Barakat übernachtet, kann den Besuch des Tempels auch mit Ausflügen in die Umgebung verbinden, zu denen sich die Beduinen als Führer andienen.

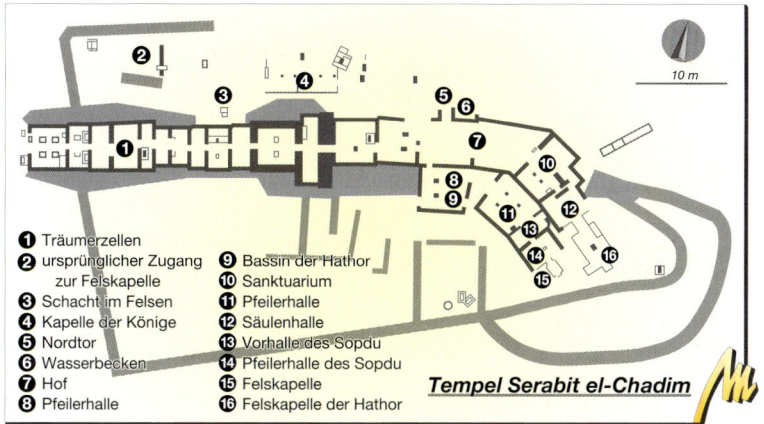

① Träumerzellen
② ursprünglicher Zugang zur Felskapelle
③ Schacht im Felsen
④ Kapelle der Könige
⑤ Nordtor
⑥ Wasserbecken
⑦ Hof
⑧ Pfeilerhalle
⑨ Bassin der Hathor
⑩ Sanktuarium
⑪ Pfeilerhalle
⑫ Säulenhalle
⑬ Vorhalle des Sopdu
⑭ Pfeilerhalle des Sopdu
⑮ Felskapelle
⑯ Felskapelle der Hathor

Tempel Serabit el-Chadim

Der Tempel Serabit el-Chadim gefällt eher durch seine Lage als durch die baulichen Überreste. Anfangs nur in zwei bescheidenen Felsgrotten verehrten die Bergleute ihre Schutzgöttin Hathor und den Lokalgott Sodpu. Die Pharaonen der 18. und 19. Dynastie legten davor eine ganze Kette von heute weitgehend zerstörten Gemächern, deren Wandinschriften und Stelen vom Verlauf und Erfolg der einzelnen Kampagnen berichten, aber auch von den Kämpfen zwischen den „Sandmenschen" des Sinai und den Ägyptern. Reliefs zeigen die Boote, mit denen vor 4000 Jahren Metalle und Edelsteine nach Ägypten hinüber gebracht wurden.

Antiker Bergbau: Wie die Steinbrüche der Östlichen Wüste wurden die Türkisgruben von Serabit el-Chadim nicht durchgängig ausgebeutet. Die Herrscher schickten vielmehr bis 1400 Mann starke Expeditionen aus Schreibern, Aufsehern und Transportarbeitern. Bauern führten Rinder, Schafe und Ziegen mit, um die Truppe zu versorgen, Esel schleppten das Trinkwasser. Im Frühjahr, vor der Sommerhitze, kehrten alle mit der bestellten Menge Türkis wieder an den Nil zurück. Der eigentliche Abbau lag dagegen in den Händen einheimischer Bergleute. Eine halbe Stunde vom Tempel sind am Rand des Plateaus noch zwei Stollen zu entdecken.

Geologisch gehört Serabit el-Chadim zu einer Sandsteinformation, die sich als Band zwischen dem Tih-Plateau und den Granitbergen des Südsinai quer über die Halbinsel zieht. Stellenweise haben Wind und Wasser den Sandstein abgetragen oder zu einer nur noch dünnen Schicht erodiert. So mussten die Bergleute in Serabit el-Chadim nur wenige Meter tiefe, senkrechte Schächte in den Berg treiben, um an den türkishaltigen Schiefer unter dem Sandstein zu kommen. Der blaugrüne Türkis galt den alten Ägyptern als ein Sinnbild für das Leben im Jenseits. Heute schützen die türkisblauen Symbole „Fatimas Hand" und das Horusauge nach dem Volksglauben vor dem bösen Blick der Neider und vor Geistern. Die Beduinen holen hier und da noch immer Türkis aus dem Boden. Ihre Funde werden Ihnen etwa im Camp von Selim Barakat angeboten.

● *Anfahrt* Die Piste nach Serabit el-Chadim zweigt am Punkt N29°02,128 E33°07,866, d.h. 2 km südlich der Tankstelle von Abu Zenima von der Küstenstraße ab. Selbstfahrer finden die GPS-Koordinaten der auch bei Google Earth recht präzise markierten Route unter www.egyptbygps.com/Land/Sarabeit.html. Da die Asphaltdecke weitgehend weggespült ist, wird ein Geländefahrzeug empfohlen. Bei Beduinenhütten und einem auffälligen Felsüberhang (km 38) zweigt die Route scharf links vom Haupttal ab und ist auf den letzten 7 km durch das Wadi Serabit neu geteert. Vom Parkplatz am Ende der Straße steigt man noch eine knappe Stunde und 200 Höhenmeter zum Tempel auf.

• *Tagesausflüge/Organisierte Reisen* Tagestouren bzw. Transfers von Abu Zenima nach Serabit el-Chadim kann man mit Rabia Selim Barakat (✆ 010-5312380) oder Ahmed Selim Barakat (✆ 012-7361311) arrangieren. Hauser Exkursionen (www.hauser-exkursionen.de) besucht Serabit el-Chadim und den Säulenwald im Rahmen einer zweiwöchigen Kameltrekking-Reise auf dem Sinai.

• *Besichtigung* Ausgangspunkt für die Besichtigung ist das Camp von Scheich Selim Barakat, dem Anführer der örtlichen Alegat-Beduinen und Aufseher über die Anlage, der einen Führer mitschickt. Vom Camp zum Tempel sind es noch weitere 2 km, ein 45-minütiger Aufstieg, den an schwierigen Passagen Treppenstufen erleichtern.

• *Übernachten* Scheich Selim betreibt ein einfaches **Touristvillage** mit Übernachtungsmöglichkeit. Der Preis ist Verhandlungssache und hängt ebenso von der Ankunftszeit (je später, desto teurer) wie von den sonstigen Leistungen (Souvenirkauf, Führung, Kameltour etc.) ab, die Sie „buchen". Proviant sollten Sie aus Abu Zenima mitbringen.

Die Beduinen betrachten Serabit el-Chadim als ihr Gebiet und verlangen ein **„Eintrittsgeld"**, über das man sich vorher einigen sollte. Kommt es nämlich zum Streit, setzen die Barakat-Söhne ihre Ansprüche durchaus auch mit Straßensperren und Waffengewalt durch, wie Motorradfahrer zu berichten wissen.

Umgebung von Serabit el-Chadim

Grab von Scheich Giray: Bei der Anfahrt nach Serabit el-Chadim entdeckt man ca. 28 km nach der Küstenstraße rechter Hand auf einem Hügel das Grab des Scheich Giray. Von Giray sind keine großen Taten bekannt – ein namenlos gebliebener Hirte ist der Held dieser Stätte (siehe Kasten unten), vor der die Beduinen junge Tiere opfern (die Knochen liegen im Sand herum), um sich Allahs Hilfe und der Fürsprache des Scheichs zu versichern. Bei diesem *Zuara* genannten Ritual tragen die Frauen das Opfertier zunächst dreimal um das Heiligtum. Dann wird es von einem Mann geschlachtet, über dem Feuer gegrillt und schließlich von der ganzen Familie gegessen.

Mulid: Der Namenstag des Heiligen wird etwa zwei Monate nach dem Eid el-Adha an seinem Grab gefeiert.

Blutende Felsen

In einer Ecke des Grabmals von Scheich Giray erinnert ein Stein an die folgende Episode: Einst wartete ein junger Alegat-Beduine hier mit den Kamelen des Scheichs auf Pilger, um ihnen die Tiere verkaufen zu können, als er von Norden eine in Staub gehüllte Reitertruppe heranstürmen sah. Ohne Zweifel räuberische Badara, die es auf seine Kamele abgesehen hatten. Der verzweifelte Bursche flehte Gott um Hilfe an. Als er sich wieder vom Gebet erhob, waren seine Tiere zu Felsen und Steinhaufen geworden.

„Wo sind deine Kamele?", fragte zornig der Anführer des Reitertrupps. „Allah hat sie in Stein verwandelt", erwiderte der Hirte in Todesangst. „Du Gotteslästerer, ich werde dich in Stücke hauen", sprach der Badara und schwang sein Schwert. „Es ist die Wahrheit. Schau selbst."

Der Krieger machte die Probe und hieb mit dem Schwert auf den nächsten Felsen, der darauf zu bluten begann. Dieses Wunder versetzte die Badara derart in Schrecken, dass sie dem Hirten das Leben schenkten und sich davonmachten.

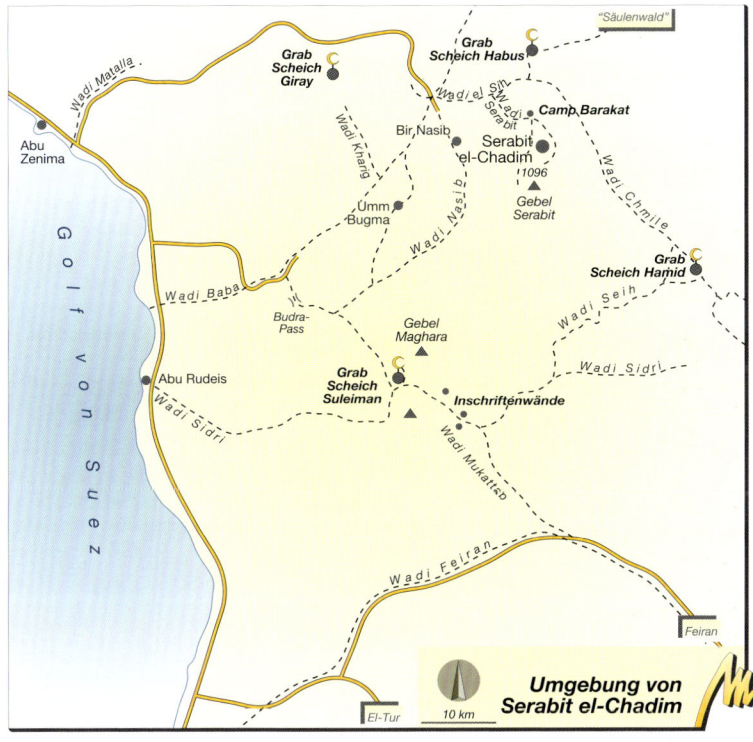

Umgebung von Serabit el-Chadim

Bir Nasib/Umm Bugma: Wer genügend Zeit mitbringt, kann sich in der Umgebung von Serabit el-Chadim noch weitere Spuren des Bergbaus zeigen lassen. Außer Türkis gewannen die alten Ägypter auf dem Sinai reichliche Mengen Kupfer. Bir Nasib war ein Zentrum der antiken Kupferindustrie. Eine Schlackenhalde nahe des Brunnens – der Abraum ist auf 100.000 Tonnen berechnet worden – beweist, dass das Erz an Ort und Stelle verhüttet wurde. Noch in jüngster Zeit wurde in der Mine Umm Bugma Mangan gewonnen. Zurück blieben Loren, verbogene Schienen und ausgeschlachtete Kompressoren. Von der Terrasse vor der früheren Villa des Direktors genießt man einen herrlichen Blick über die Berge zum Golf von Suez.

Forest of Pillars: Für etwa 100 LE bringt Scheich Barakat seine Gäste auch zum 30 km entfernten „Säulenwald" am Fuße des Gebel Foga. Aus dem Boden wachsen kniehohe Quarzsäulen, deren Entstehung den Mineralogen noch Rätsel aufgibt. Mit einem geländetauglichen Fahrzeug und der Hilfe eines Führers kann man von hier weiter durch das Wadi Mukattab (siehe unten) ins Wadi Feiran fahren.

Gebel Maghara

Die Türkisgruben am Gebel Maghara wurden seit prähistorischer Zeit ausgebeutet. Die erste pharaonische Expedition plünderte den Berg zu Anfang der 3. Dynastie, als sich Ägypten des Sinai bemächtigte. Später, als die Vorkommen weitgehend ausgebeutet waren, wandten sich die Bergleute Serabit el-Chadim zu. Eine britische Gesellschaft nahm Anfang des 20. Jh. den Abbau nochmals auf. Ohne Rücksicht auf die Inschriften und Zeugnisse antiker Bergbaukunst sprengten *Mad Major McDonald* und seine Ingenieure neue Kammern in den Berg. Gewinn warf das bald eingestellte Unternehmen nicht ab.

Die Beduinenfrauen

Nach ägyptischen Maßstäben zeigen sich die Frauen der Alegat Fremden gegenüber relativ ungezwungen. So gibt Scheich Barakat den Touristen auch mal eine Tochter als Führer mit – im Niltal wäre es kaum denkbar, dass eine Frau fremde Männer in die Wüste begleitet. Auch wenn viele Frauen gegenüber Fremden ihr Gesicht verhüllen, ist der Schleier kein Muss. Frauen verkaufen die Souvenirs und können ohne weiteres mit fremden Männern allein in einem Raum sein, ohne dass dies ehrenrührig wäre.

Doch es bleiben noch genug Einschränkungen übrig, denen die Beduinenfrauen unterworfen sind. Alle Stämme praktizieren die Beschneidung, bei der den jungen Mädchen wenigstens die Klitoris entfernt wird, damit sie

Beduinenmädchen

später keine Lust empfinden. Ein offenbar aus Schwarzafrika stammender Brauch, dessen Befürworter große Mühe haben, ihn mit Koranzitaten zu rechtfertigen. Während die meisten Beduinen inzwischen großen Wert auf den Schulunterricht ihrer Söhne legen, um ihnen so später einen Broterwerb in der Ölindustrie oder im Tourismus zu erleichtern, lassen nur wenige Stämme (z. B. die Muzeina) auch ihre Mädchen Lesen und Schreiben lernen. Außer ihrer Mitgift hat die Beduinenfrau kein Eigentum und kann relativ leicht von ihrem Mann verstoßen werden, wogegen umgekehrt die Frau ihren Mann nur ganz ausnahmsweise verlassen darf. Eine untreue Ehefrau muss mit dem Tod rechnen, während ein Mann gewöhnlich mit Sanktionen davonkommt.

Gewöhnlich wird das Mädchen mit 18 Jahren verheiratet. Den Partner suchen die Eltern aus. Der junge Mann mag bei der Brautwahl ein Wort mitreden können, die künftige Frau nicht. In engen Grenzen sind vor der Ehe auch Flirts erlaubt. Die wichtigste Regel dabei: Alles muss öffentlich geschehen. In den letzten 25 Jahren gab es auf dem Sinai einige Ehen zwischen Beduinen und Europäerinnen (die allerdings allesamt nach einiger Zeit scheiterten). Dass ein Europäer ein Beduinenmädchen geheiratet hätte, habe ich niemals gehört.

Grab von Scheich Suleiman Nafa'i: Ausnahmsweise wird hier neben dem Heiligen auch seine Frau verehrt. Vor dem Grab findet man einen Beduinenfriedhof. Schlichte Steine markieren die unauffälligen Gräber auf dem Bestattungsplatz.

Anfahrt: Die Asphaltstraße verlässt die Küstenstraße 13 km nach Abu Zenima bzw. 8 km vor Abu Rudeis. Man verlässt sie in einer Linkskurve bei km 15 geradeaus, überwindet den Budra-Pass und trifft nach insgesamt 25 km eine zweite Zufahrt, die von Abu Rudeis durch das Wadi Sidri kommt.

Besichtigung: Am Grab des Scheich Suleiman (km 29) lässt man den Wagen stehen und wandert links ins Wadi Maghara hin-ein, das sich nach 10 Minuten in das Wadi Iqna (rechts) und das Wadi Qanaia (links) gabelt. An der Gabelung kann man die Reste einer Arbeitersiedlung ausmachen. Nach weiteren 10 Minuten markiert im Wadi Qanaia ein Schild den kurzen Aufstieg auf den Gebel Maghara mit den Türkisgruben. Zu sehen ist nur noch ein Relief hoch oben in der Felswand: Pharao Sechemchet drischt mit der Keule auf „Asiaten" (Sinaibewohner) ein.

Wadi Mukattab

Ein Bericht des Archäologen Flinders Petrie über seltsame Inschriften an den Stollenwänden von Serabit el-Chadim versetzte 1906 die Fachwelt in Aufregung. Die Zeichen ähnelten Hieroglyphen, waren so aber bisher nicht bekannt. Petrie vermutete, dass es sich um eine alphabetische Schrift semitischer Grubenarbeiter handeln müsse. Tatsächlich haben in dieser 1915 entzifferten *Protosinaitischen Schrift* die Hieroglyphen ihre Wortbedeutung verloren und stehen nur noch für einzelne Laute. Die Wellenlinie beispielsweise bedeutet nicht mehr *Mem* (Wasser), sondern einfach *M*. Mit vielen Veränderungen haben sich diese um 1500 v. Chr. benutzten ersten Buchstabenkrakel über die Zwischenstationen kanaanitischer, phönizischer und griechischer Alphabete zu der uns geläufigen lateinischen Schrift entwickelt.

Einen Eindruck von der Vielfalt verschiedenster Schriften, die sich aus der gemeinsamen Wurzel entwickelten, gibt das Wadi Mukattab, das *Tal der Inschriften*. Durch diese Felspassage führte der Weg vom Bergbaugebiet in die Oase Feiran und weiter nach Aqaba. Über und über bedecken Graffiti in koptischen, griechischen, nabatäischen, aramäischen und lateinischen Lettern die Felsen. Viele Inschriften sind verwittert und verblasst, andere wirken, als seien sie erst gestern in den Stein geritzt. Geschichte, wie sie die kleinen Leute erlebten, wird vor uns lebendig. „Das Jahr, in dem den Armen erlaubt wurde, Datteln zu schneiden", erfahren wir vom 8. Jahr des Kaisers Aurelius Commodus (189 n. Chr.). „Eine üble Rasse! Ich, der Soldat Lupus, schreibe dies mit eigener Hand", schimpft (über wen?) ein griechisch-römischer Legionär. „Hüte Dich vor Chailos, dem Sohn des Zaidu", warnt ein anderer.

Man darf spekulieren, ob auch Moses mit den Stämmen Israels hier vorbeikam. Die aramäischen Graffiti und die Zeichnungen des siebenarmigen Leuchters, des Symbols der Israeliten, sind allerdings jüngeren Datums. Sie stammen von judäischen Handelskarawanen, die bis in die römische Kaiserzeit den Sinai durchquerten. Die fleißigsten Felsschreiber im Wadi Mukattab waren Nabatäer. Ihr schließlich von den Römern einverleibtes Wüstenreich erstreckte sich über Jordanien, den Negev und den Nordwesten Saudi-Arabiens, doch weit über diese Grenzen hinaus beherrschten die Nabatäer den Handel zwischen dem Zweistromland und der Mittelmeerwelt. Ein Netz nabatäischer Handelsagenturen spannte sich von Rom über Alexandria bis zu den Parthern.

Wer zuvor am Gebel Maghara war, folgt vom Grab des Suleiman weiter der Hauptpiste. Nach 6 km markiert ein Schild mit der Aufschrift „Wadi Maktab" (sic!) den Beginn der Inschriften. Folgt man weiter dem Wadi Mukattab, wird bei km 14 die Teerstraße vom Wadi Feiran zur Küste (noch 22 km) erreicht.

Sinai
Karten Umschlagklappen und S. 100/101

El-Tur

Wer erst am Spätnachmittag mit dem Bus von Suez nach Scharm el-Scheich aufbricht, wird hier eine Zwischenübernachtung einlegen müssen – und am nächsten Tag schnell das Weite suchen.

Palmenhaine, Gärten und die Felder der Oase Hammam Musa kündigen dem Reisenden die Verwaltungshauptstadt des Südsinai an: Ein wuchernder, in der Mittagshitze schmorender Ort ohne größere Sehenswürdigkeiten. Das neue Zentrum mit den Ämtern und Behörden liegt ein gutes Stück im Landesinneren; nahe dem Ufer scharen sich die spärlichen Überbleibsel der Altstadt um das Georgskloster, eine Dependance des Katharinenklosters.

Geschichte: Mit seinem Naturhafen und den reichen Süßwasserquellen war el-Tur schon in der Antike neben Suez der wichtigste Hafen im Golf von Suez. Vom 11. Jh. bis zur Bedrohung durch die Kreuzritter und dann wieder ab 1378 schifften sich hier die Mekkapilger aus Unterägypten und Palästina ein. Bei ihrer Rückkehr mussten sie in el-Tur einige Tage in Quarantäne verbringen, später wurden sie hier nur noch von Ärzten auf ansteckende Krankheiten untersucht. Ein großes Zelt- und Barackenlager nahm die bis 30.000 Pilger auf, die von den Feldern der Umgebung mit Nahrung versorgt wurden. Erst 1937 schloss die Station.

Quarantänestation: Man findet sie an der Uferstraße südlich der beiden großen Verwaltungsgebäude. Anlegestellen für die Schiffe, ein Hospital, Lagerschuppen, die stattlichen Häuser der Verwaltung und natürlich die Baracken der Pilger, einige zu Wohnhäusern umgebaut, die meisten aber verlassen und Wind und Wetter ausgesetzt.

Hammam Musa: In der kleinen Oase entdeckten Archäologen jüngst eine weitere Attraktion, die für Nicht-Fachleute allerdings eher unscheinbar ist –

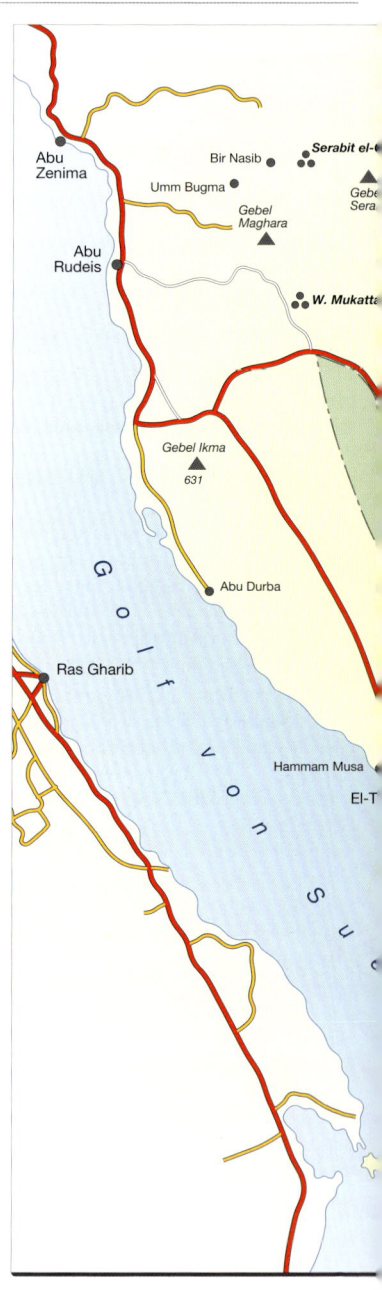

Taba
Schutz-
gebiet

cheich Habus

Forest
of Pillars

di Seih

Hamid

Ras el-Gineina
1626

Gebel
Dalal
1606

Wadi el Biyar

Bir el-Adeid

Wadi Zelega

Wadi Arada

Gebel
Gunna
1265

Wadi el-'Ain

Rock of
Inscriptions

'Ain Hudra

Nawamis

Bir el-Safra

Bir es-Sawra

'Ain Umm
Ahmed

'Ain
Furtaga

Coloured
Canyon

Wadi Watir

Nuweiba

Gebel
Suchn
926

Wadi Akhdar

Wadi Feiran

Watia Pass
Scheich Nebi Salah

Katharinenkloster

G. Musa
2285

G. Katharina
2637

G. Umm Shomar
2586

Bir
asrani

St. Katharina
Schutzgebiet

G. Sabbagh
2266

'Ain Kid

Wadi Isla

Blue
Desert

Wadi Zaghra

Wadi Nasb

Bir
el-Nasb

Wadi Kid

Wadi Mandar

Gebel Sahara
1459

W. Madsous

Scharira
Pass

Nabq
Schutzgebiet

Maria
Schröder

Nabq

Ras Abu
Galum
Schutzgebiet
The Blue Hole

The Canyon

Dahab

Golf von Aqaba

Ras Nasrani

Na'ama

Scharm
el-Scheich

Na'ama

Jez. Tiran
Tiran
Schutzgebiet

Jez. Sinafir

Ras Mohammed
Nationalpark

Ras Mohammed

Südsinai

10 km

die Reste des *Klosters der 40 Märtyrer von Raithu.* Geradeso alt und einst nicht weniger berühmt als das Katharinenkloster, wurde es 1516 nach einem Beduinenüberfall von den Mönchen verlassen, die nach el-Tur in die sichere Nachbarschaft des osmanischen Forts umzogen. Geblieben sind ein paar Bodenplatten und Grundmauern. Daneben hat die Oase noch einen *Pool,* der das schwefelhaltige und lauwarme Quellwasser fasst und den Vizekönig Said, der jüngste Sohn Mohammed Alis, für sein und seines Gefolges Badevergnügen bauen ließ. Ach ja: Hosni Mubarak war auch einmal hier, wie die Gedenkplakette am „Kurhaus" berichtet.

● *Anfahrt* Vom Busbahnhof (beim weithin sichtbaren Sendeturm) nach Scharm el-Scheich, Suez und Kairo. Die Expressbusse zwischen Kairo und Scharm el-Scheich halten nur zum Aussteigen außerhalb des Zentrums an der Landstraße.

● *Übernachten/Kiten* Die Landzunge im Norden der Stadt gilt als guter Surfspot, doch fehlt es an Infrastruktur. Moses Bay, das einzige Mittelklassehotel hatte 2007 ebenso geschlossen wie die Surfstation. So ist die beste Übernachtungsmöglichkeit für Gestrandete das einfache Hotel **Delmon**, im Ort an der Hauptstraße Richtung Hafen, ✆ 3771060, DZ 180 LE.

Ras Mohammed

Der Nationalpark Ras Mohammed gilt als das Vorzeigestück ägyptischer Umweltpolitik. Hier, an der Südspitze der Sinai-Halbinsel, finden sich nach Tauchermeinung die schönsten Korallenbänke der nördlichen Hemisphäre.

Der landseitige Rifftisch liegt etwa einen halben Meter unter der Wasseroberfläche und ist damit auch für Schnorchler gut zu beobachten. Auf der Meerseite fällt das Terrain mit der „Riffmauer" schließlich bis 70 m tief ab – hier ist das Revier der fortgeschrittenen Taucher. Doch auch die an ihrer Spitze von einer Bucht geteilte Landzunge selbst besteht weitgehend aus fossilen Korallen, die in grauer Vorzeit vom Wasser bedeckt waren.

Beeindruckende Unterwasserwelt: Hier eine Riesenmuräne

Nach einem mit Geldern der Europäischen Union entwickelten Konzept versucht man am Ras Mohammed, Naturschutz und Fremdenverkehr unter einen Hut zu bringen. *Kontrollierter Tourismus* lautet die Zauberformel: Man will den Publikumsverkehr begrenzen und lenken. Vielleicht ist dies der Grund, warum keine öffentlichen Verkehrsmittel zwischen Stadt und Park pendeln. Nur wer mit dem Wagen kommt, hat auf dem Landweg eine Chance; für ein Taxi, das man auch innerhalb des Parks brauchen wird, rechne man ab Scharm 150–200 LE. Begrenzt ist auch die Zahl der Boote, die Taucher ans Kap bringen dürfen, dazu ist das Tauchen nur an bestimmten Plätzen erlaubt. Ranger wachen zu Wasser und zu Lande über die Ordnung.

HMS Thistlegorm – Kriegsgräber unter Wasser

Über dem am 9. April 1940 im schottischen Sunderland zu Wasser gelassenen Frachter Thistlegorm stand von Anfang an ein schlechter Stern. Schon auf der zweiten Fahrt, bei der die Thistlegorm Getreide aus Südamerika holte, hätte Kapitän Whiffield das Schiff bei einer Schießübung – die Thistlegorm war mit einem leichten Geschütz und einem rostigen Maschinengewehr aus dem Ersten Weltkrieg bewaffnet – beinahe selbst versenkt. Auf der dritten Reise fiel der Boiler aus. Nach der Reparatur in Glasgow startete das Schiff mit Munition, Minen, Panzerwagen, Flugzeugmotoren, zwei Dampflokomotiven und anderem Nachschub (darunter kurioserweise auch Gummistiefel) für die britischen Nordafrikatruppen auf seine letzte Fahrt, die um den afrikanischen Kontinent herum nach Suez führen sollte. Dort war die Hafeneinfahrt jedoch durch einen Tanker blockiert, der auf deutsche Seeminen gelaufen war. So ließ die Admiralität den Konvoi mit der Thistlegorm am Eingang der Straße von Gubal ankern, wo das Schiff nach zehn langen Wartetagen in der Nacht auf den 6. Oktober 1941 eher beiläufig von einem deutschen Bomber versenkt wurde.

Zwei Maschinen waren von Kreta gestartet und hatten eigentlich die *Queen Mary* im Visier, die mit australischen Truppen an Bord ebenfalls auf dem Weg nach Suez war. Doch der Cunard-Dampfer hatte seinen Zeitplan kurzfristig geändert und entging so dem Untergang, der sicher viel mehr Opfer gefordert hätte. So wurde die Thistlegorm zum Ersatzziel. Dabei verloren neun Seeleute ihr Leben, die anderen konnten von den übrigen Schiffen des Konvois gerettet werden. Der Bomber endete im Sperrfeuer der übrigen Schiffe des Konvois, die zweite Maschine wurde über dem Festland abgeschossen.

Kein Geringerer als Jacques Cousteau entdeckte das Wrack und dokumentierte die Aktion in dem Film *Die stille Welt*. 1956 bekam die Thistlegorm einen langen Artikel im *National Geographic*, wurde dann aber wieder vergessen. Erst seit 1991 dürfen Tauchboote das Wrack anlaufen. Besonders Fotografen gilt das zwischen 10 und 30 m Tiefe ruhende Schiff samt seiner von Korallen und Schwämmen überwucherten Ladung als eines der schönsten Ziele auf dem Meeresgrund. Das Inventar und besonders der Fuhrpark auf dem Zwischendeck wurden in den letzten Jahren von Souvenirtauchern schamlos geplündert.

Weitere Infos unter www.ssthistlegorm.com. Alle größeren Tauchbasen in Scharm el-Scheich bieten im Rahmen gebuchter Tauchpakete für ca. 110 € zusätzlich auch Ausflüge zur Thistlegorm.

Sinai
Karten Umschlagklappen und S. 100/101

Den **Eingang** des 400 km² großen Reservats markiert, von Scharm el-Scheich kommend, ein umstrittenes Betondenkmal, das manche Besucher an die Monolithen von Stonehenge erinnert. Ein ähnliches, älteres Monstrum findet sich 15 km weiter im Inneren des Parks. Das lachsfarbene, in der Form einem Fisch nachempfundene **Visitor Center** informiert den Besucher mit Videos, Diashow und auf einem ins Wasser hinaus gebauten Lehrpfad über das Biotop. Feldstecher werden verliehen. Ein Restaurant, Toiletten und ein Souvenirshop gehören ebenfalls zum Komplex, dazu eine meeresbiologische Forschungsstation und die Parkverwaltung. Diese erlaubt nach Anmeldung auch das **Campen** an fünf dafür vorgesehenen Plätzen.

Vom Ende der Asphaltstraße geht es auf verschiedenfarbig markierten Pisten zu den interessantesten Plätzen: die durch einen schmalen Kanal vom Land getrennte **Mangroveninsel**, der Aussichtspunkt **Sharks Observatory** (die Haie zeigen nur noch selten ihre Flossen), der zum Baden und Schnorcheln geeignete **Main Beach** und weitere Strände, wobei man sich an der Spitze der Halbinsel vor der kräftigen Strömung in Acht nehme: Manches Schiff lief hier auf Grund.

Die meisten Tauchplätze vor Ras Mohammed werden von Scharm el-Scheich aus mit dem Boot angelaufen. Wieder ist Sharks Observatory, das unter Wasser noch weiter abfällt, der Höhepunkt. Anfängern sei der auch von Land gut zugängliche **Eel Garden** empfohlen, der einem mächtigen unterseeischen Wadi gleicht.

Eintritt pro Person 5 €, Wagen 5 € extra; Campingerlaubnis 30 LE pro Person und Nacht. In Scharm el-Scheich werden Ausflüge im Bus (30 €) oder Boot (40 €, mit 2 Tauchgängen 60–70 €) nach Ras Mohammed angeboten.

Die „Dunraven"

Das 90 m lange Dampfsegelschiff war im April 1876 mit Gewürzen, Edelhölzern und Baumwolle von Bombay nach Newcastle unterwegs und streifte vor dem Beacon Rock das ausgedehnte Riffsystem von Scha'ab Mahmud. Über den genauen Hergang der Katastrophe gibt es zwei Versionen: Entweder brach die Dunraven beim Versuch, sie frei zu schleppen, auseinander und versank relativ schnell, oder sie hing einige Tage am Riff, fing dann Feuer und rutschte schließlich über die Riffkante auf 20 m Tiefe ab. Das erst 1977 wieder entdeckte Schiff liegt kieloben auf dem Meeresgrund. Auf der Außenhaut haben sich farbenprächtige Korallen angesiedelt. Durch den Bruch in der Mitte des Rumpfs kann man bequem in den geräumigen Laderaum tauchen. In den Maschinenraum mit seinen Kesseln, Kurbelwellen und anderen verrosteten Teilen der mächtigen Dampfmaschine sowie in den engen und verwinkelten Bug sollten sich aber nur erfahrene Wracktaucher wagen.

Scharm el-Scheich

Sonne, Bergpanorama und die fabelhafte Unterwasserwelt gleich vor der Haustür locken vor allem Italiener und Deutsche in den schicksten Ferienort Ägyptens. Nach den Tauchern entdecken nun auch gewöhnliche Badeurlauber die Stadt an der Südspitze des Sinai.

Für Schwimmer, Taucher und Surfer ist Scharm el-Scheich wegen seiner farbenprächtigen Unterwasserwelt, des kristallklaren Wassers und des flach abfallenden

Gebel Beida

Dahab

Oase Nabq

Gebel Burayka

Wadi Mandar

Conrad International Resort

Gebel Umm Tartir

Ras Nasrani

Gebel Qaida

Tiran

Gebel Wa'tr

Checkpoint

Concorde El-Salam

1

Golfplatz

2 3

Shark Bay

Gebel Ruweisat el-Nimr

Karte Na'ama Bay siehe S. 111

Sheraton

Übernachten
1 Shark's Bay Camp
2 Mövenpick Jolie Ville Golf Hotel
3 Four Seasons

ebel dsus

Na'ama Bay

BUS

MFO Camp

Karte Scharm el-Scheich siehe S. 109

Gebel damiya

el-Hadaba

Ras Umm el-Sid

Gebel el-Safra

Scharm el-Maya

3 km

Scharm el-Scheich und Umgebung

Sandstrands der Na'ama Bay seit langem ein Begriff. Die majestätischen Berge des Sinaimassivs bilden eine eindrückliche Kulisse für das Urlaubserlebnis, die Fußgängerzone bietet Restaurants, Pubs, Boutiquen und ein lebhaftes Nachtleben.

Dank vorausschauender Bauplanung hat Scharm el-Scheich seinem Konkurrenten Hurghada den Rang abgelaufen. Die ersten Investoren an der Na'ama Bay murrten noch über die Beschränkung auf drei Etagen und über den öffentlichen Gehweg, der die Hotelgrundstücke vom Strand trennt. Heute sind alle dankbar für den freien Blick auf die Berge und den zum Sonnenuntergang messerscharfen Horizont der Grate und Kuppen, über denen der Himmel die Farbskala von Rosarot bis Tiefblau durchläuft, um schließlich den pechschwarzen Hintergrund für unzählige Sterne abzugeben.

Die Strandpromenade wurde schnell zum Zentrum der Touristenstadt. Fliegende Händler verkaufen Zeitungen aus aller Welt, Kioske locken mit bunten Plakaten zum Trip mit dem Glasbodenboot, zum Wasserskilauf oder zum kurzen Flug mit dem Gleitschirm. Von einer reinen Taucherdestination wurde Scharm mehr und mehr zu einem Badeort mit Gästen, die im Jahr zuvor vielleicht auf Gran Canaria oder Mallorca waren. Etwa ein Drittel der Urlauber, Tendenz steigend, hat mit dem Tauchen nichts mehr im Sinn. Auch die ägyptische Oberschicht hat Scharm el-Scheich als Ziel für Kurzurlaube im eigenen Land entdeckt.

Gestern und heute: Als die Südspitze des Sinai 1982 nach 15 Jahren israelischer Besetzung an Ägypten zurückgegeben wurde, gab es in Scharm el-Scheich zwischen Geröll, Steinen und Öde gerade ein paar Verwaltungsgebäude, eine Landebahn und ein einziges Hotel, in dem zuvor israelische Asthmatiker Ruhe und gute Luft gefunden hatten. Bald kamen die ersten Einwanderer aus dem ägyptischen Kernland: Abenteurer und Aussteiger, die vorgezeichnete Karrieren, sittenstrenge Enge und den Schmutz und Lärm der Hauptstadt eintauschten gegen ein Leben in der Natur und zugleich in polyglotter Gesellschaft mit Beduinen, MFO-Söldnern, Tauchern und Rucksacktouristen aus dem Westen, die am Strand der Na'ama Bay kampierten.

Bald begann die Regierung das Land, das seit Menschengedenken den Beduinen gehörte, an Investoren zu verkaufen. Nun ging es Schlag auf Schlag: 1987 1000 Hotelbetten, 1996 10.000 und 2005 waren es bereits 30.000. Die Infrastruktur hält mit diesem Wachstum nur mühsam Schritt. Müll wird in der Wüste verbrannt und verscharrt, die Kläranlage ist gewöhnlich überlastet und oft defekt, es fehlt an Schulen. Lebensmittel und alles Material werden auf Lastwagen herangekarrt, ein beträchtlicher Teil des Trinkwassers kommt mit Tankern.

Längst sind die Pioniere etabliert, leiten Tauchschulen und Hotels und haben auf dem Plateau ihre Villen mit Meerblick gebaut. Scharm el-Scheich wurde zu einem gediegenen Ferienort, wie er überall am Mittelmeer stehen könnte. Tagsüber vergnügt man sich am Pool oder auf dem Tauchschiff, abends schlendert man über die Promenade, trifft sich zum Après-Dive im Pub und geht nach Mitternacht in die Disco, deren Türsteher ein kritisches Auge auf Männer ohne weibliche Begleitung haben.

Die ägyptischen Arbeiter, die auf den Baustellen und jenseits der Landstraße in schlichten Baracken hausen, sind in Na'ama oder gar am Strand nicht gern gesehen. Für sie ist das ungezwungene Urlaubstreiben ein Kulturschock, und es bleibt nicht aus, dass leicht bekleidete Urlauberinnen begafft oder gar belästigt werden. So tut die Touristenpolizei ihr Möglichstes, die beiden Welten auseinander zu halten. Nachdem 2005 ein Bombenanschlag Scharm el-Scheich erbeben ließ, überlegt man nun gar, einen Sicherheitszaun um die Stadt zu ziehen.

Orientierung

Der Ort erstreckt sich über 12 km entlang der Küste. Von Ras Mohammed kommend erreicht man zuerst die Häfen für die Tauchboote und das Militär, dann säumt der Hotelstreifen von **Scharm el-Maya** die Bucht. Im Hinterland breitet sich bis an den Fuß der Hügel der Ortsteil **Scharm el-Qadima** aus (auch **Old Market** genannt): Aus ein paar Lagerschuppen und Wellblechbaracken wuchs eine richtige Kleinstadt mit Läden, Werkstätten, Versorgungseinrichtungen und Wohnungen. Hier sind die Ägypter weitgehend unter sich, Urlauber verirren sich nur selten hierher, und der Charme hält sich in Grenzen.

Oben auf der Klippe **(Clifftop)** stammen die terrassenförmig angelegten Gebäude um die kleine Moschee noch von den Israelis, die Scharm el-Scheich oder Ofira (so der hebräische Name) 1968 als Ferienort gründeten. Dahinter, auf dem Plateau des Kaps **Ras Umm el-Sid**, entstand die weitläufige Siedlung **el-Hadaba** mit Ferienhäusern, Villen der Besserverdiener und kleinen wie großen Hotelanlagen.

Auf halbem Weg zur Na'ama Bay steht das Viertel **Hay en-Nur** mit Scharms wichtigstem Krankenhaus und der Busstation. Das Touristenviertel **Na'ama Bay** schart sich 7 km nördlich des Hafens um eine bezaubernde Bucht – hier sind die renom-

Souvenirs en masse in Scharms Shopping Malls

Sinai
Karten Umschlagklappen und S. 100/101

mierten Tauchbasen und auch ein Großteil der Hotels versammelt. Derzeit wuchert die Ferienstadt weiter gen Norden, an **Tiger Bay** und **Shark Bay** vorbei, und auch weit hinter dem Flughafen entstehen schon neue Hotels.

Anfahrt

● *Flughafen* **Ras Nasrani Airport** (✆ 3601140) liegt etwa 15 km nördlich der Stadt und ist mit Minibus (1 LE) oder Taxi (30–40 LE) zu erreichen. Innerhalb des Flughafens verbindet ein kostenloser Shuttlebus alle 10 Min. den älteren Terminal 2 mit dem neuen, westlich gelegenen Terminal 1. Das **Stadtbüro der Egypt Air** (✆ 3661056) findet sich in Scharm el-Maya am Anfang der Na'ama Road. Inlandsflüge gehen nach Kairo (110–150 €), Luxor und Hurghada.

Wenn Sie über den Flughafen Scharm nach Ägypten einreisen, längstens 14 Tage bleiben und keine Ausflüge nach Kairo oder Ras Mohammed planen, dann brauchen Sie **kein Visum**. Schreiben Sie auf Ihre Einreisekarte „Sinai only" und gehen Sie, ohne eine Gebührenmarke zu kaufen, schnurstracks zum Einreiseschalter. Dort bekommen Sie das kostenlose Sinai-Permit (siehe S. 48).

Oneway-Flüge mit LTU **nach Deutschland** gibt's manchmal recht günstig beim örtlichen LTU-Agenten Helmy Hamed, ✆ 010-5410766, helmyltu@hotmail.com.

● *Bus* Vom neuen Busbahnhof (✆ 3600600) an der Umgehungsstraße kommt man für 40–70 LE nach **Kairo**. Abfahrten sind von 7.30–17.30 Uhr etwa alle 2 Stunden, dann wieder mehrmals zwischen 22 Uhr und Mitternacht. Besonders für die Nachtbusse sollten die Plätze vorab persönlich reserviert werden.

Nach **Suez** (4½ Std., 30 LE) 7, 9, 10, 13.30, 15, 17, 31, 23.30 Uhr. Weitere Busse nach **Ismailia** (40 LE) und Alexandria.

Nach **Hurghada** und **Luxor** (15 Std., 100 LE) um 18 Uhr.

Nach **Dahab** (1½ Std., 15 LE) 6.30, 7.30, 9, 14.30, 15, 17, 21, 23.30 Uhr, davon hat der 7.30-Uhr-Bus in Dahab Anschluss nach **St. Katharina**.

Nach **Nuweiba** (3 Std., 25 LE) 9, 14.30, 17 Uhr, davon fährt der 9-Uhr-Bus weiter nach **Taba** (4 Std., 35 LE).

● *Innerstädtisch* Zwischen Scharm el-Maya und Na'ama pendeln private **Minibusse** für 1 LE pro Pers. Zum Airport zahlt man ab Na'ama 1 LE.

Die offiziellen **Taxitarife** waren 2007:
Scharm el-Maya – Na'ama 15 LE
Scharm el-Maya – el-Hadaba 15 LE
Scharm el-Maya – Airport 40 LE
Na'ama – el-Hadaba 15 LE
Na'ama – Airport 30 LE
Taxifahrten vom Flughafen in die Stadt sind deutlich teurer. Sparsame verlassen das Airportgelände und halten draußen ein Taxi an.

• Fähren Ein Katamaran pendelt mehrmals die Woche zwischen Scharm el-Scheich und **Hurghada** (oneway 250 LE; auch Pkw-Transport). Zuletzt fuhr das Schiff Mo, Di, Do und Sa jeweils am späten Nachmittag. Auskunft bei International Fast Ferries, www.internationalfast ferries.com, Scharm el-Scheich ✆ 3600936. Tickets in allen Reisebüros.

*V*erschiedenes

• Information Das Touristoffice, Sa–Do 9–15 Uhr, ✆ 3664721, liegt weit ab vom Schuss im Ortsteil el-Hadaba und rechnet nicht mit dem Publikumsverkehr gewöhnlicher Touristen.
• Autoverleih **Avis**, Morgana Trade Center, ✆ 3602400; **J-Car**, gegenüber Hard Rock Café, ✆ 010-1542608; **Hertz**, Bank of Cairo, el-Hadaba, ✆ 3662299; **Limo1** (Travco), Ibero Palace, ✆ 3660764; **Sixt**, Fayrouz Hilton, ✆ 3600136. Alle Verleiher stellen auf Wunsch auch einen Fahrer (ca. 20 €/Tag).
• Zweiradverleih Mopeds und Fahrräder (20 LE/Std.) verleiht das **Red Sea Star Sports Centre** beim Fayrouz Hotel in Na'ama.
• Notfälle **Polizei** ✆ 3660415; **Touristen-**

polizei ✆ 3660675; **Feuerwehr** ✆ 3600633; **Ambulanz** ✆ 3600554; **Poliklinik**, Scharm el-Maya, ✆ 3600425; **International Hospital**, Hay en-Nur, ✆ 3661625; **Dekompression/Tauchunfälle**, Scharm el-Maya, beim Hafen, ✆ 3660922; **Allgemeinarzt-Praxen** findet man in auch in den größeren Hotels, z. B. im Mövenpick.
• Passbüro Im Hafen, tgl. 9.30–14.30, 19–22 Uhr.
• Post Clifftop, Sa–Do 8–15, 18–20 Uhr.
• Telefon **Central**, el-Hadaba, 24 Std. geöffnet.

> **Telefonvorwahl: 069**

*Ü*bernachten

Scharm el-Scheich ist völlig auf Pauschalreisende eingestellt. Niemand bucht hier seine Unterkunft erst vor Ort. Das beste und teuerste Viertel ist die Na'ama Bay mit der Kombination aus Badestrand, Flaniermeile, Einkaufsmöglichkeiten und Nachtleben. In den anderen Ortsteilen gibt es außerhalb der Hotels nur beschränkte Vergnügungsmöglichkeiten. Achten Sie bei den abseits der Küste liegenden Hotels darauf, ob die Gäste irgendwo einen Strand mitbenutzen dürfen.

• Scharm el-Maya/el-Hadaba (Karte S. 109)
Iberotel Grand Sharm (10), el-Hadaba, ✆ 3663800, ✎ 3663819, www.iberotel-eg. com, DZ HP ab 75 €, 1 Woche HP für 2 Pers. mit Flug ab 1200 €. Weitläufige Anlage mit schönem Garten, Poollandschaft und fünfgeschossigen Gästehäusern. Auf einem Steg gelangt man über das Hausriff ins offene Meer. Das Hotel hat viele deutsche Stammgäste und spricht mit seinem Kinderclub besonders Familien an. Tauchschule vorhanden.
Dreams Beach Resort (5), el-Hadaba, ✆ 3660170, ✎ 3660199, www.dreams-beach. com, DZ 105 €, 1 Woche AI für 2 Pers. mit Flug ab 1000 €. Mit über 1000 Betten in zweigeschossigen Häusern ist das Hotel größer als manches Dorf. Zum Glück sind die Ver-

pflegungsstationen über das ganze Gelände verteilt. Zum Strand mit Hausriff steigt man etwa 100 Stufen hinab. Zurückhaltende Animation, kaum genutzte Disco, gute Bewertungen durch die Gäste.
Delta Sharm Resort (4), Peace Rd. Ecke Tower Rd., ✆ 3623200, ✎ 3660210, www. deltasharm.com. Bislang bieten die großen Reiseveranstalter noch keine Ferienwohnungen in Scharm an. Auf eigene Faust kann man sein Glück im Delta Sharm versuchen, wo fast immer etwas frei ist. Der Komplex besteht aus mehreren kleinen Feriensiedlungen mit Pools. Restaurants und Läden sind in Laufweite. Viele Besitzer lassen ihre Ferienhäuser oder Apartments auch tageweise vermieten, wenn sie nicht da sind. Ein Risiko bei der unbesehenen Buchung

Essen & Trinken
6 Sinai Star
7 Safsafa
9 Terrazzina
2 Makani
3 El-Fanar

Übernachten
4 Delta Sharm Resort
5 Dreams Beach
8 Jugendherberge
0 Grand Sharm

Nachtleben
1 Alf Leila wa Leila

Scharm el-Scheich

300 m

H a y   e n - N u r

T o w e r

Tower Street

Zoo Street

Peace Road

City Council Street

El Fanar Street

Motels Street

S c h a r m   e l - Q a d i m a

Egypt Air

Scharm el-Maya Road

El Ferusseya Street

e l - H a d a b a

Scharm el-Maya

Banks Street

Rotes Meer

Marina, Tauchboote

Fährhafen

Marine Sports Club St.

Sea Street

El Khazan Street

M i l i t ä r - g e b i e t

Ras Umm el-Sid

per Internet liegt allerdings im unkalkulierbaren Hygienestandard. Rechnen Sie je nach Saison pro Pers. und Tag mit 15–40 €.
Jugendherberge (beit esch-schabab) (8), el-Hadaba, ☎ 3660317, 📠 3662496, Bett 45–55 LE. Das Haus neben dem Aida-Hotel gleicht eher einem Schloss als einer Jugendherberge. Außen nur arabisch beschriftet, ist es an den Sportplätzen vor dem Haus zu erkennen. Männer und Frauen sind in getrennten Schlaftrakten untergebracht, es gibt auch einige Familienzimmer (ab 90 LE). Leider spricht das Personal kaum Englisch.
● *Na'ama (Karte S. 111)* **Mövenpick Jolie Ville Resort & Casino (17)**, ☎ 3600100, 📠 3600115, www.moevenpick-hotels.com, DZ ab 200 $, 1 Woche ÜF für 2 Pers. mit Flug ab 1200 €. Das Bungalowhotel hebt sich mit seiner postmodernen, blendend

weißen Architektur vom folkloristischen Stil der neueren Hotels ab. Das handtuchartige Grundstück mit ausgedehnten Grünflächen reicht vom Strand („Front Area") 1 km ins Hinterland – die in der rückseitigen „Sports Area" residierenden Gäste können für den Weg zum Hauptgebäude Elektrofahrzeuge benutzen. Wie gewohnt setzt Mövenpick kulinarische Maßstäbe: Gleich fünf Restaurants werben um Kunden. Kinderbetreuung, Disco und zahlreiche Sportangebote (u. a. Subex Tauchbasis) versprechen abwechslungsreichen Urlaub.
Hilton Fayrouz (15), ☎ 3600136, 📠 3601043, www.hilton.de, DZ ab 120 €, 1 Woche ÜF für 2 Pers. mit Flug ab 1100 €. Dank regelmäßiger Instandhaltung merkt man dem direkt an der Bucht gelegenen Bungalowdorf mit seinem herrlichen Garten nicht an, dass es zu den ältesten Hotels in Na'ama

gehört. Geräumige Zimmer, eigener Strand, Tauchzentrum, Kids Club, WLAN, internationales Publikum.

• *Tiger Bay/Shark Bay (Karte S. 105)* **Four Seasons (3)**, ✆ 3603555, ✆ 3603550, www.fourseasons.com, DZ ab 200 $, 1 Woche ÜF für 2 Pers. mit Flug ab 2100 €. Besser geht's kaum. Das wahrhaft luxuriöse Hotel erscheint wie ein maurisches Dorf und erinnert mit seinen Gärten und Brunnen an die Alhambra. Die Zimmer messen stolze 60 m² und haben einen begehbaren Kleiderschrank. Da die Anlage auch bei arabischen Gästen beliebt ist, wundere man sich nicht, wenn Frauen komplett bekleidet in den Pool steigen.

Mövenpick Jolie Ville Golf Hotel (2), ✆ 3603200, ✆ 3603225, www.moevenpick-hotels.com, DZ ab 200 $, 1 Woche ÜF für 2 Pers. mit Flug ab 1000 €. Die Anlage besteht aus zwei halbkreisförmigen, zum Meer hin offenen Gebäuden. Auf dem Gelände auch Ferienhäuser der ägyptischen High Society, selbst der Präsident gab sich hier schon die Ehre. Zum Baden gibt es einen künstlich aufgeschütteten Strand und einen fantasievoll gestalteten Wasserpark mit Grotten, Rutschen, Süß- und Salzwasserbecken. Shuttleservice zum Golfplatz, auf dem die Hotelgäste Startpriorität genießen.

Shark's Bay Camp (1), ✆ 3600942, ✆ 3600944, www.sharksbay.com. Vermietet werden für 20–40 € einfache Bungalows und Strandhütten. Scheich Umbarak, Besitzer und Manager der Anlage, war einer der ersten Beduinen des Sinai, die ins Tauchsportgeschäft einstiegen. Restaurant und das im „Beduinenstil" eingerichtete Café schließen vor Mitternacht, sodass es hier abends erheblich ruhiger ist als in Na'ama. Das Hüttenhotel hat ein eigenes Tauchboot und veranstaltet die üblichen Jeep-Safaris.

Essen & Trinken

• *Scharm el-Maya (Karte S. 109)* **Sinai Star (6)**, in den alten Markthallen, Suk. Das Fischlokal ohne Speisekarte und alkoholische Getränke ist bei Einheimischen wie Touristen beliebt und deshalb abends immer gut voll, sodass man auch mal einige Zeit auf einen freien Tisch warten muss. Das Essen ist einfach, aber billig und gut. Serviert werden große Platten mit Fischfilet, Krabben, Kalamari oder Hummer mit Reis und Salat. Wer will, kann Alkohol mitbringen oder im benachbarten Schnapsladen besorgen lassen.

Safsafa (7), im Suk, ein kleines, legeres und alkoholfreies Lokal mit gerade acht Tischen, an denen gleichermaßen einheimische Familien und Taucher sitzen. Für Kalamari mit Beilagen rechne man 50 LE. Andere schwören auf die Fischsuppe.

Terrazzina (9), Scharm el-Maya. Strand, Lounge und Restaurant. Hier trifft sich am Wochenende die junge Hautevolee – schon der Parkplatz gleicht einer Schau der Nobelkarossen, nur die teuersten dürfen in der ersten Reihe parken. Am Strand mit Sofas, Schischas und toller Beleuchtung (Eigenwerbung „cool & laid back") gibt man sich sexy und spart nicht mit Alkohol. Günstige Pizza, teure Meerestiere, lahmer Service.

• *Ras Umm el-Sid (Karte S. 109)* **El-Fanar (13)**, äußerlich Zelt und innen einer Höhle ähnlich, steht das mit vielen Grünpflanzen geschmückte Restaurant in bester Lage am Kap unterhalb des Leuchtturms. Italienische Küche (Hauptgericht 25–75 LE), eigener Strand, Disco.

Bäckerei Café Makani (12). Gazia Mall, Sh. el-Khazan, gegenüber der Tankstelle. Neben ist der Supermarkt Sheikh Abdallah. Neben Broten, Kuchen, leckeren Sandwichs, Salaten und einfachen Tellergerichten gibt es nun auch schmackhaftes und preiswertes Sushi, das in einem besonderen, fernöstlich gestylten Raum serviert wird. Junges Publikum, WLAN. Das Café öffnet gegen 17 Uhr, die Sushibar um 13 Uhr.

• *Na'ama (Karte S. 111)* **Zabadi Lounge & Restaurant (24)**, King Abdullah Rd., beim Bowling Center an der westlichsten Abzweigung nach Na'ama. Gemütliche Lounge mit Cocktails und guter Musik. Aus der Küche kommt kulinarisches Crossover von Schnitzel über Spaghetti Bolognese zum Fischfilet und zu „Großmutters Ente" (mit Kartoffeln, Auberginen und Pilzen). Hauptgerichte kosten 30–100 LE.

Safsafa (22), Na'ama Mall. Das schon lange im Marktviertel erfolgreiche Fischlokal hat nun auch im Obergeschoss des schicken Einkaufszentrums Na'ama Mall eine Filiale eröffnet. Das Ambiente ist hier eher mediterran als ägyptisch, für ein Fischgericht rechne man um 70 LE.

Mashy (21), Sanafir-Hotel, King of Bahrein St. Mit der reichhaltigen Vorspeisenplatte („Meze") bekommen Sie einen guten Ein-

E ssen & Trinken
19 Dananeer
20 Tam Tam Oriental Café
21 Mashy
22 Safsafa
23 Feschawis Scharm Café
24 Zabadi
25 Panorama

Ü bernachten
15 Hilton Fayrouz
17 Mövenpick Jolie Ville
   Resort

E inkaufen
18 Al Ahram

N achtleben
14 Black House
15 Pirate's Bar
16 Cactus
21 Pacha mit Bus Stop
22 Hard Rock Café
23 Ali Baba

stieg in die libanesische Küche. Und vergessen Sie trotz der günstigen Preise nicht, dass der Kellner zum Schluss noch 22 % Steuern und Service dazurechnet.

Dananeer (19), gegenüber dem Falconal-Diar-Hotel, mit Maschrabia-Fenstern und hohen Räumen auf alt und orientalisch getrimmt. Zu essen gibt's allerlei Steaks und Seafood (um 120 LE).

Tam Tam Oriental Café (20), am Strand neben Sinai Divers, gleichermaßen Restaurant wie Kaffeehaus mit Schischa, Stella und gelegentlich arabischer Livemusik, ist das Tam Tam der beste Platz in der Stadt, um die ägyptische Küche kennen zu lernen (z. B. Lamm mit Okra, Kuschari, gefüllte Täubchen). Hauptgericht 50–80 LE.

Feschawis Scharm Café (23), Scharm Mall, ein Ableger des gleichnamigen Kairoer Kaffeehauses. Serviert werden auch ägyptische „Drinks" wie Helba und Sahlab. Ein kompromisslos ägyptischer Musikteppich (einschließlich Koranrezitation) vermittelt den in Scharm urlaubenden und arbeitenden (Nil-)Ägyptern Heimatgefühl.

Panorama (25), Freiluftcafé am Hang über dem Na'ama Center und mit allerlei tönernem Nippes in Gestalt von folkloristischen Figürlein, Vasen etc. dekoriert, die auch verkauft werden. Tagsüber schön schattig.

Nachtleben (Karten S. 109 und 111)

Hard Rock Café (Karte S. 111, Nr. 22), Na'ama. 20 Mio. LE soll das Kettenlokal gekostet haben, nach Beirut, Amman, Bahrain, Dubai und Ankara das sechste Projekt der amerikanischen Kette im Nahen Osten. An der Fassade lockt eine 25 m lange Gitarre die Passanten, innen steht der obligatorische pinkfarbene Straßenkreuzer, und an den Wänden hängen Memorabilia wie Elvis Presleys Baseballshirt oder eine Gitarre von Kenny Rogers. Die Kette hat auf Auktionen 40.000 solcher Stücke ersteigert und tauscht sie regelmäßig zwischen ihren Niederlassungen aus.

Pacha mit **Bus Stop (Karte S. 111, Nr. 21)**, Sanafir Hotel, Na'ama. Neben dem Hard Rock Cafe der beliebteste Nightspot in Na'ama. Pacha (www.pachasharm.com, Eintritt 200 LE) macht den Innenhof des Hotels zum Club mit orientalischer Show, Schaumpartys oder aus London eingeflogenen DJs. In der Bar des Bus Stop laufen MTV-Clips, eine Etage höher schwingen Urlauber, Soldaten der MFO und wenige Einheimische das Tanzbein. Freitags organisieren die Leute vom Pacha draußen in der Wüste den **Echo Temple** als lautstarke Freiluftdisco mit Platz für 4000 Tänzer. Info-Hotline (arabisch/englisch) 010-5699960.

Cactus Disco (Karte S. 111, Nr. 16), an der Landstraße beim Mövenpick, Na'ama, versucht mit britischen DJs wieder mehr Gäste anzulocken. Männer ohne weibliche Begleitung haben beim Türsteher wenig Chancen auf Einlass.

Einen guten Ruf hat auch die **Black House Disco (Karte S. 111, Nr. 14)** im Rosetta-Hotel. **Alf Leila wa Leila (Karte S. 109, Nr. 11)**, el-Hadaba, bringt abends ein Folkloreprogramm mit arabischer Musik und Bauchtanz. Zuletzt trat hier auch Tito auf, Ägyptens bester (männlicher) Tänzer. Die Show im **Mövenpick (Karte S. 111, Nr. 17)** wechselt zwischen russischem und orientalischem Programm.

Pirate's Bar (Karte S. 111, Nr. 15), im Hilton Fayrouz, Na'ama. Hier treffen sich tagsüber Geschäftsleute und nach der Arbeit die Tauchlehrer und Guides zur Happy Hour, die bis 19.30 Uhr dauert. Es gibt importiertes Bier vom Fass.

Ali Baba (Karte S. 111, Nr. 23), auf einer Dachterrasse hinter dem Red Sea Diving College. Das Essen hat nicht den besten Ruf, doch kann man die Aussicht ja auch bei einem Bier und ein paar Nüssen genießen.

Einkaufen (Karte S. 111)

Scharm el-Scheich ist mit Hurghada der bei weitem teuerste Platz in Ägypten! An der Na'ama Bay liegen *Scharm Mall*, das moderne Einkaufszentrum *Na'ama Mall* und der einem alten Basar nachempfundene *Darb el-Zowar*. Auch die größeren Hotels haben ihre eigenen Einkaufsmeilen, die längste derzeit wohl vor dem *Alf Leila wa Leila* in el-Hadaba. Etwas günstiger sind die Preise in der „Altstadt", also dem ägyptischen Viertel. Hier ist kräftiges Handeln angesagt.

Karkade, Scharm Mall, kein Trödelladen, wie man angesichts der Antiquitäten vielleicht meinen könnte, sondern eine Kräuterhandlung mit Naturmedizin für die großen und kleinen Wehwehchen vom Husten über den Nierenstein bis zum Rheuma – fachkundige Beratung inbegriffen.

Foto Idris, Darb el-Zowar, Na'ama, porträtiert seine Kunden im Pharaonenkostüm und anderen fantastischen Verkleidungen.

Al-Ahram (18), Royal Plaza Hotel, Scharm Rd., Na'ama. Die führende Buchhandlung der Stadt hat auch einige deutsche Taschenbücher im Angebot.

Mohammed Badr, zu finden irgendwo am Strand, verkauft handbemalte T-Shirts. Die Motive kann der Kunde zuvor aus einem Katalog auswählen.

Sport/Freizeit

Schnorchler, die auf die Riffplatten und -wände nahe der Wasseroberfläche angewiesen sind, finden vor dem Gafy-Hotel am Nordende der Na'ama Bay eine gute Stelle, den Fischen zwischen den Korallen zuzuschauen. Hotels und Tauchschulen verleihen Brillen, Flossen und Schnorchel und bieten darüber hinaus auch Bootsausflüge zu entfernteren Plätzen an. Da ein guter Tauchplatz nicht unbedingt auch ein guter Ort zum Schnorcheln ist, sollte man „gemischte Gruppen" vermeiden.

Neben dem Tauchvergnügen bietet Scharm auch Sportmöglichkeiten über Wasser. Ein **Gleitschirmflug** zeigt die Na'ama Bay aus der Vogelperspektive – angeblich sollen schon 80-jährige Urgroßväter und voll verschleierte Frauen am Schirm hängend gesehen worden sein. Start und Landung erfolgen vom Boot aus, sodass der Flieger nicht mal nasse Füße bekommt. Wasserkontakt und spaßige Gruppendynamik ver-

Postmoderne Architektur im Kontrast zu Hotels im folkloristischen Stil

spricht dagegen eine Fahrt auf der **Banana,** einem vom Motorboot gezogenen Gummiwulst. Eine falsche Bewegung, und die gesamte Mannschaft kippt ins Wasser. Auch für Surfer, wobei sich die Bay mit ihren eher sanften Winden mehr für Anfänger eignet, gehört ein gelegentliches, unfreiwilliges Bad einfach dazu. Der *Red Sea Explorer* und andere **Glasbodenboote** sind mit Videokameras ausgerüstet, um die Unterwasserwelt jenseits der Glaswand auch auf den Monitor zu bringen.

Zum **Baden** ist die *Na'ama Bay* mit Abstand am besten geeignet, doch natürlich auch am vollsten. Der feine Sandstrand wird von den Hotels der ersten Reihe gemanagt, die das Monopol über Liegestuhl- und Schirmverleih haben und von Nicht-Hotelgästen Eintritt erheben. Am meisten Platz hat man (noch) beim Hilton Fayrouz. Zwischen den Platzhirschen gibt es auch schmale Streifen „Public Beach", also öffentlichen Strand mit kostenfreiem Zugang – hier zahlt man nur für Liegestühle und Sonnenschirm. Einen größeren Public Beach findet man in Scharm el-Maya am Fuß der Klippe.

Auch in *Scharm el-Maya* ist das Ufer weitgehend in der Hand der Hotels. Steilfelsen erschweren hier teilweise den Zugang, sodass etwa Albatros Resort einen gigantischen Fahrstuhlturm auf den Strand gesetzt hat, um den Gästen die Treppenkletterei zu ersparen. Ein öffentlicher Strand findet sich am Kap *Ras Umm el-Sid* (Zugang von der Straße zum Fanar-Restaurant).

Andere Badeplätze wie *Shark Bay* und nördlich davon der *White Knights Beach,* so benannt nach einer geisterhaften Korallenformation, die gestern noch ein Geheimtipp waren, sind längst bebaut. Darüber hinaus schafft jedes Hotel, das ein Stück Ufer ergattern konnte, dort mit Aufschüttungen eine künstliche Strandlandschaft.

Von den **Quadrunners**, mit denen testosterongesteuerte Burschen gern die Wüste durchpflügen, halte ich nichts. Denn wo so ein Ding mal drübergerollt ist und den Boden verdichtet hat, wächst auf Jahre hinaus kein Gras mehr.

Wie wär's stattdessen mit **Reiten**? Für 20 €/Std. kann man dies mit den Pferden des Hotels **Sofitel**, ℡ 3600081.

Mehr als einmal sperrten in der Vergangenheit skrupellose Geschäftemacher **Delfine** in winzige Becken und luden das Publikum zu Vorführungen und zum Delfinschwimmen. Selbst aus arktischen Gewässern stammende **Beluga-wale** wurden im subtropischen Klima von Scharm el-Scheich schon zu Tode geröstet. Eine Delfinshow war 2007 in Betrieb, namhafte Hotelkonzerne planten weitere Delfinarien auf ihrem Gelände. Delfine und Wale gehören ins Meer, nicht in den Pool! Sie können den Tieren helfen, indem Sie Veranstalter meiden, die mit solchen tierquälerischen Attraktionen werben.

Oder mit Runden auf der **Go-Kart-Bahn Ghibili Raceway**? Die findet man im Norden von Na'ama an der Zufahrt zum Hotel Hyatt Regency. ✆ 3603939, www.ghibliraceway.com, 10 Runden 25–35 €.

Im nahen **Sinai Extrem Park**, ✆ 010-6696968, heben **Bungee-** und **Trampolin**-Springer ab. Als ultracooles Ferienabenteuer gilt den Kids das Eislaufen im **Ice Skating Center** des Hotels Concorde El Salam, White Knight Beach, beim Flughafen, ✆ 3601460. Eintritt plus Leihschlittschuhe 10 €.

*T*auchzentren

In Scharm konkurrierten bei unserer letzten Recherche dreißig Tauchbasen, und heute werden es noch einige mehr sein. Nur wenige sind renommiert genug, um die Kundschaft allein mit dem eigenen Namen anlocken zu können – die meisten leben von den Gästen der Hotels, mit denen sie assoziiert sind.

Camel Dive Club, neben dem Sanafir Hotel, ✆ 3600700, 📠 3600601, www.cameldive.com. Von einer bescheidenen Tauchbasis wuchs der Club zu einem Imperium mit eigenem Hotel, Tauchbooten und Wüstensafaris. Ausbildung in Gruppen à 6 Pers.

Red Sea Diving College, bei der Mall, ✆ 3600145, 📠 3600144, www.redseacollege.com. Die von der Tauchlehrervereinigung PADI mehrfach ausgezeichnete Tauchbasis bietet auf dem Schulgelände auch einfache Unterkunft (DZ und 8-Bett-Zimmer) und sogar ein kleines Restaurant.

Shark's Bay Diving Club, Shark Bay, ✆ 3600942, 📠 3600944, www.sharksbay.com. Die Basis liegt zwischen Na'ama Bay und dem Flughafen, hat einen eigenen Bootssteg und Unterkünfte im Beduinen-Stil (siehe Rubrik „Übernachten", Shark's Bay Camp). Ausbildung nach PADI und SSI.

Sinai Divers, Ghazala Hotel, ✆ 3600697, www.sinaidivers.com. Rolf Schmidt, der die alteingesessene Basis zusammen mit Partnerin Petra Röglin leitet, kam 1973 zum ersten Mal nach Scharm el-Scheich, das zu seiner neuen Heimat werden sollte. Eine eigene Modemarke besorgt kostenlose Werbung und Imagepflege.

Subex, Mövenpick Victoria, ✆/📠 3600122, www.subex.org. Der Schweizer Pionier des Tauchsports veranstaltete 1972 unter abenteuerlichen Bedingungen die erste Tauchexpedition in den Süden des Sinai. Seit 1991 ist Subex im Mövenpick mit einer ständigen Tauchbasis vertreten, ein zweiter Stützpunkt wurde im Scharm Holiday Resort aufgebaut. Ausbildung in Kleingruppen.

Werner Lau Diving Center, ✆ in Deutschland 0201-8681076, www.wernerlau.com, große deutsche Basis im Hotel Helnan Marina, Ausbildung nach PADI und VDST, täglich Ausfahrten zur Thistlegorm (siehe S. 103) und zu anderen bekannten Tauchspots.

Sehenswertes

Die Sehenswürdigkeiten von Scharm el-Scheich sind natürlich seine Tauch- und Schnorchelgründe. Da die Strände weitgehend in privater Hand sind, kommt man nur noch mit dem Boot heran. Hier die besten Plätze von Süd nach Nord:

Ras Umm el-Sid: Das für seine Fächerkorallen berühmte Riff liegt vor dem kleinen Leuchtturm an der Spitze der Halbinsel. Fische füttern mag zwar verboten sein, doch offenbar halten sich nicht alle daran: Die Napoleonsfische von Ras Umm es-Sid fressen jedenfalls aus der Hand und warten inzwischen geradezu darauf, dass Taucher ihnen einen Happen hinhalten. Im Bereich der Ankerbojen bildet das Riff einen Steilhang mit Korallenpfeilern. Schnorchler finden rechts des Leuchtturms einen Pfad zum Strand hinunter, während Taucher, die den tieferen Teil des Riffs ansteuern, besser auf der anderen Seite einsteigen.

Leben im Riff

Neben der Kunst, die Aufmerksamkeit des anderen Geschlechts auf sich zu ziehen, sind raffinierte Strategien zum „Nicht-gefressen-werden" die beste Voraussetzung fürs Überleben der Art. Zur Freude der Taucher und Aquarianer gehen einige Arten dabei ganz offensiv vor. Statt sich zu tarnen oder zu verstecken, geben sie sich dem potenziellen Feind möglichst farbenprächtig schon von weitem zu erkennen – und schrecken ihn ab. Die bunten und unmittelbar nach ihrer Geburt für manchen Räuber noch wohlschmeckenden **Meeresschnecken** nähren sich von giftigen Quallen, bis sie selbst giftig sind. Räuber, die jemals eine Meeresschnecke verspeisten und anschließend von Krämpfen geschüttelt wurden, werden diese Art künftig meiden.

Den **Clownfisch** kennzeichnen zwei weißblaue Streifen auf sonst orangebraunem Körper. Er lebt zwischen den giftigen Tentakeln der Seeanemonen. Seine Haut ist mit dem für die Anemonen charakteristischen Schleim überzogen. Die halten ihn so für ihresgleichen und greifen den Clownfisch nicht an.

Die Waschanlage des Riffs betreiben winzige, schwarzblau-gestreifte **Putzbrassen.** In einem komplizierten körpersprachlichen Dialog signalisieren sich Kunde und Putzkolonne die Bereitschaft zum Service. Die Putzbrassen picken Parasiten und abgestorbene Hautteile vom Körper anderer Fische und bewegen sich dabei völlig ungefährdet sogar zwischen den Zähnen der gefräßigsten Räuber.

Viele Arten überleben nur durch fortgesetzte Täuschung. So gibt es Fische, die der Putzbrasse ähnlich sind und ihr Verhalten imitieren. Doch statt die Kundschaft zu putzen, reißt ihr der **Mimic Blennie** (Aspidontus taeniatus) Fleischstückchen aus dem Hinterleib. Bis der größere Fisch allmählich merkt, was ihm geschieht, sind die Betrüger auf und davon.

So wie wir auch bei ungewöhnlichen Körperformen (etwa beim Rochen) anhand der Augen auf Anhieb die Kopfpartie und damit vorne und hinten unterscheiden können, vermag dies auch der Raubfisch, der damit wichtige Hinweise über die Fluchtrichtung seines erhofften Menüs gewinnt. **Schmetterlingsfische** tarnen deshalb ihre Augen. Sie sind in ein senkrecht über den Körper laufendes Band schwarzer Punkte eingebettet. Andere, wie die **Doppelpunktbrasse,** bedürfen dieses Tricks nur als Jungfische, denn ausgewachsen schrecken die Krabbenfresser schon mit ihrer Größe die Räuber ab. Die Jugend tarnt sich deshalb mit Scheinaugen auf den Rückenflossen, die später verwachsen.

Amphoras: Dieser Tauchgrund zwischen Ras Umm el-Sid und The Tower hat seinen Namen von den Tonkrügen, die an Bord eines türkischen Schiffes waren, das hier vor langer Zeit unterging. Ebenso wie der Anker sind die zerborstenen Krüge völlig mit dem Riff verwachsen – ein schönes Fotomotiv. Einzelne Scherben liegen dagegen völlig kahl auf dem Meeresgrund. Man vermutet, dass in diesen Krügen

Sinai
Karten Umschlagklappen und S. 100/101

Quecksilber transportiert wurde und dass das Gift bis heute jeden Bewuchs verhindert. Amphoras ist von Land und bei ruhiger See auch vom Boot zu betauchen.

The Tower: Im Wasser vor dem Tower-Hotel erhebt sich ein markanter Korallenturm hoch über die Riffplatte. Geradeso interessant ist ein verwinkelter Canyon, der ins Riff und in kleine Höhlen führt.

The Gardens: Diese Tauchplätze liegen in der Bucht gleich nördlich der Na'ama Bay. *Near Garden,* die zerklüftete Riffwand vor der Landspitze, gilt als wenig spektakuläres Anfängergebiet. In der Mitte der Bucht *(Middle Garden)* geht die Wand auf etwa 8 m Tiefe in einen mit Korallenblöcken aufgelockerten Sandgrund über. In dem farbenfrohen Steingarten mit Weichkorallen tummeln sich auch Riffbarsche und Rochen. Am *Far Garden* reicht das Riff erheblich tiefer. Auf 15 bis 20 m u. M. geht die Steilwand in ein Plateau über, das weiter draußen in eine Steilwand abbricht. Diese reich bewachsene Riffkante lädt besonders zum Verweilen ein.

An der Bucht von Scharm el-Maya

Shark Bay: Die echten Haie wurden durch die Tagesausflügler und Taucher längst vertrieben; statt ihrer haben sich Immobilienhändler und Hoteliers den landseitigen Lebensraum angeeignet und mit Hotels überbaut. Noch ist der Strand umsonst. Unter Wasser überwiegen abgestorbene und versandete Riffpartien, die Landschaft ist wenig spektakulär. Die Szenerie lebt von den zahlreichen Fischen, die den Flachbereich zu einem großen Aquarium machen.

Straße von Tiran/Ras Nasrani: Hier am Engpass und Eingang des Golfs von Aqaba blockierten die Ägypter 1967 den israelischen Schiffsverkehr, was schließlich in den Sechs-Tage-Krieg und die israelische Besetzung der Sinai-Halbinsel mündete. Die Inseln *Tiran* (Naturschutzgebiet) und *Sanafir* bieten Tauchern neben Riffen auch Tiefwassergründe, in denen sich etwa Haie und Rochen beobachten lassen. Allerlei Wracks künden von Strömungen, Untiefen, Kriegen und Versicherungsbetrug. Allein seit der Rückgabe des Sinai an Ägypten strandeten hier drei Dutzend Schiffe. Die meisten liegen allerdings in für Sporttaucher unerreichbaren Tiefen.

Organisierte Ausflüge

Außer Korallenbänken und Meerestiefen lassen sich auch die landseitigen Wunder des Sinai erkunden. Etwa zwanzig Reisebüros konkurrieren mit Ausflugsangeboten, ein Preisvergleich lohnt sich. Beliebte Tagesziele sind das *Wadi Kid* oder *Coloured*

Canyon (Jeeptour je 30–50 €) und natürlich das *Katharinenkloster* (ab 35 €), das einige Anbieter mit einem Stopp im *Wadi Feiran* verbinden. Ebenfalls organisiert werden unter dem Etikett „Beduinisches Abendessen" (ab 25 €) Barbecues im Wüstensand oder Mondschein-Kamelritte. Von den stressigen Ausflügen nach Kairo und Luxor, auch per Flugzeug, halte ich nichts: Beide Orte sind zu schade, um sie in einem Tag abzuhaken, sie sind vielmehr eine eigene Reise wert.

Von Scharm el-Scheich nach Dahab

Nabq: Nördlich des Flughafens bis hin zur Mündung des Wadi Kid steht ein weiteres Gebiet unter Naturschutz, der hier jedoch zum „Multiple Use Management" reduziert ist. Dies bedeutet, dass die beiden Beduinensiedlungen und eine industrielle Krabbenzucht erhalten blieben und an einzelnen Stellen der Küste auch Hotels gebaut werden. Am Vormittag, wenn die Taucher kommen, fliehen die Vögel. Für teures Geld verkauft die *Cafetria el-Gharaana* lauwarmes Stella, Beduinenkinder drängen sich und die Kamele dem Besucher als Fotomotiv auf und feilschen um den Preis für die nicht bestellte Pose.

Bisher beschränkt sich der Naturschutz auf das Kassieren eines Eintrittsgelds (5 €) und den gelegentlichen Besuch der Ranger vom Kap Mohammed. Ein vorgefertigter Pavillon dient als *Visitor Center* mit ausgestopften Tieren, Beduinenkleidern und einer Multimedia-Show. Allerlei Fahrspuren zeugen von häufigem Jeepverkehr, der weder den Sanddünen noch den hier weidenden Gazellen gut tut. Safaris abseits der Pisten können in Nabq gefährlich werden: Am 27. Juni 1995 fielen zwei Amerikaner samt ihrem Jeep einer Landmine zum Opfer. Sehenswert sind die Mangrovenwälder, die nördlichsten ihrer Art, und vor der Küste das Wrack der *Maria Schröder*.

Der Sinai als Minenfeld

Auch wenn das Tourismusministerium die Küste inzwischen für „minenfrei" erklärt hat – im Landesinneren liegen die gefährlichen Langzeitwaffen aus den israelisch-arabischen Kriegen noch immer massenweise irgendwo unter dem Sand. Viele sind durch Sturzregen und Erdrutsche längst nicht mehr in der ursprünglichen Position und damit auch anhand der Aufzeichnungen über die Minenfelder, die Israelis und Ägypter nach dem Friedensschluss austauschten, nicht mehr aufzufinden.

Wadi Mandar: Knapp 10 km nach der Abzweigung zum Flughafen warten nahe einer einsamen Schule an der Landstraße die Beduinen mit Jeeps und Kamelen auf Ausflügler ins Wadi Mandar. Das Tal ist nicht schöner oder hässlicher als andere – es zeichnet sich allein durch seine relative Nähe zu Scharm el-Scheich aus, weshalb es von den Reisebüros für ihre organisierten Kamelritte bevorzugt wird. Am Neujahrstag treffen sich hier Beduinen und Urlauber zum Kamelrennen.

Wadi Kid: Das Wadi Kid kreuzt etwa 50 km nach dem Checkpoint die Teerstraße. Im oberen Bereich endet die Piste vor einer Felsbarriere, hinter der sich das Grundwasser staut und in der Oase 'Ain Kid zutage tritt – ein idyllischer Platz mit Palmen und viel Grün, an dem man im Sommer auch viele Beduinen trifft.

Wadi Qnai: Während die vorgenannten Täler auch mit dem Kamel oder zu Fuß in wenigen Stunden zu erkunden sind, sollte man sich für das Wadi Qnai etwas mehr

Sinai Karten Umschlagklappen und S. 100/101

Zeit nehmen. Es beginnt 10 km nach dem Schahira-Pass bei einer Ambulanzstation. Eine Fußstunde nach dem Beginn des Wadis trifft man mitten im Nichts eine Teebude; hier bieten sich Beduinen als Führer hinunter zur Küste an. Dank der steilen Felsen ist das Wadi schön schattig und relativ kühl. Auch Kletterer haben die dramatische Schlucht inzwischen entdeckt. Die Hauptroute trifft nach der **Southern Oasis** nahe dem Hotel Happy Life, also etwa 8 km südlich von Dahab, aufs Meer. Für Frühaufsteher ist die gesamte Strecke an einem Tag bequem zu bewältigen.

Dahab

Von einem romantischen Beduinendorf und ungezwungenen Treff der Rucksackreisenden entwickelt sich Dahab derzeit zu einem normalen Urlaubsort, der Tauchgründe und ein vorzügliches Surfrevier mit Ausflugsmöglichkeiten in die nahen Berge verbindet.

Dahab bedeutet auf Arabisch „Gold" – der goldgelbe Sand gab den Namen. Die Israelis bauten in den Siebzigern etwas abseits der Küste eine kleine Siedlung (*Dahab-City*) und hinterließen mit dem Vorläufer des *Coralia* auch das erste Hotel. Hier stehen heute die großen Hotelanlagen wie etwa das Hilton. Zum Anziehungspunkt wurde jedoch das etwas nördlich gelegene Beduinendorf *Assalah* (hocharabisch Ghazala). Dieses, oder genauer: seine touristische Zone, teilt sich in das ältere Viertel *Masbat* entlang der Strandpromenade zwischen dem Leuchtturm und einer kleineren Ausgrabung. Im Süden schließt das neuere *Maschraba* an, ein ruhigeres Hotelviertel. Auch das Ufer südlich des Coralia wird mit neuen Ferienanlagen bebaut, sodass allmählich eine zusammenhängende, 10 km lange Stadt entsteht.

Assalah wurde noch unter israelischer Besatzung zu einem Treffpunkt von Aussteigern und später Rucksacktouristen, die am Strand oder in einfachsten Camps übernachteten und unter südlicher Sonne ein naturnahes Dolcefarniente mit reichlich Haschisch und minimalen Lebenshaltungskosten genossen. Zeit spielte keine Rolle. Man traf sich am Palmenstrand und auf den Sitzkissen der Kaffeehäuser, zog mit den Beduinen auf Kamelsafari und aß in schlichten Garküchen, wo selbst die Languste, die die Einheimischen aus der Lagune fischten, preiswerter war als ein Sandwich in Scharm el-Scheich. Luxus, schicke Klamotten und alles, was irgendwie mit Pauschaltourismus zu tun hat, war verpönt.

Noch immer hat Assalah mit seinen Basarbuden, improvisierten Cafés und chaotisch gewachsenen Bauten ein Flair scheinbar unorganisierter Buntheit. Beduinenmädchen flechten den Urlaubern farbenfrohe Armbänder oder Zöpfchen, Katzen umschmeicheln die Esser in den Restaurants. Die Gäste haben Zeit und sind, was der Autor schätzt, belesen: Viele Geschäfte haben Regale voll mehr oder minder anspruchsvoller Belletristik in allen möglichen Sprachen und kaufen gelesene Bücher an oder tauschen sie gegen einen geringen Aufpreis um. Auch Internetcafés stehen hoch im Kurs.

Doch mit dem Wandel der Jugendkultur und dem Druck der Investoren haben sich auch hier die Zeiten geändert. Nicht nur die Uferpromenade orientiert sich am Vorbild Scharm el-Scheich. Aus Schilfhütten wurden Betonhäuser im neo-maurischen Stil, die auf den Geschmack westlicher Lebensart gekommenen Beduinen müssen sich Platz und Verdienst mit zugewanderten Ägyptern teilen, und der zurückhaltend gelassene Umgang mit den Fremden wich der Aufdringlichkeit von Schleppern und Geschäftemachern, die Teppiche, Papyri und den üblichen Khan-

Übernachten
- Sea & C
- Blue Beach Club
- Alf Leila
- Jasmine und Beach Palace
- Christina Residence
- Sunsplash
- Hilton
- Swiss Inn Golden Beach
- Coralia

E ssen & Trinken
- 2 Eldorado
- 5 Leilas Café & Bäckerei
- 8 Arousa el-Bahr
- 9 Nesima
- 10 Lachbatita

N achtleben
- 4 Adams Bar
- 6 Tota und Rush
- 7 The Tree
- 9 Nesima Bar
- 12 Bierladen
- 14 Black Prince

Canyon Dive Blue Hole **1**

Bedouin Moon Hotel

G a r d e n

Assalah Square

Z a r n o u q

A s s a l a h

M a s b a t

M a s c h r a b a

Golf von Aqaba

L a g u n a

Lagona Village

D ahab City

BUS

EC

Ganet Sinai

Iberotel Dahabeya

Touristenpolizei

Dahab

500 m

el-Khalili-Ramsch an den Mann und an die Frau bringen wollen. Die Drogen wurden teurer und schlechter, die Razzien häufiger. Zunehmend entdecken Surfer und Taucher die Vorzüge der Wasserwelt, und mit dieser zahlungskräftigen Klientel hat der Ort auch Eingang in die Reisekataloge gefunden.

Anfahrt

● *Bus* Die besten **Busverbindungen** bestehen nach Scharm el-Scheich (8, 8.30, 10, 11.30, 12.30, 14.30, 16, 17.30, 22 Uhr; 1½ Std., 15 LE). Auch die Linienbusse nach Suez (8 Uhr, 7 Std., 35 LE) und Kairo (8.30, 12.30, 14.30, 22 Uhr; 9 Std., 60–80 LE) nehmen diesen Weg. Weitere Verbindungen gibt es nach Nuweiba, (10.30, 16, 18.30 Uhr; 1 Std.,

15 LE), Taba (10.30 Uhr, 2½ Std.), nach St. Katharina (9.30 Uhr; 2½ Std., 20 LE) sowie um 16 Uhr nach Hurghada und Luxor (100 LE).

Vom **Busbahnhof** (✆ 3640250) in Dahab-Stadt kommt man per Taxi (5 LE) nach Masbat und Assalah.

● *Sammeltaxis* Private **Sammeltaxis** und

Kleinbusse nach Scharm, St. Katharina (40 LE, am späten Abend hin, mittags zurück), Nuweiba (25 LE) oder zu anderen Überlandzielen fahren direkt in Masbat nahe dem Hotel Monica ab. Für ein komplettes Taxi nach Scharm el-Scheich wären 120 LE ein guter Preis – üblich sind für Touristen 150 LE, nachts 200 LE.

*V*erschiedenes

● *Geld* Banken und Geldautomaten findet man sowohl in Masbat wie in Dahab-City.

● *Gesundheit* In Dahab-City gibt es eine schlecht ausgestattete Poliklinik, in Masbat mehrere Privatärzte, z. B. Dr. Ahmed Sadek, ✆ 012-3486209, oder Dr. Sherif Salah, ✆ 012-2208484. Bei Zahnschmerzen hilft Dr. Adel, ✆ 012-4515998. Das nächste Krankenhaus findet sich in Scharm el-Scheich. Eine Kanalisation ist erst im Bau. Trinken Sie deshalb nur Flaschenwasser und seien Sie mit ungekochten Speisen etwas vor-

sichtiger als anderenorts!

● *Polizei* Beim Coralia (✆ 3640188) und im Zentrum von Masbat; gewöhnlich wachen auch Posten am Strand darüber, dass keine Frau den Busen entblößt.

● *Post/Telefon* Beide in Dahab-City. Kartentelefone in Masbat etwa beim Oxford-Bookshop und im Neptun-Restaurant.

Telefonvorwahl: 069

---

*Ü*bernachten (*K*arte *S*. 119)

Neben den üblichen Hotelanlagen für den organisierten Tourismus gibt es in Dahab auch kleinere, preiswerte Hotels für Individualreisende oder, mit eigener Tauchschule, speziell für Wassersportler. Viele können über die Buchungsplattform www.dahab.net gebucht werden.

Hilton (15), Dahab, ✆ 3640310, ✉ 3640424, www.hilton.com, DZ 100–150 €, 1 Woche HP für 2 Pers. mit Flug ab 1300 €. Bungalowanlage im neo-maurischen Stil. Süßwasserpool und künstliche Wasserlandschaft, Fahrradverleih, Tauchbasis und Surfschule, Disco.
Swiss Inn Golden Beach (16), Dahab, ✆ 3640054, ✉ 3640470, www.swissinn.net, DZ HP 70–110 €, 1 Woche HP für 2 Pers. mit Flug ab 1200 €. Sehr gepflegte mit ca. 180 Zimmern in zweigeschossigen Reihenbungalows. Das Hauptgebäude ist einem Beduinenzelt nachempfunden. Super Pool, Traumstrand mit Tauchcenter und Surfschule, Fahrradverleih, keine Animation.
Novotel Coralia (17), Dahab, ✆ 3640301, ✉ 3640302, www.accorhotels.com, DZ 60–95 €, 1 Woche HP für 2 Pers. mit Flug ab 1100 €. Ein Bungalowdorf mit 500 m eigenem Strand, Süßwasserpool und schönen Gartenanlagen. Mit seiner Lage an einer geschützten Bucht ist das Hotel besonders für Anfänger in Sachen Tauchen, Segeln und Surfen geeignet. Mit der Entfernung vom Ufer nimmt der Komfort der in drei Preiskategorien gruppierten Bungalows ab, doch auch die schlichten „Cabanas" im rückwärtigen Teil haben Dusche, WC und

Klimaanlage. Keine Klassenunterschiede gibt es beim Essen im Hotelrestaurant.
Sea & C (1), beim Checkpoint am Nordrand von Assalah, ✆ 3640370, 010-4853955 oder +49(0)651.86468, www.sea-and-c.de, DZ 40–50 €. Die U-förmige Anlage mit 25 Zimmern gruppiert sich um einen begrünten Innenhof und liegt eine halbe Gehstunde nördlich des Zentrums. Sie wird von Deutschen geleitet und vor allem von Tauchern besucht. Direkt vor dem Hotel verläuft ein Saumriff. Die Zimmer haben Terrasse oder Balkon mit seitlichem Meerblick, die Bäder teilw. sogar Wannen. Restaurant, Dachterrasse mit schönem Blick und natürlich ein Tauchzentrum.
Blue Beach Club (3), Garden St., Lighthouse, ✆ 3640411, ✉ 3640413, www.sinai.ch, DZ 38–45 €. Hier geht es nicht nur ums Tauchen. Das kleine Hotel unter schweizerisch-ägyptischem Management bietet vielseitige Aktivitäten und Kurse in orientalischem Tanz, Yoga, Reiten und sogar Arabischkurse! Im futuristischen Speiseraum wird abends bei Kerzenlicht diniert, die gemütliche Bar ist ein Treffpunkt auch für Gäste anderer Hotels.
Christina Residence (13) & Beach Palace (11), Maschraba, ✆ 3640390, ✉ 3640296,

Beduinen warten mit Kamelen auf die Ausflügler

www.christinahotels.com, DZ 20–50 €. Die Chefin stammt aus der Schweiz, beide Hotels sind sehr gut geführt. Die ältere und billigere **Residence** liegt fünf Gehminuten vom Strand entfernt an der Hauptstraße. Ca. 10 Zimmer (teilw. mit TV und Klimaanlage), in denen hohe Kuppeln für Kühle sorgen, gruppieren sich um einen Garten. Ein zentraler Kühlschrank kann benutzt werden. Direkt am Wasser liegt das neuere **Beach Palace**. Die geräumigen Zimmer, alle mit Balkon, gruppieren sich um den zentralen Innenhof mit Bar und Restaurant. Liegen am Strand, Tauschbibliothek. Von mir und von Lesern empfohlen!

Sunsplash (14), am Strand, Maschraba, ℘ 3640932, www.sunsplash-divers.com, DZ 30 €. Die von der Deutschen Anita Moole geführte Taucherhotel bietet neben den klimatisierten Zimmern in Reihenbungalows, die um einen begrünten Innhof gruppiert sind, auch noch einige preiswerte Hütten im Campstil. Ein großes Plus ist die während Tauchausflügen angebotene Kleinkindbetreuung.

Jasmine Pension (11), am Strand, Maschraba, ℘ 3640852, www.jasminepension.com, DZ mit Bad 100 LE. Das kleine Hotel an der Uferpromenade wird von dem Ägypter Rabi'a und seiner britischen Frau Claire geführt. Gemütliches Restaurant direkt am Strand.

B&B Alf Leila (5), Fanar St., ℘ 3640593, www.alfleila.com, DZ ohne Frühstück 25–50 €. Wohnen mit Stil. Die russischstämmige Inhaberin Eva hat mit Geschmack und Können acht Zimmer und Ferienapartments farbenfroh und aufwändig gestaltet. Alle mit Balkon oder Terrasse und Teeküche, die Apartments haben zusätzlich einen separaten Aufenthaltsraum. Für den Innenhof des erst 2006 eröffneten Hauses ist ein Springbrunnen mit Wasserfall geplant. Frühstück gibt's in der Bäckerei um die Ecke.

*E*ssen & *T*rinken/*N*achtleben (*K*arte S. 119)

Die Restaurants an der Uferpromenade („The Strip") von Assalah verbinden Beduinenfolklore mit westlicher Konsumkultur: Auf Sofas, niedrigen Hockern oder Sitzkissen genießt man Softdrinks zu Reggaeklängen. Auf den Speisekarten finden sich Fisch, Pizza und Pastagerichte, für den kleinen Hunger oder zum Frühstück auch Pfannkuchen. Erheblich preiswerter sind die ägyptischen Lokale abseits des Strands, in denen man auch für gerade nur 10 LE satt wird.

● *Restaurants* **Arousa el-Bahr/Sea Bride (8)**, Masbat. Die „Meerjungfrau" steht nicht am Meer, hat aber eine hübsche Dachterrasse und unbestritten den besten und frischesten Fisch in Dahab – auch viele Köche anderer Restaurants kaufen hier ihr Seafood ein. Serviert werden Fisch und Meeresfrüchte nach Gewicht. Man wählt den Tagesfang aus einer Vitrine aus, erst dann wird er zubereitet. Als Vorspeise gibt es automatisch eine Fischsuppe, als Beilagen riesige Portionen Reis und Salate. Ortsansässige zahlen (wie vielerorts in Dahab) einen „ägyptischen Preis" von etwa 25 LE fürs Menü, Touristen fragen besser vorher nach dem Preis.

Lachbatita (10), Maschraba. Ein ägyptisch-italienisches Strandrestaurant mit kuriosem Interieur aus allerlei Klimbim. Ägyptische wie internationale Küche mit Schwerpunkt auf Fisch und Meeresfrüchten. Die Fischplatte für zwei Personen kostet 150 LE.

Nesima (9), im Nesima Resort, Maschraba, direkt an der Promenade, gediegen mit weißen Tischdecken und für seine Steaks berühmt. Hauptgerichte 25–80 LE.

Blue Beach Club (3), Garden St., Lighthouse, im gleichnamigen Hotel. Hier waltet ein gelernter Schlachter als Koch und überzeugt mit Steaks und echtem Schweinefleisch!

Eldorado (2), Garden St., Lighthouse. Das eher unauffällige Restaurant im Nordabschnitt der Uferpromenade entpuppte sich beim Test als Volltreffer. Italienische Pizza- und Pastaküche wird hier auch fürs Auge ansprechend angerichtet, zum Dessert stehen etwa Panna Cotta und Tiramisu zur Auswahl. Aufmerksamer Service.

Leilas Café & Bäckerei (5), Fanar St. Roggenbrot und Laugenbrezeln – darauf haben die Deutschen in Dahab lange gewartet. Im kleinen Garten vor dem Haus werden Frühstück und Kaffee serviert.

● *Nachtleben* **The Tree (7)**, in Masbat neben der Ausgrabung, kühles Bier und heiße Musik unter dem Palmendach.

Black Prince (14), am Südende der Uferpromenade, mit Haifisch-, Seeräuber- und Meerjungfrau-Dekor, kommt als Disco angesichts tagmüder Taucher und Wassersportler offenbar nicht aus den roten Zahlen und ist so immer wieder über Monate geschlossen.

Tota (6), The Strip. Das Lokal ist einem Schiff nachempfunden und spricht vor allem Leute unter 25 an. Zwar kann man hier auch essen (Pizza- und Pastaküche für 15–30 LE, leckerer Schokoladenkuchen), doch hat sich das Tota vor allem als Pub und Musikbar einen Namen gemacht. Nach 23 Uhr öffnet der Dancefloor.

Rush (6), The Strip. Über eine schmale Passage zwischen dem Tota und der Brücke kommt man in einen großen Hinterhof mit Pool, Bar und relaxter Atmosphäre, der spätabends zur Freiluftdisco wird.

Nesima Bar (9), im Nesima Resort, Maschraba, mit Bier vom Fass und schönem Blick von der Dachterrasse. Do/Fr Disco.

Adams Bar (4), Sirtaki-Hotel, hat das billigste Bier im Ort. Auch zum Mitnehmen. In Maschraba gibt es einen **Bierladen (12)** neben Christinas Residence.

Schwimmen und Schnorcheln

In der Bucht mit den großen Hotels ist dies kein Problem; in Maschraba und Masbat dagegen ist die Küste eine steinige Flachwasserzone, die meerseitig mit einem Korallenriff abschließt – nur bei Flut und ruhiger See kann man hier schwimmen und schnorcheln. Immerhin gibt es beim Lighthouse und im Süden vor der Lagune für Taucher markierte Einstiege ins offene Meer, die natürlich auch von Schwimmern genutzt werden könnten. Ansonsten bleibt der öffentliche Badestrand an der Bucht neben dem Iberotel Dahabēya.

Windsurfen und Kiten

Das Revier südlich des Coralia lockt Anfänger wie erfahrene Cracks. Im Windschatten der Landzunge ist das Wasser flach und sicher – wer abtreibt, landet am Ufer. Weiter draußen rasen die Surfer über eine gewöhnlich spiegelglatte Speedpiste, und jenseits der Korallenriffe fordern lang gezogene, bis 3 m hohe Dünungswellen die echten Könner. Warum ist es in Dahab besonders windig? Der von den Bergen eingefasste Windkanal des Golfs von Aqaba trifft hier mit voller Wucht auf eine flache Halbinsel, die 10 km weit in den Golf hinausragt. Der Thermiksog des Gebirges tut seinen Teil, den von Norden kommenden Wind zu beschleunigen.

Ein Atelier an der Strandpromenade von Dahab

Als die ersten Kiter nach Dahab kamen, hatten die Windsurfer sich schon lange ihre Claims abgesteckt. So ist das Kiten in der Windsurfbucht vor den Hotels geächtet. Genug Platz für alle ist dagegen draußen auf dem offenen Meer. Und mit der Lagune bietet Dahab den Kitern auch ein ideales Anfängerrevier. Hier ist das Wasser für die Windsurfer zu seicht, im Sommer verschwindet das Wasser bei Ebbe sogar völlig. Am Strand hat man genug Platz zum Aufbauen der Kites. Im Wasser ist der teils sandige, teils schlammige Untergrund mit Steinen und Korallenresten gespickt und erfordert deshalb Schuhe.

● *Surfzentren* Die **Surf & Action Station 1** am Novotel Coralia (✆ 3640301, www.surf-action.com) ist das östlichste Surfzentrum und liegt direkt an der Lagune. Hier ist der Weg zurück zur Basis wirklich harte Arbeit. Fortgeschrittene bevorzugen die **Station 2** von Surf & Action, weiter westlich im Iberotel Dahabeya. Surf & Action bietet auch Komplettreisen ab Deutschland und deutschsprachige Schulung im Kiten und Windsurfen.

Hilton Club Mistral, www.club-mistral.com, ✆ 3640310. Liegt genau in der Mitte der Bucht. Große Materialauswahl, schöne Station. Da der Wind stets und kräftig von der Station wegbläst, kommen Windsurfer nur kräftig kreuzend wieder dorthin zurück. In Dahab bietet Mistral nur Windsurfing, kein Kiting.

Fun System, Hotel Golden Beach Swiss Inn, ✆ 3640471, www.fun-system.com. Klein, aber fein. Hier herrscht noch eine

familiäre Atmosphäre. Neben Windsurfen wird auch Cat-Segeln angeboten.

Planet Windsurfing, ✆ 3440553, www.planetwindsurfing.de. Liegt zwischen Ganet Sinai und Swiss Inn und bietet seinen Gästen Mistral- und Gaastra-Material im Fix & Mix-System, d. h., man kann ein bestimmtes Board mieten, aber an einem späteren Tag dennoch auf anderes, passenderes Material wechseln.

Happy Surf, www.happy-surf.de, beim Ganet Sinai ist die westlichste Station direkt in der Bucht am Hauptstrand. F2 und North Riggs, freier Halbwind direkt am Ufer, junges Publikum und etwas günstiger als die anderen Stationen. Der Materialpool bedeutet allmorgendlichen Kampf um begehrte Segel. In Dahab nur Windsurfing, kein Kiting.

Meridien Club Mistral, www.club-mistral.com. Beim Hotel Meridien am Westufer der großen Bucht und ca. 5 km vom Haupt-strand entfernt. Entsprechend findet hier der Ruhe suchende Surfer sein Paradies und wird von freundlichem Personal be-grüßt. Bis zur Lagune sehr weit.

Tauchen

Anders als in Scharm wird in Dahab nur vom Land aus getaucht. Zu den Tauch-plätzen außerhalb der Stadt bieten die Tauchschulen gewöhnlich Halbtagesausflüge per Jeep – die Kamera freut sich auf diesen Fahrten über ein staubdichtes Behält-nis. Mit dem *Blue Hole* und *The Canyon* hat Dahab zwei tolle Tauchgründe.

Gemessen an der Zahl der Taucher führt Dahab allerdings auch die Hitliste der tödlichen Tauchunfälle auf dem Sinai an. Die Ursachen sind vielfältig. In Ägypten werden die Tauchschulen bislang nur wenig überwacht. Wer regelmäßig seine Gebühren zahlt, um den kümmern sich die ehrenamtlichen Funktionäre der *Egyptian Divers Federation (EDF)* oder der *Supreme Council of Youth and Sports*, der für alle Sportarten zuständigen Behörde, nicht weiter. Für Qualität sorgen allein die internationalen Verbände und vor allem die Reiseveranstalter und gro-ßen Hotels, denen natürlich am guten Ruf *ihrer* Tauchschulen liegt. Da es in Dahab, wie übrigens auch in Hurghada, viele kleine und nicht an Hotels gebun-dene Tauchbasen gibt, greift diese Kontrolle hier nur eingeschränkt. So wird der Verleih von Ausrüstungen und Flaschen manchmal etwas großzügig gehandhabt und die Qualifikation der Taucher über den Daumen gepeilt, statt sie mit einem Check Dive zu überprüfen. Dabei ist Dahabs Taucherklientel generell jünger, ehrgeiziger und verantwortungsloser als andernorts – selbst Ausbilder steigen, so weiß die ägyptische Presse, schon mal bekifft ins Wasser, um sich den beson-deren Kick zu holen. Schließlich sind das *Blue Hole* und der *Canyon* nicht nur besonders schöne, sondern auch gefährliche Tauchgründe, die manchen dazu verleiten, seine Möglichkeiten zu überschätzen.

So ist in Dahab mehr Eigenverantwortung gefragt als an anderen Tauchplätzen. Aber das kann ja nicht schaden – es ist Ihre Gesundheit und Ihr Leben.

● *Tauchzentren*   **Aquatic Dive Center**, Dyarna Hotel, ☎ 3641259, www.aquatic-dahab.de. Heia und Kalle leiten die bis 2005 im Inmo-Hotel beheimatete Basis. Klein, aber fein. Außergewöhnlich ist die Kombi-nation von Tauchen und Kamelsafari, bei der auch auf mehrtägigen Exkursionen sel-ten besuchte Tauchplätze per Kamel ange-laufen werden.

Inmo, ☎ 3640370, www.inmodivers.de. Das etablierte Tauchzentrum unter deutsch-ägyptischer Leitung ist Teil des gleichnami-gen Hotels und wird von den Eigentümern selbst geleitet. Mit fünf fest angestellten Tauchlehrern ist es für bis zu 80 Taucher ausgelegt. Inmo hat sich auf die Anfänger-ausbildung spezialisiert.

Sea & C, im gleichnamigen Hotel etwas außerhalb von Dahab, ☎ 010-4853955, www.sea-and-c.de. Basis und Hotel werden von den Deutschen Sandra und Mario geführt. Unmittelbar vor dem Haus gibt's ein bis-lang noch wenig betauchtes und damit sehr

gut erhaltenes Hausriff.

Dive Point, www.divepoint-dahab.com, ☎ 010-5587369. Die Basis von Tina Blume und ihrem Partner Walter Tyrra eignet sich besonders für erfahrene Taucher mit Extrawünschen. Tina und Walter schlafen gern etwas länger, sodass es später als bei den anderen Tauchgruppen los geht. Man hat also morgens Zeit, in Ruhe sein Früh-stück zu genießen, und geht am Tauchplatz ins Wasser, wenn die anderen schon wie-der rauskommen.

Lagona Divers, Tropitel Oasis, www.lagona-divers.com; **Nesima Diving Center**, ☎ 3640320, www.nesima-resort.com; **Sinai Divers**, Dahab Hilton, ☎ 3640100, www.sinaidivers.com.

Erfahrungsberichte und aktuelle Kriti-ken der Tauchbasen finden Sie unter www.taucher.net.

Dolcefarniente in einem Café in Dahab

Organisierte Ausflüge

Dahab bietet die mit Abstand besten Ausflugsmöglichkeiten an der Ostküste des Sinai. Auch hier werden die klassischen Ziele wie *Katharinenkloster mit Moses-berg* (je nach Programm 60–150 LE, Fr und So bleibt das Kloster geschlossen!), *Ras Mohammed* (Bus 300 LE, Boot 115 $) und *Coloured Canyon* (180 LE) ange-boten. Darüber hinaus gibt es etwa Ausflüge mit Kleinbus und Kamel zur Oase *'Ain Hudra* und zum *White Canyon* (siehe S. 133; 2 Tage 400 LE) oder zu den Mangrovenwäldern im Naturreservat Nabq (siehe S. 117 f.; 250 LE). In der näheren Umgebung warten *Blue Hole* und *Ras Abu Galum* (siehe S. 127). Bei den Leuten von Desert Divers können Sie außer dem Tauchen inzwischen in der küh-leren Jahreszeit auch das *Felsklettern* lernen oder als Könner mit einem Führer durch die Granitwände des *Wadi Qnai* (siehe S. 118) kraxeln. Auch *Ausritte zu Pferde* (Stunde 50–100 LE, Tag 500 LE) oder auf einem *Kamel* (Stunde 40 LE, Tag 200 LE) werden in Assalah arrangiert.

Es versteht sich, dass die in den großen Hotels gebuchten Ausflüge besonders teuer sind: Reiseleiter und Agentur bekommen eine Provision, und man setzt darauf, dass die Gäste kein Gefühl für ägyptische Preise haben. An der Strandpromenade, wo ein Ausflugsanbieter neben dem anderen sitzt, sind die Touren deutlich billiger, doch hält hier nicht jeder, was er verspricht. Um ihre Jeeps und Führer auszulasten, arrangieren sich die Kleinanbieter vor Tourbeginn und verteilen die Gäste unter-einander – so kann das Programm dann im Detail durchaus von dem abweichen, was Sie am Vortag gebucht haben. Besser ist es, wenn der, der Ihnen die Tour ver-kauft, sie auch selbst veranstaltet. Ein solcher Touroperator wird Ihnen sagen, für welche Ausflüge er schon Interessenten hat, oder ihnen vorschlagen, für diese und jene Tour doch selbst noch Mitfahrer suchen, damit sie zustande kommt.

Neben **Desert Divers** (www.desert-divers.com, ℡ 3640500) machte auf uns auch **Embah Tours** (www.embah.com, ℡ 3640447) einen guten Eindruck.

Sinai
Karten Umschlagklappen und S. 100/101

Ägypter und Beduinen

„Sie reden mit falscher Zunge, und ihr Wort ist nichts wert. Sie lassen uns Papiere unterschreiben, die wir nicht verstehen. Sie betrügen uns um unser Geld und unser Land", schimpft unser Gastgeber über seine Landsleute vom Nil. Wir sitzen in einer kalten Winternacht mit Ahmed und seinen Freunden am Feuer. Doch keine Spur von Beduinenromantik: Ahmed wohnt, wie inzwischen die meisten Beduinen Nuweibas, in einem Einfachshaus aus Beton. Statt des Sternenhimmels baumelt über uns eine nackte Glühbirne, im Hintergrund verhüllt eine Plastikplane den Fernsehapparat, und wir wärmen uns an einem Kerosinkocher.

Schlecht zu sprechen ist Ahmed auch auf den Staat. „Seit Urzeiten gehört das Land unserem Stamm. Doch plötzlich kommen Fremde, schwenken ein Papier und behaupten, das Land gehöre nun ihnen, die Regierung habe es ihnen gegeben. Doch wie kann die Regierung etwas verteilen, was ihr nicht gehört?"

Die Investoren sehen die Sache anders. „Anfangs haben wir versucht, die Beduinen mit Kompensationszahlungen zum Abzug zu bewegen", erzählt ein Bauunternehmer. „Doch dann tauchten immer neue Gruppen auf, die das Land ihr Eigen nannten und Entschädigungen forderten. Manche reklamierten gar Besitz an einzelnen Bäumen! So mussten wir schließlich Polizei und Armee bemühen, um unser Eigentum zu schützen."

Das Fernsehen ist da – die Honoratioren haben sich fein gemacht

Kein Wunder, dass die Hotels grundsätzlich keine Beduinen beschäftigen. „Beduinen", so ein Manager, „kommen und gehen, wann es ihnen passt, und lassen sich nichts sagen. Selbst als Wachleute und Fahrer taugen sie nicht. Und wenn man einen entlässt, bekommt man Ärger mit dem ganzen Stamm. Da engagieren wir lieber Leute vom Nil."

Umgebung von Dahab

The Canyon: Über die Straße zum gleichnamigen Hotel ist dieser Canyon, etwa 6 Uferkilometer nördlich von Assalah, bequem zugänglich. Der Einstieg führt durch eine Lagune im Saumriff. Am Anfang ist die Unterwasserschlucht nur gerade 3 m breit, mit schönen Lichtreflexen an den Wänden und seicht abfallendem Grund. In der Mitte öffnet sich der Canyon zu einer Grotte, um dann teils geschlossen, teils nach oben offen bis auf 50 m abzufallen und schließlich im offenen Wasser zu enden.

Blue Hole: Dahabs beliebtester Tauchspot liegt an einer Bucht 8 km nördlich von Assalah. Wenige Meter vom Ufer hat die Riffplatte ein ovales, 60 x 80 m großes und 100 m tiefes, weitgehend kahles Loch, dessen Entstehung vorerst noch ein Rätsel ist. Erst in 57 m Tiefe führt ein Tunnel vom Blue Hole durch das Riff in die offene See. Viele Taucher wollen sich diese Herausforderung nicht entgehen lassen. Dass die Taucherverbände aus gutem Grund 40 m als das absolute Tiefenlimit für Sporttaucher erachten, kümmert dabei wenig. Schon ab 30 m presst der Wasserdruck den eingeatmeten Stickstoff aus der Lunge in den Körper und betäubt so allmählich den Taucher – ungefähr so, als würde man volltrunken mit einem Sportwagen über die Autobahn rasen. Am Ufer hält eine Gedenktafel die Namen der Toten fest, die am Blue Hole ihre Kräfte überschätzten. Es versteht sich, dass dieser auch von Tagesausflüglern aus Scharm und Eilat besuchte Tauchplatz ab dem späten Vormittag einem Whirlpool gleicht, in dem sich ebenso viele Menschen wie Fische tummeln.
Für Transport von und nach Dahab und Schnorchel-Leihausrüstung rechne man 50 LE.

Die Friedenswächter der MFO

Vielerorts auf den Straßen des Sinai begegnet man den weißen Jeeps mit dem Kennzeichen MFO und dem Emblem mit der stilisierten Friedenstaube. Die *Multinational Force and Observers (MFO),* derzeit eine Handvoll ziviler Beobachter und knapp 2000 Soldaten aus den USA und zehn weiteren Nationen, überwachen seit 1982 den Frieden zwischen Ägypten und Israel, den ungehinderten Schiffsverkehr im Golf von Aqaba und die Entmilitarisierung des Sinai. Neben ihren Beobachtungsposten, Checkpoints und Schiffen unterhält die Truppe ein großes Camp bei el-Arisch und ein zweites in Scharm el-Scheich. Ihr Hauptquartier hat sie im fernen Rom.

Die MFO ist keine herkömmliche Friedenstruppe und untersteht nicht den Vereinten Nationen. Unter dem Druck der arabischen Staaten, die seinerzeit den Frieden mit Israel ablehnten, mochte die Weltgemeinschaft keine Blauhelme entsenden. So legitimiert nur der Friedensvertrag die Streitmacht. Ihre Kosten teilen sich Ägypten, Israel und die USA, auch Deutschland ist mit einem kleinen, freiwilligen Beitrag dabei.

Unter den Soldaten und Söldnern aus aller Welt steht der gut bezahlte Sinaieinsatz hoch im Kurs. Militärische Konfrontationen sind nicht zu befürchten, Kampfesmut ist vor allem auf dem Sportplatz gefragt. Das Endspiel der MFO-eigenen Hockeyliga, in dem sich gewöhnlich Kanada und die Fidjis gegenüberstehen, gilt als das größte Sportereignis auf dem Sinai. Ansonsten bleibt viel Freizeit für Wüstentrips, Tauchgänge und Discobesuche.

Ras Abu Galum: Vom Restaurant am Blue Hole ist es noch eine gute Stunde zu Fuß oder mit dem Kamel nach Ras Abu Galum, einem weiteren Tauchplatz. Im ersten Teil ist der Pfad besonders reizvoll und windet sich durch die Felslandschaft mit schönen Aussichtspunkten. Am Kap versorgt ein kleines Beduinencamp die Taucher, ein sauberer Sandstrand lädt zum Baden ein. Für wenige Pfund kann man in den Hütten übernachten. Zu essen gibt es frischen Fisch. Mädchen drängen den Fremden aus bunten Wollgarnen geflochtene Armbänder auf. Die Frauen schleppen Trinkwasser von der einige Kilometer entfernten Bir Sarir herbei. Diese einzige Quelle weit und breit beschert ihrem Besitzer ein beträchtliches Einkommen. In den Bergen des Hinterlandes wurde 1996 einer der seltenen Sinai-Leoparden gefunden – und getötet.

Ein Tagesausflug von Dahab nach Ras Abu Galum mit einer Stunde Kamelritt, Schnorcheln und Lunch kostet etwa 200 LE.

Wanderung nach Nuweiba: Der gelegentlich begangene, doch nach meinem Dafürhalten nicht sonderlich spektakuläre Weg entlang der Küste von Ras Abu Galum nach Nuweiba ist leicht zu finden – man folgt einfach der Piste. Von Dahab ist man insgesamt drei Tage unterwegs, ab Abu Galum ließe sich die Tour zur Not auch in zwei Tage schaffen. Am schwersten wird man anfangs am Trinkwasser tragen: Im Sommer sind 5 Liter pro Tag das Minimum (unterwegs gibt es keine Quellen). Auch von den Beduinen und den einsamen Armeeposten, die man unterwegs passiert, ist kein für europäische Mägen verträgliches Wasser zu erwarten. Ruinen und mehr oder minder verfallene Unterstände spenden Schatten und Windschutz für Rast und Nachtlager. Mancher aus der Ferne einladende Badeplatz entpuppt sich mit einer erschreckenden Menge Müll bald als wenig anmutig.

Nuweiba

Nuweiba ist der kleinste und ruhigste Ferienort am Golf von Aqaba. Attraktionen sind nicht Korallenriffe, sondern vor allem die Ausflüge ins Hinterland.

Wie Dahab liegt auch Nuweiba auf einer Sand- und Schuttebene an der Mündung mehrerer Wadis. Nach Regenfällen spülen die Sturzbäche noch immer neues Gestein heran, und manches unvorsichtig gebaute Haus wurde schließlich weggespült. Die Felsbrocken neben der Landstraße, die durch eines dieser Wadis nach Nuweiba absteigt, geben einen Eindruck von der Kraft und Gewalt, mit der die Unwetter hier die Landschaft gestalten und ab und zu auch die Straße wegreißen.

Der von Dahab kommende Bus hält zuerst am **Hafen** von Nuweiba. Vor dem Tor ins Hafenareal hat sich eine bescheidene Infrastruktur mit Cafés, einfachen Hotels und Läden für die Passagiere der Fähren entwickelt. Touristen trifft man hier nur selten. Gen Süden schließt sich an das Hafenareal **Nuweiba-Sayadin** an, das Dorf der Muzeina-Beduinen. Hier vor der Küste tummelte sich bis zu seinem Alterstod Ende 2004 der zutrauliche Delfin Olin und lockte Schwimmer und Taucher an.

Das eigentliche Touristenzentrum **Duna** befindet sich nördlich des Hafens. Hier wird gerade der Strand bis zum eine gute Fußstunde entfernten Nuweiba-City mit Hotels überbaut. Die Uferstraße umgeht

Essen & Trinken
1 Aid Abu Goma
2 Blue Bus Restaurant
3 Dr. Schischkebab
5 Flying Fish und
    Han Kang

Übernachten
1 Nakhil Inn
2 Blue Bus Camp
4 Nuweiba Village
6 Habiba Village
7 Ciao
8 SwissCare
9 Hilton Coral Resort

Taba
Tarabin
Fort
Nuweiba City
Dunas
Farm
El-Sayadin
Suez / Wadi Watir
BUS
Nuweiba
2 km
Dahab

eine schon zu israelischen Zeiten be-
wirtschaftete *Farm* und folgt dann wieder der Küste, bis die Hotelzeile mit
dem *Nuweiba Village* endet, dessen
schöner Strand gegen Eintritt auch Ho-
telfremden offen steht.

Hinter diesem Hotel beginnt **Nuweiba-
City.** Die gewaltige Zufahrt wäre einer
Großstadt angemessen, doch die genau
an der Grenze zwischen den Beduinen-
stämmen der Muzeina und Terabin gelegene „City" ist nicht mehr als ein Versorgungsposten mit Supermärkten,
Souvenirläden, Schule, Krankenstation,
Polizei, Post, Telefon und einigen Restaurants, dazu die lieblosen Wohnblocks
der Ägypter vom Nil.

Gen Norden grenzt die „City" an **Nuweiba-Terabin,** ein weiteres Beduinendorf. Mit einer türkischen *Festung* hat
das Dorf sogar eine kleine Sehenswür-
digkeit. In Terabin blieb noch ein wenig
von der Atmosphäre erhalten, für die
früher Dahab so berühmt war: die
schlichten Camps mit ihren Schilfhütten, Abende in der Hängematte am feinen Sandstrand, improvisierte Teebuden und Cafés. Der Tourismus steht und

Camps in Nuweiba-Terabin

fällt mit den Besuchern aus dem nahen Israel. Bleiben diese nach Terrorwarnungen
und -anschlägen aus, versinkt Nuweiba in einen Dornröschenschlaf.

Anfahrt/Verschiedenes

● *Busse* Der **Busbahnhof** (✆ 3520370) befindet sich am Hafen. Abfahrten nach Taba
(16 LE; 6, 9, 11, 12, 15 Uhr), Scharm
el-Scheich (22 LE) über Dahab (6.30, 10.30,
16 Uhr), St. Katharina (umsteigen in Dahab)
8 Uhr, Suez (6, 6.30 Uhr), Kairo (9, 11, 15 Uhr).
Die Busse aus nüd in Richtung Taba halten
auch in Nuweiba-City am Hospital.
● *Taxis* Für die Fahrt vom Hafen nach
Terabin rechne man 20 LE. Sammeltaxis
nach Dahab, Scharm und Taba verlangen
nach Abfahrt der Busse die sinaiüblichen
Horrorpreise. Relativ preiswert kommt man
dagegen vom Hafen nach Suez (50 LE)
und Kairo (60 LE, Schattenplätze sind auf
der rechten Seite).
● *Fähren* Täglich pendeln zwei herkömmliche Autofähren (3-5 Stunden Fahrzeit) und

die Schnellfähre *Princess* oder ihre Schwester *Queen Nefertiti* (1 Stunde Fahrzeit) zwischen Nuweiba und Aqaba. Ausländer müssen die Passage in Devisen bezahlen (Katamaran ab 50 $, Fähre ab 35 $) und werden
von einem Helfer durch die Formalitäten
gelotst. Die Autofähren starten um 15 und
22 Uhr, das Schnellboot So–Fr irgendwann
vormittags und gegen 16 Uhr. Tickets gibt's
morgens ab 7 Uhr am Hafen, ✆ 3520427,
www.abmaritime.com.jo. Das jordanische
Visum bekommen EU-Bürger auf dem Schiff,
das ägyptische bei der Einreise im Hafen.
● *Information* Recht informative Webseiten
zu Nuweiba bietet www.sinai4you.com und
mit Einschränkung auch www.nuweiba.org.
● *Geld* Geldautomaten findet man bei den
Banken zwischen Hafentor und Busstation.

- *Mietwagen* **Europcar**, im Hilton Hotel, ✆ 3520320.
- *Fahrradverleih* In Terabin neben dem Blue Bus Camp für 30 LE/Tag.
- *Lesen* Nach dem Tod von Nuweibas Wappentier, dem Delfin Olin, bleibt den Fans noch seine fantastische Geschichte, wie sie Pascale Noa Bercovitch in *The Dolphin's Boy: A Story of Courage and Friendship* niedergeschrieben hat (erhältlich bei amazon).
- *Reiten* Pferde warten neben dem Softbeach-Camp in Terabin, Kamele auch am Strand in Duna. Für eine Stunde Reiten zahlt man etwa 50 LE.
- *Touristenpolizei* Der Posten wacht neben dem Nuweiba Village.
- *Veranstaltungen* Das traditionelle Kamelrennen zwischen Terabin- und Muzeina-Beduinen findet alljährlich in den ersten Januartagen in der Nähe Nuweibas statt. Aktuelle Infos unter ✆ 010-6110871.

Telefonvorwahl: 069

Übernachten (Karte S. 128)

Die wenigen großen Ferienanlagen liegen an der Meile zwischen Hafen und Nuweiba-City. Vorherrschend sind aber Camps. Diese einfachen, vor allem von Israelis besuchten Anlagen mit Hütten, schlichten Sanitäreinrichtungen und Cafeteria reihen sich am Strand des Beduinendorfs Terabin. Für die Übernachtung rechne man pro Pers. 10-20 LE, mit drei Mahlzeiten 50-60 LE.

Hilton Coral Resort (9), ✆ 352032-0 bis -6, 🖂 3520327, www.hilton.de, DZ 90–140 €, 2 Pers. DZ HP mit Flug ab 1300 €. Die beste Hotelanlage von Nuweiba liegt nahe dem Hafen an einem langen Sandstrand; mit Pools, Tauchcenter, zahlreichen Wassersportangeboten und Disco fürs nächtliche Abtanzen.

SwissCare (8), Duna Corniche, ✆ 3520640, 🖂 3520641, www.swisscare-hotels.com, Suite für 2 Pers. 70 $. Das Hotel steht am Meer etwa 3 km nördlich des Hafens. Die knapp 50 geräumigen und familienfreundlichen Suiten teilen sich auf die Flügel „Omar" und „Mariam". Sie bestehen jeweils aus einem Wohnraum, dessen Sitzgelegenheiten mit wenigen Handgriffen in zusätzliche Betten verwandelt werden können, sowie dem Schlafzimmer, 2 Bädern und 2 Balkonen. Bar mit Billard und Darts, sauberer Strand, Aktivitäten wie geführte Schnorcheltouren, Kameltouren oder Fahrten ins Hinterland. Getaucht wird mit African Divers aus dem nahen Domina-Hotel. Die britisch-schweizerisch-ägyptische Besitzerfamilie leitet das Hotel selbst.

Nuweiba Village (4), Duna, ✆ 3500401, 🖂 3500407, www.nuweibavillageresort.com, DZ ab 50 €, pauschal mit HP ab 1000 € z. B. über Phönix-Reisen zu buchen. Das bereits während der israelischen Besatzungszeit gegründete Bungalowhotel hat einen etwa 500 m langen Sandstrand und wurde 2004 grundlegend renoviert. Ein zweiter Pool wurde neu gebaut. Die Zimmer befinden sich weitgehend in Bungalows, die von einem großzügigen Garten umgeben sind. Für Ruhesucher, die eine schöne Anlage ohne Animation suchen, ist das Hotel eine echter Tipp. Gleich nebenan befinden sich das Tauchzentrum Scuba College und der **Campingplatz Dolphin Camp** mit kleinen Hütten (pro Pers. 11 €).

Habiba Village (6), beim Nuweiba Village, Duna, ✆ 3500770, www.sinai4you.com/habiba, DZ 20–45 $. Kleines Strandhotel mit Unterkunft in Hütten oder Reihenbungalows vor unterschiedlichem Komfort (teilw. auch mit Klimaanlage, dann aber ohne Feilschen überteuert). Auch bei Auswärtigen beliebtes Restaurant. Das Hotel arrangiert auch längere Kameltouren zum Katharinenkloster.

Eine besondere Attraktion des Habiba Village ist seine **Kamelreitschule** mit theoretischem und praktischem Unterricht. Erfolgreiche Kursteilnehmer bekommen zum Abschluss einen Kamelführerschein. Weitere Informationen unter www.sinai4you.com/crs/.

Ciao (7), Duna, ✆/🖂 3501205, www.ciahotel.net, DZ 50 $. Das Hotel liegt zwischen Hafen und City etwas abseits der Straße am Strand. Die Eingangshalle ist mit Musiktruhe und Plattenspieler von anno dazumal dekoriert – und lautstark tönte bei unserem Besuch Musik über das Gelände, mit der sich das Hotelpersonal mangels Gästen weitgehend selbst bedröhnte. Die um den

Pool gruppierten Zimmer mit Klimaanlage, TV und Minibar sind standardmäßig eingerichtet, die Bäder waren sauber, nicht aber der Strand. Doch bei dem Preis nimmt man kleine Mängel in Kauf.

Nakhil Inn (1), Terabin, ℡ 3500879, ℻ 3500878, www.nakhil-inn.com, DZ 40–45 $. Das Hotel liegt am nördlichen Ortsende von Terabin. Nur der Fahrweg trennt es vom Ufer mit dem Strand. Die Zimmer, alle mit Meerblick, sind relativ geräumig und mit Bad, Klimaanlage und TV ausgestattet. Gleich nebenan das zugehörige und etwas neuere **Nakhil Dream**. Die Zimmer in diesem architektonisch gelungenen Hufeisenbau haben auf zwei Etagen getrennte Aufenthalts- und Schlafbereiche und sind da-

mit besonders für Familien geeignet. Die Hotels haben eine Tauchschule und bieten auch Ausflüge zu Pferd oder Kamel an.

Blue Bus Camp (2), Terabin, am Fuß der großen Düne, ℡ 012-6734024, www.maraly. de, pro Pers. 20 LE. Mit Oleanderbüschen, Eukalyptus und Mittagsblumen wirkt das Camp wie eine kleine Oase im Sand. Seit 2006 wird es von einem deutsch-ägyptischen Paar geführt. Der legendäre Bus ist noch als Fassadenmalerei präsent. Palmwedel überdachen den Speise- und Gemeinschaftsraum, auch die Sitzmöbel sind aus Palmholz geschnitzt. Gewohnt wird in Schilfhütten, die Sanitäranlagen waren leidlich sauber.

Essen und Trinken (Karte S. 128)

Dr. Schischkebab (3), Nuweiba-City, Hauptgericht 15–40 LE. Ein populäres und preiswertes Lokal, das sich über die Jahre von der Bretterbude zu einem ordentlichen Steinbau mauserte. Der gesprächsfreudige und stets zu einem Scherz aufgelegte „Doktor" greift längst auf die Hilfe von Kellnern und Köchen zurück, wacht aber persönlich über die Qualität – und darauf, dass Pasta, Salate, Grillfisch und -fleisch sowie die vegetarischen Gerichte auch originell angerichtet als Augenschmaus auf den Tisch kommen.

Flying Fish (5), in der Ladenzeile vor dem Nuweiba Village; ein Fischlokal mit nettem Vorgarten für die warmen Tage, innen hell gefliest und fantasievoller Wanddekoration. Statt der Speisekarte lässt man sich besser vom Koch den Fang des Tages

zeigen. Besitzer Aschraf Nour spricht gut Deutsch und hat manchen Tipp zu Ausflügen in die Umgebung parat.

Han Kang (5), in der gleichen Ladenzeile, hat sich mit koreanisch-chinesischer Küche und verlässlicher Qualität einen Namen gemacht. Das Restaurant macht von 14–18 Uhr Mittagspause.

Red Sea Fish (1), nach seinem Besitzer auch **Aid Abu Goma** genannt, gilt als das beste Fischlokale am Strand von Terabin.

1a-Lage und Ambiente, doch keine kulinarischen Spitzenleistungen kann man in der Cafeteria des **Blue Bus Camp (2)** erwarten. Im **Maatamak**, dem Restaurant des **Habiba Village (6)**, kehren mittags die von Scharm und Dahab kommenden Reisegruppen ein.

Tauchen und Ausflüge

Für Schnorchler und Anfänger mögen die kleinen Hausriffe vor Nuweiba genügen, doch erfahrenen Tauchern bietet die nähere Umgebung nicht allzu viel. So fahren die Tauchclubs gewöhnlich zum Ras Abu Galum oder zu den Riffen am Weg nach Taba.

Die Beduinen bieten eine breite Palette von Ausflügen ins Landesinnere. Kameltrips beginnen meist am *Ras esch-Scheitan,* wo die Führer bei einem Kiosk an der Landstraße 10 km nördlich von Terabin warten. Wer den Ausflug schon in Terabin arrangiert, wird mit dem Wagen dorthin gebracht. Die meisten Führer verlangen 120–150 LE pro Person und Tag. Tagesziele sind die Oase *'Ain el-Furtaga,* die farbenprächtige Felsschlucht *Wadi Huweiyit* oder die Zisterne *Mayat el-Wischwaschi.* Zum *Coloured Canyon* ist man mit dem Kamel drei Tage, zur Quelle *'Ain Hudra* gar fünf Tage unterwegs, sodass diese Ziele gewöhnlich auf Tagesausflügen per Jeep besucht werden. Ausflüge ins jordanische *Petra* organisiert das Habiba Village.

● *Tauchzentren* **Emperor Divers**, Coral Hilton, ℡ 3520321, www.emperordivers.com, Ausbildung nach PADI.

Scuba College, Nuweiba Village, ℡ +49-(0)1805.5855856358, www.scuba-college.com, unter deutscher Leitung, familiär und

Sinai Karten Umschlagklappen und S. 100/101

Unterwegs zu den unzugänglichsten und unberührtesten Tauchplätzen am Sinai

engagiert, durchweg zufriedene Gäste – lesen Sie mal die Lobeshymnen im Tauchernetz (www.taucher.net).

Scuba Divers, La Sirene Resort, ✆ 3500705, www.scuba-divers.de. 2 km südlich des Nuweiba Village, ebenfalls unter deutscher Leitung.

Sinai Dolphin, im Nakhil Hotel, ✆ 3500878, arbeitet hauptsächlich mit israelischen Tauchern.

● *Ausflüge* **Terabin Survival Safari**, Moon Camp, ✆ 3500299; **Morad el-Said** (spricht Deutsch und hat Archäologie studiert),

Amon-Yahro Camp, ✆ 3500555, www.amonyahro.net. **Eid Abu Ali al-Adschra** (gute Englischkenntnisse) Green Beach Camp, ✆ 3500770. Leser empfehlen **Said Swarka** (spricht gut Englisch) vom Camp Mondial, ✆ 010-3998517 und 012-379882, said_swarka@hotmail.com.

Mit **Nature Travel**, ✆ 3500391, www.naturetravelegypt.com, hat Nuweiba auch ein erfahrenes Reisebüro.

● *Sport* Das Freizeitzentrum des Coral Hilton verleiht u. a. **Surfbretter** und **Fahrräder**.

Umgebung von Nuweiba

Wadi el-'Ain: Das Wadi und die schöne **Oase 'Ain Umm Ahmed** stehen zu Unrecht im Schatten des Coloured Canyon. Wer sich dennoch auf den mindestens zweitägigen Ausflug durch die eindrucksvolle Gebirgslandschaft begibt, wird kaum anderen Urlaubern begegnen. 'Ain Umm Ahmed überrascht nach der kahlen Bergwelt mit einem an den Fels geschmiegten Palmengürtel und Beduinenlager. Von hier lässt sich zu Fuß (ca. 1 Stunde) das Wadi el-'Ain mit einer weiteren Quelle erreichen. Auch der Felsen **Ras el-Qalb** lockt zu einer geführten Bergwanderung.

Die mit Jeep oder Kamel machbare Tour beginnt an der Straße Nuweiba–Nachl 20 km nach 'Ain Furtaga. Von der Abzweigung (links) sind es etwa 20 Pistenkilometer bis zur Oase. Organisierte Touren werden in Nuweiba angeboten.

Coloured Canyon: Dieses Naturwunder kann es durchaus mit den berühmten Canyons im fernen Amerika aufnehmen. Über die Jahrmillionen hat das Wasser aus dem rotbraunen Sandstein eine schmale und tiefe Schlucht mit wunderbaren Formen gefräst. Im ewigen Schatten – kein Sonnenstrahl erreicht den Grund der Schlucht – blieben an den Wänden die feinen Schichten und Zeichnungen des Gesteins sichtbar, wie man sie sonst nur an den vom Steinmetz frisch geschnittenen Platten sehen kann. Wanderer erwartet eine beschwerliche Kraxelei. Korpulente werden sich an manchen Engstellen nur mit Mühe durch die Felsen zwängen können. Bei der Anfahrt zum Coloured Canyon passiert man auch **'Ain el-Furtaga**, die zweitgrößte Oase des Südsinai – ein schöner Platz mit Palmenhainen und Gärten, die jedoch alle paar Jahre von den durchs Wadi rauschenden Wasserfluten heimgesucht werden.

Anfahrt: Um den Canyon zu erreichen, nimmt man von Nuweiba zunächst die Straße durchs Wadi Watir Richtung Nachl. Etwa 12 km nach der Abzweigung von der Küstenstraße quert die Route 'Ain el-Furtaga. Hier verlassen Sie die Teerstraße rechter Hand in ein Seitental (Wadi el-Abrak) mit Piste. Ein gewöhnlicher Pkw mit etwas Bodenfreiheit kann diese etwa 5 km weit bis zu einer kleinen Siedlung fahren, die letzten 6,5 km sind nur mit dem Jeep zu bewältigen, Trampen ist angesichts des regen Ausflugsverkehrs kein Problem. Bei Gabelungen hält man sich rechts, die Piste endet an einem Parkplatz mit Teebude. Der hangab gelegene Canyon ist dann anhand des ausgetretenen Pfads kaum zu verfehlen.

Organisierte Touren: Tagesausflüge per Jeep zum Coloured Canyon werden für 25–50 $ in Nuweiba, Dahab und Scharm el-Scheich angeboten. Für ein Taxi ab Dahab (und zurück) rechne man 450 LE.

Von Nuweiba nach St. Katharina

Zwischen Dahab und Nuweiba zweigt von der Küstenstraße eine wenig befahrene, aber asphaltierte Route ins Wadi Feiran und zum Katharinenkloster ab. Außer 'Ain Hudra, das einen eigenen Ausflug wert ist, liegen abseits der Straße noch weitere interessante Wanderziele.

'Ain Hudra: Die Bilderbuchoase liegt einen kleinen Spaziergang nördlich der Straße. Auf dem alten Karawanenweg, der durch das *Wadi Ghazala* weiter nach Norden zum 'Ain el-Furtaga führt, passiert man nach ca. 20 Min. einen Felsen mit Inschriften und steht nach einer weiteren Viertelstunde am Rande eines Abhangs mit Blick auf den Palmenhain. Bibelforscher identifizieren 'Ain Hudra mit *Hazeroth*, wo Miriam für ihre Kritik an Moses mit Lepra gestraft wurde (4. Mose Kap. 12). Für den Abstieg rechne man etwa 30 Minuten. Von den Beduinen sollte man sich noch den nahen Einstieg in den *White Canyon* zeigen lassen, eine Schlucht mit grauweißen Wänden, die sich zunehmend verengt und an deren Ende man schließlich über eine Leiter wieder auf die Hochebene klettert.

Anfahrt: Der Weg nach 'Ain Hudra (28°53'40''N 34°25'20''W) beginnt an einem asphaltierten Parkplatz, den man (von Nuweiba/Dahab kommend) etwa 3 km nach dem MFO-Checkpoint erreicht. Der Ausgang ist bei 282°53''N 34°25'43''W und damit 1,6 km nördlich der Teerstraße.

Kameltouren: Zwischen Küstenstraße und MFO-Checkpoint findet sich ein Beduinencamp mit „Kafitiria". Dort lassen sich mit Scheich Ahmed oder mit Suleiman Abu Ahmed Kameltouren nach 'Ain Hudra oder zu anderen Zielen organisieren.

Alternativ kann man Ausflüge nach 'Ain Hudra (mit White Canyon und den Nawamis) auch in Nuweiba oder Dahab buchen.

Nawamis: Eine Ansammlung ungewöhnlicher, aus Stein geschichteter Rundhütten gibt den Forschern viele Rätsel auf. Die wohl 5000 Jahre alten Häuschen sind etwa 2 m hoch, ihre Eingänge blicken alle nach Westen. Vielleicht waren es Unterstände, in denen die Steinzeitjäger Gazellen und anderer Beute auflauerten; oder sie

*Pilzfelsen nahe der Oase 'Ain Hudra –
schönes Beispiel einer
Sandsteinerosion*

versteckten sich hier vor vorbeiziehenden Heeren. Die meisten Wissenschaftler sehen in den Nawamis jedoch alte Totenhäuser.

Nach dem 'Ain-Hudra-Parkplatz zweigen links kurz hintereinander drei Zufahrten ab, die bei den Nawamis zusammentreffen. Fußgänger wählen die letzte, mit 2,5 km kürzeste, zwischen zwei Akazien beim Kilometerschild „St. Katharina 70".

Wadi Arada: Die Piste passiert nach 3 km zunächst einen Felsen (linker Hand) mit Tierzeichnungen, Kampfszenen, einer Bootsfahrt und nabatäischen Inschriften. Nach 6 km verzweigt sich das Tal. Ab hier geht es nur noch zu Fuß weiter. Wandern Sie zunächst in den oberen Arm bis zu einem mit bizarren Steingebilden übersäten Plateau. Der Pfad führt weiter zu einer Steilklippe mit nahezu senkrechtem Kamin, durch den das gesamte Regenwasser vom Plateau in die Tiefe rauscht.

Die Abfahrt von der Hauptstraße findet sich rechts etwa 24 km nach dem 'Ain-Hudra-Parkplatz. Die weit gefächerte Piste ist nur mit Allradantrieb zu befahren. Bei km „St. Katharina 60" bieten Beduinen Kameltouren ins Wadi an. Für die Fußwanderung von der Hauptstraße und zurück rechne man 4 Stunden.

Von Nuweiba nach Taba

Die letzten 65 Küstenkilometer zwischen Nuweiba und Taba werden gerade zu einer „ägyptischen Riviera" ausgebaut. Gewachsene Siedlungen gibt es hier nicht.

Wohl ein Dutzend Hotels haben bisher die schönsten Plätze belegt, weitere sind im Bau. Wer hier seinen Urlaub verbringt, bleibt ohne eigenen Wagen allerdings weitgehend an sein Hotel gefesselt – also nichts für Leute, die Nachtleben, Shopping und weiteren Trubel suchen. Die vom Strand her zugänglichen Tauchplätze gelten als mittelmäßig und werden nur von Individualisten besucht, die mit dem eigenen Wagen unterwegs sind.

Die Reihe der Badeplätze eröffnet **Ma'gana Beach,** 8 km nördlich von Terabin. Am Strand betreiben Beduinen ein kleines Camp mit einfacher Übernachtungsmöglichkeit, Kamele und Jeeps warten auf die Ausflügler ins *Wadi Huweiyit.* 2 km weiter folgt **Ras esch-Schaitan,** der beste Tauchplatz in der näheren Umgebung von Nuweiba. Vielleicht hat das „Kap des Teufels" seinen Namen von den unheimlichen Lichtflecken, die manchmal nachts auf der Wasserfläche erscheinen. Ihre Quelle sind die Schwärme kleiner Fischlein der Gattung *Photoblepharon.* Wie die Fischer mit ihren starken Gaslampen, so leuchten auch diese Fische bei ihren nächtlichen Beutezügen die Umgebung aus. Das Licht stammt von Mikroben, die am Kopf der Fische in einer Hautfalte siedeln.

Das **Castle Beach Camp** war im Oktober 2004 Schauplatz eines Bombenanschlags. Die Täter hatten offenbar aufmerksam Zeitung gelesen und sich just jenes Camp als Ziel ausgesucht, das gerade vom Minister wegen seiner guten Übernachtungszahlen prämiert worden war. Kamelführer werben um Kundschaft nach *Mayat el-Wischwaschi*. Beim Basata Camp (siehe unten) markiert **Ras el-Burqa,** ein ins Meer hinauskragender Felsen, den nächsten Tauchspot. Ab hier begleitet ein abseits der Hotels ziemlich verschmutzter Strand die Straße.

Basata Camp – Wüstenromantik à la Karl May

Die einen werden zu begeisterten Stammgästen, die anderen rümpfen die Nase und sagen: Nie wieder. Kaum ein Urlaubsquartier auf dem Sinai ist derart umstritten wie das Basata Camp. Der in Kairo aufgewachsene Scherif el-Ghamrawy, als Absolvent der deutschen Schule spricht er auch perfekt Deutsch, schuf an einer bezaubernden Bucht eine umweltfreundliche Urlaubsoase: Statt im klimatisierten Betonbunker übernachtet der Gast direkt am Strand in Schilfhütten oder einfachen Bungalows aus Naturstein und Lehmziegeln. Statt am üppigen Büfett zu schlemmen, kauft der Hungrige die Zutaten seiner Mahlzeit in der Gemeinschaftsküche und kocht anschließend selbst; oder er nimmt abends am schlichten Gemeinschaftsmahl teil – Mithilfe in der Küche ist moralische Pflicht. Recycling wird großgeschrieben: Scherif bzw. die von ihm geführte NGO, die auch seit langem die Hotels von Nuweiba entsorgt, rühmen sich der Mülltrennung in 80 Sorten „Wertstoffe", die nach Kairo geschafft und dort recyclet werden. Bioabfälle vertilgen die Ziegen. Kein TV, Alkohol nur unter der Hand, keine Drogen, Musik live mit der Klampfe, aber nicht vom Tape.

Alles bestens also in dieser ersten „Öko-Lodge" auf dem Sinai? Die Kritik entzündet sich an einem aufgesetzten Gemeinschaftsgefühl und an der Person des Chefs, der sich, bis hin zur Kleidung, gern als Beduine gibt, obwohl er doch keiner ist, und ein Klischee beduinischer Lebensweise zelebriert, wie es Karl May nicht besser ersonnen haben könnte. Und an den gesalzenen Preisen: Zwar gibt es außer den Bungalows auch relativ preiswerte Hütten; rechnet man Essen, Trinkwasser, die Decke für die kühle Nacht, die geliehene Taucherbrille und den Schnorchel zusammen, lässt eine dreiköpfige Familie pro Woche schnell 2000 LE und mehr im Camp und hat dabei noch keine einzige Kameltour gemacht.

Doch testen Sie selbst. Unter deutschen Urlaubern hat Basata die meisten Anhänger – und genug Gäste, um telefonische Reservierung (✆/✉ 069-3500481) dringend anzuraten. Das Camp liegt 22 km nördlich von Terabin.

Sinai
Karten Umschlagklappen und S. 100/101

Auf einem Felsen gegenüber dem Aqua-Sun-Resort thront **Qasr Zaman,** das Traumschloss des Karikaturisten und Architekten Hani Roschdi. Man sagt, der exzentrische Millionär habe sich hier ein Haus bauen wollen, dafür aber keine Genehmigung erhalten. Gestattet wurde dem ägyptischen Walt Disney jedoch ein „touristischer Betrieb". So kann man die ganz umweltfreundlich ohne Stahl und Beton, nur aus handbehauenen Steinen, Mörtel und Holz errichtete Burg für 1000 $ die Nacht mieten oder sich, deutlich preiswerter, einen Tagesaufenthalt zwischen Felsenpool, Massage, Schatzkeller und dem naturbelassenen und liegestuhlfreien Privatstrand gönnen, der abends mit einem üppigen Slow-Food-Bankett abschließt. Reservierung ✆ 3501234., www.castlezaman.com, offen gewöhnlich ab 12 Uhr.

An der Bucht **el-Muqabila** baut hier der Orascom-Konzern nach dem Vorbild von el-Gouna die Ferienstadt **Taba Heights** mit Villen, Hotels, Golfplatz und Jachthafen. Mit der Serie von Anschlägen auf dem Sinai und dem Ausbleiben der israelischen Touristen ist der Aufbau von Taba Hights etwas ins Stocken geraten, doch ein Casino, ein teurer Tauchclub, Wassersportzentrum und einige internationale Hotels waren 2006 schon geöffnet.

Bei km 53 kommt der **Fjord** ins Blickfeld, ein türkisblauer Meeresarm, der ein gutes Stück landeinwärts reicht. Wer mit dem eigenen Wagen unterwegs ist, mag am Strand eine Badepause einlegen oder oben auf dem Hügel zu einem Tee im Panoramarestaurant *Salima* einkehren.

Kurz vor Taba taucht dann, einer Fata Morgana gleich, die **Pharaonen-Insel** mit ihrer Ritterburg aus dem Meer auf. Nach der Eroberung von Aqaba errichtete der Kreuzfahrer-König Balduin 1115 auf der Geziret el-Fara'un, der Pharaonen-Insel, eine Burg, die zur Freude der Besucher jüngst von der ägyptischen Altertümerverwaltung im alten Stil wieder aufgebaut wurde. Hier kontrollierten die Ritter außer dem einzigen natürlichen Hafen am Golf von Aqaba auch die Mündung des Wadi Tueiba, wo die Pilgerstraße den Golf erreichte. Vom Nachschub abgeschnitten, hielt der südlichste Vorposten des christlichen Abendlandes dem Angriff Saladins jedoch nicht stand, der sich mit der Einnahme der Burg 1170 seinen ersten militärischen Ruhm verdiente. Später machte die Insel noch einmal mit einem prominenten Gefangenen von sich reden: 1250 musste hier der von den Muslimen beim 6. Kreuzzug gefangene Franzosenkönig Ludwig VI. warten, bis die Christenwelt das Geld für seine Auslösung gesammelt hatte.

Wer andernorts schon einmal eine Burg besucht hat, kann sich die kurze Überfahrt und den Eintritt sparen – nach dem fotogenen Anblick vom Ufer her ist der Besuch selbst eher enttäuschend. An der Nordspitze der Insel locken Korallenriffe die vorwiegend israelischen Taucher.

Hotels und Camps zwischen Nuweiba und Taba

Ohne eigenen Wagen sind die an der Küste zwischen Nuweiba und Taba verstreuten Hotels nur schwer zu erreichen. Mit Bauarbeiten in der Nachbarschaft und mit dem Verschwinden der kleineren und älteren Ferienanlagen ist zu rechnen.

Mutawi's Castle Beach Camp, Ras esch-Schaitan, ✆ 3500926, Bungalow 80–120 LE. Ein relativ komfortables und sauberes Camp. Außer den Hütten *(chruscha)* auch Bungalows mit festen Wänden. Elektrizität, heißes Wasser, gutes Restaurant.

Sonesta Beach (ehemals Steigenberger), 15 km nördlich von Nuweiba, ✆ 3560200, ✉ 3560222, www.sonesta.com, DZ 130 $, 2 Pers. DZ AI mit Flug ab 1300 €. Das im Jahr 2000 fertig gestellte Hotel wurde schon nach vier Jahren wieder geschlossen – es kamen einfach zu wenig Gäste. Seit Ferienflieger den Airport Taba ansteuern, nimmt es unter neuem Namen einen neuen Anlauf und wird vor allem von britischen Gästen besucht. Nachteil ist die Lage weit ab vom Schuss.

Sallyland, Bir Swair, ✆ 3530380, ✉ 3530381, www.skr.de, km 29, DZ 180 LE, mit HP 270 LE. Das ruhige Bungalowhotel (ohne TV, Radio, Pop-Musik und Zeitungen) wurde in den 80ern von John Harvie, einem Amerikaner, gegründet und nach seiner Tochter benannt. Längst ging John zurück in seine Heimat und sein ägyptischer Partner verkaufte. Heute wird das Hotel regelmäßig vom Veranstalter SKR für Meditationsreisen oder Yogakurse genutzt. Die eingeschossigen Reihenbungalows sind in Ordnung, eine Strandpergola mit Naturstein, Teppichen und weichen Kissen verheißt romantische Abende.

Morgana Beach, km 42, kurz vor Taba Heights, www.morgana.com.eg, ✆ 3550020, zu buchen bei Neckermann (1 Woche DZ AI ab 1400 € oder für Taucher über www.wernerlau.com, ✆ +49-201-8681076). Die 2005 eröffnete Anlage, 300 Zimmer mit harten

Kreuzfahrerburg auf der Pharaonen-Insel

Betten, hat direkt vor dem Haus ein tolles Riff und empfiehlt sich damit vor allem für Taucher, die vom gut geführten **Werner Lau Diving Center** betreut werden. Für Schwimmer taugt das Hotel weniger: Man muss über das Riff ins offene Meer, ohne dass es einen Steg gäbe, sodass man bei Niedrigwasser Gefahr läuft, sich den Bauch aufzuschlitzen. **Salah ed-Din**, ✆ 3530342, 🖷 3530343, www.misrsinaitours.com, DZ 70 $. Das vor allem von Ägypten besuchte Bungalowhotel liegt bei km 59 gegenüber der Pharaonen-Insel. Ob die schöne Aussicht auf die Insel den Preis rechtfertigt, sei dahingestellt.

Taba

Zusammen mit Aqaba und Eilat will Taba zum Baustein einer grenzübergreifenden Ferienregion im Dreiländereck werden. Ob es soweit kommt, hängt von den Unwägbarkeiten des nahöstlichen Friedensprozesses ab.

Noch vor wenigen Jahren bestand der Grenzort aus einem vornehmen Hotel, Moschee, Verwaltungsgebäude, Busstation und den Baracken der Grenzer. Taba war nicht mehr als eine Durchgangsstation zwischen Ägypten und Israel. Nun greift Goldgräberstimmung um sich. Reisebüros, Läden und Cafés werden gebaut, Atmosphäre hat der Ort damit bislang aber nicht bekommen.

• *Anfahrt/Verschiedenes* Die Busstation ist etwa 500 m nach der Grenze auf einem Platz an der Meerseite der Hauptstraße. **Busse** fahren um 9 und 15 Uhr über Nuweiba (1 Std.) und Dahab (2½ Std.) nach Scharm el-Scheich (4 Std.), um 10.30, 12.30 und 16.30 Uhr nach Kairo, um 7.15 Uhr nach Suez und um 7 Uhr über Nuweiba nach Dahab (dort Anschluss nach St. Katharina). Die aktuellen Abfahrtszeiten verrät verlässlich nur das Buspersonal (✆ 3530250) – Taxifahrer und andere Beduinen werden Ihnen immer weismachen, der letzte Bus sei gerade weg. Die Taxi-preise bewegen sich in Abhängigkeit zum Busfahrplan. Hartes Feilschen und viel Geduld sind angebracht – nach Dahab sind 250 LE ein guter Preis.

Fähre nach Jordanien: Wer sich den Israel-Transit und die damit verbundenen Grenzkontrollen sparen will, setzt vom Jachthafen Taba Heights mehrmals die Woche mit Sindbad Cruises für 40 $ nach Aqaba über. www.sindbadjo.com, ✆ +962-3-2050077.

Max Europcar, an der Hauptstraße, ✆ 3580234.

Post und **Telefon** finden sich ebenfalls an der Hauptstraße.

Sinai
Karten Umschlagklappen und S. 100/101

Wenn Sie über Eilat oder den Flughafen Taba nach Ägypten einreisen, längstens 14 Tage bleiben und sich nur an der Ostküste des Sinai aufhalten werden, dann brauchen Sie **kein Visum**. Schreiben Sie auf Ihre Einreisekarte „Sinai only" und gehen Sie, ohne eine Gebührenmarke zu kaufen, schnurstracks zum Einreiseschalter. Dort bekommen Sie das kostenlose Sinai-Permit (siehe S. 48).

● *Flughafen* Ja, es gibt ihn! 45 km außerhalb und 700 m oberhalb der Stadt nahe der Straße Richtung Suezkanal. Das Flugfeld hieß früher el-Nakb und wurde kurzerhand in Taba (Kürzel TCP) umbenannt. Doch hüten Sie sich vor Flügen ohne Hotelarrangement oder der Idee, über diesen Flughafen billig nach Eilat reisen zu können. Taba Airport liegt nämlich im Nichts. Ohne Vorbestellung bekommen Sie hier nicht mal ein Taxi.

● *Übernachten* **Taba Hilton** mit Nelson Village, ☎ 3530140, www.hilton.de, DZ ohne Frühstück ab 120 €. Das bei einen Anschlag beschädigte Haupthaus wurde 2006 wieder eröffnet. Unversehrt blieben die Bungalows des angegliederten Nelson Village. Das Hotel steht direkt an der Grenze und ist auch von Israel her ohne Formalitäten zugänglich.

Taba Mövenpick, ☎ 3530530, ☏ 3530540, www.moevenpick.com, DZ ab 110 $, bei Thomas Cook DZ AI ab 100 €, 2 Pers. 1 Woche AI mit Flug ab 1200 €. Anfang 2006 eröffnet, erfreut sich das Hotel eines großen Parks und eines 400 m großen Privatstrandes, zweier Freiluftschwimmbäder und eines beheizten Hallenbades. Auch das Casino, der Wellnessbereich und das Wassersportzentrum sind inzwischen einsatzbereit. Allerdings hatten Küche und Service im Sommer 2007 noch nicht das hohe Niveau, auf dem andere Mövenpick-Häuser ihre Gäste verwöhnen.

Tobya Boutiquehotel, km 2 Nuweiba Road, ☎ 3530275, ☏ 3530269, www.tobyaboutique hotel.com, DZ ab 90 $, HP angeraten. Nach den vielen 08/15-Hotels auf dem Weg nach Taba wartet hier eine positive Überraschung. Das Hotel mit etwa 100 Gästezimmern wurde am Fuß eines Steilfelsens erbaut. Architektur und Ausstattung fügen sich gut in die Umgebung. Wie beim Qasr Zaman (siehe S. 135) sollte auch hier eigentlich ein Privathaus stehen, doch das Baurecht erlaubt nur touristische Betriebe. So wohnen die Eigentümer, Sadek Abu el-Dahab und Nadia Schalabi, in ihrem Hotel und leiten es selbst. Die Zimmer sind mit einer Kombination aus verschiedenen natürlichen Materialien und einfachem Design gestaltet. Die Gemälde, viele davon eine Hommage an Vincent van Gogh, stammen vom Kairoer Maler Ramzi. Das Hotel hat einen eigenen Strand mit Beachbar und -restaurant.

Von Taba nach Suez

Eine gut ausgebaute Schnellstraße verbindet Taba über die Hochfläche des Zentralsinai mit dem Suezkanal. Unterwegs gibt es außer Tee- und Tankpausen wenig lohnende Gründe anzuhalten.

Die Strecke folgt dem Darb el-Hagg, der alten Pilgerstraße durch den Sinai. Beim Flughafen, 40 km nach Taba, trifft sie auf eine von Nuweiba kommende Teerstraße. Wo das Auto heute gerade vier Stunden unterwegs ist, wanderten die Mekkapilger früher neun Tage durch die Wüste. Fromme Herrscher stifteten Rasthäuser, Zisternen und Dämme, befestigten hier einen Abstieg und schlugen dort eine Passage durch den Fels.

Dem etwa auf halber Strecke gelegenen **Nachl**, früher Hauptstadt des Sinai, stiftete Sultan Hassan (reg. 1347–1361) eine Karawanserei und eine große Zisterne. Acht Wochen vor der Pilgersaison wurden die Ochsen in das Schöpfwerk gespannt, um das Reservoir für die durstigen Karawanen aufzufüllen. Die Anlagen, die den Reisenden nach der endlosen Weite der Tih-Ebene wie eine Fata Morgana erschienen sein müssen, wurden 1914 von den Briten zerstört, die dem türkischen Feind kein Wasser gönnten.

Taba – Streit ums letzte Zipfele

Als letzter Zipfel des Sinai wurde Taba erst 1989 an Ägypten zurückgegeben. Sieben Jahre hatten die Nachbarländer um den exakten Verlauf ihrer Grenze gerungen. Im Friedensvertrag von Camp David hieß es lapidar: „Die ständige Grenze zwischen Ägypten und Israel ist die anerkannte internationale Grenze im Jahre 1906 zwischen Ägypten und dem früheren Mandatsgebiet von Palästina." So weit, so gut. Doch erst nach Unterzeichnung des Abkommens entdeckten Israel, Ägypten und der Friedensstifter USA, dass diese Grenze zwar fast, aber nicht ganz eindeutig war.

76 alte Grenzsteine fand man noch an Ort und Stelle, über die vermutliche Lage von 15 verlorenen Markierungen konnte man sich einigen, doch beim südlichsten, dem Grenzstein Nr. 92, standen sich die Parteien kompromisslos gegenüber. Ägypten sah ihn in gerader Verlängerung der Markierungen 90 und 91, Israel etwas westlich. Das Resultat: Ein Quadratkilometer Wüste, genannt Taba, wurde zum Zankapfel, an dem beide Seiten ihre patriotische Entschlossenheit zu beweisen suchten. Undenkbar, „dass Ägypten auch nur auf ein Sandkorn seines heiligen Bodens verzichtet", tönte Präsident Sadat. Im Gegenzug nannte der israelische Außenminister Taba ein von den Ägyptern geschaffenes „künstliches Hindernis", während Ägypten diesen Vorwurf wiederum gegen Israel erhob, das einerseits seine auf dem Sinai errichtete Infrastruktur unmittelbar vor der Räumung systematisch zerstörte, am Strand von Taba aber noch nach dem Camp-David-Vertrag eine Nobelherberge aufzog – fait accompli.

Von ihren amerikanischen Geldgebern wurden die orientalischen Streithähne schließlich dazu verdonnert, sich dem Urteil einer internationalen Kommission zu unterwerfen. Die entschied zu Gunsten der Ägypter, worauf Israel im Frühjahr 1989 den Strand räumte und für das Nobelhotel noch 38 Mio. $ einstrich.

Von Israelis bzw. von der israelischen Seite der Grenze aus darf das Hotel samt Strand vereinbarungsgemäß ohne besondere Grenzformalitäten besucht werden. So hätte, hier am Rande des Sinai, wenigstens die ägyptische Oberschicht Gelegenheit, den verfeindeten Nachbarn kennen zu lernen und am Pool, im Nachtclub oder beim Tennis vielleicht seine menschlichen Seiten zu entdecken. Wenn sie denn wollten …

Sinai
Karten Umschlagklappen und S. 100/101

Sankt Katharina

Juden, Christen und Muslime verehren den Gebel Musa als heiligen Berg, auf dem Moses Gottes Gebote empfing. Zu seinen Füßen hüten Mönche die Kunstschätze des fast 1700 Jahre alten Katharinenklosters. Und wer sich für Kunst oder Religion nicht zu begeistern vermag, dem bleiben die Naturerlebnisse der herrlichen Landschaft.

Das Landesinnere des Südsinai erscheint auf den ersten Blick als eine schroffe, trockene Gebirgswüste mit dramatischen Felsgipfeln, Geröllfeldern und ausgedörrten Hochtälern. Doch als die galizische Adelsdame und Äbtissin Aetheria im Jahr 385 auf ihrer Pilgerreise ins Heilige Land in diese menschenfeindliche Landschaft kam, traf sie zu ihrer Überraschung am Fuß des Mosesbergs auf eine Siedlung von Glaubensbrüdern mit Kapelle und sogar einem lieblichen Garten, in dem man ihr den Dornbusch zeigte, aus dem Gott zu Moses gesprochen hatte (2. Mose 3:1-12). Aetheria betete am Dornbusch, kletterte auf den Berg, war tief beeindruckt und zog schließlich mit ihrem Gefolge weiter gen Jerusalem. So oder ähnlich halten es die Besucher bis heute, nur dass sie zahlreicher geworden sind und nicht mehr auf Eseln, Maultieren und zu Fuß, sondern mit Bussen und Flugzeugen kommen. Wanderer, Bergsteiger und passionierte Naturfreunde sind in Sankt Katharina bislang noch eine kleine Minderheit, obwohl nach Expertenmeinung in diesem Markt die touristische Zukunft des Sinai-Gebirges liegt.

Der Nationalpark

Auch um diesen Besucherstrom besser regulieren zu können, wurde das Gebiet um das Kloster bereits 1988 zu einen Nationalpark erklärt, der inzwischen 4300 qkm umfasst und bis an die Küstenstraße bzw. hinunter nach Scharm el-Scheich reicht. Nachdem die Europäische Union für dieses Projekt 7 Mio. $ bereitgestellt hatte, bekam der Park Jahre später auch eine Verwaltung: einen britischen Chef, Mitglied der *Royal Zoological Society*, und einen ägyptischen Chef, früher Luftwaffenoffizier. Beide heuerten ihrerseits etwa 70 Nil-Ägypter und Beduinen als Ranger, Helfer und „Multiplikatoren" an. Die Einheimischen sollten ihren Klans die teils schmerzlichen Veränderungen beibringen, die der Naturschutz für den Broterwerb der Beduinen brachte: Teilgebiete wurden für Jeepsafaris gesperrt, andere für Trekker, noch andere sogar für Weidetiere.

Seit die Zuschüsse spärlicher fließen, hat die Öffentlichkeitsarbeit der Nationalparkverwaltung allerdings nachgelassen. Die aufwändigen Webseiten sind ins virtuelle Nichts verschwunden, das vor Jahren hinter dem Verkehrskreisel auf dem Gelände dem Tourist Village errichtete Besucherzentrum mit seiner tollen multimedialen Ausstellung über den Park wurde nach nur wenigen Wochen Publikumsbetrieb wieder geschlossen. Geblieben ist allerdings das Eintrittsgeld (umgerechnet 3 $), das von jedem Besucher an der Zufahrt nach Sankt Katharina kassiert wird.

Orientierung

Das Katharinenkloster liegt unmittelbar zu Füßen des Mosesbergs. Vom Kloster sind es 4 km zur Siedlung, die sich am Ende eines benachbarten Talkessels befindet. Offiziell heißt sie St. Katharina, wird nach dem älteren, in ihr aufgegangenen Beduinendorf aber **el-Milga** genannt. „Stadt" kann man den Ort mit bislang 4000 Einwohnern kaum nennen. Er besteht aus einigen Läden, Lokalen, Hotels, einer Bank, Verwaltungsgebäuden, Mietshäusern der Beamten und Hütten der Beduinen.

*A*nfahrt/*V*erschiedenes

• *Information* Im Internet unter www.st-katherine.net und www.parksegypt.org.
• *Bus* Die Busstation befindet sich in el-Milga. Von Kairos Turgoman-Terminal fährt jeden Vormittag um 10.30 Uhr ein Bus nach St. Katharina, Rückfahrt morgens 6 Uhr. Ein zweiter Bus kommt von Dahab (ab 9.30 Uhr) gegen 11.30 Uhr an und fährt um 13 Uhr zurück.

• *Sammeltaxis* Die Taxis starten am Abend in Dahab und Nuweiba und fahren direkt zum Kloster, wo sie vormittags für die Rückfahrt der vom Mosesberg kommenden Wanderer warten.
• *Gepäckaufbewahrung* Im Hospiz des Klosters.
• *Souvenirs* **Fan Sina**, el-Milga. Ein Projekt des Nationalparks, mit dem Frauen Geld

Das Katharinenkloster am Fuß des Mosesberges

verdienen können. Sie fertigen in Heimarbeit mit Stickereien und Perlen verzierte Täschchen und Taschen, die z. B. am Wendeplatz vor dem Kloster an Touristen verkauft werden.

Mohamed Mahmut el-Kalini, el-Milga, betreibt am Ortseingang neben dem Panorama-Restaurant eine kleine Teppichmanufaktur mit Direktverkauf.

> **Telefonvorwahl: 069**

Übernachten in el-Milga (Karte S. 151)

St. Catherine Plaza (2), ☎ 3470288, ✆ 3470292, www.catherineplaza.com, DZ HP 90 $. Das Tophotel von St. Katharina hat den einzigen Swimmingpool weit und breit. Die Zimmer sind u. a. mit Kühlschrank und Sat-TV ausgestattet, die Lage auf einer Klippe verspricht eine schöne Aussicht.

> Wer in einem der einfachen Camps oder gar auf dem Mosesberg zu nächtigen gedenkt, sollte einen guten Schlafsack dabei haben – im Winter fallen die Nachttemperaturen bis unter den Gefrierpunkt.

Daniela (3), neben dem Plaza, ☎ 3470379, www.daniela-hotels.com, DZ HP 70 $. Haupthaus im orientalisierenden Stil, die Zimmer (mit Klimaanlage, Bad) in nüchternen Reihenbungalows. Zum Hotel gehört die einzige Bar in el-Milga.

Desert Fox Camp (4), ☎ 3470344, mobil 010-5659399, Schlafplatz 20 LE. Das einfache Camp liegt zwischen Siedlung und Kloster. Die Zimmer mit einfachen Schlafplätzen (Matratze und Decken auf dem Boden) sind in gemauerten „Reihenbungalows". Sanitäranlagen mit heißem Wasser, sogar ein kleiner Garten mit Olivenbäumen ist vorhanden. Abends Lagerfeuerromantik mit Beduinenzelt. Freundliches Personal, auf Wunsch wird auch gekocht.

El-Milga Bedouin Camp (5), Scheich Moussa, el-Milga, ☎ 3470457, 012-6413575, www.sheikmousa.com, Schlafplatz 15–25 LE. Das Basiscamp für alle, die längere Trekkingtouren vorhaben und sich deshalb mit Scheich Moussa arrangieren müssen (siehe S. 150), befindet sich beim Anwesen des Scheichs in el-Milga, etwa 150 m oberhalb der Tankstelle. Einfache Schlafsäle und einige „private rooms" mit Matratzen, saubere Sanitäranlagen.

Übernachten außerhalb (Karte S. 151)

Tourist Village Wadi el-Raha (1), Wadi el-Raha, ℡ 3470324, ✆ 3470325, www. misrsinaitours.com, DZ HP 110 $, auch über Oft-Reisen zu buchen. Ein für Individualreisende überteuertes Hotel. Übernachtet wird in komfortablen, mit Naturstein verkleideten Bungalows mit Klimaanlage (eine Heizung würde genügen) und heißem Wasser, die sich auf einem riesigen Areal verlieren. 2007 wirkten die Zimmer in punkto Sauberkeit und Instandhaltung sehr vernachlässigt. Kein Alkoholausschank.

New Morgenland, ℡ 3470700, ✆ 3470331, DZ HP 100 $, auch über Oft-Reisen zu buchen. 5 km vom Kloster entfernt und damit nur für Leute mit Fahrzeug geeignet. Die Chalets gruppieren sich um einen Swimmingpool, ihre Zimmer haben Balkon oder Terrasse und sind mit TV, Kühlschrank und Heizung ausgestattet. Im Beduinenzelt gibt's gelegentlich Folkloreunterhaltung.

Hospiz des Klosters, ℡ 3470353, ✆ 3470343, Bett im 5er-Zimmer 20 $, DZ 60 $ jeweils Frühstück und Abendessen inbegriffen. Das Gästehaus wird von Bruder Moussa Boulos mit sicherer Hand geleitet. Unter seiner Federführung wurden die Räumlichkeiten renoviert und erweitert. Alle Zimmer haben nun ein eigenes Bad, im Restaurant werden sogar Bier und Wein ausgeschenkt. Von Lesern empfohlen!

Ökolodge el-Karm, Scheich Auwad, Wadi Gharba. In einer abgelegenen Beduinensiedlung (etwa einen Tagesmarsch von el-Milga) wurde eine Art Berghütte mit 24 Schlafplätzen in sechs Räumen, Stube und Kochgelegenheit eingerichtet. Es gibt keinen Strom, doch dank Solarheizung warmes Wasser. Die Hütte kann über die Parkverwaltung gebucht werden, ℡ 3470032.

Eine vergleichbare Unterkunft mit Vollpension bietet **Ahmed Saleh Auwad**, ℡ 012-3514898, im Garten seiner Familie in Abu Sila. Ahmed, der gut Englisch spricht, führt seine Gäste auch in die Berge oder sammelt mit ihnen Heilkräuter. Der Aufenthalt kostet für eine Familie oder Kleingruppe ab 30 $ pro Tag und sollte einige Wochen im Voraus arrangiert werden.

Essen & Trinken

Als hätten sie alle beim gleichen Koch gelernt, bieten die **Restaurants** in el-Milga eine Einheitskarte mit Hähnchen, Reis und Spaghetti Bolognese. Einzig das **Panorama** erweitert den Standard um Pizza, Suppe und Beschallung. Travellertreff sind das nur tagsüber geöffnete **Resthouse** und die Cafeteria **Ikhlas**, beide bei der Moschee.

Das **el-Monaga** (am Verkehrskreisel) tanzt etwas aus der Reihe, indem es vor allem Busgruppen bewirtet – sonst ist es geschlossen. Eine **Bäckerei** (gegenüber der Moschee) verkauft Fladenbrot, die **Gemischtwarenhandlungen** ergänzen den Speisezettel um Konserven, Kekse, Tomaten, Gurken und frisches Obst.

Katharinenkloster

Wo Gott aus einem brennenden Dornbusch zu Moses sprach, steht heute das berühmteste Kloster der Christenheit. Nie zerstört und nie geplündert, hat es nach dem Vatikan die größte Ikonensammlung und ein seltenes Mosaik.

Trotz seiner Abgeschiedenheit steht das Katharinenkloster seit jeher auf dem Reiseplan der Pilger. Dem Ansturm von inzwischen oft 1000 Besuchern am Tag sind die etwa zehn Mönche griechischer Abstammung jedoch nicht mehr gewachsen. Sie wehren sich mit knappen Öffnungszeiten und indem sie nur noch einen kleinen Teil des Klosters zur Besichtigung freigeben, um nicht nur lebendes Inventar eines Museums zu sein, sondern auch Gelegenheit zur Kontemplation und zum Gebet zu finden.

Geschichte

Das Kloster geht auf die heilige Helena, die Mutter Kaiser Konstantins, zurück, die im Jahr 337 den an der Stätte des brennenden Dornbuschs siedelnden Frommen

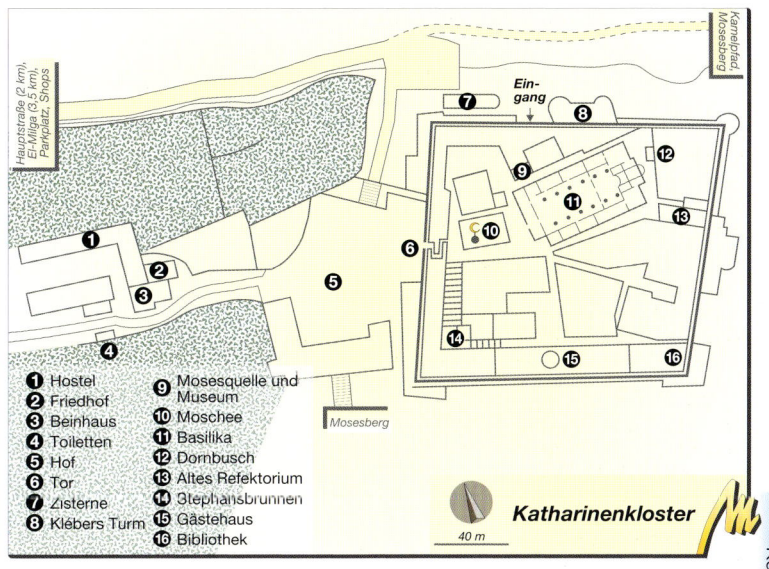

eine Kapelle und einen befestigten Turm stiftete. Dieser rettete im Jahr 370 bei einem Überfall der Beduinen dem ägyptischen Anachoreten Amonius und einem namenlos gebliebenen Bruder das Leben, während alle anderen Einsiedler ums Leben kamen. Zehn Jahre später entkam der heilige Nilus, ein Hofbeamter aus Konstantinopel, auf seiner Pilgerfahrt nur mit knapper Not einem Überfall. Die Reihe ließe sich fortsetzen, die „40 Märtyrer des Sinai" im koptischen Heiligenkalender kommen nicht von ungefähr.

Kaiser Justinian stationierte 537 eine kleine Schutztruppe von ägyptischen und walachischen Sklaven, ließ die künftige Klosteranlage mit einer Wehrmauer eingrenzen (nach Prokopius wurde der Architekt später enthauptet, weil er für das Kloster einen strategisch so ungünstigen Platz ausgewählt hatte) und stiftete eine neue, der Jungfrau Maria geweihte Kirche. Nach dem Tod der Kaisergattin Theodora (561) kam die Basilika Christi Verklärung hinzu, in deren Dachgebälk die Namen des Baumeisters Stephanos aus Eilat, des Kaisers und der frommen Theodora verewigt sind.

Dank der Gunst und der Schenkungen der byzantinischen Kaiser kam das Kloster zu Weltruhm. Ein Besuch gehörte zum Pflichtprogramm der Pilgerreise ins Heilige Land. Gebildete, die sich selbst den Strapazen einer solchen Reise nicht aussetzen wollten oder konnten, erfuhren aus den Bestsellern des frühen Buchdrucks, etwa dem Frankfurter *Reyssbuch* oder dem Bericht des Bernhard von Breitenbach, von jener sagenhaften Bastion des Christentums mitten im Lande der „Mohammedaner".

Bis ins Spätmittelalter war das Kloster sozusagen eine ökumenische Einrichtung und gehörte gleichermaßen der römisch-katholischen, griechisch-orthodoxen, russisch-orthodoxen, griechisch-katholischen und georgischen Kirche. Seit 1439 ist St. Katharina ein unabhängiges orthodoxes Erzbistum, vermutlich das kleinste der Welt, unter der Aufsicht des Patriarchen von Konstantinopel. Bis heute werden nur griechische Mönche aufgenommen. Stiftungen bescherten dem Kloster großen

Landbesitz auf Zypern, im Libanon und in Griechenland; seit dem Verfall der Sowjetunion bemüht man sich, die von den Kommunisten verstaatlichen Güter und städtischen Grundstücke in Georgien und der Ukraine wieder in die Hand zu bekommen.

Auch die Reliquien der heiligen Katharina mehrten den Besitz. Die Legende, nach der vier Engel die Gebeine der heilige Katharina aus Alexandria auf den Katharinenberg brachten (von dem die Mönche sie schließlich ins Kloster holten), kam etwa im 10. Jh. auf, gerade rechtzeitig vor Ankunft der Kreuzritter. Die Nothelferin wurde besonders in Frankreich verehrt, und mit einem schwunghaften Handel tauschten die Mönche Knochen gegen Ländereien, sodass heute etwa die Kathedrale in Rouen eine stattliche Sammlung von Katharina-Reliquien besitzt. Dem Kloster blieben nur der Schädel und eine Hand.

Ein Wunder, das der wundersamen Mehrung der Katharina-Reliquien – aus den Gebeinen aller existierenden Reliquienschreine ließen sich wohl einige Skelette zusammensetzen – mindestens ebenbürtig scheint, ist der Umstand, dass das Kloster in seiner langen Geschichte zwar zeitweise verlassen, aber niemals erobert, geplündert oder gebrandschatzt wurde. Beduinen, Generäle und Potentaten respektierten die zahlreichen Schutzbriefe, mit denen Patriarchen, Sultane und Kaiser dem Kloster Unversehrtheit, Steuerfreiheit und andere Privilegien sicherten. Im Torhaus zeigen die Mönche sogar die Abschrift eines Schutzbriefs, den der Prophet Mohammed einer Delegation aus St. Katharina ausgestellt haben soll. Auch die Beduinen vom Stamm der Jabaliya, die als Nachfahren der walachischen Söldner gelten, schützen das Kloster – gegen ein Schutzgeld versteht sich, das meist in Brot und anderen Naturalien ausgezahlt wurde, und zu dem auch die Pilgerkarawanen ihren Teil beisteuern mussten.

Sehenswertes

Besucher betreten das etwa 84 x 74 m große Klosterareal, das noch immer von der mächtigen Mauer aus der Zeit Justinians geschützt wird, auf der Nordseite durch eine Pforte bei **Klébers Turm,** der den Namen jenes napoleonischen Generals trägt, der ihn restaurieren ließ. Im Torhaus wird das Faksimile von **Mohammeds Schutzbrief** aufbewahrt, in einer Nische rechts neben dem Eingang findet sich mit der **Mosesquelle** der alte Klosterbrunnen, der unterirdisch mit einer Zisterne außerhalb der Mauern verbunden ist. Der **brennende Dornbusch** wuchert außen am Chor der Basilika. Beim näheren Hinsehen erweist er sich als ein Brombeergestrüpp. Noch 1930 pflegten die Mönche an dieser Stelle einen syrischen Blasenstrauch, der, anders als die vulgäre Brombeere, wenigstens der biblischen Beschreibung entsprach und eine botanische Rarität war. Außer der Basilika hat das Kloster ein Dutzend verschiedenen Heiligen geweihte **Kapellen,** in denen jedoch nur an den Namenstagen ihrer Patrone die Messe gefeiert wird. Leider sind sie Besuchern ebenso verschlossen wie das alte, freskengeschmückte **Refektorium,** in dem die Mönche einst mit den Pilgern speisten und die Letzteren ihre Wappen und Graffiti hinterließen.

Bibliothek: Auch die Bibliothek mit ihren wohl 3000 Handschriften und 50.000 Büchern bleibt für gewöhnliche Besucher versperrt. Immerhin werden einige Schriften im Klostermuseum gezeigt. Werke in griechischer, arabischer, aramäischer, georgischer, armenischer, koptischer, slawischer und äthiopischer Schrift verdeutlichen die internationalen Kontakte des Klosters. Überraschenderweise hat die Bibliothek jedoch nur ein einziges lateinisches Manuskript. Die anderen fielen wohl

Der Codex Sinaiticus – ein Bücherkrimi

Nicht alle Pilger kamen aus rein religiösen Motiven. Der Leipziger Theologe Tischendorf besucht im Frühjahr 1844 auf der Suche nach alten Handschriften das Kloster und findet hier die älteste, um die Mitte des 4. Jh. geschriebene Bibel – ein komplettes Neues Testament und dazu den größten Teil der Septuaginta (das Alte Testament). Nach Tischendorfs Version fischt er die ersten Blätter des *Codex Sinaiticus* aus dem Papierkorb. Die zerfledderten, 38 x 34,5 cm großen Pergamentblätter sind für den Ofen der Bibliothek bestimmt, und Teile der Handschrift sind tatsächlich schon als Rauch gen Himmel gegangen und zu Asche geworden. Die „Bücherverbrennung" wird gestoppt, und Tischendorf darf 43 Blätter mitnehmen, die er seinem sächsischen Landesherrn schenkt und die heute als *Codex Frederico-Augustianus* in der Leipziger Bibliothek verwahrt werden. Den Rest der Handschrift heben die Mönche auf – vielleicht lässt er sich ja irgendwie zu Geld machen.

Tischendorf lässt der Gedanke, dass der größte Teil „seines" Schatzes noch im Kloster weilt und womöglich in die Hände englischer oder französischer Schriftensammler geraten könnte, keine Ruhe. 1853 bricht er erneut gen Sinai auf, doch umsonst. Die Mönche wollen sich an nichts erinnern, die Blätter sind aus der Bibliothek verschwunden. 1859 kommt Tischendorf ein weiteres Mal, jetzt mit einem Empfehlungsschreiben des russischen Zaren ausgerüstet, dem weltlichen Schutzherrn des Katharinenklosters, der ihm auch die Reise finanzierte. Wieder trifft Tischendorf auf eine Mauer des Schweigens. Erst am Vorabend der Abreise holt ein Mönch, mit Tischendorf in eine theologische Diskussion verwickelt, die in ein rotes Tuch geschlagene Handschrift aus dem Regal – Tischendorf hat seinen Codex wieder gefunden.

Der vorsichtig gewordene Sachse bittet nun, man möge ihm die Handschrift doch leihen, damit er sie in Kairo kopieren lassen könne. So schafft er einen Teil des Codex zunächst in die Niederlassung des Klosters am Nil. Dort überzeugt er den frisch gewählten Abt von St. Katharina, die alte Bibel doch auch dem Zaren zu leihen, der sich bestimmt erkenntlich zeigen würde. Da türmen sich neue Hindernisse auf. Der Patriarch von Jerusalem verweigert dem gewählten Abt die Anerkennung und Weihe – Tischendorf muss warten, derweil eine Delegation des Klosters sich in Konstantinopel um ein Machtwort des Sultans zu Gunsten des neuen Abts bemüht. Schließlich eilt Tischendorf selbst nach Konstantinopel und verschafft mit Hilfe der zaristischen Diplomatie seinem Schützling endlich das Plazet des Sultans. Erst jetzt kann er den Codex mitnehmen und seine „Leihgabe" am 19. November dem Zaren Alexander II. überreichen, der sich dem Kloster gegenüber mit Geschenken im Wert von 27.000 Goldmark erkenntlich zeigt.

Die Mönche besannen sich ihrer Leihgabe erst wieder, als diese 1933 von den Bolschewisten an das Britische Museum verkauft wurde. Vergeblich beanspruchten sie die 100.000 Pfund, die Stalin dafür erhielt, und zeigen heute verbittert den nie eingelösten Leihschein, den Tischendorf ihnen hinterlassen hatte.

irgendwann nach der Kirchenspaltung einer Säuberung zum Opfer. Größter Schatz ist der *Codex Syriacus* (5. Jh.), eine Heiligengeschichte mit Auszügen des Neuen

Testaments. Die Handschrift entging im 19. Jh. nur knapp dem Verkauf, weil die Mönche sich untereinander nicht auf den zu verlangenden Preis einigen konnten.

Moschee des Omar: Vermutlich ist St. Katharina das einzige christliche Kloster, in dessen Mauern sich außer Kirchen und Kapellen auch eine Moschee befindet. Der Legende nach wurde sie in aller Eile gebaut, nachdem der absonderliche bis fanatische Kalif al-Hakim (reg. 995–1021) seinen Besuch angekündigt hatte. Die Stiftungsinschrift datiert sie jedoch erst ins 12. Jh. Ihre hölzerne Kanzel gehört noch zur Originaleinrichtung.

Basilika: Die Außentür der dreischiffigen Basilika stammt aus der Kreuzritterzeit, die Tür zwischen Narthex und Kirchenschiff noch von den Holzschnitzern Justinians. Zwölf Säulen stützen das Kirchendach. Die später eingezogene Holzdecke zeigt einen blaugrünen Sternenhimmel, der mit Porphyr und Marmor ausgelegte Boden geometrische Motive, wie sie auch einen islamischen Palast in Kairo oder Damaskus zieren könnten. Die Reliquien Katharinas ruhen in juwelengeschmückten Schreinen im Altarraum. Dahinter wurde im Spätmittelalter die mit Damaszener Kacheln verkleidete *Kapelle des brennenden Dornbuschs* angefügt. Eine Silberplatte unter dem Altar markiert den heiligsten Ort des Klosters, wo der Busch einst gewachsen sein soll. In Erinnerung an Gottes Gebot „Ziehe Deine Schuhe aus von Deinen Füßen, denn der Ort, auf dem Du stehst, ist heiliges Land" (2. Moses 3:5) finden sich die Mönche hier jeden Samstag barfuß zur Messe ein.

Apsismosaik: Leider verstellen die Ikonostase und ein übergroßes Kruzifix den Blick auf das im 6./7. Jh. entstandene Apsismosaik, das als das bedeutendste Kunstwerk des Klosters gilt. Die *Verklärung Christi auf dem Berg Tabor* wurde nie restauriert und strahlt doch so farbenprächtig, als sei sie erst gestern geschaffen worden. Das zentrale Motiv mit dem von einer Mandorla umhüllten Jesus und, ihm zur Seite oder zu Füßen, (von links) Moses, Elias, Petrus, Jakobus und Johannes, rahmt ein Fries mit Medaillons der Apostel und Propheten sowie des damaligen Abtes Longinus (der Stifter?) und des Diakons Johannes (Johannes Klimakos?). Ein Hintergrund aus feinen, goldfarbenen Steinchen lässt das Mosaik bei beliebigen Lichtverhältnissen glitzern und funkeln und erhöht noch die glanzvolle Wirkung der Szene.

An der ebenfalls mit Mosaiken verkleideten Wand oberhalb der Apsisnische wird ein Doppelfenster, das mit der Achse der Kirche genau auf den Mosesberg zielt, von Moses gerahmt, der (links) vor dem brennenden Dornbusch kniet und (rechts) die Gesetzestafeln empfängt. Mehr noch als die Ikonen, die man immerhin fortbringen und verstecken konnte, wurden die Mosaike ein Opfer der Bilderstürmer, sodass einzig im fernen Ravenna vom Stil und der Entstehungszeit her der „Verklärung Christi" vergleichbare Werke erhalten blieben.

Museum: Im Klostermuseum über der Mosesquelle sind neben alten Handschriften, Messgewändern und edlen liturgischen Geräten vor allem die Ikonen interessant. Zur Ikonensammlung des Klosters, das im Spätmittelalter eine eigene Malschule hervorbrachte, gehören Heiligenbilder aus allen Regionen der Ostkirchen, ja sogar aus Spanien. Der bislang letzte Ikonenmaler aus St. Katharina selbst starb 1958. Die ältesten Heiligenbilder (6./7. Jh.) darunter ein schönes Christusporträt, sind noch in Wachsschmelztechnik gearbeitet. Nur an wenigen, abgelegenen Orten haben Ikonen aus dieser Zeit überlebt, die meisten fielen den ab dem 8. Jh. im Byzantinischen Reich wütenden Bilderstürmern zum Opfer, die, wie die Muslime, jede Menschendarstellung in Gotteshäusern ablehnten. Als Abwechslung von den üblichen Heiligenporträts sei die *Leiter ins Paradies* erwähnt, ursprünglich ein

Traktat des heiligen Johannes Klimakos (gest. 649), das die 30 Stufen der geistigen und moralischen Vervollkommnung des Mönchs beschreibt, wobei bei jedem Schritt kleine Teufel den Frommen mit Spießen und Haken von seinem Aufstieg abzubringen versuchen.

Beinhaus: Außerhalb, am Weg zur Hauptpforte, liegt linker Hand das Beinhaus des Klosters. Stephanus der Pförtner, oder vielmehr, was von ihm übrig blieb, hütet im Priesterornat die Gebeine. Zu Lebzeiten sorgte er dafür, dass kein Pilger auf den Mosesberg stieg, ohne zuvor die Beichte abgelegt zu haben (vgl. S. 150). Für die Mönche gibt es lediglich sechs Gräber. Stirbt ein Mönch, wird das älteste Grab geöffnet und die sterblichen Reste werden ins Ossarium gebracht. Nicht alle Knochen landen jedoch auf den beiden bis zur Decke reichenden Stapeln für Schädel und Gebeine. Die Reste der Äbte, Märtyrer und Heiligen verwahrt man separat in besonderen Wandnischen.

Das Kloster ist mit Ausnahme der religiösen Feiertage (Auskunft ☎ 3470343) Mo–Do und Sa 9–12 Uhr für Besucher geöffnet. Eintritt ins Kloster frei, fürs Museum zahlt man 20/10 LE. Von Frauen wird „keusche" Kleidung erwartet.

Fachbegriffe

Apsis – Halbkreisförmige, mit einer Kuppel überwölbte Altarnische als Abschluss eines Kirchenschiffs

Basilika – Kirche mit drei oder fünf Längsschiffen, von denen das mittlere erhöht ist und eigene Fenster besitzt

Ikonostase – Mit Ikonen geschmückte Wand, die den Altarraum vom Kirchenschiff trennt

Mandorla – Mandelförmiger Heiligenschein um eine Christus- oder Mariendarstellung

Narthex – Kirchenvorraum, ursprünglich der Platz für die Ungetauften

---

Mosesberg (Gebel Musa)

Der Sonnenaufgang auf dem 2285 m hohen Gebel Musa gehört zu den schönsten Erlebnissen, die der Sinai zu bieten hat. Wer die Einsamkeit der Bergwelt genießen oder mit sich und Gott alleine sein will, sollte sich einen anderen Gipfel suchen.

Ist er's, ist er's nicht? Erst das Katharinenkloster vermochte seinen Hausberg als den wahren Mosesberg durchzusetzen. Bis ins 6. Jh. hielten manche Pilger und Kirchenväter den Gebel Serbal für den biblischen Berg Horeb, auf dem Moses die Gebote empfangen hatte, und moderne Bibelforscher, die den Reiseweg der Israeliten durch den Sinai rekonstruierten, ziehen auch den Gebel Maghara in Erwägung.

Der fast dreistündige Aufstieg vom Kloster zum Gipfel gehört zum Pflichtprogramm jeder Sinaireise. Sadat hätte um ein Haar sogar eine Seilbahn auf den Berg gebaut. Die erwähnte Aetheria war oben, Mohammed soll oben gewesen sein (deshalb ist der Berg auch für Muslime heilig), 1866 der 70-jährige Prinz von Schleswig-Holstein-Sonderburg-Augustenburg auf Hochzeitsreise mit seiner jungen amerikanischen Frau (während sich im heimatlichen Herzogtum gerade Preußen und Dänen bekriegten). Auch François Mitterand kletterte auf den Berg, und nicht vergessen sei der Innsbrucker Glockengießer und Kommerzialrat Christoph Graßmayr, der im Februar 1990 von einer Gipfelmesse so gerührt ward, dass er

Sinai
Karten Umschlagklappen und S. 100/101

der zuvor glockenlosen Kapelle ein Geläut stiftete – gestimmt auf G 2, mit der griechischen Inschrift „Gott der Herr ist barmherzig" und dem eingeprägten Gnadenbild „Mariahilf" nach Lukas Cranach.

Neben religiösen Motiven ist es zunehmend die Suche nach dem Landschaftserlebnis, die jedes Jahr mehr als 100.000 Menschen auf den Gipfel treibt; *der* Kick, wenn ein schweißtreibender Aufstieg oben mit einer herrlichen Weitsicht auf einen „Ozean versteinerter Wellen" oder gar dem Farbenspiel der Dämmerung belohnt wird. Stille erwarte man freilich nicht. Auf dem Gipfel herrscht Volksfeststimmung, bei der weltliche Klänge aus dem Ghettoblaster mit den Hymnen und Bibellesungen frommer Pilger konkurrieren.

> Wer tatsächlich **auf dem Berg übernachten** will, sollte dazu die Zypressenebene knapp unterhalb des Gipfels wählen. Hier gibt es deutlich mehr Platz als ganz oben, und hier hat die Nationalparkverwaltung auch einige Toiletten eingerichtet.

Aufstieg: Vergessen Sie den Pullover nicht. Auf dem Gipfel ist es mindestens fünf Grad kälter als im Tal. Um pünktlich zum Sonnenaufgang oben zu sein, sollte man, solange im Frühjahr noch die Winterzeit gilt, um 2.30 Uhr aufbrechen. Nach der Umstellung auf die Sommerzeit kann man im restlichen Jahr etwas länger schlafen. Der Tross braucht für den Aufstieg drei Stunden, wer sportlich ist schafft es auch in zweieinhalb Stunden.

Der übliche Aufstieg folgt dem **Sikket al-Basha**. Dieser breite, wenig anstrengende Weg beginnt gleich hinter dem Kloster und wurde unter dem Khediven Abbas angelegt, der sich auf dem Mosesberg eine Villa bauen wollte. Längs der Route wurden Abfalleimer und Toiletten errichtet, dazu einzelne Punkte mit Nummerntafeln markiert. Ein Heftchen der Nationalpark-Verwaltung gibt die entsprechenden Erläuterungen. Wer gute Augen oder wenigstens eine Taschenlampe hat, findet den breiten und mit Randsteinen markierten Weg aber selbst in einer mondlosen Sternennacht. Kamelführer bieten für 70 LE (tagsüber sinken die Preise auf 40-20 LE) ihre Dienste an, sodass selbst Ältere oder wodurch auch immer am Bergwandern gehinderte Menschen ein Stück den Berg hinauf können. Am Beginn des Wegs und oben am Gipfel bieten Buden Tee, Softdrinks und Snacks an.

Maria und die Flöhe

Mit der *Marienkapelle* am Wege ist eine merkwürdige Geschichte verbunden: Irgendwann, als den Mönchen wieder einmal die Nahrung ausgegangen war und sie in ihrem Kloster zudem höllisch von Flöhen geplagt wurden, beschlossen sie, St. Katharina zu verlassen und zogen ein letztes Mal in einer Prozession auf den Berg. Eben hier, wo jetzt die Kapelle steht, erschien ihnen die Jungfrau, versprach die Erlösung vom Übel und schickte die Brüder ins Kloster zurück. Dort waren die Flöhe verschwunden, statt dessen standen hundert mit Vorräten beladene Kamele im Klosterhof.

Leider ist die Kapelle heute verschlossen, nur noch einmal im Jahr wird hier eine Messe gelesen. Geschähe dies öfter, würden die Gäste im Hospiz des Klosters vielleicht etwas weniger vom Ungeziefer geplagt.

Mosesberg, Höhepunkt der Pilgerreise

Der Weg folgt zunächst dem Wadi el-Deir, durch das früher die Karawanenroute zum Kloster verlief, und klettert an dessen rechter Flanke allmählich bergan. Auf der anderen Talseite, in den Schluchten des Gebel el-Deir, erspäht man (am Punkt 7) verfallene Einsiedeleien und Gärten, unten schließlich (am Punkt 8) ein Beduinendorf. Vorbei an Teebuden und an der „Endstation" der Kamele kommt ein kleiner Pass, den Abbas durch den Fels sprengen ließ. Danach gabelt sich der Weg: rechts der kurze Abstieg zum Elias-Plateau, links die Treppe zum Gipfel. Dieses letzte Wegstück erfordert bei Dunkelheit erhöhte Aufmerksamkeit. Kurz vor dem Gipfel liegt ein Amerikaner begraben, dem 1927 das Herz versagte. 1990 stürzte eine junger Franzose ab, der nachts den Weg verfehlte.

Gipfel: Die alte, im 6. Jh. gebaute Gipfelkirche war wesentlich größer als der aus ihren rosafarbenen Granitblöcken 1934 errichtete Nachfolgebau. Andere Blöcke wurden zu einer Moschee verarbeitet, unter der sich eine kleine Grotte befindet – vielleicht stammt auch sie noch von der Basilika. Auf der Nordseite der Kapelle findet man hinter einem Eisenzaun jene Felskluft, in die Moses vor Gottes Herrlichkeit zurückwich (wie die Bibel weiß). Etwa 200 m vor der Kapelle markiert neben der Treppe ein Eisenring den Hufabdruck von Mohammeds Kamel (wie die Beduinen wissen).

Abstieg: Für den Abstieg wird gewöhnlich der Weg über die Elias-Ebene und den Sikket Sayidna Musa genommen. Die **Elias-Ebene** ist ein kleiner Talkessel um eine uralte, zerzauste Zypresse und sechs junge Verwandte bei einem Brunnen. Dazu kommen die weiße Doppelkapelle des Elias und seines Nachfolgers Elischa, eine verlassene Einsiedelei und etwas abseits die Kirche des Pförtners Stephanos. Diese markiert auch die Höhle, in der sich Elias versteckt haben soll, nachdem er die Baal-Priester getötet hatte. Nach den Winterregen füllt sich auf dem Plateau ein kleiner Stausee – vermutlich der einzige Fleck Ägyptens, wo man an einem kalten Morgen den Beduinen bei einem dem Eisstockschießen ähnlichen Freizeitvergnügen zuschauen kann. Selbst die Finken und Steinschmätzer, die sich in einem Bäumchen nahe der Staumauer tummeln, scheinen erstaunt.

Von der Ebene führt der **Sikket Sayidna Musa** entlang einem Bächlein mit 3750 Stufen auf direktem Weg zum Kloster hinab – eine harte Belastung für die Knie. Vor dem Bau des Kamelpfads war diese Treppe auch der gebräuchlichste Aufstieg zum Berg. Am oberen der beiden Torbogen hatten die Pilger ihre Schuhe abzulegen und barfuß auf den Gipfel zu steigen. Am unteren, der *Pforte des Glaubens*, wachte früher ein Mönch darüber, dass kein Pilger auf den Berg ging, der nicht zuvor im Kloster die Beichte abgelegt hatte und eine entsprechende Bescheinigung besaß. Stephanos, der berühmteste dieser Pförtner, versieht seinen Dienst heute im Beinhauses.

Umgebung von St. Katharina

El-Milga ist im Sommerhalbjahr der ideale Ausgangspunkt für **Trekkingtouren** und **Bergwanderungen** im Herzen des Sinai. Im Büro des Nationalparks oder im Kloster gibt es vier Broschüren mit Wanderrouten, die auch die Flora und Fauna entlang der Trails vorstellen. Polizei und Beduinen, die sich so ein Zubrot verdienen, achten darauf, dass sich niemand ohne Führer auf den Weg macht. Dies mag als Beutelschneiderei oder übertriebene Vorsicht erscheinen, und tatsächlich begeben sich auch immer wieder Touristen ohne Begleitung in die Berge – und gehen dabei auf manchen Routen ein hohes Risiko ein, wie die 1997 aus einer Felsspalte gezogene Leiche eines lange vermissten Deutschen zeigt. Jedes noch so kleine Unglück, ein verstauchter Knöchel etwa, wird im Sinai schnell zu einem ganz großen Problem, wenn niemand schnell Hilfe holen kann. Besonders gefährlich sind die gottlob seltenen Unwetter, welche die Wadis, die natürlichen Wanderwege, binnen Sekunden mit reißenden Strömen füllen. Selbst Autofahrer kamen in solchen Flutwellen schon ums Leben. Immerhin gibt es jetzt einen privaten, in Scharm el-Scheich stationierten Sanitätshelikopter. Als dritte, bisweilen tödliche Gefahr seien die auch im Sinai mancherorts vergessenen Landminen erwähnt.

Erste Anlaufstelle für gesetzestreue Wanderer ist Scheich Musas **Mountain Tours Office** in el-Milga (✆ 3470457, www.sheikmousa.com). Der Klanchef teilt die Guides ein, besorgt die Genehmigung der Polizei, die nötigen Vorräte und wacht über die Preise. Für einen Führer und eine Art Stammessteuer für die Bemühungen des Scheichs rechne man jeweils 50 LE am Tag, ebenfalls 50 LE für jedes Kamel, 30 LE für den Proviant, 1 LE pro Kilo Feuerholz und so weiter und so fort, bis umgerechnet etwa 30 Euro pro Person und Wandertag auf dem Tisch liegen. Auch bei einer Kameltour wird man im Gebirge die meiste Zeit zu Fuß gehen – das Tier trägt nur das Gepäck. An eigener Ausrüstung werden eingelaufene Wanderschuhe, ein warmer Schlafsack und je nach den persönlichen Empfindlichkeiten Sonnenschutzcreme, Sonnenbrille und Insektenschutz benötigt. Wer dem Quellwasser nicht traut, muss Flaschenwasser schleppen oder bereits von zu Hause Tabletten oder Filter zur Trinkwasser-Desinfektion mitbringen.

Katharinenberg und Wadi el-Arba'in

Der mit 2642 m höchste Berg des Sinai liegt nur wenige Kilometer südöstlich von el-Milga. Nach der Legende brachten Engel die Leiche der Märtyrerin aus Alexandria auf den Berg. Ohne himmlische Hilfe muss man vom Dorf zum Gipfel etwa 5–6 Stunden aufsteigen; wer in der Morgendämmerung aufbricht, kommt mit einer harten Tagestour auch ohne Übernachtung auf den Berg und zurück. Neben der Gipfelkapelle gibt es einen Unterstand, in dem man zur Not die hier bitterkalte Nacht verbringen kann.

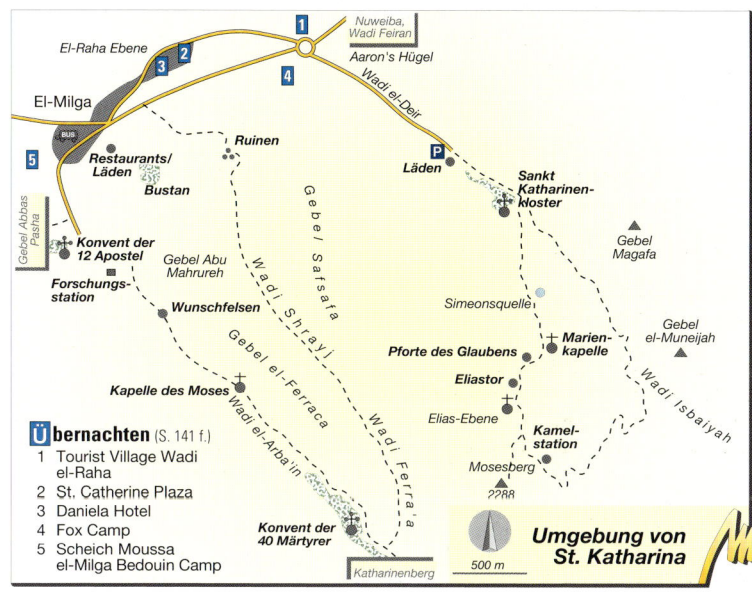

Nuweiba, Wadi Feiran

El-Raha Ebene

Aaron's Hügel

El-Milga

Wadi el-Deir

BUS

Ruinen

Restaurants/
Läden

Läden

Bustan

Sankt
Katharinen-
kloster

Gebel Abbas Pasha

Konvent der
12 Apostel

Gebel Abu
Mahrureh

Gebel Safsafa

Gebel
Magafa

Forschungs-
station

Wunschfelsen

Simeonsquelle

Gebel
el-Muneijah

Gebel el-Ferraca

Pforte des Glaubens

Marien-
kapelle

Kapelle des Moses

Eliastor

Wadi Isbaiyah

Wadi Shrayi

Elias-Ebene

Kamel-
station

Übernachten (S. 141 f.)

Wadi el-Arba'in

Mosesberg

Wadi Ferraca

2288

1 Tourist Village Wadi
el-Raha
2 St. Catherine Plaza
3 Daniela Hotel
4 Fox Camp
5 Scheich Moussa
el-Milga Bedouin Camp

Konvent der
40 Märtyrer

**Umgebung von
St. Katharina**

Katharinenberg

500 m

Sinai
Karten Umschlagklappen und S. 100/101

Der Fußweg von el-Milga beginnt hinter dem Dorf am *Konvent der Zwölf Apostel* und führt zunächst ins **Wadi el-Arba'in** (auch Wadi el-Leja genannt). Gleich zu Beginn passiert man üppige Gärten, die dem Katharinenkloster gehören. Die Jabaliya-Beduinen sind erstaunlich erfahrene Obstbauern: So pfropfen sie etwa Birnenzweige auf Hagedornstämme, um eine gute Ernte zu erreichen. Die Universität Ismailia betreibt hier ein kleines Forschungszentrum.

Am Schild Nr. 2 findet sich ein *Wunschfelsen,* an dem gewöhnlich Beduinen campieren. Wirft man einen Stein hinauf und er bleibt liegen, geht der Wunsch in Erfüllung. Man passiert eine eingefriedete Zypressengruppe und die *Kapelle des Moses.* Nebenan steht ein würfelförmiger Felsen mit Kerben. Dies soll der Stein sein, von dem Bibel und Koran berichten, dass Moses ihn mit dem Stab schlug und so eine Quelle entspringen ließ. In der Nachbarschaft meißelten Beduinen ihre Fußabdrücke ins Gestein – eine uns sehr befremdliche Form von Heiratsanträgen bzw. Liebeszaubern: War die Angebetete einverstanden, meißelte sie ihren Fuß daneben, und hatten die Familien ihren Segen gegeben, wurde der Pakt mit einem Kreis um die beiden Abdrücke besiegelt. Wie man sieht, erreichten nicht alle Verliebten ihr Ziel.

Eine halbe Stunde nach dem Beginn der Wanderung trifft man das verlassene **Kloster der 40 Märtyrer,** das bis in die Zeit Kaiser Justinians zurückreicht. Heute wird es meist mit den 40 Märtyrern von Sebasteia in Verbindung gebracht, einem beliebten Motiv der byzantinischen Kirchenmaler: 40 Christen stehen, von römischen Legionären bewacht, in Unterhosen und vor Kälte schlotternd auf einem zugefrorenen See. Wer dem Glauben abschwört, auf den wartet im Hintergrund ein dampfendes Badehaus. Doch die Chronisten Amonius und Nilius berichten auch von 40 Märtyrern auf dem Sinai, die Opfer der Beduinen wurden, und das Kloster dürfte wohl ihnen geweiht worden sein. Eine Beduinenfamilie pflegt den Garten, in dem sich neben einer Quelle auch die Kapelle und Höhle des heiligen Onuphrius befindet.

Entlang der Klostermauer führt ein Pfad zum Gehöft von Ramadan Musa Abu Sa'id. In einem Gatter züchtet Ramadan **Klippschliefer** *(Procavia syriaca),* die er mit Grünzeug und altem Brot füttert und später aussetzt. Der Kleintierzüchter freut sich über einen Obolus der Besucher, die er gerne zu einem Tee einlädt.

Die murmeltierähnlichen, in der freien Natur äußerst scheuen Klippschliefer werden in der hebräischen Bibel als *schephan* erwähnt. Martin Luther, der sich darunter nichts vorstellen konnte, machte daraus bei seiner Bibelübersetzung kurzerhand Kaninchen. Der gleichen Verwechslung, nur in umgekehrter Richtung, waren lange vor dem Reformator bereits die Phönizier unterlegen, als sie nach Spanien kamen. Überrascht von den vielen Wildkaninchen, die sie aus ihrer Heimat nicht kannten, nannten sie ihre Entdeckung *i-schephan-im*, „Land der Klippschliefer", woraus dann später *Spanien* wurde.

Zurück zum Kloster und weiter talauf gabelt sich der Weg: Rechts kommt man durch den steilen Canyon **Shagg Musa** schließlich auf einen Sattel, von dem aus man die weiße Gipfelkapelle des Katharinenbergs sieht, die man nun nicht mehr verfehlen kann. Anders als die rotbraunen Granitberge der Umgebung besteht der Gebel Katharina aus dunklem Ryolit. Der Aufstiegsweg ist einfach zu finden, sodass man hier objektiv keinen Führer benötigt. Allerdings wird von Alleinwanderern auch berichtet, dass sie beim Märtyrerkloster aufgehalten und zurückgeschickt wurden.

Links geht es durchs **Wadi Ferra'a** zurück nach el-Milga. Das Wadi trennt den Gebel Ferra'a (links) vom Mosesberg (rechts). Der Autor wagte hier einmal einen mehr als leichtsinnigen Abstieg vom heiligen Berg, der, ohne Seil, leicht hätte tödlich enden können. Das Tal dient den Beduinen seit jeher als Weidegrund. Mittels einer eingehegten Vergleichsfläche überprüfen Biologen die Auswirkungen des Ziegenfraßes, und man darf annehmen, dass das Ergebnis der Untersuchung für Ziegen und Hirtinnen nichts Gutes bringen wird – heute leben zehnmal so viel Beduinen im Sankt-Katharina-Gebiet wie vor hundert Jahren, und mit ihnen ist auch der Viehbestand über die Grenze des ökologisch Verträglichen gewachsen.

Ein Sattel führt hinüber ins **Wadi Shrayj**. Am Punkt 11, schon mit Blick auf die el-Raha-Ebene, findet man die Reste einer byzantinischen Siedlung. Eine Teerstraße bringt Sie wieder hinunter nach el-Milga.

Berg des Abbas Pascha   (Gebel Tallah)

Der an Tuberkulose erkrankte Khedive Abbas, dem wir auch den breiten Weg auf den Mosesberg verdanken, suchte hier in der reinen, trockenen Höhenluft Linderung seines Leidens. Er starb, bevor das weithin sichtbare Schloss auf dem Gebel Tallah fertig wurde. Auch hier ließ Abbas einen herrschaftlichen Weg auf den Berg anlegen: breit genug, damit er in einer Maultierkutsche auf den 2384 m hohen Gipfel reisen konnte. Heute bieten die Beduinen von el-Milga aus Tagestouren auf den Berg an, die über den *Abu-Giffa-Pass* mit herrlicher Aussicht und durch das *Wadi Tubuq* führen. Vor dem Übergang ins *Wadi Zawatin* wächst einer der wenigen Maulbeerbäume des Sinai, ein wahrer Riese, der wohl schon in der Spätantike gepflanzt wurde. Mehrtägige Ausflüge kombinieren den Gebel Tallah mit den Wasserfällen im *Wadi Nugra*, an denen man in einem natürlichen Pool sogar baden kann.

Grab des Nebi Salah

Einmal im Jahr ruhen traditionell alle Feindschaften und Blutfehden der Beduinen. Dann trifft man sich am Grab des Salah, opfert Schafe, veranstaltet Kamelrennen und isst, was das Zeug hält. Besonders Fromme suchen auch im Tod die Nähe des Marabus und lassen sich hier bestatten. Wer war Salah? Niemand weiß es ... Sein Fest fällt auf den Namenstag des Propheten Mohammed, den die Überlieferung der Beduinen wiederum gerne mit Moses und Elias verschmilzt. So gesehen mag er stellvertretend für alle Propheten und Heiligen stehen.

Das Grab des Nebi Salah liegt neben der Straße etwa 10 km nördlich von el-Milga nahe dem Checkpoint.

Blaue Berge

Zehn Tonnen blauer Farbe sprühte der Belgier Jean Verame im Herbst 1980 auf die Felsen des Hallawi-Plateaus und nannte das Ergebnis „Peace Junction" – für die einen ein Landschaftskunstwerk, für die anderen eine neue Art der Sondermüllablagerung. St. Katharina ist seither jedenfalls um ein Ausflugsziel reicher.

Die 6 km lange Piste zum Hallawi-Plateau zweigt vor dem Grab des Nebi Salah links ab.

Wadi Feiran

Die „Perle des Sinai", wie die größte Oase im Süden der Halbinsel genannt wird, liegt am oberen Ende eines schmalen, von Granitwänden begrenzten Wadis zwischen *Gebel Banat* (1510 m) und *Gebel Serbal* (2070 m), den einige Bibelforscher mit dem Berg Horeb identifizieren. Der üppig grüne Palmenhain und die über fast 8 km gezogenen Gärten gehören heute dem Stamm der Tawarah. Schon die Römer verzeichneten die Oase, die man heute bei der Busfahrt von Suez zum Katharinenkloster passiert, auf ihren Reisekarten, und vom 4. bis 7. Jh. hatte Feiran, das damals von Nabatäern bewohnt wurde, sogar einen eigenen Bischof. Die Ruinen seiner Basilika finden sich auf dem Hügel *el-Maharat* gleich neben der modernen Betonkirche des Nonnenkonvents **Deir Zegheir**. Deutsche Archäologen haben auch die Lehmziegelmauern eines kleinen **Tempels** (3. Jh.) freigelegt. Die künstlichen Höhlen, die man in den Wänden des Wadis entdeckt, halten die Forscher für „Zweitgräber", die nahe dem Heiligtum für die irgendwo in der Wüste verstorbenen und dort bestatteten Nomaden geschaffen wurden – um tatsächlich einen Leichnam aufzunehmen, sind sie zu klein. Reste von zwei Kapellen und Einsiedeleien säumen den Aufstieg zum Hügel *el-Tahuna*, auf dem Moses, so die christliche Überlieferung, Schlacht und Sieg der Israeliten über das Heer der Amalekiter beobachtete.

Die Nonnen von Deir Zegheir betreiben ein gepflegtes Gästehaus (DZ 60 LE). Wer seine Zutaten mitbringt bzw. selbst besorgt, wird auch bekocht.

Gebel Serbal

Anders als der Aufstieg zum Mosesberg ist die Tour auf den Gebel Serbal eine echte, anspruchsvolle Bergwanderung und erfordert zudem eine Biwaknacht. Der Weg führt vom Wadi Feiran zunächst ins *Wadi Aleyat*, an dessen Ende man sich zwischen dem kürzeren, doch schwierigeren Ziegenpfad durch die Rinne *Abu Hamad* oder den längeren, leichteren Aufstieg *Sikket er-Reschascha* entscheiden kann. In jedem Fall bedarf es eines Führers, der in el-Milga angeheuert werden kann.

Sinai
Karten Umschlagklappen und S. 100/101

Gipfelpanorama

Nordsinai

Auf der touristischen Landkarte ist der Nordsinai ein weißer Fleck. Die Ausgrabung Pelusium kann sich mit den Sehenswürdigkeiten des Niltals nicht messen, das Vogelschutzgebiet Zaraniq ist kaum erschlossen und die Bewohner der Provinzhauptstadt el-Arisch stehen unter kollektivem Terrorverdacht.

„In vier oder fünf Jahren", so erklärte uns einst Gouverneur Ali Hefzi, „werden wir organisierte Reisen nach el-Arisch haben." Anders als sein Vorgänger, der vom Aufbau einer gigantischen Industriezone träumte, setzte Hefzi auf eine Mischung aus Landwirtschaft, Fischerei und Tourismus. Doch seine Träume erfüllten sich bislang nicht und seine Provinz zählt weiter zu den ärmsten und am wenigsten entwickelten Regionen Ägyptens. Womit auch sollen ausländische Touristen in den Nordsinai gelockt werden? Außerhalb der Küstenorte bewacht das Militär das Meeresufer und verwehrt jede Annäherung. Die *Ausgrabung Pelusium* kommt an die archäologischen Stätten am Nil nicht entfernt heran, und Naturfreunde, die alle bürokratischen Hürden überwinden und das *Vogelschutzgebiet Zaraniq* besuchen, finden dort Beduinen auf Vogeljagd.

In der Vergangenheit war das Gebiet ein Durchgangsland. Entlang der Mittelmeerküste zogen die pharaonischen Truppen den „Weg des Horus" gen Kanaan und Syrien, kamen in umgekehrter Richtung die Invasionsarmeen des Kambyses, Alexanders und des 'Amr Ibn al-'As. Im ersten Weltkrieg legten schließlich die Briten ihre Bahngleise, um den Nachschub an die Palästinafront zu schaffen. Der Fahrdamm und einzelne Stationsgebäude erinnern noch an die Bahn, Schienen und eiserne Schwellen wurden in den Sinaikriegen zu Unterständen und Panzersperren verbaut.

El-Qantara

Die gewaltige **Friedensbrücke** über den Suezkanal verbindet die beiden Ortsteile der Handelsstadt el-Qantara. Mit einer Durchfahrtshöhe von 70 m bewirbt sich das elegante Bauwerk um den Eintrag ins Guinness-Buch der Rekorde. Flugzeugträger und Ozeanriesen aller Größen können die weitgehend von Japan finanzierte Hängebrücke anstandslos passieren. Außer der Brücke, einem lebhaften Basar für alles und jedes sowie großen Taxibahnhöfen hat die zuletzt 1973 gründlich zerstörte Stadt allerdings nichts zu bieten. Etwas südlich kommt es bei *el-Firdan* (Westufer) mehrmals am Tag zu einem weiteren Brückenschlag: Dann treffen sich zwei eiserne Schwenkarme über dem Kanal und bilden so eine Eisenbahnbrücke, auf der Güter-Personen-Züge die Wasserstraße überqueren.

„Kanal des Friedens" – der Traum vom Wirtschaftswunder

Nicht Menschen oder Güter, sondern ausschließlich Wasser vom Nil bringt der El-Salam-Kanal, der Kanal des Friedens, unter dem Suezkanal hindurch auf den Sinai. Damit sollen, so die ehrgeizigen Pläne, dereinst 1600 km^2 Wüste in Ackerland verwandelt werden (zuvor wurden auf dem ganzen Sinai nur 120 km^2 bebaut) und drei Millionen Menschen eine neue Heimat finden.

Doch das Projekt ist ins Stocken geraten und die auf 175 km Länge parallel zur Küste geplante Wasserstraße endet nach einem Drittel der Strecke im Nichts. Nicht irgendwelche Umweltschützer oder weltfremde Ethnologen, vielmehr die sonst Großprojekten nicht abgeneigte Weltbank warnt eindringlich vor den negativen Folgen des Salam-Projekts: Verlust an naturbelassener Landschaft, Bedrohung von etwa 1000 bisher unerforschten archäologischen Stätten, Gesundheitsrisiko durch das mit Pestiziden und Fäkalien verschmutzte Kanalwasser und die Enteignung und Vertreibung der Beduinen, die dem Neulandprojekt im Wege sind.

Entlang des schon fertigen Teilstücks haben sich die Hoffnungen auf Arbeitsplätze nur für sehr wenige Menschen erfüllt. Der größte Teil des neuen Ackerlandes wurde an agroindustrielle Unternehmen verkauft, die hier mechanisierte Plantagen mit geringem Bedarf an Arbeitskräften errichteten; Kleinbauern gingen leer aus, Beduinen verloren ihr Land. Statt der erhofften Zuwanderung aus dem Niltal geht die Migration in umgekehrter Richtung: Junge Leute aus dem Nordsinai, die sich von Haus aus mit der Landwirtschaft am regenarmen Wüstenrand auskennen, sind auf den Farmen zwischen Kairo und Alexandria gesuchte Experten.

Sinai
Karten Umschlagklappen und S. 100/101

Pelusium

Noch sind die Ausgräber zugange und ist das antike Pelusium für Besucher nicht weiter erschlossen. In naher Zukunft, so hoffen die Touristiker, wird es auch auf dem Reiseplan der Ausflugsbusse stehen.

Erst vor wenigen Jahren entdeckte die Archäologie den Nordsinai. Eine ganze Reihe von Grabungen will vor dem Bau des Salam-Kanals wenigstens noch dokumentieren, was unter dem Sand verborgen liegt und mit den Bauarbeiten vielleicht für immer zerstört oder unter dem neuen Ackerland nicht mehr ohne weiteres zugänglich sein wird. Pelusium ist die wichtigste archäologische Stätte der Region. Die Reste der alten Stadt formen den etwa 6 km langen Hügelrücken Tell el-Farama, in der Nachbarschaft markieren weitere Hügel die Vorstädte der antiken Agglomeration. Früher floss hier der östlichste Mündungsarm des Nils, heute umgibt eine amphibische Landschaft mit Sümpfen und Brackwasser den Hügel. Nur im Sommerhalbjahr erlaubt der dann niedrigere Wasserspiegel den Archäologen die Erforschung des Geländes.

Geschichte

Für ägyptische Verhältnisse war Pelusium eine junge Stadt. Nach Herodot siedelte Pharao Psametich hier im 7. Jh. v. Chr. seine ausgemusterten griechischen Söldner an. Die archäologischen Funde reichen bislang allerdings nicht so weit zurück. 321 v. Chr. empfing die zur „asiatischen Pforte" Ägyptens aufgestiegene Stadt mit einem großen Fest die Karawane mit dem entführten Leichnam Alexanders des Großen. 48 v. Chr. droschen vor dem Stadttor die Heere Cleopatras und ihres Gatten und Halbbruders Ptolemaios aufeinander ein, und am 28. September des gleichen Jahres wurde der römische Feldherr Pompeius, der sich in Pelusium Asyl erhofft hatte, statt dessen geköpft und sein sorgsam einbalsamiertes Haupt an den Rivalen Cäsar geschickt.

Über die religiösen Kulte um den Stadtgott Zeus Kassios, in dem griechische und semitische Vorbilder verschmolzen, ist wenig bekannt. Alexandrinische Autoren machten sich gerne über das Verbot von Zwiebeln und Knoblauch lustig, in denen die Anhänger des Zeus Kassios Teufelszeug sahen, mit dem Dämonen in menschliche Körper gelangen würden.

Die Chronik der römischen Zeit vermerkt Besuche prominenter Kaiser wie Titus, Hadrian und Septimus Severus in Pelusium. Mit der in der Spätantike einsetzenden Versandung des pelusischen Nilarms verlor die Stadt ihren Hafen und damit rasch an Bedeutung. Doch noch im 12. Jh. rangen die Kreuzritter, die mehrfach die Stadt angriffen, hier vergeblich um den Zugang nach Ägypten.

Sehenswertes

Ohne sachkundige Führung kann der Besuch für Laien nur unbefriedigend bleiben. Solange sich nur selten jemand nach Pelusium verirrt, freuen sich die meisten Archäologen aber über Besuch und sind gerne bereit, sich bei der Arbeit über die Schulter schauen zu lassen und die freigelegten Ruinen zu erklären. Teams aus fünf Ländern, darunter auch Schweizer, sind jedes Sommerhalbjahr auf dem ausgedehnten Areal zugange. 2005 wurde im Theater ein 9 m langes Bodenmosaik ausgegraben, das idyllische Gartenszenen mit Vögeln zeigt.

Antike Autoren beschreiben Pelusium als eine lebhafte Hafenstadt mit Kais und Lagerhäusern; wir wissen von Webereien und Färbereien, Töpfereien, Salzpfannen und Fischbassins, in denen der frische Fang auf die Weiterverarbeitung zu *garum* wartete, eine seinerzeit im Mittelmeerraum beliebte Fischsauce. An öffentlichen Einrichtungen gab es Badehäuser, Theater und eine Rennbahn, dazu natürlich Tempel und später Kirchen und Moscheen. Neben dem *Tempel des Zeus Kassios* (2. Jh.) sind die Reste einer *byzantinischen Festung* mit Türmen, Toren und 2 m dicken Mauern das eindrucksvollste Monument. Einige Funde sind im Museum von Ismailia ausgestellt, viele wird man im neuen Museum von el-Arisch sehen können.

Von der Hauptstraße 25 km nach el-Qantara links mit Tell el-Farama ausgeschildert.

El-Bardawil/Zaraniq

**Tausende Zugvögel rasten jeden Herbst am Bardawil-See und im Natur-
schutzgebiet Zaraniq. Auch die vom Aussterben bedrohte Ägyptische
Landschildkröte wird hier gehegt.**

Bald nach dem Städtchen Bir el-'Abd streift die Straße den Bardawil-See, eine
knapp 40 km lange Lagune, die ein schmaler Sandstreifen vom Mittelmeer trennt.
Noch etwa 3000 Fischer holen im Winterhalbjahr ihren Lebensunterhalt aus dem
nährstoffreichen See – von April bis Oktober herrscht dagegen striktes Fangverbot,
um dem Fischnachwuchs eine Chance zu lassen, groß und fett zu werden. Damit
die Jungtiere nicht ins offene Meer entweichen, bleiben den Sommer über auch die
beiden Wehre zwischen See und Meer geschlossen.

Um einen Seitenarm der Lagune erstreckt sich das 17 km² große Naturschutzgebiet
Zaraniq. Angelockt vom Süßwasser stärken sich hier jeden Herbst farbenprächtige

Flamingos, Eisvögel, Wachtelkönige und unzählige andere Zugvögel auf ihrer Reise in den Süden. Auf einer Insel hat die andernorts nahezu ausgerottete Ägyptische Landschildkröte *(Testudo Kleinmani)* einen geschützten Lebensraum gefunden.

Information: Im Internet unter www.parks egypt.org.

Formalitäten: Es bedarf einer Anmeldung beim Parkmanager Saad el-Din Ahmed Osman, ✆ 068-3355003.

Anfahrt/Eintritt: Der gut ausgeschilderte Eingang zum Reservat befindet sich an der Hauptstraße 120 km nach el-Qantara und

35 km vor el-Arisch. Eintritt ca. 5 €. Von Sonnenaufgang bis -untergang geöffnet.

Geführte Touren: Hervorragende Kenner des Gebiets sind Mindy und Sherif Baha el-Din, die auf Anfrage auch Reisegruppen in das Naturschutzgebiet begleiten. ✆ 02-7608160, baha2@internetegypt.com.

El-Arisch

In der Hauptstadt des Nordsinai sind die ägyptischen Urlauber bislang weitgehend unter sich. Es fehlt an Attraktionen und Nachtleben, und Europäerinnen, die am Strand zu viel Haut zeigen, sehen sich missbilligenden oder geilen Blicken ausgesetzt.

El-Arisch, die mit etwa 140.000 Einwohnern größte Stadt der Halbinsel, trug unter den Römern den Beinamen „Schlüssel zu Ägypten". Den Reiz des Ortes machten noch in den 80er Jahren sein goldgelber Sandstrand und ein bis unmittelbar ans Ufer reichender Palmenhain aus. Heute ist der Strand, soweit nicht parzelliert und von Ferienhäusern und kleinen Villen belegt, mit Unrat übersät. Auch der auf schönen Postern beworbene Palmenhain hat mit den zwischen die Bäume gequetschten Häusern seinen Charme weitgehend verloren. Es ist trotz eines rigiden Fällverbotes nur eine Frage der Zeit, bis die hier in eine Hauswand „integrierten" oder dort rundum eingemauerten Bäume absterben werden.

Ausländer verirren sich nur selten in die Stadt. Am Strand ist „geziemende" Kleidung angesagt. Während der Saison beleben ab und an ägyptische Showstars eine namenlose Halle an der Uferstraße. Sonst beschränkt sich das der Männerwelt vorbehaltene Nachtleben weitgehend auf Shishas (Wasserpfeifen) und Backgammon in den Cafés an der Hauptstraße oder einen Drink an der Bar des El-Arish-Hotels, dessen Disco mangels Publikum meist geschlossen bleibt.

Geschichte

Die „Urbevölkerung" von el-Arisch, erklärt uns Mohammed Kurien, Chef des Volkskundemuseums, stamme von türkischen Soldaten ab. Deren im 1. Weltkrieg mitsamt der Stadt zerstörtes Fort thront als Trümmerhügel am Rande des Marktplatzes. Auch in den Kämpfen von 1956 und zuletzt 1967 wurde el-Arisch schwer mitgenommen und unter der israelischen Besatzung (1967–1982) von vielen Bewohnern verlassen. So sind die Bauten der Stadt relativ neu und eher funktional als schön.

Hatten die meisten Arischis vor der Gründung des Staates Israel den Sommer über in Palästina gearbeitet und nur in der Regenzeit ihre Gärten und Felder in der Oase bestellt, schnitt die neue Grenze sie von ihrer zweiten Heimat ab. Auch die Händler verloren ihr Hinterland. Heute klagen sie über die Barrieren zwischen Ägypten und dem palästinensischen Gaza.

Ist es Zufall, dass die Gruppe Tawhid wa Jihad, der die Bombenanschläge (2004–2006) auf der Sinaihalbinsel zugeschrieben werden, in der Gegend von el-Arisch

Wann war die letzte Strandputzfete in el-Arisch?

zu Hause ist? Jedenfalls nahm die Polizei im Oktober 2004 erst mal zwei- bis dreitausend Leute in Haft, von denen viele nach drei Jahren noch immer nicht wieder in Freiheit waren. Gelegentliche Demonstrationen gegen diese Sippenhaft zogen weitere Repressionen nach sich, sodass el-Arisch eine Stadt im Belagerungszustand war.

*A*nfahrt/*V*erschiedenes

● *Information* Sh. Fuad Zakri, 200 m westlich des weißen Minaretts, ✆ 3340569, 3363743, Sa–Do 8–14, während der Saison auch 19–22 Uhr.

● *Busse* Vom Meydan Belediye am Südende der Sh. 23. July bis zum Vorort Masa'id, etwa 12 km westlich an der Uferstraße, verkehren Stadtbusse und Sammeltaxis.
Vom Bushof am Md. Belediye Fernbusse nach **Kairo**, **Ismailia**, **Port Said**, **Rafah**.

● *Sammeltaxis* Die Taxis starten neben dem Busbahnhof. Die halbstündige Tour an die Grenzstation Rafah kostet etwa so viel wie die Fahrt nach Kairo.

● *Lesen* International Crisis Group: **Egypt's Sinai Question**, Middle East/North Africa Report N°61, Januar 2007. Der im Internet (www.crisisgroup.org) zugängliche Bericht gibt einen fundierten Einblick in die soziale, wirtschaftliche und politi-

sche Situation auf dem Sinai und besonders in und um el-Arisch.

● *Notfälle* **Touristenpolizei**, neben der Information, ✆ 3353400; **Mubarak Military Hospital**, Rafah Rd., ✆ 3324018; **Ambulanz**, ✆ 123.

● *Orientierung* El-Arisch ist weit auseinander gezogen und gruppiert sich um die beiden Hauptstraßen, die in Sichtweite parallel zum Ufer laufende Sharia Fuad Zakri, (Durchgangsverkehr, Ferienwohnungen) und die davon landeinwärts abzweigende Sharia 23. July (Basar, Ortskern).

● *Post & Telefon* Telefonamt und Post in den Verwaltungsgebäuden (Sh. 23. July).

Telefonvorwahl: 068

Sinai
Karten Umschlagklappen und S. 100/101

Außerhalb der ägyptischen Schulferien (Juli bis September) findet man auch ohne Reservierung in el-Arisch jederzeit freie Hotelzimmer.

Swiss Inn El-Arish Resort, Sh. Fuad Zakri, am Ortseingang, ☎ 3351321, 🖷 3352352, www.swissinn.net, DZ 100 $. Das frühere Oberoi ist in die Jahre gekommen, mit eigenem Strand, Pool und Disco aber noch immer das angesehenste Hotel der Stadt. An der Bar treffen sich die honorigen Alkoholtrinker.

Semiramis, Sh. Fuad Zakri, ☎ 3364166, 🖷 3364168, DZ 60 $. Die etwas modernere Konkurrenz des El-Arish Resort steht diesem nicht nach, wartet aber mit besserem Preis-Leistungs-Verhältnis auf.

Sinai Beach, Sh. Fuad Zakri, beim weißen Minarett, ☎/🖷 3361713, DZ 40 $. Das Haus mit Restaurant liegt 100 m vom Strand an der Uferpromenade, die Zimmer haben teilweise Balkon mit Meerblick, und die Preise sind verhandlungsfähig. Unser Tipp.

Mekka, Sh. Salam (Nähe Hotel Sinai Sun), ☎/🖷 3352632, DZ 60 LE. In den 90ern gebautes Hotel der unteren Mittelklasse mit spartanischen, im Winter nur mäßig geheizten Zimmern. Das fromme Management sieht unverheiratete Paare nicht gerne, und dass sich das Haus mit zwei Sternen schmücken darf, ist für mich schwer nachvollziehbar.

Restaurant **Aziz**, im Salam-Hotel; Chef Aziz hat seine Erfahrungen als Koch im Heliopolis-Sheraton in das gemütliche Lokal eingebracht und bietet gute Küche zu vernünftigen Preisen – eine freudige Überraschung.

Nur im Sommer haben **Fayrouz** (Sh. Fuad Zakri Ecke 23. July) und **Basata** (Sh. Fuad Zakri, nahe der Touristinformation) geöffnet, das Letztere ein gediegenes Fischrestaurant im Schatten des Palmenhains.

Sehenswertes

Der Stadt fehlt es an Identität und großen Attraktionen. Sehenswert ist jedoch am Donnerstagmorgen der große **Beduinenmarkt** (bei der alten Zitadelle). Aus dem gesamten Nordsinai reisen die Beduinen an, um hier Secondhand-Klamotten, Plastikwaren, Hühner, Kamele und natürlich auch Obst und Gemüse zu erstehen, Bekannte zu treffen, alten Streit zu schlichten und neuen Streit zu beginnen. Am östlichen Ortseingang dokumentiert ein kleines **Volkskundemuseum** (*Environmental Tourist Exhibition Center*, offen Mo–Do nach Anmeldung im Touristoffice) die Stadtgeschichte und frühere Lebensweise der Beduinen. Gegenüber steht das neue **El-Arish National Museum** zur Archäologie und Geschichte des Sinai. 2007 wartete es, endlich komplett eingerichtet, auf die offizielle Einweihung, und irgendwann soll es auch einmal für die Öffentlichkeit zugänglich sein. Hier wird neben Funden aus Pelusium auch die durch amerikanische Vermittlung zurückerstattete „Beutekunst" gezeigt, also jene Funde, die während der israelischen Besatzung des Sinai zunächst nach Israel kamen. Auch ein mumifiziertes Streitross der Hyksos wird zu sehen sein, jenes rätselhaftes Reitervolks, das im 17. Jh. v. Chr. via Sinai in Ägypten einfiel.

Etwa 40 km östlich von el-Arisch endet Ägypten. Die Grenze läuft mitten durch das Städtchen Rafah und trennt auch manche Familien. Durch die gleichnamige Grenzstation, die von Israel kontrolliert und nur selten geöffnet wird, kommt man in den palästinensischen Gaza-Streifen – von dessen Besuch derzeit nur abgeraten werden kann. In Nizana, dem nächsten und 80 km südwestlich von el-Arisch gelegenen Grenzübergang zwischen Ägypten und Israel, durften Touristen nicht passieren. Wer nach Israel ausreisen will, muss stattdessen die Grenze in Taba (Eilat) passieren (siehe S. 137).

Port Said – Blick über den Suezkanal zum asiatischen Stadtteil Port Fuad

Suezkanal

Majestätische Hochseeschiffe gleiten durch die Wüste – diesen ungewöhnlichen Anblick gibt es nur am Suezkanal. In den Kanalstädten Port Said und Ismailia entdeckt man noch viele Spuren der britischen Kolonialzeit.

Die Landenge von Suez schlägt eine 110 km breite Brücke von der Wüstenhalbinsel Sinai zum Nildelta, von Asien zu Afrika. In der Mitte senkt sie sich bis unter den Meeresspiegel und bildet Salzpfannen, Tümpel und natürliche Seen, die den Kanalbauern die Arbeit erleichterten. Der Suezkanal durchsticht diese Landenge und verbindet das Mittelmeer mit dem Roten Meer, Europa mit der östlichen Hemisphäre.

Nervenzentrum dieser Schlagader der Weltwirtschaft ist ein Hochhaus am Timsah-See bei Ismailia. Im Kontrollzentrum unter dem Dach geht es ähnlich zu wie auf einem Flughafen. Bildschirme zeigen alle Schiffsbewegungen an, per Funk ist man in ständiger Verbindung mit den elf Signalposten längs der Strecke, den Stationen an den Kanaleingängen und den Schiffen. Jedes der 40–50 Schiffe, die täglich zwischen Suez und Port Said oder umgekehrt unterwegs sind, muss einen Lotsen an Bord nehmen. Nur auf 68 von 162 km können die dicken Pötte im Gegenverkehr einander passieren, der Rest ist Einbahnstraße – deshalb wird in Konvois gefahren. Der Transit dauert 11 bis 16 Stunden.

Was eine Reederei an Zeit und Treibstoff spart, wenn sie ihr Schiff durch den Kanal schickt, hängt von der Strecke ab. Im Extremfall eines Transports von Piräus nach Jeddah wäre die Route um das Kap der Guten Hoffnung um 10.000 Seemeilen länger. Ein Frachter auf dem Weg von New York nach Singapur spart bei der Fahrt durch den Kanal hingegen nur 2260 Meilen. Die Kanalgesellschaft ist deshalb zu einer flexiblen Preispolitik übergegangen und räumt großzügige Rabatte ein. „Der Suezkanal war bisher immer der billigste Seeweg zwischen den beiden Hemisphären, und dabei soll es auch bleiben", erklärt Ezzat Adel, der frühere Chef der Kanalgesellschaft. Man kann das auch so verstehen, dass die Reeder bis an die Grenze dessen geschröpft werden, was den Weg über Suez gerade noch attraktiv macht. Mit einem Gewinn von jährlich knapp 4 Mrd. Dollar ist der Welt längster Kanal ohne Schleusen ein wichtiger Einnahmeposten für den ägyptischen Staatshaushalt. Seine Bedeutung für den Öltransport hat der Kanal jedoch verloren. Nur noch 20 % der Einnahmen stammen von Tankern. Der Rohstoff fließt statt dessen durch die SUMED-Pipeline von 'Ain Suchna (Suez) nach Alexandria oder umrundet in Supertankern das Kap der Guten Hoffnung. Bisher können nur Tanker bis 210.000 BRT den Kanal beladen passieren. Bis ins Jahr 2010 soll die Wasserrinne weiter vertieft und verbreitert werden, um noch größere Pötte aufnehmen zu können.

Geschichte

Die ersten künstlichen Wasserrinnen am Isthmus verbanden das Rote Meer mit dem östlichsten, dem pelusischen Nilarm. Die napoleonische Expedition fand im Wadi Tumilat Böschungsquader eines 45 m breiten und 5 m tiefen Kanals aus dem Mittleren Reich. Wenn Ägypten prosperierte und mit dem Sinai und seinem Hinterland vereint war, florierte der Verkehr auf dieser Wasserstraße. War der Osten in Feindeshand und Ägypten nur mit sich selbst beschäftigt, versandete und verfiel der Transportweg. Schon Herodot war sich dieser Wechselbäder bewusst: „Mitten in den Arbeiten ließ Necho (reg. 610–595 v. Chr.) aufhören, weil ein Orakelspruch ihm abriet; was er baue, sei zum Vorteil der Barbaren."

Drei Generationen später waren die Barbaren in Ägypten und bauten den Kanal selbst. „Ich, Persiens Großkönig, habe Ägypten erobert und befohlen, diesen Kanal zu graben von dem Fluss, der Nil genannt wird und der in Ägypten fließt, bis an das Meer, das nach Persien führt", ließ sich Darius von ägyptischen Schreibern in den längs des Kanalbettes aufgestellten Stelen verewigen. Auch die arabischen Eroberer bedienten sich des Kanals. Feldherr 'Amr Ibn al-'As schickte auf diesem Weg ägyptisches Getreide nach Medina. Hundert Jahre nach ihm wurde die Wasserstraße aus strategischen Gründen zerstört und bald vergessen.

Drei Kriege: Von Nutzen war der Kanal nur den europäischen Mächten. Das Land am Nil trieb er nicht nur in den Staatsbankrott, sondern, wie Mehmet Ali es vorausgeahnt hatte, unter die Kontrolle der Engländer, die zeitweise allein in der Kanalzone bis zu 80.000 Soldaten stationiert hatten. Durch den Kanal wurde Ägypten zur Kolonie, und als ihr letztes Pfand hielten die Engländer ihn bis 1956. Nassers Enteignung beantworteten England und Frankreich mit Luftangriffen und Landeoperationen, bis sie von den USA und der Sowjetunion zurückgepfiffen wurden. Zum letzten Mal hatten die alten europäischen Großmächte ihre Kanonenboot-Politik zu praktizieren versucht.

Doch die Freude der Ägypter, dass der Kanal jetzt endlich ihnen gehörte, währte nur zehn Jahre. Mit der demütigenden Niederlage im Junikrieg 1967 war die am Kanal gewonnene Ehre der Nation wieder verloren. Der israelische Feind grub sich am Ostufer in der Bar-Lev-Stellung ein, die Wasserstraße blieb blockiert, und die sporadischen Artillerie-Duelle im folgenden „Abnutzungskrieg" machten die Kanalstädte Port Said, Ismailia und Suez zu unbewohnbarem Kampfgebiet.

Während Israel den Yom Kippur des Jahres 1973 feierte, griffen die Ägypter an. Seither ist der 6. Oktober für das Nilland der „Siegestag". Plätze und Straßen sind

nach diesem Datum benannt, ja, eine ganze Stadt heißt so. Militärisch ging das Ringen nach ägyptischen Anfangserfolgen unentschieden aus – am Verhandlungstisch und mit amerikanischer Hilfe gewannen die Ägypter den Sinai zurück.

Vom Kanal zum Staatsbankrott

Es waren Gelehrte und Mächtige in Europa, die seit dem 18. Jh. überlegten und planten, wie der Seeweg nach Indien um Wochen zu verkürzen sei. Leibniz beschäftigte sich in einer Denkschrift für den Franzosenkönig Ludwig XIV. mit dem Kanal durch den Isthmus von Suez. Napoleon träumte davon, den Engländern auf diesem Weg in die indische Flanke zu fallen, und die Napoleonische Expedition hatte die Ausschachtung des Suezkanals bereits angedacht. Nach den Messungen des Ingenieurs Lepère ließ man von diesem Vorhaben jedoch schnell ab: Fälschlich nahm Lepère an, der Wasserspiegel des Roten Meeres läge 10 m über dem Niveau des Mittelmeers. Unter diesen Umständen hätte ein Durchstich schließlich Venedig und Marseille geflutet, was den Franzosen die Sache dann doch nicht wert war.

Wohl wissend, dass er nicht mehr Herr sein würde in Ägypten, wenn vitale Interessen des Auslands mit der Passage vom Mittelmeer zum Roten Meer verknüpft sein würden, hatte Mohammed Ali später den Kanalbau hartnäckig verweigert. Auf dem Weg von England nach Indien mussten die Passagiere zunächst in Alexandria landen und reisten dann in der Postkutsche nach Suez, um sich dort erneut einzuschiffen.

1851 gewährte Vizekönig Abbas dem englischen Eisenbahnunternehmer James Stevenson die Konzession für eine Schienenverbindung Alexandria–Kairo–Suez. Im April 1859 konnte Ferdinand de Lesseps' *Compagnie Universelle du Canal Maritime de Suez* schließlich mit den Arbeiten am Kanal beginnen, der Ägypten in den Staatsbankrott treiben sollte. Für gut ein Viertel des Gründungskapitals der Kanalgesellschaft hatte Lesseps in Europa keine Investoren gefunden. Diese Aktien überschrieb er, ohne groß zu fragen, dem ägyptischen Staat. 60.000 Fellachen wurden von ihren Feldern geholt und zur Fronarbeit gezwungen.

Am 17. November 1869 wurde die Wasserstraße mit viel Pomp eingeweiht. Auf 30 Schiffen dampften Diplomaten und gekrönte Häupter mit Kaiserin Eugénie an der Spitze in drei Tagen von Port Said nach Suez. Zur standesgemäßen Unterhaltung hatte man ihnen in Kairo gleich noch ein Opernhaus gebaut. Weil die Kanalbauer schneller waren als Verdi mit dem Komponieren der *Aida*, die der Vizekönig zur Jubelfeier bestellt hatte, mussten die Majestäten sich mit *Rigoletto* begnügen, immerhin vom Maestro persönlich dirigiert.

Alles in allem verschuldeten sich der Staatshaushalt bzw. die davon nicht zu trennende Privatschatulle der Dynastie für die Wasserstraße mit 16 Mio. Pfund (umgerechnet 217 Mio. Euro). Dazu kamen, so jedenfalls die Rechnung des britischen Konsuls Lord Cromer, zwischen 1866 und 1879 100 Mio. Pfund (1,3 Milliarden Euro) Nettoneuverschuldung zu anderen Zwecken. Unter den Geldgebern finden sich, von Oppenheim bis zur Bank von Sachsen-Meiningen, die großen und kleinen Namen des damaligen Bankgewerbes. 1877 standen Staatseinnahmen von 9,5 Mio. Pfund (128 Mio. Euro)

Ausgaben von 7,5 Mio. Pfund nur für Zins und Tilgung der Anleihen gegenüber. Auch die Abtretung der Kanalaktien an die englische Regierung brachte kaum Erleichterung. England und Frankreich zwangen den Khediven Ismail, zwei europäische „Schuldenkommissare" in die Regierung zu nehmen, ohne deren Zustimmung der ägyptische Staat keinen Piaster ausgeben durfte. Als der Khedive sich dieser Finanzkuratel widersetzte, erwirkten die Großmächte beim Sultan seine Entlassung – ohnehin hatte Ismail in Europa keine gute Presse und galt als Verschwender, der aus der Staatskasse Feste feiere und seinen Harem aushalte.

Port Said   (Bur Sa'id)

Die vom Mittelmeer, dem Suezkanal und einer Brackwasserlagune umschlossene Bade- und Handelsstadt (ca. 550.000 Einw.) bietet noch ganze Straßenzüge in der Kolonialarchitektur um 1900. Verblichene Schilder erinnern an vergangene Seefahrerromantik.

Von der Kolonialzeit sind im Stadtbild noch viele Spuren auszumachen: Port Fuad, der Ortsteil am Ostufer des Kanals, wurde 1926 als Wohnquartier für die Angestellten der Kanalgesellschaft angelegt und hat sich seither kaum verändert. Auf dem Westufer schafft die Kolonialarchitektur mit rechtwinkligen Straßenzügen, Arkaden und Holzbalkonen eine für Ägypten völlig untypische Atmosphäre, wie man sie eher aus den indischen Kolonialvierteln kennt. Auf verblichenen Schildern preisen Schiffsagenten ihre Dienste in Griechisch, Englisch und Französisch an. Hier kann man „Lloyd's Register" den Verlust eines Schiffes melden, dort seinem Konsul das Verschwinden des Passes. Beim Justizpalast führen die Dominikanerinnen noch immer das Hospital Délivrande, Franziskanerschwestern betreiben in der Gumhuriya-Straße eine französische Schule. Heute sind die Kais von Port Said unterbelegt. Da der Kanal hier in beiden Richtungen befahren werden kann und Zeit für die Reedereien bares Geld geworden ist, legen nur noch wenige Schiffe im Hafen an. Im Junikrieg wurden große Teile der Stadt zerstört, die Schließung der Wasserstraße ruinierte die Händler. Als Ausgleich für diese Schäden und zur Wiederbelebung der Wirtschaft bekam Port Said 1975 erneut den Status einer Freizone: Gegenüber dem Ausland gibt es keine Zölle, Import und Export sind ebenso steuerfrei wie jedes Gewerbe im Stadtgebiet. Damit hoffte man, aus-

Häuser der Kolonialzeit in Port Said

Suezkanal Karte S. 163

ländische Konzerne zum Bau von Fabriken bewegen zu können, deren Produkte dann wieder – duty free – ins Ausland verschifft werden könnten.

Gekommen ist es anders. Die Stadt wurde zu einem riesigen Supermarkt mit ausländischen Konsumgütern, die von Verbrauchern aus dem Delta und Kairo bei Einkaufsfahrten erworben und ins ägyptische Zollgebiet mitgenommen werden. Für fast jeden Geschmack und Geldbeutel gab es lukrative Angebote: Neben den Waren für den kleinen Mann, etwa die Unterwäsche aus Taiwan, fand die Hausfrau aus der Mittelschicht günstigen Kaffee oder Ananaskonserven. Doch zum Leid der Händler wurde die Zollbefreiung Schritt für Schritt abgebaut und lief 2007 aus.

Geschichte

Port Said, die Ägypter nennen es Bur Sa'id, entstand mit dem Suezkanal und war zunächst nur ein Camp für die beim Bau beschäftigten Arbeiter. Als die ersten Schiffe kamen und hier an der Einfahrt zum Kanal auf die Freigabe der Passage warteten, ließen sich Händler, Schiffsagenten, Schankwirte und Prostituierte am neuen Hafen nieder. „Verderbtheit gibt es in vielen Teilen der Welt, Sünde überall, aber die konzentrierte Essenz aller Laster und Sünden findet sich in Port Said", notierte Rudyard Kipling 1899 in The Light that Failed und beschrieb ausführlich die Spieltische, Salons und Tanzlokale. „In Port Said ist alles käuflich." Auch Aldous Huxley ließ sich über die englisch-französische Kolonialstadt unter dem Regime der Kanalgesellschaft aus: „Sie sprechen alle Sprachen und nehmen jede Währung. Doch im Gegenzug rauben sie aus, und die Gabe ihrer Zungen benutzen sie nur für Betrügereien."

Anfahrt

• *Bus* Der Busbahnhof liegt etwa 3 km außerhalb des Zentrums an der Straße nach Kairo. **Superjet** (✆ 3229018) fährt mehrmals täglich nach Kairo und um 16.30 Uhr nach Alexandria. **East Delta Bus** (✆ 3227883) fährt von 6–22 Uhr stündlich nach Kairo (3 Std.) und bis 19 Uhr stündlich nach Ismailia (1,5 Std.). Weitere Busse gehen nach Alexandria (7, 11, 15.30, 19 Uhr, 3–4 Std.), Suez, ins Delta und nach Luxor via Hurghada.

• *Sammeltaxi* Der Terminal befindet sich neben der Busstation. Ab dem Spätnachmittag suchen die Chauffeure auch vor dem Bahnhof nach Kunden.

• *Zug* Die täglich 10 Züge nach Ismailia, 5 davon weiter nach Kairo (4 Std.), sind der langsamste und billigste Weg, die Stadt zu verlassen. Immerhin hat man – bis Ismailia immer auf einem Damm am Kanal entlang – eine gute Aussicht.

• *Schiff* Das ganze Jahr über wird Port Said von Kreuzfahrtschiffen aus Zypern angesteuert, auf denen auch einfache Passagen gebucht und sogar Autos transportiert werden können. Auskunft bei **Nasco Tours**, Sh. Filistin, neben der Touristinformation, ✆ 3329500, www.nascotours.com.

• *Innerstädtisch* Eine für Fußgänger kostenlose Fähre setzt über den Kanal zum Stadtteil Port Fuad über. Zu Land gibt es außer den üblichen Taxis auch gemütliche Pferdekutschen (hantour), die für 10 LE/Std. angeheuert werden können. Für ein Taxi innerorts muss man mit 2–5 LE rechnen.

> Vergessen Sie bei einem Ausflug in die Freihandelszone Port Said nicht Ihren Pass. An den Ausfahrten der Stadt kontrolliert die Polizei den Ausweis und der Zoll das Gepäck.

Verschiedenes

• *Information* 43 Sh. Palestine, ✆ 3235289, Sa–Do 9–13.30, im Sommer auch 15–20 Uhr. Erhältlich sind Stadtplan mit Hotel-verzeichnis und eine Info-Broschüre über die Stadt. Für ägyptische Maßstäbe ein nicht nur freundliches, sondern auch in-

An der Corniche von Port Said

formatives Büro. Eine Filiale befindet sich im Bahnhof.

● *Notfälle* Als bestes Krankenhaus gilt das El-Soliman-Hospital beim Stadion, ✆ 3331533; Touristenpolizei, Sh. Palestine, ✆ 3228570.

● *Passbüro* Im Governorate an der Corniche, 4. Stock links, Sa–Do 8–14 Uhr.

● *Post & Telefon* Die Hauptpost befindet sich in der Sh. el-Gumhuriya auf Höhe des Ferial Garden, offen Sa–Do 8–17 Uhr. Telefonämter gibt es in der Sh. Palestine, zwei Blocks nördlich vom Touristoffice, und hinter dem Governorate Building.

● *Lesen* Sylvia Modelski, *Port Said Revisited*, Washington DC (Faros Two Thousand Publ.) 2000. Die Autorin lässt

anlässlich eines Besuchs im Port Said unserer Tage ihre Kindheit und die Stadt in den 1930ern Revue passieren.

● *Musik* Port Said ist die Heimat des angesehenen Musikensembles **Tanboura**, dessen Stil sich an die lokale Volksmusik anlehnt. Wenn die Gruppe nicht gerade auf Tournee in Europa oder sonst wo ist, kann man sie ab und an auch in Port Said hören. Schauen Sie auf der Website (www.eltanbura.com) oder fragen Sie bei der Touristinformation.

Telefonvorwahl: 066

Übernachten (*Karte S. 168/169*)

Am ägyptischen Wochenende (Do/Fr) empfiehlt es sich auch in den einfachen Hotels, das Zimmer vorab zu reservieren.

Helnan (1), New Corniche, Ecke Sh. el-Gumhuriya, ✆ 3320890, ✆ 3323762, www.helnan.com, DZ ab 150 $. Das Haus verdankt seine Spitzenstellung vor allem der Top-Lage direkt am Mittelmeer – nur die neue Promenade trennt das Hotelgrundstück vom Strand. Die Zimmer sind weitgehend in Reihenbungalows untergebracht, großzügige Freiflächen umgeben den Pool.

Sonesta (5), Nordende Sh. Palestine,

✆ 3325511, ✆ 3324825, www.sonesta.com, DZ ab 165 $. Der Konkurrent des Helnan kann mit etwas komfortableren Räumlichkeiten aufwarten. Der Blick vom Zimmer über die Kanaleinfahrt ist den dafür geforderten Aufschlag wert.

Holiday (10), 23 Sh. el-Gumhuriya, ✆ 3220711, ✆ 3220710, DZ 40–55 $; wegen der ruhigeren Lage in seiner Preisklasse die bessere Alternative gegenüber dem Panorama.

Suezkanal
Karte S. 163

Panorama (7), Nordende Sh. el-Gumhuriya, ℘ 3325101, ℘ 3325103, DZ 33 $. Ansprechende Zimmer mit Klimaanlage und TV in einem Hochhaus, doch wegen der Lage schräg gegenüber einer Moschee nichts für lärmempfindliche Ohren.

De la Poste (11), 42 Sh. el-Gumhuriya, ℘ 3224048, DZ ohne Frühstück 45–65 LE; ein älteres, einfaches, doch leidlich gepflegtes Haus mit hohen Räumen, knarrenden Dielen und dem Charme der Kolonialzeit. Die Zimmer teilw. mit eigenem Bad, TV und Kühlschrank. Frühstücken kann man im zugehörigen Café.

Jugendherberge (4), Sh. Mohamed Sarhan Ecke 23. July, beim Stadion, ℘ 3228702, Bett im Schlafsaal 20 LE. Die Schlafsäle mit 20 Betten sind vor allem mit einheimischen Schulklassen und Studentengruppen belegt. Sauber, doch wenig ansprechend und ziemlich abseits gelegen.

Essen & Trinken

In Port Said isst man, wen wundert's in einer Stadt mitten im Wasser, vor allem Fisch und Meeresfrüchte zu durchaus moderaten Preisen.

Abou Essam (2), Corniche. Mit seiner Aluminiumfassade und der Softdrink-Maschine am Eingang könnte man Abou Essam auf den ersten Blick für einen Imbissstand halten, doch hinter dem schäbigen Eingang zeigt sich das Fischlokal angenehm klimatisiert, die Kellner sind mit Krawatte, die Tische mit Blumen und die Wände mit maritimen Motiven samt einem Plastikhummer geschmückt. Empfohlen sei als Starter die „Mediterranean Soup", eine Fischsuppe, die mit ihrer reichlichen Gemüseeinlage eher einem Eintopf gleicht, und als Hauptgang etwa Barbouni, nach Wahl gegrillt oder gebraten. Für ein Menü für 2 Pers. rechne man rund 100 LE.

El-Borg (3), Corniche, ℘ 3323442. Ein weiteres renommiertes Seafoodlokal, mit einer Filiale ist es auch in Kairo präsent. Ganz frischer Fisch, gegrillt auch in Selbstbedienung. Doch lassen Sie sich besser die im eigenen Saft sanft geschmorte Meeräsche *(burri)* bringen, ein hier perfekt zubereitetes Nationalgericht der ägyptischen Mittelmeerküste. Gerichte 15–50 LE, offen bis weit nach Mitternacht.

Noras Floating Restaurant (9), ℘ 3326804, sticht im Sommer täglich um 15 und 21 Uhr von der Ecke Sh. Palestine, 23. July in See.

Übernachten
1 Helnan
4 Jugendherberge
5 Sonesta-Hotel
7 Panorama-Hotel
10 Holiday-Hotel
11 Hotel de la Poste

Essen & Trinken
2 Abou Essam
3 El-Borg
6 Maxim
8 Pizza Pino
9 Noras Floating Restaurant
12 Popeye
13 Cecil Bar/Reana House

Kairo Busstation

Die 90-minütige Rundfahrt kostet 10 LE, dazu kommt ein Mindestkonsum von 25 LE, den man an der Bar oder im Restaurant ausgeben kann.

Maxim (6), im Shopping Center hinter dem Nationalmuseum, ℘ 3234335. Hinter schäbiger Fassade verbirgt sich gediegenes Ambiente mit Blick auf den Kanal, Seafood-Menü für 2 Pers. ab 100 LE.

Pizza Pino (8), Sh. el-Gumhuriya Ecke 23. July. Unten eine Cafeteria (mit vorzüglichem Speiseeis und Cappuccino), oben das Restaurant in den italienischen Nationalfarben Grün-Weiß-Rot. Etwas störend ist das lautstarke TV-Programm. Italienische Küche mit Pizza, Pasta, Fleisch und natürlich Fisch. Hauptgericht um 30 LE.

Popeye (12), Sh. el-Gumhuriya, Ecke Safiya Zaghloul. Ein preiswerte und anspre-

Port Said

150 m

chende Cafébar mit Restaurant, das z. B. Schwarma, gegrillte Fleischgerichte, Hühner und Fisch sowie allerlei Vorspeisen anbietet. Spinat gibt es leider nicht. Einige Tische stehen im Freien.

Suez Canal Authority Club, Port Fuad, gleich links neben der Fähre. Ein schöner Platz, um

den Schiffen zuzuschauen. Geringer Eintritt, mittags einfache Tagesgerichte für 10–15 LE.

Cecil Bar (13), Sh. el-Gumhuriya, im Haus des Reana Chinese Restaurant. Die Bar hat bis spät in den Abend geöffnet, im Sommer kann man draußen direkt an der Straße sitzen und dem Treiben zuschauen.

Sehenswertes

Die Straßen el-Gumhuriya und en-Nada sind die wichtigsten Einkaufsmeilen der Stadt. Flaniert wird außerdem auf den neu angelegten Promenaden entlang dem Kanal und der Mittelmeerküste mit ihren öffentlichen Strandbädern, wo sich die ägyptischen Tagesausflügler in der warmen Jahreszeit am Schattenbad erfreuen. Der Kontrast zu den Ausländerstränden am Roten Meer ist nicht nur bei der Kleidung auffällig.

Nationalmuseum: Das Museum zeigt archäologische Funde aus der Region, die von der Steinzeit über die Pharaonen bis in die islamische Periode reichen. Zweiter

Schwerpunkt ist die Ausstellung zur Stadtgeschichte. Besonders gefallen haben uns ein koptischer Umhang mit eingewebten Medaillons der Apostel, die Kutsche des Khediven Ismail und die ptolemäischen Totenmasken. Am Eingang werden ein ausführlicher Museumsführer, Bücher zum Thema und Repliken der Kunstschätze verkauft.

Am Nordende der Sh. Palestine; Sa–Do 9–16, Fr 9–12, 14–16 Uhr, Eintritt 20/10 LE.

Karneval am Kanal

Das ägyptische Frühlingsfest Scham en-Nessim feierte Port Said lange auf besondere Art. Andernorts verbringt man den Tag mit einem Picknick im Grünen. Die Port-Saider feierten in der Nacht. Mitten auf den Straßen errichteten sie gewaltige Scheiterhaufen und verbrannten lebensgroße Puppen, genannt *el-limbi* oder *Limbo Bey*. Derart verballhornt lebte Lord Allenby fort, der im 1. Weltkrieg und danach die englischen Besatzungstruppen in Ägypten kommandierte und besonders verhasst war. So entwickelte sich das Frühlingsfest zu einem politischen Karneval, der zeitgemäße politische und soziale Missstände aufgriff und etwa den Bäcker wegen der Brotpreise oder den Hausherrn wegen der hohen Mieten symbolisch den Flammen überantwortete. Auch „Staatsfeinde" wie etwa einst Saddam Hussein kamen zu gegebener Zeit ins Feuer.

Vorgeblich der Brandgefahr wegen sind die Karnevalsfeuer seit einigen Jahren verboten und finden allenfalls noch in kleinem Rahmen am Strand statt. Schade – Port Said ist um eine Attraktion ärmer.

Militärmuseum: Die Ausstellung umspannt mit Schautafeln, Diashows, martialischen Gemälden und ebensolchen Exponaten Kriege von den Pharaonen bis in unsere Tage. Schwerpunkt sind die letzten drei militärischen Auseinandersetzungen zwischen Israel und Ägypten, aus denen Panzer, Bomben und anderes Kriegsgerät zu sehen sind.

Sh. 23. July, Sa–Do 9–17 Uhr, Fr 9–12, 14–16 Uhr, Eintritt 5 LE.

Lesseps-Statue: Die Kolossalstatue von Ferdinand de Lesseps, 1956 als ein Symbol des Kolonialismus mit Dynamit vom Sockel gestoßen, gehört zu jenen seltsamen Denkmälern, die gerade dadurch, dass sie nicht da sind, die Erinnerung wach halten. Selbst der örtliche Fremdenverkehrsprospekt empfiehlt den leeren Sockel des Denkmals am Nordende der Sh. Palestine als besonders sehenswert. Doch wo ist de Lesseps? Die Statue überstand bruchstückhaft den Denkmalsturz, wurde auf Kosten des französischen Staats zusammengesetzt und aufpoliert – und ruht nun in irgendeinem Magazin. Der Aufstellung an alter Stelle widersetzten sich die ganze Stadt und viele ägyptische Meinungsführer. Angesichts der massiven Proteste wurde de Lesseps zur Chefsache, und der Präsident nahm weise davon Abstand, dem Volk mit einer Wiedererrichtung drastisch vor Augen zu führen, dass Nassers Revolution und seine Verstaatlichungen nur eine Episode waren. Irgendwann soll die Statue an einen neuen Platz kommen, und dieser Platz wird nun seit einigen Jahren in aller Ruhe gesucht.

Beinahe wäre in Port Said nicht de Lesseps, sondern die New Yorker Freiheits-Statue zu sprengen gewesen – angesichts ihrer stolzen 46 m sicher kein leichtes Unterfangen. Der französische Bildhauer Frederic Auguste Bartholdi hatte sich von

Strandcafé am Timsah-See

den Kolossalstatuen des Ramses in Abu Simbel zu seinem Werk inspirieren lassen. Als Symbol des Fortschritts machte er die Dame mit der Fackel, oder genauer ein Modell derselben, dem Khediven schmackhaft. Doch als es dann an die Ausführung gehen sollte, war Ägypten bereits pleite und seine Staatskasse unter der Kuratel der europäischen Mächte. Auf Kosten Frankreichs konnte Bartholdi seine in Kupfer getriebene Freiheitsgöttin dennoch bauen – als Staatsgeschenk wurde sie 1886 in die USA verschifft.

Gebäude der Kanalverwaltung: Da das leere Podest der Lesseps-Statue auf einem Foto nichts hergibt, erkoren die Postkartenhersteller das 1869 errichtete Gebäude der Kanalverwaltung zum neuen Wahrzeichen der Stadt. Direkt an der Wasserfront ist es mit seiner grünen Kuppel und dem maurischen Baustil ein schöner Blickfang. Besichtigen kann man es nicht.

Italienisches Konsulat: Eine weitere Preziose unter den Bauten von Port Said wird dagegen kaum beachtet. Im späten Art déco des italienischen Faschismus steht an der Ecke Sh. 23. July/Sh. Palestine hinter einem Park das italienische Konsulat – eine Rosine für Freunde klassisch-moderner Architektur. Auch die Inschrift hat überdauert. „Rom – wieder das Herz eines Imperiums." Lang ist's her ...

Suezkanal
Karte S. 163

Kahnpartie auf dem Suezkanal

Mancher mag davon träumen, die Passage durch den Kanal einmal von Deck eines Schiffs zu erleben. Bislang werden solche Touren zwischen Port Said nach Suez von den Reisebüros nicht angeboten. Aus Sicherheitsgründen dürfen auf dem Kanal auch keine Ausflugsboote verkehren. So bleibt nur die kurze „Kreuzfahrt" mit einer Kanalfähre, zum Beispiel von Port Said nach Port Fuad, oder die Tour mit dem Port Saider Restaurantschiff *Noras*.

Mansala-See

Was von der Nehrung zwischen Port Said und Damietta aus als einladendes Gestade im Sonnenlicht glitzert, wird, je weiter man mit dem Boot nach Süden kommt, zu einem trüben, stinkenden Gewässer. Täglich 11 Mio. m³ Abwasser, davon 95 % ohne jede Klärbehandlung, leitet der in Kairo beginnende Kanal Bahr el-Baqar in Ägyptens größten natürlichen Binnensee, der nur durch wenige, schmale Durchlässe mit dem Mittelmeer verbunden ist. Anfangs waren die etwa 17.000 Fischer begeistert, vermehrte sich doch durch den Eintrag organischer Stoffe der Fischbestand explosionsartig, sodass bis zu 260 kg Speisefische pro Feddan und Jahr „geerntet" werden können. Doch mittlerweile fürchten sie um ihren Lebensunterhalt. Der Wasseraustausch mit dem Mittelmeer ist gestört, der Salzgehalt des Mansala sinkt, und mit ihm schwanden die wertvollen Meeresfische zu Gunsten minderwertiger Süßwasserfische. Dass diese mit Schwermetallen aus dem Abwasser vergiftet und mit Parasiten verseucht sind, hat sich auch unter einfachen Leuten herumgesprochen. Auch die oft als vermeintlicher Ausweg angelegten Fischfarmen sind davon betroffen.

Teile des flachen, im Durchschnitt kaum 2 m tiefen Sees, der auch wichtiger Lebensraum für Wasservögel und Rastplatz für Zugvögel ist, sind unter Naturschutz gestellt, was ihn freilich nicht vor den Abwässern von Industrie, Haushalten und der Landwirtschaft schützt. Paradoxerweise hat sich die Situation, so die Experten des Umweltamtes, mit der Inbetriebnahme von Kairos Kläranlage noch verschlimmert. Diese filtert Schwebstoffe und Sulfide aus dem Abwasser, die bisher einen Teil der Metalle banden. Ein dänisches Umweltprojekt versucht, mit dem Anlegen von Schilfzonen die Selbstreinigungskraft des Sees zu erhöhen. Die Pflanzen binden das organische Material und zu einem gewissen Grad auch Pestizide und Metalle, doch muss das abgestorbene, schließlich zu Schlamm verrottete Schilf regelmäßig aus dem See gebaggert werden, um sein Verlanden zu verhindern.

Der Mansala-See lässt sich auf einer Fahrt mit der Fähre von Port Said nach el-Matariya erkunden. Die Schiffe legen an der Station Safina auf der Nehrung 5 km nordwestlich des Zentrums ab, ihr Hafen ist mit dem Taxi zu erreichen.

Ismailia   (Isma'ileiya)

Mit seiner schicken Gartenstadt, die sich der ältesten Fußgängerzone Ägyptens rühmt, und dem nahen Suezkanal ist Ismailia einen Tagesausflug wert. Einzelne herausragende Sehenswürdigkeiten hat die Stadt nicht.

Wie die anderen Kanalstädte ist Ismailia nicht älter als der Kanal selbst. Der Name erinnert an Ismail Pascha, den ägyptischen Herrscher zur Zeit des Kanalbaus. Eine Bahnlinie trennt Ismailia in zwei Welten: auf der einen Seite die schicke, ungewöhnlich saubere und begrünte Kolonialstadt (el-Afrang), einst gebaut für die europäischen Beamten der Kanalzone. Auf der anderen Seite ballt sich die Masse der 350.000 Einwohner auf engem Raum entlang holpriger oder gänzlich ungeteerter Gassen in wenig ansehnlichen Mietskasernen – kein echter Slum, aber doch ein verslumtes Quartier. Das dritte Gesicht Ismailias sind die inzwischen nicht mehr ganz neuen Trabantenstädte mit großen Wohnblocks und Hochhäusern, wie man sie bis in die 70er Jahre auch in Deutschland baute. Diese Siedlungen, etwa Sheikh Sayed City, sind nach den Spendern aus den Golfstaaten benannt, die das Geld für den Wiederaufbau der im letzten Krieg zu 40 % zerstörten Stadt gaben. Die Wohnungen wurden bevorzugt an Kriegshinterbliebene, Veteranen und Obdachlose vergeben.

Aus Ismailia stammte der 1999 verstorbene Tycoon Osman Ahmed Osman, der sein anfangs bescheidenes Bauunternehmen Arab Contractors zu einem der größten Mischkonzerne Ägyptens aufbaute. Mit den großzügigen Sponsorengeldern des Konzerns kann der örtliche Fußballclub als einzige ägyptische Provinzmannschaft den Kickern aus der Hauptstadt Paroli bieten. Ein anderer bekannter Sohn Ismailias war Hassan el-Banna, Gründer der Moslem-Bruderschaft, einer heute verbotenen Partei der gemäßigten und etablierten Islamisten. Last not least: Im Wadi Tumilat, der Wüste westlich der Stadt, gab es im letzten Weltkrieg ein Lager mit einigen tausend deutschen Kriegsgefangenen, darunter Erhart Kästner, der später mit seinem autobiografischen „Zeltbuch von Tumilad" den ersten literarischen Erfolg feiern konnte.

Anfahrt/Verschiedenes

• *Busse* Der Terminal für Busse (✆ 3321513) und Überlandtaxis liegt außerhalb beim Sportstadion im Norden der Stadt. Kleinbusse pendeln hier ins Zentrum. Für ein Taxi zahlt man 3 LE.

• *Bahn* Je 10 Züge am Tag verbinden Ismailia mit Kairo und Port Said, 5 Züge mit Alexandria. Die ebenfalls angebotenen Bummelzüge nach Suez brauchen deutlich länger als der Bus.

• *Information* Im New Governorate Building, Sh. el-Tegari, Sheikh Sayed City, ✆ 3326626, Sa–Do 8–14 Uhr. Das Büro liegt 1,5 km außerhalb des Zentrums und hat die üblichen Hochglanzprospekte, ist darüber hinaus aber wenig hilfreich.

• *Feste* Alljährlich im August gibt es im Kulturpalast der Stadt ein internationales **Folklorefestival** mit Volkstänzen aus aller Welt. Daran schließt sich im September ein international gut besetztes **Festival des Dokumentarfilms** an.

• *Paßbüro* An der Westecke des Midan el-Gumhuriya, Sa–Do 8–14 Uhr.

• *Post & Telefon* Das **Postamt** befindet sich neben dem Bahnhof, das **Telefonamt** auf der anderen Seite des Bahnhofsplatzes.

> **Telefonvorwahl: 064**

Übernachten (Karte S. 174/175)

Mercure Forsan Island (9), ca. 5 km außerhalb am Ufer hinter der Kanalverwaltung, ✆ 3916316, 📠 3918043, www.accorhotels. com, DZ 60–110 €. Das frühere ETAP liegt kinderfreundlich in einem großzügigen Garten mit eigenem Strand direkt am Timsah-See. Der Preis ist meiner Meinung nach eher der Lage als dem baulichen Zustand angemessen. Strand und Pool stehen gegen etwa 30 LE auch Tagesgästen offen.

Crocodile Inn (3), 179 Sh. Saad Zaghloul Ecke Sultan Hussein, ✆ 3912555, 📠 3912666, DZ 150 LE. Fünfstöckiges Mittelklassehaus im Zentrum, mit Bar und Restaurant. 20 renovierte und neu möblierte Zimmer. Vorsicht bei durch das Hotelpersonal vermittelten Fahrten, Einkäufen, Telefonaten und anderen Nebengeschäften!

Nefertari (1), 41 Sh. Sultan Hussein, ✆ 3912822, 📠 3912645, DZ 85 LE. Das Haus hat schon bessere Zeiten gesehen und war bei unserem Besuch etwas abgewohnt. In seiner Preisklasse ist es dennoch die beste Wahl am Ort. Zimmer mit Klimaanlage und Bad, kleine Bar mit rotem Schummerlicht.

Jugendherberge (10), Sh. el-Omhara, Timsah-See, ✆/📠 3922850, Bett ab 15 LE, DZ 55–75 LE. Eine der modernsten und mit 266 Zimmern auch größten Jugendherbergen der arabischen Welt. Bäder und Toiletten sind extrem sauber, die Technik funktioniert, von den meisten Zimmern (abschließbare Schränke vorhanden) genießt man die Sicht auf den Timsah-See. Seezugang mit eigenem Strand, freundliches Personal.

Essen & Trinken (Karte S. 174/175)

George's (7), Sh. Sultan Hussein, ✆ 3918327, tgl. 11–23 Uhr. Seit Georgios Pahiyannis, der das Lokal seit den 50ern führte, verstorben ist, hat die Küche (vorwiegend Seafood) etwas nachgelassen – jetzt kommen statt der hausgemachten Brühe oder Sauce schon mal Brühwürfel und Fertigmischungen zum Einsatz. Doch noch immer ist George's ein Treffpunkt der örtlichen Honoratioren.

King Edward (2), 171 Sh. el-Tahrir, ✆ 3325451, bietet vorwiegend Fischgerichte (25–60 LE), auch Pizza und Pasta; dazu Billard, aber kein Alkohol.

Nefertiti (4), Sh. Sultan Hussein, tgl. bis Mitternacht; ebenfalls vorwiegend Fischgerichte werden hier in sehr schlichtem Ambiente, doch stets frisch und zu erheblich günstigeren Preisen als bei George's serviert.

Gandool (6), Sh. el-Geish, tgl. bis nach Mitternacht; der Wirt führt gleichzeitig eine Metzgerei, und so ist das Fleisch des Grilllokals frisch und von guter Qualität.

Groppi (5), Sh. Sultan Hussein (schräg gegenüber von George's); die Konditorei mit Café ist ein Ableger der gleichnamigen Kairoer Institution. Anders als diese verkauft sie neben Eiscreme und Kuchen auch Alkoholika.

Fabiola's (8), Sh. el-Kanisa (bei der koptisch-katholischen Kirche in der Sh. Orabi), tgl. 11–23 Uhr, eine preiswerte Pizzeria.

Sehenswertes

Archäologisches Museum: Den Grundstock der 4000 Objekte umfassenden Sammlung bilden die bei der Ausschachtung der beiden Kanäle gemachten Funde. Auch Pelusium ist gut vertreten, und ein Raum ist den antiken Wasserstraßen zwischen Nil und Rotem Meer gewidmet. Prunkstück der Sammlung ist ein griechisch-römisches Mosaik mit mythischen Motiven um Dionysos, Hercules und Phädra. Den auf manchen älteren Plänen noch eingezeichneten *Garten der Stelen*, ein Block stadteinwärts vom Museum, bewacht eine lädierte Sphinx aus der Zeit Ramses II. Die Stelen wurden jedoch ins Museum von Port Said gebracht. Als Naturdenkmal seien die Nachkommen eines *Luftwurzelbaums* auf der Verkehrsinsel vor dem Garten erwähnt, den die Briten einst aus Fernost hierher verpflanzten.

Moh. Ali Kai, Sa–Do 9–16 Uhr, www. project-min.de/ismailia.html.

De Lesseps' Haus: Sie steht noch, die schicke Residenz des Kanalbauers, und birgt im Inneren weitgehend die originale Ausstattung bis hin zu Bibliothek und Kutsche des einstigen Hausherren. Gewöhnlichen Sterblichen ist die Villa nicht zugänglich, nur ihren VIPs gewährt die Suez Canal Authority ab und an eine Führung.

Am Suezkanal: Eine Fahrt mit dem Servicetaxi führt vom Mohammed Ali Kai an der Kanalverwaltung und dem Forschungsinstitut vorbei zur Kanalfähre (Ferri Sitta). Oberhalb des Anlegers gibt es eine kleine Siedlung mit schönem

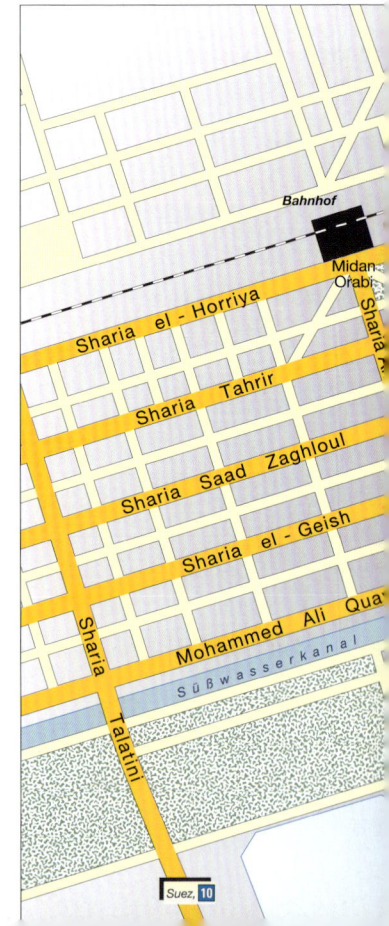

Bahnhof

Midan Orabi

Sharia el - Horriya

Sharia Tahrir

Sharia Saad Zaghloul

Sharia el - Geish

Mohammed Ali Qua

Sharia Talatini

Süßwasserkanal

Suez **10**

Aussichtsplatz (Nimrah Sitta), auf dem Sadat über die ägyptisch-israelischen Beziehungen zu sinnieren pflegte. Das Kirchlein gehörte zum einst von französischen Schwestern betriebenen Spital, die Moschee ließ Präsident Sadat hinstellen.

Ein anderer Platz zum Schiffegucken ist der *Strandclub der Kanalverwaltung,* auf halbem Weg zwischen Stadt und Fähre, wo man auch baden kann. Weitere Strände (Eintritt um 25 LE) am Timsah-See erreicht man über die Sh. Talatini.

El-Fayed

Nach dem Rückzug der Israelis vom anderen Kanalufer hat sich hier am feinen Sandstrand des Großen Bittersees eine Ferienkolonie entwickelt, die allerdings kein deutsches Reisebüro in seinem Programm führen dürfte. Wer hier, gerade zwei Autostunden von Kairo und auf halbem Weg zwischen Ismailia und Suez, eine Villa gebaut hat, will unter sich bleiben und sucht Ruhe. Der Strand läuft flach im ruhigen Wasser aus, sodass auch Kinder gefahrlos baden können.

Suez

Wen es auf dem Weg zwischen Sinai und Rotem Meer nach Suez verschlägt, weil hier der Bus gewechselt werden muss, der kann getrost gleich mit dem nächsten Anschluss weiterfahren: Die Stadt spricht wenig an und bietet keine Sehenswürdigkeiten.

Suez (500.000 Einw.) besteht aus der eigentlichen Stadt und dem wie ein gekrümmter Finger geformten Vorort Port Tawfiq. Port Tawfiq, über einen Damm mit dem Zentrum verbunden, trennt die Suez Bay vom Eingang des Kanals, an seiner Spitze befindet sich der Passagierhafen. Auf der Westseite der Suez Bay liegt die ausgedehnte Industriezone.

Die Stadtgeschichte reicht bis in die ptolemäische Zeit zurück. Unter dem Namen Klysma gab es damals einen Hafenort, im Mittelalter die befestigte Stadt Qulzum. Nach 1840 boomte Suez als Zwischenstation auf dem Weg zwischen Europa und Indien: Man wechselte in Alexandria vom Dampfer in die Postkutsche nach Suez, um dort wieder ein Schiff zu besteigen. Kein anderer als Robert Stephenson, Erbauer der ersten Dampflokomotive, ersetzte Thomas Weghorns Kutschendienst durch eine Eisenbahn, und 1869 eröffnete man den Kanal.

1967, als die Israelis bis in die Vororte vordrangen, und nochmals 1973 wurde Suez nahezu völlig zerstört, auch in der Zwischenkriegszeit war die weitgehend verlassene Stadt oft das Ziel israelischer Vergeltungsschläge. Der Wiederaufbau geschah in den 70ern und 80ern so hastig wie wenig geplant und schuf eher Masse als Klasse; angesichts des dringenden Wohnungsbedarfs der zurückkehrenden Flüchtlinge verständlich, doch wenig geeignet, Touristen in die Stadt zu locken. Was bleibt, ist vielleicht ein Spaziergang auf der Strandpromenade entlang der Bucht oder in Port Tawfiq am Kanal, ein Blick auf das verschlossene und verfallende Kirchlein aus der Kolonialzeit in der Straße el-Geish oder ein Gang über den bunten Markt. Doch das alles ist keinen gesonderten Ausflug wert.

Anfahrt

● *Busse* Die Busstation New Terminal liegt ca. 5 km außerhalb des Stadtzentrums. **Upper Egypt Bus** fährt etwa stündlich über 'Ain Suchna und Za'afarana nach Hurghada (5 Std., um 40 LE), teilw. weiter über Safaga nach el-Quseir oder nach Quena–Luxor–Assuan.

East Delta Bus fährt halbstündlich (bis 20 Uhr) nach Kairo sowie nach Ismailia (teilw. weiter nach Port Said), 4-mal am Tag nach Alexandria. Richtung Sinai kommt man bis 18 Uhr etwa alle zwei Stunden nach Scharm el-Scheich (4½ Std., 30 LE), um 11 Uhr nach St. Katharina und Dahab,

um 15 und 17 Uhr nach Nachl–Taba–Nuweiba (6–7 Std., 35 LE). Weitere Busse fahren entlang der Sinai-Westküste bis et-Tur. Wer in den Nordsinai (el-Arisch) will, muss in Ismailia den Bus wechseln.

● *Servicetaxis* Diese fahren vom Platz neben der Busstation in alle größere Städte Ägyptens, steuern auf dem Sinai aber nur et-Tur an.

● *Bahn* Wer sich denn unbedingt quälen mag ... Der Bahnhof liegt 2 km westlich des Zentrums. Bummelzüge tuckern nach Kairo und Ismailia.

Übernachten
1 White House
4 Green House
6 Red Sea
7 Summer Palace
8 Arafat Hotel

Essen & Trinken
1 White House
2 Abu Ali
3 El-Khalifa
5 Le Pacha
9 Safsafa
10 Alf Leila

Suez

300 m

• *Schiffe* Von Suez fahren täglich Passagierschiffe nach Jeddah (Saudi-Arabien) und mehrmals die Woche nach Port Sudan. Besonders der Trip in die sudanesischen Tauchgründe mag reizvoll erscheinen, erfordert aber vorab ein sudanesisches Visum.

Tickets verkaufen die **Schifffahrtsagenturen** in Port Tawfiq: Telestar/El-Salam Transport, am Eingang des Passagier-Terminals, Gate 5, ✆ 3326251, www.elsalam maritime.com; Menatours, Sh. el-Marwa, ✆ 3228821.

Verschiedenes

• *Information*   Port Tawfiq, am Kanal, ✆ 3331141; Sa–Do 8.30–17, Fr 8.30–12 Uhr. Das Personal ist bemüht und hilfreich – nur daran, dass es in Suez nichts zu sehen gibt, können die er auch nichts ändern.
• *Passbüro* Sh. el-Hurriya Ecke Saad Zaghloul.
• *Post & Telefon*   Die Hauptpost befindet

sich in der Sh. Hoda Schaarawi, das Telefonamt an der Sh. Schohada Ecke Saad Zaghloul.

> **Telefonvorwahl: 062**

Übernachten/Essen & Trinken (Karte S. 176/177)

In den Wochen vor und nach dem islamischen Opferfest Aid el-Adha treffen sich in Suez die Mekka-Pilger – in dieser Zeit ist es nahezu unmöglich, hier ein Zimmer zu bekommen.

• *Übernachten*   **Red Sea (6)**, 13 Sh. Riad, Port Tawfiq, ✆ 3334302, 🖅 3334301, DZ 70 $. Das beste Hotel der Stadt liegt in einer ruhigen Seitenstraße. Im 6. Stock befindet sich ein Restaurant mit schöner Aussicht.
Green House (4), Sh. el-Geish Ecke Corniche, ✆ 3331553, 🖅 3331554, DZ 70 $. Bei einer lebhaften Kreuzung, weshalb man besser ein rückseitiges Zimmer (Kanalblick, Kühlschrank, Balkon) nimmt – für den Preis schienen sie mir relativ schäbig eingerichtet. Die Lobby strahlt tatsächlich in sattem Grün, neben Restaurant und Wechselstube hat das Hotel auch einen Pool. Vorsicht beim Frühstück: Wer sich Kaffee nachschenken lässt, bekommt anschließend eine Zusatzrechnung.
Summer   Palace   (7),   Port   Tawfiq, ✆ 3221287, 🖅 3326615, DZ 65 $. Kein Palast, sondern eine Bungalowanlage, schön auf einer kleinen Halbinsel an der Suez Bay gelegen. Tagsüber steht die Anlage (Meerwasserpool, Beach Bar) für 15 LE auch Nicht-Gästen offen. Nach einer grundlegenden Renovierung wäre das Hotel zu empfehlen.
White   House   (1),   322 Sh.   el-Geish, ✆/🖅 3331550, DZ 90 LE. Das Haus mit Restaurant und Bar ist nicht schlechter als die beiden vorgenannten, doch deutlich preiswerter. Kein Wunder, dass es bei einheimischen Geschäftsleuten sehr beliebt und

häufig ausgebucht ist. die Zimmer sind in sehr unterschiedlichem Zustand, lassen Sie sich ruhig mehrere zeigen.
Arafat (8), Sh. Arafat, ✆ 3338355, DZ 50 LE. Das einzige Budget-Hotel in Hafennähe. Saubere Zimmer mit Ventilator, teilw. mit eigenem Bad.

• *Essen & Trinken*   Den besten Ruf genießt das Restaurant des **White-House-Hotels (1)**. In der Nachbarschaft findet man mehrere gute Fischlokale. **Abu Ali (2)** oder das **El-Khalifa Fish Center (3)** z. B. bietet den Tagesfang, gewöhnlich gegrillt und mit Preis nach Gewicht. Um die Ecke, in der Sh. Saad Zaghloul, empfiehlt sich **Le Pacha (5)** mit süßen Torten und Eiscreme.
Veilleicht haben Sie das Fischlokal **Safsafa (9)** in Scharm el-Scheich kennen gelernt? Es gibt auch eine Filiale in Suez, leider weit außerhalb des Zentrums am Ende der Corniche beim Stadion. Wer den Weg auf sich nimmt, wird mit dem Anblick einer Vitrine voll frischer Meerestiere belohnt, aus dem er sich sein Mahl aussuchen kann.
In Port Taufiq sind Restaurants ausgesprochen rar. Eine Ausnahme macht **Alf Leila (10)**, gleich bei der Touristinformation, wo in leicht kitschiger Einrichtung ägyptische Küche serviert wird oder man auch einfach nur zum Kanalblick eine Wasserpfeife rauchen kann.

Schön und Reich trifft sich in der Ferienstadt el-Gouna

Rotes Meer

Hurghada, das mit Abstand größte Urlaubszentrum am Roten Meer, gewinnt seine Gäste vor allem über den Preis: Als Winterziel, regenfrei mit badewarmem Meer, ist es unschlagbar billig – und wesentlich näher als etwa die Karibik. Hinterland und Wüste, die zugegeben mit der Naturschönheit des Sinai nicht mithalten können, interessieren hier wenig. Kultur ist kaum gefragt, wichtiger ist der Teint, und selbst gebadet wird lieber im Pool als im Meer. Erfahrene Taucher kehren Hurghada zunehmend den Rücken und steuern Ziele weiter im Süden an: Um Marsa Alam versprechen die Riffe Taucherlebnisse der Extraklasse. Das Hafenstädtchen Safaga hat unter Surfern einen guten Namen und sieht regelmäßig einschlägige Weltcup-Rennen. El-Quseir, die einzige Küstenstadt mit heimeligem, historisch gewachsenen Zentrum, hat auch das interessanteste Hinterland zu bieten.

Am Golf von Suez

Zu Beginn ist die rund 400 km lange Strecke nach Hurghada nur wenig interessant. Am Stadtrand von Suez passiert man die Raffinerie und die in der Nachbarschaft angesiedelten petrochemischen Betriebe, dann bleibt die Straße in Sichtweite des Meers.

Nach den Ausläufern des **Gebel 'Ataqa** folgt die weit gefächerte Mündungsebene des **Wadi Ghuweiba;** im Winter trifft man hier Beduinen in einfachen Schilfhütten. Brackwassertümpel bringen etwas Abwechslung in die eintönige, gelbbraune Landschaft. Draußen in der Bucht warten Tanker auf Ladung oder die Einfahrt in den

Kanal, das Ufer ist auf weite Strecken mit Ölschlamm verunreinigt. Mit neuen Industriebauten, glitzernden Tanks und einem Pier macht die Verladestation der SUMED-Pipeline auf sich aufmerksam, die den Suezkanal vom Tankerverkehr entlastet und das Rohöl quer durch Ägypten nach Alexandria ans Mittelmeer pumpt, wo es wieder in Schiffe gefüllt oder in einer Raffinerie verarbeitet wird.

'Ain Suchna

Die Feriensiedlung 'Ain Suchna („Heiße Quelle") verdankt ihre Existenz den warmen Quellen, die hier wenige Schritte vom Ufer zu Tage treten.

Hier begann zwischen den Weltkriegen der Tourismus am Roten Meer: Abenteurer, Kletterer, Liebhaber von Wüste und Einsamkeit schlugen am Rande der Ebene zwischen Bergen und Meer ihre Zelte auf. In den 60ern entstand ein erstes Hotel, bis der Sechstagekrieg den aufkeimenden Tourismus abrupt stoppte und 'Ain Suchna als Vergeltungsziel der israelischen Artillerie in Schutt und Asche geschossen wurde.

Das damalige Staatshotel war berüchtigt für schlechten Service, doch im Nachhinein müssen die zarten Anfänge des Massentourismus als goldenes Zeitalter erscheinen. Längst ist der Palmenstrand mit seiner Schwefelquelle, gerade eine Autostunde von Kairo entfernt, voll erschlossen. Zwei Dutzend Ferienanlagen säumen das Meer. Die Gäste sind weitgehend Ägypter, viele haben ein Apartment auf Dauer gemietet oder gekauft.

● *Anfahrt* Als Tagesausflug erreicht man 'Ain Suchna mit dem Bus oder Sammeltaxi von Suez (ca. 60 km). Die letzte Rückfahrt ist bereits gegen 15 Uhr. Für eine Tagestour mit dem Taxi (special) rechne man ab Suez und zurück 200 LE.

● *Übernachten* **Swiss Inn Stella di Mare**, ☎/✆ 062-3250100, www.stelladimare.com, DZ mit HP ab 120 €, Tagesaufenthalt 160 LE, 1 Woche HP für 2 Pers. mit Flug ab 1200 €. Gut für ein paar ruhige Erholungstage im Anschluss an den Kairo-Stress – bei längerem Aufenthalt kommt aber schnell Langeweile auf. Wellness und Thalassotherapie werden hier groß geschrieben. Neben einem Sportprogramm samt Golfplatz bietet das Hotel darüber hinaus noch Ausfahrten zum Schnorcheln und Fischen. Allerdings liegt es ziemlich abseits (kein Geldautomat!)

Palmera Beach Resort, ✆ 062-3410816, ✉ 062-3410825, www.palmerabeachresort.com, DZ mit HP ab 100 €, 1 Woche HP für 2 Pers. mit Flug ab 1200 €. Eine Anlage direkt am Meer mit eigenem Strand, mit etwa 600 Betten, einem halben Dutzend Restaurants, umfangreichem Wassersportangebot und eigenem Reitstall. Am Abend kann man sich in der Jazzbar zu Klängen von Ella Fitzgerald oder in der hauseigenen Disco „Factory" vergnügen. Tagesgäste zahlen für die Benutzung des Strandes („Bietschfäsilities") und der Pools einschließlich Mittagsbüfett 130 LE.

Nach 'Ain Suchna schieben sich die Berge wieder bis an die Küstenstraße, ein landschaftlich sehr schöner Abschnitt der Route, der gerade mit Ferienanlagen überbaut wird. Nahe dem Brunnen **Abu Darag,** dessen Wasser heute ein Militärposten trinkt, befand sich einst das längst verschwundene Kloster des heiligen Climacus. Wenn dann die Felsen allmählich der Ebene Platz machen, passiert man einen hier nicht vermuteten **Windpark,** den ältesten des afrikanischen Kontinents, von deutschen Firmen mit deutschen Geldern gebaut, so wie Entwicklungshilfe eben gehandhabt wird.

Bei **Za'afarana,** einem öden Versorgungsposten mit Tankstelle, Teebude, Motel und Militärstation, trifft man auf die vom Nil kommende Wüstenstraße durch das Wadi 'Araba. Der kleine Verkehrsknotenpunkt beglückt Wüstenreisende mit Hotdogs,

'Ain Suchna, Rastplatz für Segelflieger

Papiertaschentüchern, Castrol GTX und anderen zivilisatorischen Errungenschaften. Auch hier wurde der Fortschritt in Beton gegossen. Gleichzeitig wartet vor der Küste eines der ergiebigsten Erdgasfelder Ägyptens auf die Ausbeutung, womit die Konflikte zwischen Fremdenverkehr und Ölindustrie vorprogrammiert sind.

Sahara Inn, ☎ 012-2363446, DZ ohne Frühstück 120 LE; ein sandiges Motel für einfache Ansprüche direkt an der Za'afarana-Kreuzung, geeignet für die Zwischenübernachtung beim Besuch der Klöster (siehe unten) oder für anderweitig Gestrandete. Mit Cafeteria.

Romance, ☎ 010-6089250, www.romance hotel.net, DZ 50 €. An der Küste 25 km nördlich der Za'afarana-Kreuzung. 170 geräumige Zimmer in mehreren Gebäuden. Das ruhige Hotel (keine Animation) wird vor allem von Kurzurlaubern aus Kairo und von Osteuropäern besucht. Wer nicht auf eigene Faust zu den Klöstern will, kann sich hier den Ausflug arrangieren lassen.

Luftverkehr

Vogelfreunde und Flieger werden sofort die hervorragende Thermik der Klippen am Südrand von 'Ain Suchna erkennen. Wer die Felsen erklimmt, wird oben etwa ab 10 Uhr, wenn die Thermik einsetzt, mit dem Schauspiel gefiederter Segler belohnt: vor allem Adler, Bussarde, Geier und andere Raubvögel. Während des Vogelzugs gesellen sich zu ihnen auch Störche, die wie alle Segler nicht aus eigener Kraft, sondern nur mit Hilfe der natürlichen Aufwinde weit genug aufsteigen können, um auf ihrem langen Weg zwischen Sommer- und Winterquartier den Golf von Suez oder das Rote Meer zu überqueren. Direkt über der gleichförmigen Wasserfläche gibt es keine Aufwinde mehr. Höhepunkt der Vogelschau sind im März die in eleganter, V-förmiger Formation passierenden Kraniche.

Karten vorderer Umschlag und S. 215

Rotes Meer

Antoniuskloster und Pauluskloster

In der Einsamkeit zweier Wüstenklöster, den ältesten der Christenheit, leben die Mönche seit Jahrhunderten nach den Regeln des heiligen Antonius. Auch wer mit ihrem Glauben wenig anzufangen weiß, wird sich der Atmosphäre der Klöster und dem Reiz der Landschaft nicht entziehen können.

Schon im 1. Jh. n. Chr. debattierten die Philosophen Alexandrias über die Lebensart der Essener und Nazariter, jüdischer Asketengemeinden, die sich in die Wüsten Palästinas zurückgezogen hatten. Der heilige *Paulus von Theben* (228–343), der sich um 280 in einer Höhle auf der Südseite des Galala-Plateaus niederließ, war deshalb sicher nicht der erste ägyptische Einsiedler. Doch durch seine von Hieronymus verfasste Lebensgeschichte wurde er der berühmteste unter ihnen. Die koptischen Ikonen zeigen ihn als einen Greis in sackartigem Gewand, zu seinen Füßen zwei Löwen, über ihm ein Rabe. Die Löwen sollen seinen Leichnam, nein, nicht verspeist, sondern verscharrt haben. Der Rabe brachte dem Einsiedler jeden Tag die Hälfte vom Brot des *Antonius* (251–356), der sich auf der nördlichen Gebirgsseite niedergelassen hatte. Erst durch eine Vision wurde Antonius gewahr, dass es, einen langen Tagesmarsch entfernt, noch einen weiteren Eremiten gab. Er machte sich auf und besuchte Paulus, der ihm Mantel und Kopfhaube schenkte. Als der Rabe eines Tages ausblieb, wusste Antonius, dass Paulus gestorben war.

Doch zurück zu den Klöstern am Galala-Plateau. Um Antonius sammelte sich auch hier schnell eine Schülergemeinde. Ihre Höhlen sind mit geübtem Auge noch hier und da in den Felsen zu entdecken. Sie bildeten den Kern des künftigen Antoniusklosters, dessen genaue Lage durch die Quelle unterhalb der Eremitage des Heiligen vorgegeben war. Das kleinere und altertümlichere Pauluskloster entstand wohl etwas später, vermutlich im 5. Jh. Beide Klöster wurden wiederholt zerstört, mal

Der heilige Antonius und die Anfänge des Klosterlebens

Antonius war, glaubt man der von seinem Schüler Athanasius überlieferten Lebensgeschichte, wesentlich umtriebiger als Paulus. So reiste er wiederholt nach Alexandria, wo man seinen theologischen Rat schätzte. Er hatte sich bereits in jungen Jahren in die Einsamkeit am Rande des Niltals zurückgezogen, war nach zunehmenden Störungen durch Pilger und Ratsuchende in ein verlassenes Fort bei Maimun gewechselt, um auch hier bald wieder von einer Kolonie von Bewunderern, Nachahmern und Besuchern umgeben zu sein. Bevor Antonius im Jahr 312 auch diesen Ort verließ, setzte er einen Schüler als Vertreter ein und gab der Gemeinschaft Regeln für das Zusammenleben: Nur sonntags sollten sie sich treffen, gemeinsam die Messe feiern und, in Erinnerung an das Abendmahl, zusammen speisen, unter der Woche aber jeder für sich in seiner Klause bleiben. Antonius hatte der Anachoretengemeinschaft von Maimun die ersten Klosterregeln gegeben. Diesen idiorrhythmischen Regeln, die sich in der griechischen Übersetzung des Athanasius bis nach Irland verbreiteten, erwuchs allerdings bald Konkurrenz durch die strengeren koinobitischen Regeln des Pachomius, die Gehorsam, Keuschheit und Armut zur Bedingung für die Aufnahme in die Gemeinschaft machten. Anders als die Anachoreten des Antonius lebte diese Gemeinschaft nach einem streng geregelten Tagesablauf unter einem Dach.

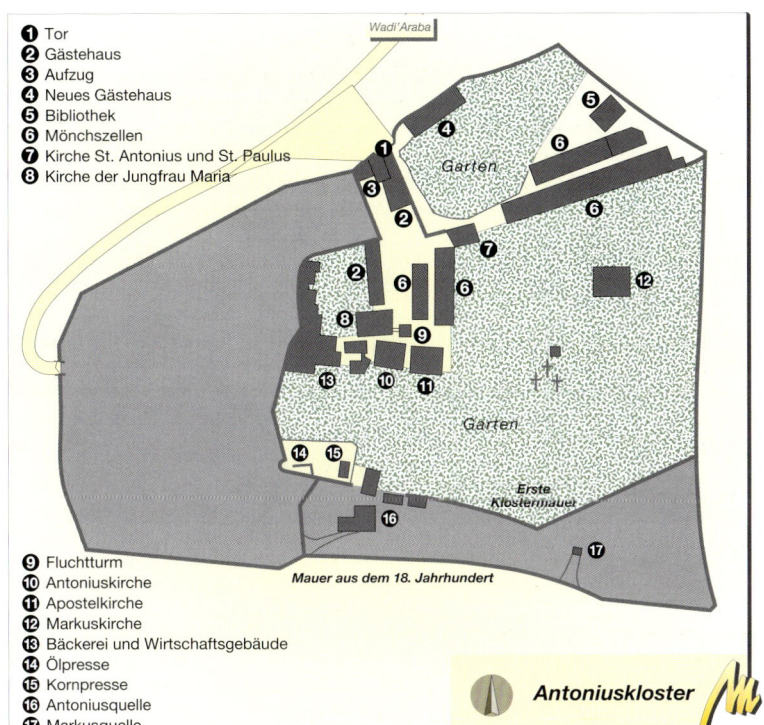

① Tor
② Gästehaus
③ Aufzug
④ Neues Gästehaus
⑤ Bibliothek
⑥ Mönchszellen
⑦ Kirche St. Antonius und St. Paulus
⑧ Kirche der Jungfrau Maria

Wadi 'Araba

Gärten

Gärten

Erste
Klostermauer

Mauer aus dem 18. Jahrhundert

⑨ Fluchtturm
⑩ Antoniuskirche
⑪ Apostelkirche
⑫ Markuskirche
⑬ Bäckerei und Wirtschaftsgebäude
⑭ Ölpresse
⑮ Kornpresse
⑯ Antoniusquelle
⑰ Markusquelle

Antoniuskloster

durch eine Rebellion der Bediensteten, meistens durch Beduinenüberfälle. Sie sind deshalb samt den Gärten bis heute von wehrhaften Mauern umgeben. Ein englischsprachiger Mönch führt die ausländischen Besucher – die meisten Brüder sind heute, anders als noch die Generation vor ihnen, gut ausgebildete Akademiker.

Vor allem das Antoniuskloster wurde seit dem 14. Jh. regelmäßig von europäischen Pilgern besucht, die uns außer eindrucksvollen Reiseberichten auch ihre Graffiti hinterlassen haben. Auf dem Konzil von Florenz (1438–45) vertrat ein Mönch des Antoniusklosters die Kopten, später ließen die Kapuziner hier ihre Missionare die arabische Sprache lernen. Ab 1676 stellten die Mönche für nahezu 200 Jahre die koptischen Patriarchen, und bis zur Unabhängigkeit der äthiopischen Kirche war auch deren Patriarch gewöhnlich ein Mönch des Antoniusklosters.

● *Lage* Das Antoniuskloster liegt 13 km abseits der Straße von Za'afarana nach Beni Suef durch das Wadi 'Araba, das Pauluskloster in einem Wadi 13 km abseits der Küstenstraße zwischen Za'afarana und Ras Gharib. Beide Zufahrten sind geteert.

● *Organisierte Touren* Die Reisebüros in Hurghada versprechen in ihren Prospekten für 45 € pro Pers. Ausflüge zu den Klöstern,

führen sie mangels Nachfrage aber nur selten durch. Von Kairo aus unternimmt etwa der YMCA (72 Sh. el-Goumhuriya, ☎ 5917360) regelmäßige Pilgerfahrten.

● *Bus & Trampen* Sinnvoll lässt man sich vom Bus an der Abzweigung zum Kloster absetzen und hofft unter dem Dach des Wartehäuschens auf vorbeikommende Pilger oder Touristen – bis gegen 15 Uhr

Karten vorderer Umschlag und S. 215

Rotes Meer

Das Kloster des heiligen Antonius – eine Wiege des Mönchtums

besteht eine reelle Chance. Allerdings wird das Wadi 'Araba (Antoniuskloster) am Tag nur von wenigen Bussen befahren, und es sind auch schon Leute den ganzen, 50 km langen Weg von Za'afarana gelaufen! Von der Hauptstraße zu den Klöstern sind es zu Fuß jeweils 2–3 Stunden.

● *Taxi* Für den halbtägigen Taxiausflug ab Za'afarana zu einem Kloster rechne man 150–170 LE, ab Suez 350 LE.

● *Öffnungszeiten* Tgl. 9–17 Uhr. Während der vorösterlichen Fastenzeit ist das Pauluskloster geschlossen, während der Weihnachtstage beide Klöster. Erkundigen Sie sich im Zweifel bei den Residenzen der Klöster in Kairo-Abbasiya, ✆ 5900218

(Pauluskl.), ✆ 5906025 (Antoniuskl.). Oder schauen Sie auf die Webseite www.stanthonymonastery.org.

● *Übernachten* Beide Klöster haben spartanische **Gästehäuser**. Wer als Ausländer hier übernachten will, benötigt ein Empfehlungsschreiben des Patriarchats in Kairo (s. u.). Ein Schlafsack ist von Vorteil, da die Wolldecken (Flöhe!) nicht allzu häufig gewaschen werden. Das einfache Gastmahl besteht aus Ful, Käse, Oliven, dazu Quellwasser. Eine Spende wird erwartet.

Daneben gibt es in Za'afarana (siehe oben) zwei Hotels für einfache und mittlere Ansprüche.

Sehenswertes

Antoniuskloster (Deir el-Qaddis Antwan): Mit seinen kopfsteingepflasterten Höfen, den engen Gassen und niedrigen Torbögen gleicht das Kloster einem Museumsdorf. Einst wurden die Besucher und Lebensmittel in einem Korb über die Mauer gehievt – Schächte leiteten die Vorräte direkt vom *Torturm* in die verschiedenen Speicher. Ältester Bau ist der rechteckige *Wehrturm,* in den sich die Mönche bei Gefahr zurückziehen konnten. Den einzigen Zugang bildet eine in luftiger Höhe angebrachte Zugbrücke.

Die *Grabeskirche des Antonius* ist für ihre mittelalterlichen Fresken (10. und 13. Jh.) berühmt, die teilweise von byzantinischen oder zumindest dort geschulten Künstlern gemalt wurden. Rauchspuren erinnern an eine Revolte der Beduinen, die als Diener der Mönche im Kloster lebten und eines Tages im Jahr 1505 ihre Herren ermordeten und in der Antoniuskirche die Küche einrichteten, die sie mit den Schriften der Bibliothek befeuerten. In der Kirche beginnen die Mönche im Winterhalbjahr um 4 Uhr morgens ihren Tag mit Gesang und Gebet, bevor jeder der ihm vom Abt zugeteilten Arbeit nachgeht. Die erste Mahlzeit wird gegen Mittag eingenommen, an den etwa 200 (!) Fastentagen im Jahr erst am frühen Abend.

Sechs weitere Kirchen des Klosters werden nur im Sommer oder an einzelnen Festtagen benutzt. Unter der Apostelkirche fand man kürzlich bei Renovierungsarbeiten Mönchszellen aus dem 4. Jh. Im Durchgang zwischen Antoniuskirche und Apostelkirche wurde der 1976 verstorbene Anba Yustus bestattet, von dem sich die Brüder sicher sind, dass ihn die koptische Kirche, sobald die „Anstandsfrist" von 70 Jahren abgelaufen ist, heilig sprechen wird. Gewöhnlichen Besuchern verschlossen bleibt die *Bibliothek* mit ihren 1700 Handschriften und anderen alten Manuskripten. Die besten Stücke sieht man in einem *Museum.* Zentrum des Klosters ist eine *Quelle,* die aus einer

Garten mit einer von sieben Kirchen

Felsnische entspringt und mit ihrer das ganze Jahr über gleichmäßigen Schüttung auch den Klostergarten bewässert. *Kornmühle, Ölmühle* und *Olivenpresse* zeugen von den landwirtschaftlichen Aktivitäten. Heute bekommen die Mönche ihre Nahrungsmittel überwiegend von einer klostereigenen Farm im Niltal. Als Überraschung wird dem Besucher auch ein Blick in die hier nicht erwartete klösterliche *T-Shirt-Manufaktur* gewährt.

Antoniushöhle: Der frühe Morgen ist die beste Zeit zum knapp zweistündigen Aufstieg (vom Kloster gerechnet) in die Höhle am *Gebel Klysma,* wo Antonius seine letzten Lebensjahre verbrachte. Eine jüngst angelegte Treppe, 1158 Stufen sollen es sein, erleichtert die Kletterei. 280 m über dem Kloster und 680 m über dem Meer wird man von Vögeln begrüßt, sichtet mit Glück eine Gazelle und wird mit schöner Aussicht bis hinüber zu den Sinaibergen belohnt. An Wochenenden erwarte man sich jedoch keine Einsamkeit.

Pauluskloster (Deir Mari Bulus): Das zweite Kloster stand schon seiner mageren Quelle wegen – das Wasser muss heute mit Tankwagen gebracht werden – stets im Schatten des Antoniusklosters. Kein einziger Mönch kam je auf den Patriarchenthron. Herz der vergleichsweise kleinen Anlage ist die *Grabeskirche des Paulus,*

Karten vorderer Umschlag und S. 215

Rotes Meer

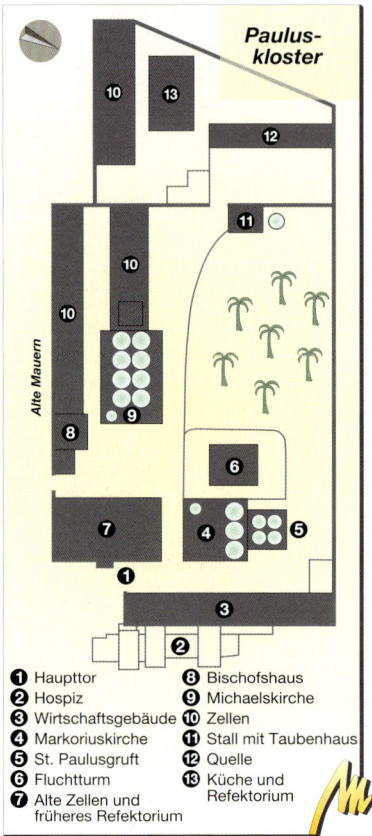

Paulus-kloster

Alte Mauern

1 Haupttor
2 Hospiz
3 Wirtschaftsgebäude
4 Markoriuskirche
5 St. Paulusgruft
6 Fluchtturm
7 Alte Zellen und früheres Refektorium
8 Bischofshaus
9 Michaelskirche
10 Zellen
11 Stall mit Taubenhaus
12 Quelle
13 Küche und Refektorium

deren Mauern bis ins 7./8. Jh. zurück reichen. Kunstfreunde werden enttäuscht sein, da die alten Fresken nur an wenigen Stellen, etwa gegenüber der Altarwand, von einer misslungenen Übermalung befreit wurden.

Wanderung

Die Versuchung ist groß, so wie es einst Antonius tat, über das Plateau von einem Kloster zum anderen zu wandern, die ja in der Luftlinie gerade 22 km voneinander entfernt sind. Es kursiert eine zwanzig Jahre alte Kartenskizze. Die Mönche allerdings benutzen den Weg schon lange nicht mehr, kennen ihn auch nicht. Sie mögen Asketen sein, doch sie fahren lieber mit dem Auto. Der richtige Trail, also ohne Irrwege, dauert von Kloster zu Kloster etwa zehn Stunden, beginnt mit einem steilen Anstieg von 300 auf 1000 m und führt am Ende ebenso steil hinunter. Er ist, weil kaum begangen, nur aus der Ferne als etwas hellerer Streifen in der Steinwüste zu erkennen, der sich für ungeübte Spurensucher bei der Annäherung verflüchtigt. Den Trip sollte man niemals allein und auch zu mehreren nur mit Bergerfahrung und guter Kondition wagen. Seit ein Tourist den Weg verlor und schließlich verdurstete, sind Führer vorgeschrieben. Doch woher hier einen Beduinen nehmen? An Ausrüstung benötigt werden Schlafsack (auch im Sommer sind die Nächte auf dem Plateau eisig), Wasser und Nahrung für sicherheitshalber drei Tage, Kompass oder GPS-Navigator und für Notfälle am besten ein Handy. Ausgangspunkt ist das Pauluskloster – der Einstieg ist von dieser Seite her leichter zu erkennen.

Ras Gharib

Südlich der Wüstenklöster steht die Küste ganz im Zeichen der Öl- und Gasförderung. Hier entdeckt man eine Gruppe Förderpumpen im gemächlichen Auf und Ab, dort das wilde Flammenspiel abgefackelter Gase oder weit draußen im Meer einen Förderturm. Kaum ein Tourist verirrt sich nach Ras Gharib, Zentrum der Ölindustrie und die einzige Stadt zwischen Suez und Hurghada. Ventile, Eisenrohre und Bohrköpfe sind als Souvenirs denn doch etwas zu unhandlich und entsprechen nicht den gängigen Klischees von einem Mitbringsel aus Ägypten.

Mittelmeerflair an der Marina von el-Gouna

El-Gouna

In einer Lagune mit teils künstlich aufgeschütteten Dämmen und Inseln ist el-Gouna, 25 km nördlich von Hurghada, Renner unter den Ferienzielen der Kairoer High Society.

Baden und Tauchen im türkisblauen Meer, Wüstensafaris ins Hinterland, Nightlife und Einkaufsmöglichkeiten auch außerhalb des Hotels – was will der Gast mehr? Für die Reichen, die sich in el-Gouna eine Zweitwohnung leisten, bietet die künstliche Stadt über die Dreifaltigkeit von Sonne, Sand und See hinaus auch eine renommierte Schule, einen Kindergarten und das angesehenste Krankenhaus an der ägyptischen Rotmeerküste.

Aus einer Handvoll Ferienhäusern um die Villa des Jungunternehmers Samih Sawiri, der die Bucht erst als privates Freizeitparadies und dann als Geldquelle entdeckte, wuchs el-Gouna zu Ägyptens erster Urlaubsstadt vom Reißbrett. An der Zufahrt begrüßt ein Wasserfall die Besucher, im Zentrum der Lagunenstadt, abends dezent beleuchtet, sorgen kopfsteingepflasterte Gässlein und Brücklein für romantische Stimmung. In Hurghada wurde noch, ohne Blick auf das Ganze und unter Vernachlässigung der Infrastruktur, einfach nur Parzelle um Parzelle an die Investoren verkauft, ohne dass die öffentlichen Einrichtungen mit der dynamischen Entwicklung Schritt halten konnten. In el-Gouna bewies die Privatwirtschaft, dass sie eine ganze Stadt aufbauen und, samt Müllabfuhr und Fluglinie, auch betreiben kann. Der öffentliche Nahverkehr mit Bus und Boot ist ebenso selbstverständlicher Komfort wie es Golfplatz und Marina sind.

Karten vorderer Umschlag und S. 215

Rotes Meer

Das Investitionsvolumen der *Orascom Projects & Touristic Development (OPTD)*, der el-Gouna gehört und die Teil eines von der schwerreichen Sawiri-Familie geführten Firmenkonglomerats ist, dürfte in el-Gouna weit über 100 Mio. $ liegen. Es wurde auch durch Anleihen auf dem internationalen Kapitalmarkt und einen beachtlichen Kredit der Weltbank aufgebracht. Ob el-Gouna auch das ökologische Vorzeigestück ist, als das es gelegentlich angepriesen wird, sei dahingestellt. Der Umweltexperte Hazem Nur el-Din sieht zwar deutliche Fortschritte gegenüber Hurghada, kritisiert aber die gewaltigen Aufschüttungen und künstlichen Veränderungen der Uferzone – mit der Folge beschleunigter Erosion.

Der Erfolg lockt Glücksritter und Investoren. Romolo Bellomia (www.romolo.com) und Patrizia Guerrara aus Sizilien betreiben die örtliche Radiostation, zu hören auf 98 mHz, einen TV-Sender und ein Internetcafé. Manche Läden im Zentrum gehören Italienern und Türken, die örtliche Brauerei leitet natürlich ein Deutscher, die Schule ein Brite, den Reitstall eine Schweizerin. Eine Immobiliengesellschaft vom Bodensee (www.bawo.ag) vertreibt zu gesalzenen Preisen Apartments und Villen in el-Gouna, sodass auch mancher Deutsche inzwischen zu den „Gounies in residence" zählt.

Befragt, warum ihnen el-Gouna gefalle, nannten Urlauber in einer Umfrage: „weil es so sauber ist", „weil es keine Hotelklötze gibt wie in Hurghada", „wegen der farblichen Harmonie der Häuser und der sanften Lagunenlandschaft". Andere bemängeln: „Es ist mir zu künstlich. So steril und so sauber – ein Stück Europa mitten in der Wüste." Doch selbst die Wüste ist teilweise künstlich. So wurde der hellgelbe Sand für den Golfplatz aus der Libyschen Wüste herangekarrt; der natürliche, dunkelbraune Boden el-Gounas ist zu salzhaltig und unfruchtbar, die ausgelegten Rasenziegel würden auf ihm nicht anwachsen.

Die Architektur der Ferienstadt liegt irgendwo zwischen mediterranen Vorbildern und dem Geschmack Hassan Fathys, des angesehensten ägyptischen Architekten, der sich seinerseits an der traditionellen ägyptisch-nubischen Baukunst der Dörfer orientierte. Herz der knapp 10 km² großen, 7000 ständige Einwohner zählenden Kunststadt sind das auf einer Insel angelegte **Kafr el-Gouna,** auch Downtown genannt, und das vorgelagerte Geschäftsviertel **Tamr Henna.** Als zweiter Schwerpunkt entwickelt sich im Norden die vom italienischen Architekten Alfredo Freda geplante **Marina Abu Tig.**

*A*nfahrt *(K*arte *S. 191)*

• *Bus* Sammeltaxis und die meisten Fernbusse halten nur an der Abzweigung von der Landstraße, also ein gutes Stück außerhalb. Bis in den Ort selbst fährt nur der Bus von **El-Gouna Transport.** Shuttlebusse (5 LE) pendeln etwa alle halbe Stunde zwischen el-Gouna und der Central in Hurghada ed-Dahar, Fernbusse stoppen gegen 9.30, 13.30, 15, 16.30, 0.30, 3.30 Uhr auf ihrem Weg von Hurghada nach Kairo.

• *Flugzeug* Flüge von el-Gouna nach Kairo (2100 LE), Luxor und Scharm el-Scheich. Auskunft und Reservierung bei **Orascom Aviation,** ✆ 02-3045331. Vom Flughafen **Hurghada** bietet **Oototo** (www.oototo-

elgouna.com, ✆ 012-8944199) einen Transferservice nach el-Gouna (2 Pers. 15 €).

• *Mietwagen* **El-Gouna Limousine Service,** ✆ 012-2272957 (in el-Gouna ✆ 2179), mit Büros vor dem **Club Med (14)** und im Zentrum (Souk el-Balad) vermietet Wagen mit und ohne Chauffeur.

• *Stadtverkehr* Bis 2 Uhr nachts verkehren **Shuttlebusse** zwischen Zentrum und den Hotelinseln und Außenbezirken. Dazu bis 16 Uhr ein **Boot.** Für die Tageskarte zahlt man 5 LE, für die Wochenkarte 15 LE. Wer's eilig hat, engagiert für 10 LE ein **Dreiradtaxi** („toktok", ✆ 2336).

Wie in Italien?

Verschiedenes (Karte S. 191)

● *Information* Persönlich und telefonisch am Hauptplatz Tamr Henna, ☎ 3549702 (innerhalb el-Gounas ☎ 2100). Im Internet unter www.elgouna.com und, mit streckenweise identischem Inhalt sowie einem Forum, www.el-gouna.de. Bilder sind bei www.el-gouna.info zu sehen.

● *Ausflüge* **Pro Tours**, ☎ 3580085 (aus el-Gouna ☎ 2175), www.protourstravel.com, organisiert ab el-Gouna Touren nach Luxor (auch mit Übernachtung) und Kairo, Wüstenausflüge, Trips via Hurghada zur Giftun-Insel oder Törns im Segelboot. Als Wohnzimmerreisebüro unter dem Namen **Oototours** vermittelt das in el-Gouna ansässige Ehepaar Nolte maßgeschneiderte Ausflüge.

● *Krankenhaus* Das moderne, auf Urlauber zugeschnittene Hospital, ☎ 3580012 (aus el-Gouna ☎ 2200), ist mit einer Druckkammeranlage für Tauchunfälle gerüstet. Neben der Akutversorgung werden auch Schönheitsoperationen durchgeführt. Ambulante Sprechstunde (mit Zahnklinik) tägl. 10–14, 18–22 Uhr.

● *Kunsthandwerk* **Art Village**, Tamr Henna. Eher Markt als Dorf – Stände mit Kunst und Kunsthandwerk stehen im Halbrund um ein Freiluftcafé. Man kann hier, ohne durch irgendwelche Verkäufer genötigt zu werden, in Ruhe stöbern und manchen Künstlern auch bei der Arbeit zuschauen. Wer mitmachen will, kann etwa Kurse im Aquarellmalen buchen.

● *Nachtleben* An der Zufahrt nach Tamr Henna wartet beim Hotel Arena Inn tägl. ab 23 Uhr die Freiluftdisco **Mirage (12)** auf Partygänger.

Barten (2), Abu Tig Marina. Cocktailbar im Psychedelic-Design der 70er. Tische wie Champagnerkelche, die Stühle wie Eierbecher, die Wände in poppigem Rot.

An den Stränden **Zeytouna** und **Mangroovy Bay** kann man abends schön am Wasser sitzen, manchmal steigt hier auch eine Beachparty.

Casino Aladin (10), Kafr el-Gouna, ab 17 Uhr kann man sein Glück an einarmigen Banditen oder am Roulettetisch auf die Probe stellen.

Oasen-Nacht, gerade zehn Autominuten von der Ferienstadt liegt die alte Oase el-Gouna. Hier haben zwischen Dattelpalmen und Gärten Scheich Ahmad und

Karten vorderer Umschlag und S. 215

Rotes Meer

seine Beduinen ihre Zelte aufgeschlagen. Gäste werden mit Tee, Kaffee und Erfrischungen empfangen. Jeden Mittwoch und Freitag bringt die Oasen-Nacht darüber hinaus ein Abendessen, begleitet von Beduinenmusik und Folkloretänzen. Buchung über die Hotels oder das Informationszentrum.

Straßenfest in der Abu Tig Marina, jeden Freitag ab 20 Uhr Live-Unterhaltung mit teils hochkarätigen Showstars und Straßenkünstlern, die viel Spaß versprechen.

• *Stadtführungen* Die Gratistour (Termine und Treffpunkt sind in den Hotels ausgehängt) dauert etwa zwei Stunden und stellt die realisierten und projektierten öffentlichen Einrichtungen el-Gounas vor. Für eine Stadtrundfahrt auf den Wasserwegen zahlt man 25 €.

• *Telefonieren* Im Internetshop neben dem Tamr-Henna-Restaurant zahlt man für eine halbe Stunde 5 €.

Telefonvorwahl: 065

*Ü*bernachten

Die etwa zehn Hotels von el-Gouna bucht man zweckmäßig bereits zu Hause über ein Reisebüro oder im Internet über die Seiten www.elgouna.com. Als Faustregel gilt: Je besser die Ausstattung und teurer das Haus, desto weiter ab liegt es vom Zentrum der künstlichen Stadt.

Steigenberger Golf Resort (13), ☎ 3580140, 🖳 3580149, www.el-gouna.steigenberger.de, DZ HP ab 100 €, 1 Woche HP für 2 Pers. mit Flug ab 1100 €. Das Luxushotel liegt inmitten des Golfplatzes und etwa 500 m vom hoteleigenen Strand. Ins Zentrum verkehrt ein Shuttlebus. Die rund 200, auf mehrere Gebäude verteilten Gästezimmer und Suiten sind mit über 50 m^2 außergewöhnlich geräumig und bieten Ausblick auf den Golfplatz. Hausgäste zahlen nur eine reduzierte Greenfee. Außer dem Pool gibt es im Clubhaus der Golfer auch ein Hallenbad mit Sauna und Fitnesscenter.

El-Gouna Mövenpick Jolie Ville (11), ☎ 3544501 bis -7, 🖳 3545160, www.moevenpick-hotels.com, DZ HP ab 100 €, 1 Woche HP für 2 Pers. mit Flug ab 1000 €. Die weitläufige Anlage direkt am Meer hat in 2- bis 3-stöckigen Wohneinheiten insgesamt etwa 800 Betten. Die angepasste Architektur erinnert mit ihren ziegelgedeckten Satteldächern und Türmen eher ans Mittelmeer als an den Orient. Highlight ist die zu Recht gerühmte Mövenpick-Küche. Angefressene Pfunde können im Healthclub, dem Fitnesscenter, im Tauchclub, auf dem Tennisplatz oder mit Mountainbikes gleich wieder abgespeckt werden, zum Schwimmen laden Pools (im Winter beheizt), eine Lagune und das offene Meer.

Three Corners el-Rihana (7), ☎ 358002-5 bis -9, 🖳 3580030, www.threecorners.com, 1 Woche AI für 2 Pers. mit Flug ab 1000 €. Die Anlage auf halbem Weg zwischen Zentrum und dem Sheraton Resort besteht aus dem Rihana Inn und dem Rihana Resort. Die beiden Hotels sind aber nicht groß voneinander getrennt, jeder Gast kann alle Einrichtungen (Bars, Strand, Pools etc.) nutzen. Clubatmosphäre mit viel Animation. Die Architektur verbindet Moderne mit einem Touch von Orient, zur Innenausstattung bevorzugte man Holz und Metall. Die Zimmer sind etwas klein geraten. Gelungen ist dagegen der Eingangsbereich mit seinen Grünflächen und dem Springbrunnen. Das Hotel bietet außer den Pools auch einen künstlichen See, dazu ein Tauchzentrum und einen Health Club.

Ali Pascha (5), Abu Tig, ☎/🖳 3580088, DZ 50–80 €, 1 Woche ÜF für 2 Pers. mit Flug ab 800 €. Das kleine Hotel am Jachthafen wurde 2003 eröffnet. Die Zimmer sind mit Holzmöbeln dezent „orientalisch" eingerichtet. Im Erdgeschoss haben sie eine kleine Terrasse, in den beiden oberen Etagen leider einen kleinen Balkon. Im Innenhof gibt es einen kleinen Pool.

Captain's Inn (3), ☎ 3580170, captainsinn@elgouna.com, DZ 50-100 €, 1 Woche ÜF für 2 Pers. mit Flug ab 800 €. Ein kleines, gemütliches Hotel an der Marina Abu Tig. Die Zimmer verfügen über Klimaanlage, TV und Mini-Bar, teilweise auch Balkon und Hafensicht. Das Captain's ist eine Spur trendiger eingerichtet als das 30 m entfernte **Turtle's Inn (4)**, ☎ 3580171, www.turtles-inn.com. Dieses hat dafür mit eigener Tauchschule die sportlichere Kundschaft.

Ferienwohnungen und -häuser ab 200 € werden im Internet unter www.orienthome.net angeboten.

Übernachten

3 Captain's Inn
4 Turtle's Inn
5 Ali Pascha
6 Sheraton-Hotel
7 Three Corners el-Rihana
11 Mövenpick
13 Steigenberger Resort
14 Club Med

Essen & Trinken

1 Bleu Bleu
2 Le Deauville und Maison Thomas
8 Art Village
9 Biergarten
10 Kiki's, Le Tabasco, Clubhouse

Nachtleben

2 Barten
9 Sand Bar
10 Casino
12 Mirage Disco

W Ferienwohnungen

Essen & Trinken

Die Hotels haben alle ihre eigenen Bars und Restaurants, in denen die Hausgäste sich abends am Büfett selbst bedienen. Die besseren Häuser bieten daneben auch A-la-carte-Restaurants. Das **Orient 1001** im **Sheraton (6)** wartet mit libanesischer Küche auf, das **Mövenpick (11)** hat sich im **el-Sayadin** auf Seafood spezialisiert.

● *In Kafr el-Gouna* **Kiki's (10)**, das Restaurant im Dachgeschoss des Aquariums bietet täglich ab 19 Uhr neben italienischer Küche auch einen herrlichen Ausblick über die Lagune. Spezialität ist Straußenfleisch, z. B. als Straußencarpaccio mit Rucola und Parmesan.

Le Tabasco (10), beim Casino. Die Filiale der gleichnamigen Kairoer Bistrobar direkt am Meer überzeugt mit relaxter Atmosphäre und angenehmer Popmusik. Auf der Terrasse speist man bei Kerzenlicht Pizza & Pasta, internationale Gerichte wie Crêpes oder Pfeffersteak.

Clubhouse (10), am Strand mit Pool und Palmen, am Abend gelegentlich Livemusik. Schöne Lage, da legen sich Küche und Service nicht mehr allzu sehr ins Zeug. Ägyptisch-italienische Küche, die Nudelportionen etwas klein (mit den Salaten ist man

SS Carnatic – Schatz auf dem Meeresgrund

Als Zufahrt zum Suezkanal erlebt die Straße von Gubal, zwischen der Südspitze des Sinai und dem afrikanischen Kontinent, einen regen Schiffsverkehr. Gefährliche Untiefen sorgen dafür, dass hier zur Freude der Taucher bisweilen ein Schiff aufläuft und versinkt. Gerade bei ruhigem Wetter, wenn sich keine Wellen an den Hindernissen brechen, werden die Riffe schnell zum Verhängnis – mangels Tidenhub hat ein aufgelaufenes Schiff auch keine Chance, mit Hilfe der Gezeiten wieder freizukommen.

Besonders Scha'ab Abu Nuhas nahe der Schedwan-Insel gilt als ein regelrechter Schiffsfriedhof. Wo heute ein Seezeichen warnt, liegen die Reste der Giannis D (1983 gesunken), der in Lübeck gebauten Chrisoula K (1981 gesunken) und fünf weitere Wracks auf dem Meeresgrund. Am liebsten laufen die Tauchboote hier die Carnatic an.

1862, als die Carnatic vom Stapel lief, traute man der Dampfkraft noch nicht so recht. Wie die meisten Schiffe dieser Zeit fuhr sie bei gutem Wind unter Segel, ihre Maschine war nur als Flautenschieber gedacht. Am 10. September 1869, zehn Wochen vor der Eröffnung des Suezkanals, stach die Carnatic in Suez zu ihrer letzten Fahrt in See: Ziel Bombay. An Bord waren 260 Passagiere, jede Menge Post, Luxusgüter wie Champagner und Portwein für die britische Kolonie in Indien und schließlich eine Ladung Goldmünzen im Wert von 40.000 Pfund, damals ein wahres Vermögen.

In der stockdunklen Nacht des 13. September donnerte das Schiff bei ruhigem Wetter mit voller Kraft auf das Riff. Der Kapitän sah keinen Anlass zur Panik: Anstatt die Rettungsboote abzulassen und die Carnatic zu evakuieren, hieß er die Passagiere an Bord auf den nächsten vorbeikommenden Dampfer warten.

Diese Sorglosigkeit rächte sich: In der folgenden Nacht, während die Erste Klasse sich an Rotwein und Tanz erfreute, flutete das eindringende Wasser den Kesselraum, und die Lenzpumpen fielen aus. Am Morgen kam Sturm auf. Um nicht ins tiefe Wasser getrieben zu werden, sondern die Carnatic am flachen Riff zu halten, hieß der Kapitän Segel setzen. Diesem Druck hielt das Schiff nicht stand und brach schließlich in der Mitte auseinander. 27 Menschen verloren ihr Leben, die anderen retteten sich auf die Riffplatte und auf die Schedwan-Insel.

Um wenigstens die Goldmünzen wieder zu heben, organisierte die Reederei P&O eine seinerzeit viel beachtete Bergungsaktion, bei der erstmals die Vorläufer moderner Taucheranzüge zum Einsatz kamen. Bereits einen Monat nach der Katastrophe holten britische Taucher in urtümlichen Gummianzügen mit schweren Kugelhelmen aus Messing immerhin dreißig Münzkisten aus dem Wrack. Lange war die Carnatic Ziel von Schatzsuchern. Sogar Beduinen und Fischer stiegen ohne Hilfsmittel zu dem in 15 m Tiefe liegenden Wrack hinab, um ihr Glück zu versuchen. Nur ein kleiner Teil des Schatzes ruht vielleicht noch immer auf dem Meeresgrund.

Selbstbewusst gleitet der giftige Rotfeuerfisch über das Riff

besser dran). Für einen Drink ist das zu einem Tauchclub gehörende Clubhouse aber zu empfehlen.

Biergarten (9), mit Maibaum, Bratwurst und Erdinger Weißbier.

Sand Bar (9), eine Bar im US-Stil, die neben Alkoholika auch frisch gepresste Säfte und Milkshakes anbietet. Gegen den Hunger helfen Burger, Steaks und mexikanische Gerichte.

Art Village Café (8), im Art Village, Tamr Henna. Orient trifft Okzident: In diesem Freiluftcafé ägyptischen Stils mit Sitzkissen und Wasserpfeifen braut eine italienische Kaffeemaschine Cappuccino, der dann mit Zimt und Kardamom gewürzt wird. Große Auswahl an Kaffeemarken aus aller Welt.

● *An der Marina Abu Tig* **Bleu Bleu (1)**, täglich abends geöffnet. Ein Tag im „Big Blue", ob tauchend, schnorchelnd, schwimmend oder segelnd, mag hier stilvoll ausklingen. Das Dekor erinnert an eine Jacht, die dezente Musik stammt aus den 70ern. Spezialität des Hauses ist der im Ofen geschmorte Wolfsbarsch, mariniert mit Olivenöl, Zitrone und Knoblauch. Ein Klassiker für Fleischesser ist die Ente in Orangensauce. Als Vorspeise bietet die französisch orientierten Küche u. a. gegrillte (statt wie üblich gebratene) Kalamari.

Le Deauville (2), täglich ab 19 Uhr. Das legere Bistrorestaurant im Landhausstil gehört Tarek Sharif, dem Sohn des legendären Filmschauspielers. Es pflegt französisch-mediterrane Küche. Auf Tafeln wird das wechselnde Speiseangebot notiert, große Auswahl an Weinen. Ob vom Fensterplatz oder auf der Terrasse, man blickt direkt auf die Promenade mit den ankernden Luxusjachten.

Auch bei gebuchter Halb- oder Vollpension kann man in el-Gouna kulinarisch fremdgehen. Unter dem Stichwort **„dine around"** bekommt man gegen geringes Entgelt an der Rezeption einen Gutschein, mit dem man dann in den Restaurants anderer Hotels in el-Gouna essen kann.

Maison Thomas (2), täglich ab 11 Uhr. Das Lokal ist rustikaler und gemütlicher eingerichtet als das Stammhaus in Kairo. Und gut gekühlt! Kulinarischer Schwerpunkt sind Pizza und Salate, die samt importiertem Käse und Schweinefleisch auch zum Mitnehmen verkauft werden. Ein Muss ist der „Salat Thomas" mit Hühnerbrust, Gouda, Bananen, Ananas und Pfirsich an einer Cocktailsauce.

Karten vorderer Umschlag und S. 215

Rotes Meer

Museum/Aquarium: Während das Aquarium immerhin lebendige Fische zeigt und damit hält, was sein Name verspricht, war das „Museum" für mich eine herbe Enttäuschung. Es birgt lediglich Repliken altägyptischer Kunst, schlecht gemachte dazu – als würden die Magazine in Kairo und Luxor nicht überquellen von Exponaten, für die in den dortigen Museen kein Platz mehr ist und die seit Jahrzehnten kaum jemand zu Gesicht bekommen hat. Noch am interessantesten sind die Nachbauten alter Musikinstrumente. Dazu ein paar Touchscreens (Tastbildschirme) und Computeranimationen sowie Aquarelle von Hussein Bikar, der mit viel Fantasie den Bau der Abu-Simbel-Tempel zeichnete.
Tgl. 10–14, 16–21 Uhr, Eintritt Museum 20 LE, Aquarium 35 LE.

Sport und Freizeit: Außer den Privatstränden der Hotels hat el-Gouna mit dem *Zeytouna, Marina* und *Mangroovy* auch drei gepflegte öffentliche Badestrände. Doch selbst an kühlen Wintertagen muss niemand auf den Badespaß verzichten: Der *Healthclub* neben dem Golfclub bietet Einwohnern und Gästen Sauna und Dampfbad samt Fitnesscenter und Schönheitssalon. An der Spitze des umfassenden Sportangebots steht natürlich *Tauchen*. Mövenpick, Sheraton und Club Med haben eigene Tauchschulen auf dem Gelände, der Club darüber hinaus auch eine *Surfbasis*. Am Mangroove Beach treffen sich die Kitesurfer im *Kiteboarding Club*, und wer gerne auf hoher See Fische jagt, der trifft andere *Hochseeangler* beim Jachtcharter in der Marina Abu Tig. Der *Golfplatz* in Wüste und Meer wartet mit dem Kuriosum einer „Aqua Range" auf – einige Löcher befinden sich auf kleinen Inselchen im Wasser. Ein zweiter Platz soll im Norden el-Gounas gebaut werden, auch ein *Poloplatz* ist im Werden.

• *Kitesurfen* **Kiteboarding Club**, Mangroovy Beach, www.kiteboarding-club.de. Die Kiter haben im Norden der Stadt einen eigenen Strandabschnitt mit vorgelagerter Flachwasserzone, wo ihnen weder Schwimmer noch Boote in die Quere kommen.

• *Reiten* **Yalla Stable**, zwischen Sheraton und Abu Tig, ✆ 010-1366703, http://mitglied. lycos.de/yallahorses/. Unter Schweizer Leitung. Reitunterricht (für Kinder gibt es Ponys),

für erfahrene Reiter auch Wüstenausritte (die Stunde für 20 €), auch Kamele und Esel gehören zum Team.

• *Tauchen* **Dive Tribe**, im Mövenpick Resort, ✆ 3580120, www.divetribe.com.

Blue Brothers Diving, beim Ocean View Hotel, ✆ 012-3218025, www.bluebrothers diving.de. Die einzige deutsche Tauchschule in el-Gouna, familiär geführt und beliebt.

Mons Porphyrites

Mitten in der jetzt menschenleeren Gebirgswüste herrschte vor langer Zeit reges Treiben: In den Steinbrüchen am Mons Porphyrites schufteten Arbeiter, Sträflinge und Sklaven für die kaiserlichen Prachtbauten in Rom.

Anders als auf dem Sinai, wo das Katharinenkloster schon immer die Gäste auch ins Landesinnere lockte und der Expeditions- und Trekkingtourismus steigende Aufmerksamkeit genießt, ist das Hinterland Hurghadas noch wenig entdeckt. Die üblichen organisierten Halbtagesausflüge in die Wüste gehen mit dem Jeep zu irgendeinem „Romantic Sunset View Point" und schließen ein Barbecue samt einer Runde auf dem Kamel ein. Nur selten werden auch die Steinbrüche am Mons Claudianus angesteuert. Wer das Glück eines eigenen Geländewagens hat oder sich als Kleingruppe einen solchen (am besten samt Führer) mietet, findet im Hinterland Hurghadas aber eine ganze Menge lohnender Ziele.

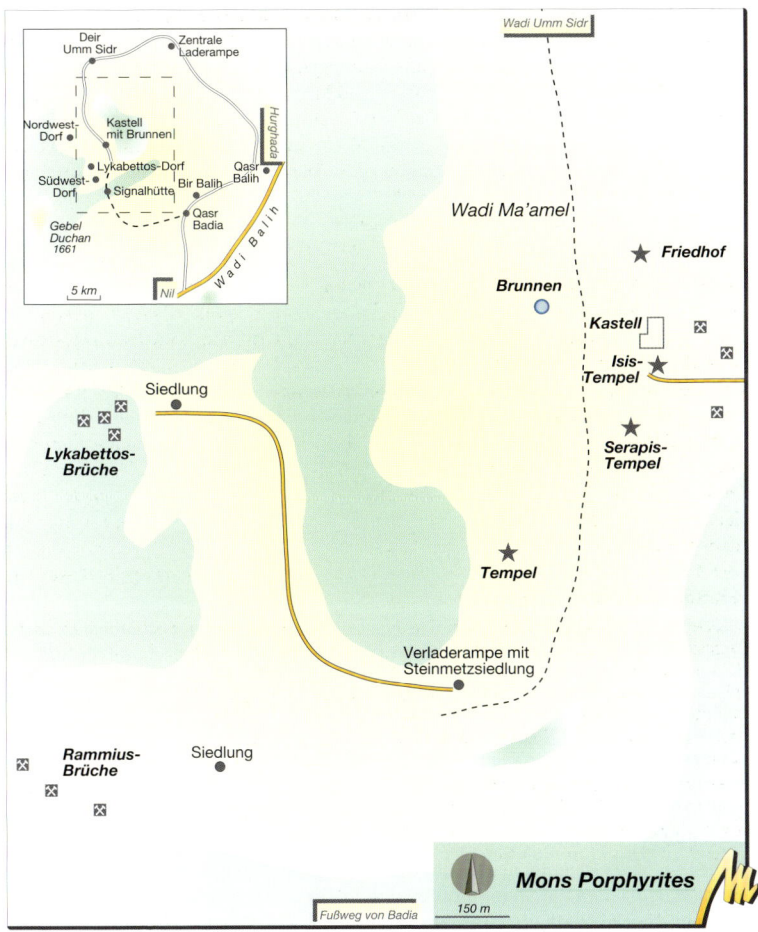

Deir Umm Sidr
Zentrale Laderampe
Nordwest-Dorf
Kastell mit Brunnen
Lykabettos-Dorf
Südwest-Dorf
Bir Balih
Signalhütte
Qasr Balih
Qasr Badia
Gebel Duchan 1661
5 km
Nil
Wadi Balih
Hurghada

Wadi Umm Sidr
Wadi Ma'amel
Brunnen
★ Friedhof
Kastell
Isis-Tempel ★
★ Serapis-Tempel
Siedlung
Lykabettos-Brüche
★ Tempel
Verladerampe mit Steinmetzsiedlung
Rammius-Brüche
Siedlung
Mons Porphyrites
Fußweg von Badia
150 m

Anders als die flache Libysche Wüste ist das Land zwischen Nil und Küste überwiegend ein Gebirgsmassiv aus präkambrischem Urgestein. Im *Gebel Schayib el-Banat* erreicht es 2187 m. Vor allem die Römer betrieben hier riesige **Steinbrüche,** aus denen sie farbenfrohe Steine für ihre Sarkophage und die Prachtbauten Roms gewannen. In der Antike querten zehn **Karawanenrouten** das Gebirge offenbar so günstig, dass auch die britischen und ägyptischen Ingenieure für ihre Teerstraßen keine besseren als die alten Wege wussten.

Auf einer dieser Routen, die von Abu Scha'ar (bei el-Gouna) durchs Wadi el-Atrasch nach Qena führt und in der Antike an schwierigen Passagen sogar gepflastert war, erreicht man die Steinbrüche des Mons Porphyrites oder Gebel Abu Duchan („Vater des Rauchs"), wie er heute heißt. Hier – und nur hier! – gab es dieses wegen seiner dunkelroten, „kaiserlichen" Farbe in Rom so begehrte Hartgestein. Inmitten der einsamen Felswüste verteilen sich die Reste von Tempeln, Dörfern der Arbeiter, Aquädukten, Verladerampen und Militärlager – seit gut 1500 Jahren, als die Steinbrüche mit dem Niedergang des Römischen Reiches aufgegeben wurden, ebnen Wind, Erdstöße und Sturzfluten die menschlichen Hinterlassenschaften allmählich wieder ein.

• *Zeit* Planen Sie für diesen Ausflug einen sehr, sehr langen Tag oder besser noch eine Zwischenübernachtung in der Wüste ein. Dann lässt sich auch bequem der Bir Qattar (siehe unten) besuchen.

• *Anfahrt* Die Piste zweigt bald nach el-Gouna bei „km 18 Hurghada" von der Fernstraße ab und hält auf den in der Ferne auszumachenden Einschnitt zwischen Gebel Qattar (links) und Gebel Duchan (rechts) zu. Nach 37 Pistenkilometern ist in einem roten Sandfeld des **Wadi Balih** gleich nach einem isolierten Felsen (links) die Abzweigung (rechts) auf ein dunkles Schotterterrain zu nehmen. Nach weiteren 2 km sollte man rechts das gut erhaltene **Qasr Badia** und links eine weitere Befestigung erkennen. Eine Kurve nach dem Kastell erreicht man den Brunnen **Bir Badia**, an dem oft Beduinen lagern.

Nur mit Allradantrieb kann man vom Brunnen über das **Kastell Balih** (km 6) einen weiten Bogen um den Berg herum schlagen: zur **Zentralen Laderampe** (km 16) im Wadi Umm Sidr, zum **Deir Umm Sidr** (km 23), einem weiteren Kastell mit Zisterne und vier schütteren Bäumchen, und schließlich in das zentrale **Steinbruchareal** (km 30) am Kopf des **Wadi Ma'amel**. Gerade für diese letzten 30 km ist ein Führer dringend angeraten, den man vielleicht an der Bir Badia findet. Alternativ gibt es vom Qasr Badia einen (einfach) zwei- bis dreistündigen Fußweg über den Berg.

Sehenswertes

Die Arbeit am Mons Porphyrites war einst besonders hart. Vier Steinbrüche lagen mehrere Kilometer voneinander entfernt, der höchste weit über dem Talgrund auf dem 1400 m hohen Lykabettos. Mit dem Auto kommend erreicht man zunächst das **Hauptkastell** bzw. Verwaltungszentrum der Mine. In der Nachbarschaft schließt die ein **Isistempel** an. Sein Stifter, so eine Inschrift, kommandierte eine Truppe gallischer Reiter, die sich in der Wüste kaum zu Hause gefühlt haben dürften. Beim Tempel endete die von den Ostbrüchen den Berg hinunter kommende Schleiftrasse mit einer **Rampe,** 200 m weiter im Wadi steht der **Serapistempel** mit ganz unrömischer Gestalt.

In der nächsten Biegung des Wadis, wo von links auch der Fußweg von Qasr Badia mündet, trifft man die **Steinmetzsiedlung,** in der die vom Lykabettos-Bruch abgelassenen Blöcke bearbeitet wurden. Um das Gewicht für den Weitertransport auf ein Minimum zu reduzieren, arbeiteten die Steinmetze grob die Konturen der Statuen, Wannen und Säulen heraus. Der so genannte Werksteinzoll blieb stehen. Er schützte auf dem langen Weg nach Rom die Oberfläche des Werkstücks. Erst auf der kaiserlichen Baustelle besorgte die Crème der Bildhauer und Steinmetze den letzten Schliff.

Die **Lykabettos-Rampe,** auf der die Blöcke von den Brüchen am Berg ins Tal gelassen wurden, fiel auf einer Länge von 2,3 km um 550 m ab. Auf beiden Seiten der steilen Rampe erkennt man noch die steinernen Poller, an denen die Blöcke mit Seilen gesichert wurden. Wehe, ein Block geriet außer Kontrolle und stürzte ab. Frauen und Kinder standen bereit, um mit Bruchsteinen die Schleifbahn zu ebnen oder den ins Rutschen geratenen Block abzubremsen. Die Steinbrucharbeiter und Transportsklaven wohnten oben am **Lykabettos** in eigenen Siedlungen.

Steine für Rom

„Zur Zeit, da Rammius Martialis Präfekt von Ägypten ist, Marcus Ulpius Chresimus Prokurator der Steinbrüch, und Proculeianus der Centurio, stiftet Epaphroditus Sigerianus, kaiserlicher Sklave, dieses dem Sarapis und den anderen hier verehrten Göttern geweihte Heiligtum für das Wohl und den immerwährenden Sieg unseres Herren, des Kaisers Hadrian und seines ganzen Hauses", lesen wir in griechischer Schrift auf dem herabgestürzten Fries eines ungefügten Tempels im Steinbruch am Mons Porphyrites. Obgleich Sklave, war der Tempelstifter Epaphroditus ein reicher Geschäftsmann. Im Fries eines fast baugleichen Tempels, den er in den Brüchen am Mons Claudianus stiftete, nennt er sich „Pächter der Steinbrüche".

Lediglich vor dem Centurio musste sich Epaphroditus in Acht nehmen. Der eigentlich nur für die Sicherheit am Mons Porphyrites zuständige Standortkommandant mischte sich manchmal auch in die zivilen Dinge ein. Gut, dass wenigstens der *Procurator metallorum* aus dem fernen Alexandria die beschwerliche Reise zu den Steinbrüchen scheute. Dieser war dem Imperator dafür verantwortlich, dass die für die kaiserlichen Bauvorhaben und Kunstwerke ausgewählten Steine rechtzeitig und unbeschädigt nach Rom gelangten.

Nach der von Kaiser Diokletian gegen die ausufernde Inflation erlassenen Preisverordnung zählte der am Mons Porphyrites gewonnene Porphyr im kaiserlichen Purpur zu den wertvollsten Steinen – kein Wunder, wenn man weiß, dass dieser Stein bis heute nirgendwo sonst auf der Welt verarbeitet wurde. 250 Dinare durften für den Kubikfuß verlangt werden. Aber auch kleinere Mengen schwarzer und grüner Porphyr wurden abgebaut, am Mons Claudianus dazu ein schwarz marmorierter Quarzdiorit. Besonders Kaiser Domitian hatte eine Vorliebe für die Hartgesteine aus der ägyptischen Wüste. In den Bodenbelägen, Wandverkleidungen, Säulen und Statuen seines Palastes auf dem Palatin verbaute man das Material im Überfluss.

Hatte der kaiserliche Gesandte die Bestellung des Hofes überbracht, wählte der *Architekton* für jede Säule, jeden Sarkophagdeckel und was noch alles gewünscht war, eine geeignete Felskluft aus. Die Verantwortung war gerade bei den Monumentalstücken groß. Stand der Fels unter Spannung oder hatte er verborgene Risse, war die Mühe vergeblich. Besonders am Mons Claudianus liegen etliche geborstene Mängelexemplare herum, darunter ein Monstrum von 18 m Länge, das auch mit Eisenklammern nicht mehr zu reparieren war. Steinhauer schlugen und bohrten entlang der Bruchkerbe Löcher in den Fels. In diese Spalten trieben sie Holzkeile und gossen Wasser hinein, bis das quellende Holz den Stein absprengte. Die Arbeit wollte gelernt sein. Unterhalb des Hauptkastells steht noch ein mit Öffnungen übersäter Granitkopf, an dem die Anfänger sich im Schlagen der Keillöcher übten.

Nach den Steinhauern war die Reihe an den unqualifizierten Arbeitern. Ob Sklaven und Verbannte in den Steinbrüchen der Östlichen Wüste schuften mussten, ist ungewiss. Die über zehntausend beschrifteten Tonscherben *(Ostraka)*, die am Mons Claudianus gefunden wurden, machen uns zwar mit „Edelsklaven" im Management des Steinbruchs wie dem erwähnten Epaphroditus bekannt, bringen aber keine Hinweise auf den Einsatz von Zwangsarbeitern.

Karten vorderer Umschlag und S. 215

Rotes Meer

Bir Qattar

Vielleicht waren es unter Kaiser Konstantin aus der Damnatio ad metalla entlassene Christen, die sich als erste Einsiedler im Massiv des Gebel Qattar niederließen. Ihre Höhlen waren vom Mons Porphyrites wie von den Steinbrüchen am Mons Claudianus je einen guten Tagesmarsch entfernt. Heute folgt man der Hauptpiste Abu Scha'r – Qena noch 18 km über die Abzweigung zum Qasr Badia hinaus bis zum **Qasr Qattar**, einer weiteren römischen Karawanserei, in der die Reisenden Schutz und Wasser fanden, aber auch ihren Wegzoll bezahlen mussten. Hier verlässt man die Hauptpiste nach links ins steinige **Wadi Naqqat**, wo man nach spätestens 4 km an einer Gabelung mit **Felszeichnungen** den Wagen stehen lässt. Man geht in das rechte (Haupt-)Wadi, an der nächsten Gabelung links und trifft dann nach insgesamt einer guten Viertelstunde auf die Oase.

„Qattar" bedeutet „Tropfen", und schon von weitem hört man in der sonst absoluten Stille das Geräusch tröpfelnden Wassers. Der **Bir Qattar** ist ein Kessel von etwa 50 m Durchmesser. An den fast senkrechten Felswänden krallen sich Gräser und Moose fest, am Fuß sprießt sogar Schilf. Aus Spalten tropft Quellwasser, und nach einem Regenguss wird das natürliche Bassin zu einem Teich. In der Umgebung wachsen Palmen, und, hätten sie nur gewollt, wäre es den Einsiedlern leicht gefallen, ihren kargen Speisezettel mit Fleisch aufzubessern: Von einer Höhle schaut man direkt in den Kessel, in dem sich die früher zahlreichen Steinböcke, Wildziegen und andere Wildtiere zum Trinken einfanden.

„Zur Zeit des Hatres, Bischof von Maximianopolis, baute Flavius Julius, Präses der Thebaner, hier eine öffentliche Kirche", ließ der 341 zum Gouverneur aufgestiegene Stifter in griechischen Lettern in die **Kapelle** meißeln, die oberhalb der Wasserstelle gegenüber von **Einsiedlerhöhlen** steht – die Anachoreten, denen Flavius Julius die Kirche stiftete, hatten sich einen der schönsten Plätze in der sonst lebensfeindlichen und unwirtlichen Gebirgswüste ausgesucht.

Noch vor zwei Generation waren die Hänge des **Gebel Qattar** übrigens mit zahlreichen Akazien und mannshohen Büschen besetzt und bei den Beduinen als Winterweide beliebt. Durch Raubbau in Trockenperioden und durch Holzeinschlag zur Herstellung von Holzkohle haben ausnahmsweise einmal nicht Fremde, sondern die Beduinen selbst ihre natürliche Lebensgrundlage stark geschädigt. Das uralte Tabu, lebende Bäume zu fällen, ist inzwischen selbst gefallen.

Vorsicht, Minengefahr!

Etwa 300 Menschen werden in Ägypten jedes Jahr von Landminen verletzt oder getötet. Und noch immer sind in der Östlichen Wüste abseits der Küste und der Pisten einige Millionen Landminen verscharrt, die in den israelisch-ägyptischen Kriegen gelegt wurden. Es wird noch lange dauern, bis diese Sprengfallen alle geräumt sind. Besonders prekär ist die Situation in der Libyschen Wüste, wo die Minen noch aus dem 2. Weltkrieg stammen. Die Karten, auf denen auf denen etwa Rommels Armee ihre tödlichen Fallen verzeichnet hatte, sind längst verloren gegangen.

Hurghada, Blick über die „Altstadt" ed-Dahar

Hurghada (el-Ghardaqa)

Ägyptens größter Ferienort (ca. 100.000 ständige Einwohner und 150 Hotels) begann als Geheimtipp unter Tauchern und lockt heute vor allem Pauschaltouristen. Wassersport und Tagesausflüge ins Niltal sind die wichtigsten Freizeitmöglichkeiten.

Warum nach Hurghada? Das gern als sonniges Winterziel angepriesene Ferienparadies ist in der kalten Jahreszeit häufig einem steifen Nordostwind ausgesetzt, der das Baden verleidet, Schnorcheln unmöglich macht und oft genug selbst die Tauchboote am Ausfahren hindert. An solchen Tagen bleibt den Gästen nur das hoteleigene Unterhaltungsprogramm, wenn es denn eines gibt. Während Marbella, Mallorca und vergleichbare Massendestinationen ein interessantes Hinterland haben, beginnt hinter Hurghada eine touristisch völlig unerschlossene Wüste.

Im Unterschied zu Scharm el-Scheich wurde Hurghada eher zu einem Billigziel, das von deutschen Reiseveranstaltern schon für weniger als 500 € für eine Woche mit Frühstück samt Flug angeboten wird. Teuer sind dagegen die Zusatzleistungen wie Tauchboote, Essen und Drinks. Dank der nach dem Ende der Sowjetunion gewonnenen Reisefreiheit stellen heute Bürger der GUS-Staaten einen wachsenden Teil der Feriengäste. Mit ihnen ist auch die Prostitution nach Hurghada gekommen.

Geschichte

„Kein Platz könnte ungesünder sein. Im Sommer ist die Atmosphäre purer Wasserdampf und feucht wie in einem türkischen Bad", beklagte sich Sir John Gardner Wilkinson, der die Gegend 1823 besuchte. Hundert Jahre später entstand Hurghada

Karten vorderer Umschlag und S. 215

Rotes Meer

als Stützpunkt britischer Ölsucher. Noch 1980 war die Provinzhauptstadt, deren Gouverneur die gesamte Küste und die Östliche Wüste verwaltet, nur eine Ansammlung armseliger Lehmhütten, in denen von der Arabischen Halbinsel zugewanderten Fischer hausten. Dazu gab es eine Tankstelle, fünf Kneipen, eine übergroße Betonmoschee und einen protzigen Behördenpalast. Die wenigen Touristen hatten die Wahl zwischen dem futuristischen Rundbau des Sheraton und dem vom Club Mediterranée geführten Feriendorf Magawish, das damals weit außerhalb der Stadt verloren in der Wüste stand.

Die Prunkmoschee von Hurghada

Ein ehrgeiziger Provinzfürst riss die Stadt Anfang der Achtziger aus ihrem Dornröschenschlaf. Gouverneur Youssif Afifi, der heute als Volksheld verehrt wird, wollte in Hurghada zeigen, dass die Privatwirtschaft, wenn man sie nur lässt, ein Gebiet schneller, besser und schöner entwickeln kann als der Staat, dem damals noch die wichtigsten Industriebetriebe und alle größeren Hotels gehören. Afifis Entwicklungsplan, der im Kern noch heute maßgeblich ist, sah für die menschenleere Küste zwischen Hurghada und Safaga knapp 100 Hotelanlagen mit 17.000 Betten vor. 2001 waren es bereits 186 Anlagen mit 72.000 Betten. Steuervorteile und niedrige Bodenpreise (5 LE/m²) machten den Investoren die Sache schmackhaft; ein neues Hotel amortisierte sich in zwei bis drei Jahren. „Wer immer eine Baugenehmigung wollte, dem habe ich gesagt: ‚Bau einfach. Die Genehmigung bekommst du anschließend.‘ So habe ich die ganze Bürokratie mit den Baugenehmigungen abgeschafft“, rühmte sich der 1991 aus dem Amt geschiedene Afifi gegenüber den Medien.

Hurghada heute

An einen behutsamen Umgang mit Natur und Landschaft dachte damals niemand. Wo den Investoren das Ufer nicht gefiel, wurde bedenkenlos aufgefüllt, betoniert und damit vor allem die Flachwasserzone zerstört. Welcher Badegast läuft schon gerne durch gerade knietiefes Wasser mit scharfem Felsgrund, um erst nach 100 oder mehr Metern vom Ufer schwimmen zu können? Kritiker bemängeln, dass die Hotels zu dicht am Strand und mit bis zu sieben Etagen zu hoch sind. Für eine Uferpromenade, die viel zum Flair eines Badeortes beiträgt, blieb kein Platz. Es dauerte zwanzig Jahre, bis das Touristenviertel eine Flaniermeile bekam.

Einkaufsmeile im Hotelviertel

Das alte Zentrum geriet mit dem Bau der Hotelmeile in die Randlage, zwischen beiden entwickelte sich nahe dem Hafen der Ortsteil *Siqala* als neue Mitte. Zunächst gab es in Hurghada nur Urlauber und Arbeiter, denn die meisten Bauarbeiter und Hotelangestellten ließen ihre Familien zu Hause im Niltal – die Lebenshaltungskosten sind in Hurghada deutlich höher und die Löhne, auf dem Bau gerade 200 LE/Monat, unverschämt niedrig. Noch immer ist das ägyptische Hurghada eine Stadt der jungen Männer, deren Freizeitvergnügen sich weitgehend auf TV-Abende im Kaffeehaus beschränkt. Doch zusehends entwickelt sich auch eine Mittelschicht aus qualifizierten Angestellten und Geschäftsleuten, die ihre Familien mitbringen. Für sie entstehen an den Rändern neue Wohnviertel, die ziemlich fantasielos allesamt Mubarak heißen, durchnummeriert von Mubarak 1 bis zuletzt Mubarak 7.

Kunst? Kultur? Da gibt es irgendwo ein Stück Brachland und zugleich eine Zusage des Kulturministeriums, Exponate aus dem übervollen Fundus des Ägyptischen Museums in Hurghada aufzustellen. Doch bisher fand sich niemand bereit, das Gebäude für die Altertümer zu bezahlen.

> Die Inseln zwischen Hurghada und Ras Gemsa sind Brutgebiet der seltenen **Weißaugenmöwe** *(Larus leucophthalmus).* Etwa die Hälfte der auf weltweit 20.000 Tiere geschätzten Population lebt auf dem Hurghada-Archipel.

Orientierung

Hurghada erstreckt sich vom Meeresbiologischen Institut im Norden bis zum (derzeitigen) Ende des Hotelviertels im Süden als schmales, 30 km langes Band zwischen Landstraße und Küste – eine Autostadt, denn mit dem Fahrrad ist man gegen den Wind drei Stunden von einem Ende zum anderen unterwegs. *Ed-Dahar,*

Karten vorderer Umschlag und S. 215

Rotes Meer

der zum Souvenirbasar gewordene alte Stadtkern, liegt ganz im Norden. Nur wenige Hotels haben sich hier an der felsigen Küste niedergelassen. Hinter dem *Gebel el-Afisch,* einem wüsten Hügel, folgen als neue Mitte das Hafenviertel *es-Siqala,* der abseits seiner Hauptstraße am wenigsten touristische Stadtteil. Auf Schildern wird Siqala meist als Sekalla umschrieben. Wiederum durch Hügel getrennt, folgt dann ein Kap mit dem Sheraton als ältestem Großhotel der Stadt. Hier beginnt der lange Sandstreifen mit dem Touristenviertel *Ghardaqa el-Gedida* („Neu-Hurghada"), dessen Wachstumsgrenze noch nicht abzusehen ist.

*A*nfahrt

● *Fernverkehr* Die täglichen **Flüge** von Kairo kosten einfach etwa 350 LE. Die selteneren Verbindungen nach Luxor, Assuan und Scharm el Scheich sollten derzeit so weit als möglich im Voraus gebucht werden. **Egyptair** ℡ 3447503, **Flugauskunft** ℡ 3442831. Für die **Taxifahrt** zum **Flughafen** sind 25 LE plus 4 LE Airporttax angemessen. Vom Flughafen in die Stadt wird man 30 LE zahlen müssen, nach el-Gouna 40–70 LE, als Festpreis mit el-Gouna Limousine 90 LE; www.oototo-elgouna.com verlangt für den vorbestellten Flughafentransfer 15 €.
Hurghadas Busbahnhof der **Upper Egypt Bus Company** (℡ 3547582) befindet sich an der Hauptstraße Tariq el-Nasr etwas südlich des Zentrums. Nach **Kairo** (7 Std., 45–60 LE, Reservierung angeraten) starten Busse um 10, 11, 17.30 Uhr sowie mehrmals zwischen 23 und 2 Uhr. Gute Verbindungen gibt es auch nach **Suez** (5 Std., um 35 LE, Tickets im Bus). Nach **Luxor** (über Qena–Safaga, 5 Std., 40 LE) um 10.30, 13, 19, 20.30, 0.30, 1, 3 Uhr, also für einen Tagesausflug z. B. 3 Uhr hin, 19 Uhr retour). Über Luxor nach **Assuan** (8 Std., 45 LE) um 10.30, 12.30 und 0.30 Uhr. Die Küste weiter hinunter nach **el-Quseir** (1½ Std., 15 LE) und teilweise weiter nach **Marsa Alam** (4 Std., 40 LE) um 1, 3, 5, 5.30, 6, 15, 17.30, 18.30, 20.30 Uhr.
Superjet (℡ 3353499) und **El-Gouna-Transport** (℡ 3541561) haben ihre eigenen Busstationen an der Hauptstraße etwa 1 km südlich des Upper-Egypt-Terminals. El-Gouna-Transport fährt um 9, 13, 14.30, 16, 18, 24, 1, 2 Uhr nach Kairo, Superjet um 12, 14.30, 17, 24 Uhr. Als bislang jüngster Anbieter fährt **High Jet** vom Terminal am Siqala Square nach Kairo. Die Busse dieser Firmen sind etwas teurer und meist auch komfortabler als jene von Upper Egypt.
Servicetaxis fahren am Tariq el-Nasr nahe dem Telefonamt ab und bedienen die Strecken nach Kairo (7 Std., 40 LE), Suez (5 Std.,

30 LE), Qena (2,5 Std., 15 LE), Safaga (45 Min., 5 LE) und el-Quseir (1½ Std., 10 LE). Für einen etwa sechsstündigen **Taxiausflug** nach Safaga sind beispielsweise 150 LE angemessen, für eine Tagestour nach el-Quseir 300 LE.

> Taxis und Privatwagen mit Ausländern dürfen vom Roten Meer nach Qena–Luxor nur in **Konvois** unter Polizeischutz fahren. Diese sammeln sich am Checkpoint in Safaga. Abfahrtszeiten waren zuletzt 6, 9 und 17 Uhr.

Eine **Schnellfähre** quert Di, Do, Sa um 9 Uhr sowie Mo vor Sonnenaufgang das Meer hinüber nach **Scharm el-Scheich**. Tickets (one way 250 LE; auch Pkw-Transport) bei allen Reisebüros, Auskunft bei Eid-Travel/International Fast Ferries, Siqala, beim McDonalds, ℡ 3447571, www.internationalfastferries.com. Für Touristen von geringerem Interesse dürfte die von der gleichen Reederei betriebene Autofähre von Hurghada ins saudi-arabische Duba sein.
● *Stadtverkehr* **Minibusse** fahren vom Telefonamt („Central") in ed-Dahar nach Siqala (0,50 LE) und weiter (teilw. über das Sheraton) ins Hotelviertel (1 LE) bis zum Jasmin Village (2 LE). Auf der gleichen Strecke, doch im Norden weiter bis el-Gouna und im Süden bis zum Coral Beach Resort, fahren die etwas komfortableren Busse von **El-Gouna-Transport** (Fahrt 2–10 LE, 7-Tages-Karte für Hurghada 5 €, für das gesamte Netz von el-Gouna bis Safaga 10 €).
Die herkömmlichen **Taxis ohne Taxameter** verlangen für die Fahrt von ed-Dahar nach Siqala 8–15 LE, ins Hotelviertel 20–25 LE. Seit 2006 gibt es auch orange-schwarze **Taxis mit Taxameter**. Diese berechnen als Grundpreis für den ersten Kilometer 3 LE (angezeigt in Piaster als „300"), darüber hin-

The map contains the following labels:

Tauchen
6 Hor Palace
8 Jasmin Village

Karte Ed-Dahar siehe S. 211

Scharm el-Scheich

Suez
Suez

Giftun Kebir

Karte Siqala siehe S. 209

Magawish

ex-Sheraton

Mariott

Essen & Trinken
1 Bordiehn / Villa Kunterbunt
2 Felfela
4 Fritz

Übernachten
1 Arabia Beach / Arabella
4 Giftun Village
5 Grand Hotel
6 Steigenberger Al Dau Beach
7 InterContinental
10 Fantasia 1001 Nacht
11 Rotana Coral Beach

Nachtleben
3 Sindbad Beach Resort
9 Havana Club

Magawish Resort

Sofitel

Beach Albatros

Hurghada

Safaga
Safaga
Sahl Haschisch
2 km

aus 1 LE pro km. So kostet die Fahrt von Siqala zum Airport etwa 10 LE. Auch hier wird natürlich gemogelt, zumal die Benzinpreise seit Festlegung der Tarife deutlich gestiegen sind. Der eine deckt den Taxameter (auf der Mittelkonsole) mit einem Tuch ab, der andere behauptet, das Gerät sei kaputt

(Tipp: Drücken Sie selbst auf den Knopf „hire"). Auch die Drohung mit einem Anruf bei der Touristenpolizei hilft gewöhnlich.

Einfache **Fahrräder** werden in diversen Shops für etwa 15–25 LE am Tag vermietet – bei dem oft starken Wind ist das Fortkommen eine anstrengende Sache.

*V*erschiedenes

● *Information* Im Tourist-Center (Neu-Hurghada) beim Grand Hotel, Hospital, Sa–Do 8–20, Fr 14–20 Uhr, ✆ 3444420; im gleichen Gebäude befindet sich auch die Touristenpolizei, ✆ 3447774.

Die **Webseiten** www.red-sea.com und www.redseapages.com eignen sich als Gelbe Seiten. Aktuell (und sehr gut sortiert!) erscheinen uns Sönke Schweppes www.soenkes.de, wo es auch ein Hurghada-Forum gibt. Auch das Portal www.hurghada-tourismus.de beantwortet manche Frage.

Ausführliche Reiseberichte über Hurghada finden Sie unter http://nikswieweg.colibri-reisen.de und www.hurghada-travel.de. Einen interaktiven Stadtplan („locator") auf Basis von Google Earth hat www.hurghada-information.com.

Hinter den **Tipps** und **Empfehlungen** freundlicher Einheimischer steht gewöhnlich kommerzielles Interesse – Geschäfte, Restaurants, Hotels und Tauchcenter belohnen die Vermittler mit einer Kommission.

Karten vorderer Umschlag und S. 215

Rotes Meer

● *Ausflüge* Das Programm der Reisebüros beinhaltet wahnwitzige Tagesfahrten(!) nach Kairo (14 Fahrtstd.) oder zum Katharinenkloster (8 Fahrtstd.), Schnorchel-/Badefahrten zu den Giftun-Inseln, Wüstenbarbecue mit Baden in Scharm en-Naga, ja sogar Stadtrundfahrten durch Hurghada.

Als örtliche Reisebetreuung empfiehlt sich **SimSim-Reisen** (www.simsim-reisen.de, ✆ 012-2367023) des Deutsch-Ägypters Samir Saleh, der individuelle Ausflüge zu Lande und zu Wasser zu oft günstigeren Preisen arrangiert als die Reiseleiter oder die großen Reiseagenturen. Und bei SimSim bestimmen Sie Programm und Tempo, nicht der Reiseleiter!

● *Geldwechsel* Günstigere Kurse als die Hotelrezeptionen bieten die Banken (teilw. mit Kartenautomaten) und Wechselstuben.

● *Gesundheit* Das beste Krankenhaus der Region ist jenes von **el-Gouna**, ✆ 35800-12 bis -17. In Hurghada werden die Kliniken **el-Salam** (✆ 3548787, beim Bel Air Resort auf halbem Weg zwischen ed-Dahar und Siqala) und **el-Safa** (Tariq el-Nasr, nahe der Busstation, ✆ 3546965) empfohlen.

Zahnarzt Dr. Ahmed Kamal; da die deutsche Gesundheitspolitik Herrn Kamal außer

Notfällen auch größere Sanierungsaufträge beschert, empfängt der Doktor nur nach nach Terminvereinbarung: ✆ 3445959, Praxis in Siqala im TDI-Gebäude hinter der Central. In ed-Dahar, Bata St., praktiziert Dr. Nayer Fahmy, ✆ 3543464.

● *Konsulat* Honorarkonsul Peter-Jürgen Ely, 365, Sh. el-Gebel esch-Schamali. Bürozeiten sind So-Do 9-12 Uhr, ✆ 3445734, ✆ 3443605, Notfallnummer 012-2118338.

● *Mietwagen* **Avis**, ✆ 3447200; **Budget** ✆ 3442261; **Europcar**, ✆ 3443660; **Hertz** 3444146. Für einen kleinen Mietwagen inkl. 100 km rechne man 50 €, bei lokalen Verleihern etwas weniger.

● *Notfälle* **Polizei**, ✆ 3546306; **Touristen-polizei**, ✆ 3447774; **Feuerwehr**, ✆ 3546814; **Ambulanz**, ✆ 123.

● *Passbüro* Im Gebäude des Security Departments, neben dem Gouvernorat, Tariq el-Nasr, 1 km westlich der Großen Moschee. ✆ 3546727, Sa–Do 8–14 Uhr.

● *Post* Tariq el-Nasr, am Südende des Suks.

● *Telefon* Die **Central** findet sich in Siqala, etwas südlich von McDonalds.

Telefonvorwahl: 065

Übernachten

Zimmer in Hotels mit drei Sternen und mehr sollte man unbedingt vorab über das Internet oder eine Reisebüro buchen – die Walk-in-Preise sind deutlich höher. Auch wenn die ausgesprochenen Billighotels rar geworden sind, findet man in ed-Dahar und es-Siqala doch auch preiswerte Unterkünfte.

● *In ed-Dahar (Karte S. 211)* **Shedwan Golden Beach (30)**, Corniche, beim Krankenhaus, ✆ 3547044, ✆ 3548045, www.redseahotels.com, 1 Woche HP für 2 Pers. mit Flug ab 700 €. Die 700-Betten-Anlage besteht aus dem Haupthaus, ein- bis zweigeschossigen Wohntrakten und Bungalows. Die mit TV und Minibar ausgestatteten Zimmer sind von sehr unterschiedlicher Qualität – teils frisch renoviert, teils ziemlich abgewohnt. Sehr unterschiedlich, von „total begeistert" bis „nie wieder", sind auch die Meinungen der Gäste. Das Hotel verfügt über einen Felsstrand, mehrere Pools, Tennisplätze, Tauchzentrum und Surfbrettverleih. Es wird gerne von deutschen und Schweizer Pauschalgästen besucht. Wer's ein bisschen gediegener und all-inclusive mag, bucht das neuere **Shedwan Garden**, das gleich nebenan liegt.

El-Arosa (33), Corniche, ✆ 3548434, ✆ 3549190, elarosahotel@yahoo.com, DZ 180 LE. Familiäres, bei Tauchern beliebtes Hotel etwas zurückgesetzt auf der Landseite der Uferstraße; Zimmer mit Balkon und Klimaanlage, einigermaßen sauber. Bei unserem Check allerdings völlig verschimmelte Duschvorhänge. Pool am Haus; der Strand des nahen Geisum-Hotels kann benutzt werden.

Sea View (36), Corniche, ✆ 3545959, ✆ 3546779, www.seaviewhotel.com.eg, DZ 170 LE, 1 Woche HP für 2 Pers. mit Flug ab 650 €. Der dreigeschossige Neubau an der Uferstraße ist neuer als das Arosa und damit noch besser in Schuss. Besonders die Zimmer wirken einladender. Auch hier gibt es einen winzigen Pool, der Strand des Sea Horse kann benutzt werden.

Snafer (32), Sh. Dr. Said Qorayem Hurghada, ✆/✆ 3540260, ashrafhurghada@hotmail.com, DZ 100 LE. Der saubere Betrieb

Dachlandschaft im Iberotel Arabella

steht und fällt mit dem Engagement von Manager Aschraf. Wer die Treppen schafft, hat von den Zimmern im obersten Stockwerk sogar Meerblick.

Four Seasons (35), Sh. Said Qorayem, beim Krankenhaus, ☎ 3545456, DZ 80 LE. Ein älteres und farbenfrohes 3-Etagenhaus. Die unterschiedlich ausgestatteten Zimmer sind sauber und verfügen meist über TV, Minibar und Balkon. Das Personal ist aufdringlich um den Verkauf von Ausflugsfahrten bemüht, davon abgesehen aber sehr freundlich und hilfsbereit.

● *Zwischen ed-Dahar und Sigala (Karte S. 203)* **Arabella Azur Beach Resort (1)**, Corniche, ☎ 3545086, 📠 3545090, , DZ AI 110–150 €, 1 Woche AI für 2 Pers. mit Flug ab 1000 €. Die architektonisch gelungene Anlage im Stil eines nubischen Dorfes hat schon Gebrauchsspuren, und die Umwandlung vom Iberotel zum AI-Resort lässt befürchten, dass an der Instandhaltung weiter gespart werden wird. Noch aber sind die Gäste zufrieden. Treppen, Gänge, Terrassen Innenhöfe – jeder Weg wird zur Überraschung. Das Hotel grenzt ans Meer; über Treppchen steigt man vom aufgeschütteten Sandstrand ins Wasser. Mit Animation und Abendunterhaltung.

Arabia Beach Resort (1), Corniche, ☎ 3548790, 📠 3544777, www.arabiabeach resort.com, 1 Woche AI für 2 Pers. mit Flug ab 1000 €. Ein eigener Steg erlaubt, das mit allem Komfort ausgestattete Bungalowdorf auch per Jacht anzulaufen. Die Mammutanlage aus mehreren Einzelgebäuden steht weitgehend auf einer aufgefüllten Flachwasserzone. Tauch- und Surfschule unter deutscher Leitung, unterhaltsames Abendprogramm mit gutem Bauchtanz und überdurchschnittlich zufriedene Gäste. Allerdings kommt die Anlage allmählich in die Jahre und hat seit Sommer 2007 auch einen neuen Eigentümer.

● *Sigala (Karte S. 209)* **Sea Garden (19)**, ☎ 3447493, 📠 3447492, www.seagarden. com.eg, DZ mit HP für 2 Pers. mit Flug ab 800 €. Von den Besitzern geführtes Stadthotel mit rund 100 Zimmern. Die drei Gebäude sind um den Pool gruppiert. Die kleinen Zimmer sind einfach möbliert mit Klimaanlage, Minibar, TV und kleinem Balkon und werden gut sauber gehalten. Keine Animation. Zum hoteleigenen Privatstrand läuft man keine 5 Minuten, gerade so weit ist es zum zentralen Mermaid Squa-re mit Restaurants und Läden. Alles in allem eignet sich das Haus gut für Leute, die tagsüber tauchen, Ausflüge machen oder sonst etwas unternehmen wollen.

Eiffel (20), Sh. el-Sakia, Papa's Beach, ☎ 3444570, 📠 3444572, DZ 170 LE. Gute Lage fast am Meer, dort kann der Public Beach benutzt werden. Große Dachterrasse mit kleinem Pool und Ausblick. Die Zimmer bedürfen teilweise dringend der (angeblich fest geplanten) Renovierung und sind zur Strandbar hin nachts laut.

Golden Sun Hotel (15), off Sh. Sheraton, ✆ 3444403, 🖂 3443862, DZ 110 LE. Der Eingangsbereich etwas verstaubt und alt-backen, doch insgesamt freundliche Atmosphäre – man bemüht sich um die Gäste (z. B. mit Blumen auf den frischen Handtüchern). Zimmer mit Klimaanlage, im Hof ein „ägyptisches Café" mit Wasserpfeifen.

Living with Art (25), Sh. el-Gebel esch-Schamali, ✆ 3445734 und 012-2118338, 🖂 3443605, www.selart.de, Preise für Studios und 2-Raum-Apartments auf Anfrage. Wohnen bei Konsuls! Karin Ely, die Gattin des deutschen Honorarkonsuls, hat mit selbst entworfenen Möbeln, Lampen und Dekorationen ein gediegenes Gästehaus eingerichtet. Auf Wunsch wird auch gekocht. Das Haus steht auf einer Anhöhe am Rand eines ruhigen Wohnviertels, auf dem Dach gibt's eine Liegefläche mit Whirlpool.

• *In Neu-Hurghada (Karte S. 203)* Die etwa 50 Hotels und Feriendörfer, die sich die Küste entlang 30 km weit Richtung Safaga hinziehen, werden weitgehend von Reiseveranstaltern gebucht und berechnen ausländischen Individualtouristen deftige Preise. Fast alle liegen direkt am eigenen Strand und verfügen über Pool, Disco, Tennisplätze und assoziiertes Tauchzentrum.

Steigenberger Al Dau Beach (6), Neu-Hurghada, ✆ 3465400, 🖂 3465410, www.aldaubeachhotel.redsea.steigenberger.de, DZ HP ab 150 €, 1 Woche 2 Pers. im DZ mit HP und Flug ab 1100 €. 2006 eröffnete 5-Sterne-Anlage direkt am aufgeschütteten Sandstrand. Riesengroße Zimmer, im Bad getrennte Bade- und Duschwannen. Üppiges Sportangebot (u. a. Tauchen, Surfen, Segeln, Beach-Volleyball), Fahrradverleih, Wellnessbereich.

InterContinental (7), Neu-Hurghada, ✆ 3465100, 🖂 3465101, www.ichotelsgroup.com, DZ 80–200 $, 1 Woche 2 Pers. im DZ mit HP und Flug ab 700 €. First-Class-Komplex mit geschmackvoll eingerichteten Zimmern, Boutiquen, Schönheitssalon, Solarium; teils windgeschützter Außenbereich mit Palmen, Pool und Liegeflächen am aufgeschütteten Strand. Das Sportangebot umfasst auch klimatisierte Squashplätze, Fitnesscenter und Reiten.

Grand (5), Neu-Hurghada, ✆ 3443751, 🖂 3443753, www.redseahotels.com, 1 Woche DZ mit HP für 2 Pers. mit Flug ab 800 €. Zum Hotel gibt es das private Forum http://13313.rapidforum.com. Samir Abdel Fatahs Karriere begann vor vielen Jahren als Manager des ersten Hotels in Hurghada – inzwischen gehört ihm das größte samt der Grand Shopping Mall. Das ältere **Grand Hotel** befindet sich auf der Meerseite und hat direkten Strandzugang. Hier empfehlen sich die Superior- und Deluxe-Zimmer. Das **Grand Resort** auf der anderen Straßenseite ist ein „orientalisches" Märchenschloss mit Zwiebeltürmchen, Erkern, Bögen und toller Poollandschaft. Die meisten Gäste sind hellauf begeistert. Beide Hotels konnten 2007 nur über den Veranstalter ETI gebucht werden.

Rotana Coral Beach (11), km 28, ✆ 3461610, 🖂 3461616, www.rotana.com, 1 Woche DZ mit AI für 2 Pers. mit Flug ab 1000 €. Die riesige Anlage liegt (noch) ziemlich weit ab vom Schuss. Man wohnt in weitläufigen, sandfarbenen Bungalows (teilw. Apartments) von unterschiedlicher Qualität – je neuer, desto besser. Die meisten Gäste stammen aus Osteuropa. Direkt vor dem Sandstrand liegt ein sozusagen hauseigenes Riff, das vor allem für Schnorchler geeignet ist. Auf dem Gelände befindet sich eine Tauchschule.

Giftun Village (4), Neu-Hurghada, ✆ 3463040, 🖂 3463050, www.GiftunBeachResort.com, 1 Woche DZ mit AI für 2 Pers. mit Flug ab 900 €, DZ mit AI 80–160 €. Das ältere, doch fortlaufend renovierte Feriendorf mit rund 500 Bungalowzimmern liegt direkt am Meer. Es eignet sich mit Windsurf- und Tauchbasis gut als Sporthotel, ja veranstaltet sogar Trips zum Sportfischen auf hoher See. Wer seine Tage dagegen vornehmlich im Hotel verbringen will, wozu das All-inclusive-Konzept ja verleitet, wird von der Anlage trotz ihres schönen Gartens insgesamt eher enttäuscht sein.

Fantasia 1001 Nacht/Alf Leila wa Leila (10), ✆ 3447101, 🖂 3447102, DZ mit AI für 2 Pers. mit Flug ab 650 €. Besonders nachts, wenn alle Lichter leuchten, macht das fantasievoll erbaute Hotel den Eindruck eines orientalischen Märchenschlosses. Nachteil (und für den vergleichsweise günstigen Preis verantwortlich) ist die Lage an der Landstraße etwa 20 Gehminuten vom Meer und 20 km vom Zentrum entfernt. Ein Shuttlebus bringt die Gäste tagsüber zum Schwesterhotel Dana Beach Resort, dessen Strand, Restaurants und andere Einrichtungen mit benutzt werden können.

Endlich hat auch Hurghada eine Promenade

Essen & Trinken

Neben den Büfetthallen für die Speisung der eigenen Pensionsgäste haben die Feriendörfer und großen Hotels natürlich auch Restaurants, in denen jedermann und à la carte dinieren kann. Wir legen den Schwerpunkt unserer Auswahl jedoch auf die preiswerteren, nicht hotelgebundenen Restaurants. Öffnungszeiten sind gewöhnlich von Mittag bis 23 Uhr, auf die in den Speisekarten genannten Preise addieren sich noch je nach Lokal bis zu 20 % Service und Steuern.

● *Ed-Dahar (Karte S. 211)* **Red Sea I (40)**, Sh. el-Huriya, Suq. Das traditionsreiche Fischlokal bietet auch Fleischgerichte und Pasta an; gediegenes Ambiente, Dachgarten, Alkoholausschank. Hauptgerichte zwischen 40 und 70 LE. Eine Filiale (Red Sea II) befindet sich nahe dem Three Corners Empire.

Portofino (37), Sh. Dr. Said Qorayem. Italienisch-ägyptische Küche und ein gesprächsfreudiger Wirt aus Alexandria, der lieber französisch als englisch plaudert. Gruppen bestellen die orientalische Vorspeisenpalette Meze. Gelobt wird das Fischfondue, als Snack bieten sich die in Anisschnaps flambierte Krevetten an. Ein Windschutz schirmt die Außenplätze auf der Veranda etwas vom Straßenlärm ab.

Pharao's (39), Sh. el-Huriya, Suq. Das einfache Restaurant hat aus dem 1. Stock einen schönen Blick über die Fußgängerzone und eine viel versprechende Karte mit ägyptischer Küche. Leider sind gerade die aufwändigen Gerichte dann oft doch nicht machbar. Alkoholausschank.

La Torta (38), Sh. el-Sheikh Sabak. Außerhalb der Hotels eine der wenigen Konditoreien in Hurghada, mit gerade sechs winzigen Tischen. Filterkaffee.

● *Sigala (Karten S. 203 und 209)* **Bordiehn und Villa Kunterbunt (Karte S. 203, Nr. 1)**, vor dem im Arabia Beach Resort, www.bordiehn.com. Mit 25 erkochte er einen Michelin-Stern, mit 27 war er der jüngste Küchenchef einer namhaften Hotelkette, dann warf er alles hin und ging in die Wüste nach Hurghada. Dort leitet Thomas Bordiehn nun die Küche der Villa Kunterbunt und experimentiert mit kulinarischem Crossover wie Kamelsauerbraten zu Spätzle. Ob im eher förmlichen („Bordiehn") oder legeren Rahmen (Villa Kunterbunt), auf jeden Fall sollte man sich die Kunst von Bordiehn und seiner Crew nicht entgehen lassen. Auf einer Bühne wird zum Essen Kunst vom arabischen Musikensemble bis zum

Karten vorderer Umschlag und S. 215

Rotes Meer

Kinderballett dargeboten. Für ein Hauptgericht rechne man 30–140 LE.

Samos (Karte S. 209, Nr. 16), beim Golf Hotel. Ein blau-weißer Oldtimer weist den Weg in dieses griechische Lokal. Testen Sie die Fischsuppe aus *nagel*, einen nach Thunfisch schmeckenden Rotmeerfisch in der Brühe mit Minze, Zwiebeln, Dill und Koriander; oder den *psari souvlaki* (gegrillter Fisch), meist eine in Olivenöl marinierte Meerbrasse. Neben Fisch und Meerestieren wird die „beim Griechen" übliche Palette der Pfannen-, Ofen-, Grill-Fleischgerichte angeboten.

El-Mina (Karte S. 209, Nr. 12), Sh. Shedwan, und **Joker (Karte S. 209, Nr. 13)**, Siqala Square, servieren, was das Rote Meer zu bieten hat. Hier treffen sich überwiegend die Einheimischen, doch auch touristische Seafood-Liebhaber dürfen sich ihren Fisch aus der Vitrine aussuchen, der dann frisch zubereitet wird. Bezahlt wird nach Gewicht (des Fischs).

El-Masri (Karte S. 209, Nr. 14), Siqala Square, ägyptische (Grill-) Fleischküche, für Hurghada überraschend authentisch und mit vielen einheimischen Gästen.

Drifters (Karte S. 209, Nr. 24), Sh. el-Sentral. Deutscher Koch, freundliches und effizientes Personal und viele deutsche Gäste, nicht nur aus der Taucherszene. Die täglich wechselnden Gerichte kommen stets frisch aus der Küche. Diese setzt auf teutonische Klassiker wie Kalbsleber mit Zwiebeln, Kartoffelpüree und Apfelscheiben oder, Orient trifft Okzident, Roulade vom Kamelfleisch. Platz ist auf der Terrasse und drinnen. Leider versteckt sich das Lokal im Gassengewirr: Gehen Sie in Siqla die Straße auf der Nordseite der Telefonzentrale 200 m bergauf, dann liegt Drifters an einem kleinen Platz.

Café del Mar (Karte S. 209, Nr. 17), Sh. el-Sakia. Bar-Lounge-Restaurant unter schwe-discher Leitung. Mit kräftigen Farben, dezenter Musik und abends gedämpfter Beleuchtung. Modern eingerichtet und mit wechselnder Kunst dekoriert. Zu essen gibt's Pizza-Pasta-Steak-Salate, als Besonderheit Kamelgulasch mit Spätzle, und (rund um die Uhr) allerlei Frühstücksvarianten.

Regensburger (Karte S. 209, Nr. 29), Sh. el-Hadaba, Nähe Calypso Disco. Hier bekennt man sich zur deutschen Küche vom Sauerbraten bis zur Rindsroulade (die allerdings ohne schweinischen Speck und Gurke!). Backwaren aus eigener Bäckerei, und natürlich gibt's auch deutsches Bier und einen schönen Biergarten. Stammgäste lassen sogar ihre Wäsche hier waschen.

Pita Sphinx (Karte S. 209, Nr. 22), in einer Seitenstraße gegenüber dem Regina Resort. Die Einrichtung ist mit Holz und Terrakotta etwas altbacken rustikal und es gibt keine Terrasse, um so besser ist jedoch die schmackhafte Küche. Auf der (auch deutschen) Speisekarte findet man Pizza, Steak, Fisch und Salate, die ägyptische Küche ist mit Linsensuppe und Täubchen vertreten.

Felfela (Karte S. 203, Nr. 2), zwischen Siqala und dem Sheraton-Hotel. Die Filiale der gleichnamigen Kairoer Kette hat sich hier auf Fisch und Meeresfrüchte spezialisiert, ist daneben aber auch ein guter Tipp für Vegetarier. Großräumig mit Blick aufs Meer wird veredelte ägyptische Volksküche serviert; mit Alkoholausschank.

Fritz (Karte S. 203, Nr. 4), Neu-Hurghada in der Fußgängerzone vor dem Giftun-Village), Hurghadas erste Currywurst-Bude – die Wurst aus Kalbfleisch, damit auch Muslime auf den Geschmack kommen, dazu echt deutsche Schlager.

Maschrabiya (Karte S. 209, Nr. 23), Sh. Sheraton nahe der Telefonzentrale. Auch an der Tourimeile gibt es noch ein ägyptisches Teehaus ohne jeden Schnickschnack.

*N*achtleben

Hurghada hat neben Scharm el-Scheich das lebendigste Nachtleben in Ägypten – kaum ein Hotel will auf die Zusatzeinnahmen der Discos und Shows verzichten. Aktuelle Ausgehtipps finden Sie auch in den örtlichen Szeneblättern *Hurghada Bulletin* und *H2O*.

● *Kneipen und Discos* **Peanuts Bar (Karte S. 211, Nr. 34)**, Sh. Dr. Said Qorayem, beim Three Corners Empire. Tägl. 24 Std. geöffnet, Treffpunkt der Tauchlehrer, langer Tresen mit Bier vom Fass und Erdnüssen en masse.

Papa's Bar (Karte S. 209, Nr. 26), an der Gabelung der Sh. Sheraton mit der el-Hadaba verspricht auch Frauen ohne männlichen Begleiter einen stressfreien Abend (www. papasbar.com). Die Filiale beim Krankenhaus in ed-Dahar **(Karte S. 211, Nr. 31)** hat im gleichen Haus mit der **Juke Box** auch eine tolle Dachterrasse.

Essen & Trinken
- El-Mina
- Joker
- El-Masri
- Samos
- Café del Mar
- Pita Sphinx
- Maschrabiya
- Drifters
- Regensburger

Übernachten
- Golden Sun Hotel
- Sea Garden
- Eiffel
- Living with Art

Cafés
- Moby Dick

Nachtleben
- Africano
- The Beach
- Papa's Bar
- Hed Kandi Beach Bar (ex-Liquid)
- Calypso

Tariq el-Nasr, Ed-Dahar

Corniche, Ed-Dahar

Hafen

El Bahr St.

11

Abou Nawas Street

El Nasr Road

T

Al Shohada Square

Werften

Shedwan St.

Duty Free Shop

12

Siqala Square

13

14

Al Shohada Street

Fischmarkt

Sheraton Road

Mermaid Square

15 16

17 19 20 18

21

22

Helnan Regina

Sheraton Road

Abou El Abass Residence

23

Seagull

24

El Hadabah Hills

25

26

Al Hadaba Street

Sh. Yusser Afifi

Presidential

27

Sheraton

29 28

Hotelviertel

Hurghada-Siqala

200 m

Moby Dick (Karte S. 209, Nr. 21), Siqala, etwas südlich vom Mermaid Square. Man sitzt am frühen Abend gemütlich vor dem Lokal und kann bei Bier, Schischa und guter Musik dem Straßentreiben zusehen. Auch einfache Gerichte.

Calypso (Karte S. 209, Nr. 28), Sh. el-Hadaba, auf der Anhöhe zwischen Siqala und Neu-Hurghada. Mit drei Etagen das Vergnügungsmekka der Stadt und vor allem bei Osteuropäern beliebt. Tanz-

Bauchtänzerin in Hurghada

flächen, Shows, ein 24-Stunden-Biergarten und vieles mehr.

Africano (Karte S. 209, Nr. 11), innen erinnert alles an eine afrikanische Hütte, selbst die Kellner bedienen in afrikanischen Kostümen. Der Club wird weitgehend von Einheimischen besucht und bietet mehrmals die Woche „Orientalische Nacht" mit Bauchtanz und wirbelnden Derwischen (Tannoura).

Havana Club (Karte S. 203, Nr. 9), in der El-Bostan-Mall, Neu-Hurghada. Eine angesagte Freiluftdisco. Samstag gibt's Snow Partys und einmal die Woche auch Schaumparty à la Ibiza. Wer vor Mitternacht kommt, ergattert noch einen guten Platz – danach wird's schnell voll.

Hed Kandi Beach Bar (Karte S. 209, Nr. 27), beim Hotel Aqua Fun, Siqala. London und New York müssen sich mit gelegentlichen Sessions des Clubmusic-Labels begnügen, doch in Hurghada eröffneten die inzwischen vom Ministry of Sound geschluckten Had-Kandi-Macher ihren ersten Club. Tagsüber chillen am Strand, nachts abtanzen in der Arena. Legendär sind die Full Moon Partys.

Ministry of Sound: The Beach (Karte S. 209, Nr. 18), beim Public Beach, Siqala, Eintritt 100–150 LE. Open-Air-Disco unter dem Label des Londoner Unterhaltungskonzerns, bunt gemischte Musik, gute Stimmung, viele ägyptische Stammgäste. Im benachbarten Restaurant kann man sich schon früher mit einem Essen einstimmen.

● *Shows*   **Sindbad Beach Resort (Karte S. 203, Nr. 3)**, Neu-Hurghada, bietet nachts russisches Ballett, Bauchtanz und ein Wasserballett im Pool. Andere Hotels wechseln zwischen Bauchtanzshows und Darbietungen hohlwangiger Slawenschönheiten.

Alf Leila wa Leila (Karte S. 203, Nr. 10), Safaga Rd. Das kitschige Ensemble mischt Las Vegas mit Tausendundeinernacht und könnte in der Werkstatt eines Zuckerbäckers ersonnen worden sein. Tickets zur Bauchtanzshow (20 $ einschl. Transport und Dinner) werden in den meisten Hotels verkauft.

Einkaufen

Shopping ist in Hurghada echtes Spießrutenlaufen. Die Händler quatschen vielsprachig alles an, was sich vor der Ladenfront bewegt, und wehe, man will die Auslage näher betrachten.

● *Bücher & Zeitungen*   **Al-Ahram**, z. B. in ed-Dahar als Zeitungskiosk am Kreisel bei der Taxistation, im Hotelviertel im Intercontinental oder in der Esplanade Mall zwischen Sindbad und Giftun Resort, hat die größte Auswahl an fremdsprachigen Büchern und Zeitschriften.

Gebrauchte Bücher auch in deutscher Sprache hat **Betta**, in der landseitigen Stichstraße beim Nil Exchange gegenüber

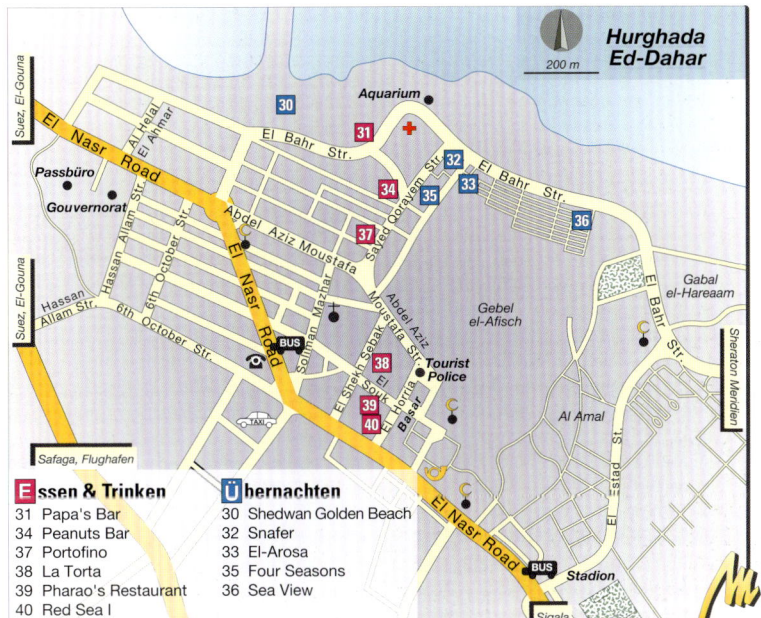

Hurghada Ed-Dahar

200 m

Suez, El-Gouna
El Nasr Road
Passbüro
Gouvernorat
Al Hagar
El Ahmar
Hassan Alam Str.
6th October Str.
Hassan Allam Str.
Suez, El-Gouna
Safaga, Flughafen
El Bahr Str.
Aquarium
Sayed Qorayn Str.
El Bahr Str.
Abdel Aziz Moustafa
Sheikh Sabak
El Shiekh Sabak
Soliman Mazhar
Abdel Aziz Moustafa Str.
Gebel el-Afisch
Tourist Police
Bazar
Horria
TAXI
BUS
Al Amal
Estad Str.
El Bahr Str.
Gabal el-Hareaam
Sheraton Meridien
El Nasr Road
BUS *Stadion*
Siqala

30 31 32 33 34 35 36 37 38 39 40

E ssen & Trinken
31 Papa's Bar
34 Peanuts Bar
37 Portofino
38 La Torta
39 Pharao's Restaurant
40 Red Sea I

Ü bernachten
30 Shedwan Golden Beach
32 Snafer
33 El-Arosa
35 Four Seasons
36 Sea View

dem Seagull Resort, Siqala.

● *Lebensmittel* Die Supermarktkette **Abu Aschara** verkauft Lebensmittel und Getränke zu fairen Festpreisen. Filialen findet man beispielsweise in Neu-Hurghada neben Pizza-Hut oder in Siqala neben Papa's Bar.

● *Spirituosen* **Duty Free Shop**, Neu-Hurghada beim Sonesta Beach sowie am Siqala Square, verkauft an Touristen am Tag nach der Ankunft bis 2 l zollfreie Alkoholika. Pass mitbringen!

● *Souvenirs* **Hurghada Star**, ein kleines Kaufhaus in Neu-Hurghada gegenüber der Esplanade Mall, hat feste, reelle und ausgezeichnete Preise – hier kann man sich einen Überblick verschaffen, was gefälschte Markenhandtaschen, afrikanisches Schnitzwerk und steinerne Katzenköpfe kosten.

Tauchen

Während auf dem Sinai Korallenriffe die Küste begleiten, muss man sich in Hurghada hinaus auf die **Inseln** des Archipels bemühen. 120 Tauchzentren bieten ihre Dienste an: Bootsfahrt zu den Tauchgründen, Verleih von Ausrüstungen, Schulungen. Die Preisunterschiede sind enorm. Für einen vier- oder fünftägigen Anfängerkurs mit PADI-Zertifikat rechne man 300–400 €, für eine Einführung mit zwei begleiteten „Schnuppertauchgängen" 80–110 €. Ein Ausflug mit zwei Tauchgängen und Picknick schlägt mit rund 50 € zu Buche. Längere Tauchfahrten, bei denen auch auf dem Boot übernachtet wird, und die bis hinunter nach Eritrea führen können, werden gewöhnlich von Deutschland aus über Veranstalter gebucht.

Die Wahl des falschen Tauchzentrums kann zum Verhängnis werden: Günstigenfalls bedeutet sie hinausgeworfenes Geld für einen schlechten Lehrer, schlimmstenfalls Lebensgefahr wegen Mängel an der Ausrüstung. Über die vor Hurghada verunglückten Taucher, oft genug Ausbilder im sprichwörtlichen Tiefenrausch, spricht die Branche nur ungern. Auch der Autor erspart sich hier Details und Namen, um

Karten vorderer Umschlag und S. 215

Rotes Meer

sein bescheidenes Honorar nicht vor Gericht wegen Geschäftsschädigung aufs Spiel zu setzen. Immerhin sei die Killerfrage beim Tauchschulentest verraten: Wann und unter welchen Umständen verunglückte bei Ihnen der letzte Taucher? Welche Maßnahmen haben Sie ergriffen, damit sich dergleichen nicht wiederholt?

Tourismus und Korallensterben

Auf den ersten Blick mag Hurghadas Ökobilanz als für ägyptische Verhältnisse passabel erscheinen. Nur wenige Hochhäuser verstellen die Sicht auf die majestätischen Berge. Die Hotels halten einen Anstandsabstand zur Uferlinie und verfügen über eigene Kläranlagen, einige erwärmen das Duschwasser mit Sonnenkollektoren. Trinkwasser kommt aus dem Niltal. Der Müll verschwindet, wenigstens weitgehend, aus dem Blickfeld der Urlauber. Wie der Fremdenverkehr der Natur zusetzt, entdeckt man erst dort, wohin es die sportlich ambitionierten Gäste zieht: unter Wasser. „60 bis 80 % der Riffe vor Hurghada sind geschädigt", weiß der Meeresforscher Dr. Hazem Nur el-Din. Auch gutwillige Taucher, die keine Korallen abbrechen und sich in jeder Hinsicht mustergültig verhalten, tragen indirekt zu diesem Korallensterben bei. Die 120 Tauchzentren Hurghadas schicken ihre Kunden täglich, soweit es das Wetter erlaubt, auf einigen hundert Booten zu den Tauchgründen hinaus. Und diese Boote ankerten über Jahre mitten in den Riffen, auf die jedes mal ein schwerer Anker hinunter donnerte. Jene 60 Bojen, die vor einigen Jahren als weniger schädliche Ankerplätze an den beliebtesten Tauchplätzen ausgebracht wurden, sind heute fast alle wieder verschwunden. Jetzt bringen die Umweltbehörde und HEPCA, ein von den um ihre Zukunft besorgten Tauchschulen gegründeter Umweltschutzverein, erneut Bojen aus und unterziehen die Kapitäne einer „Ökoschulung". Wer nicht teilnimmt, bekommt keine Lizenz für die begehrten Touristentransporte.
Als eine echte „Landplage" erweisen sich die Aufschüttungen, mit denen manche Hotels ihren Strand vergrößern. Die feinen Sedimente ersticken die Korallen und töten den Stock, der sich von einem „Ankerschaden" immerhin wieder erholen kann, für immer.
Theoretisch steht ein Teil des Archipels unter Naturschutz. Wer mit Muscheln oder Korallen am Flughafen erwischt wird, muss mit einer Geldstrafe von 1000 $ rechnen, und wer nicht gleich zahlen kann, wandert wenigstens so lange in den Knast, bis sein Flug verfallen ist. In der Praxis jagen die Fischer mit Dynamit. Andere holen auf Bestellung internationaler Zierfischhändler lebende Exoten aus dem Meer, die in Plastikbeuteln verpackt per Luftfracht an die Käufer in Europa und den USA gehen – etwa jeder vierte Fisch kommt auch lebend an. Weitgehend dezimiert wurden die spektakulären Kugelfische und Igelfische. Derart seiner natürlichen Feinde beraubt, breitet sich im Meer statt dessen der Seeigel aus, der an den zunehmenden Algen reichlich Nahrung findet, die ihrerseits von der Wasserverschmutzung profitieren.
Die Natur stirbt so schnell nicht. Doch sie verändert sich. Dabei verschwindet allerdings jenes Biotop der Korallen und bunten Fischlein, das zu sehen manche Taucher eine weite Reise auf sich nehmen. Sie werden demnächst noch ein Stück weiter gen Süden reisen müssen.

Information   **HEPCA**, Siqala, beim Roma Hotel, ✆ 3446674, www.hepca.com.
National Parks Office, ed-Dahar, Corniche, beim Geisum Hotel, ✆ 3540720.

Arbeiter warten am öffentlichen Strand von Siqala auf Abwechslung

Als Faustregel verdienen die Tauchzentren der großen Hotels mehr Vertrauen als die Hinterhof-Klitschen – die Hoteliers sorgen aus eigenem Interesse für eine gewisse Qualitätskontrolle. Positive Ausnahme von dieser Regel ist die unabhängige, an kein Hotel gebundene SUBEX – die Filiale einer Schweizer Tauchschule und zugleich die älteste in Hurghada. Einen unfähigen Instruktor kann man freilich auch in guten Schulen erwischen, denn die aus aller Herren Länder stammenden Tauchlehrer (Frauen sind hier noch immer die Minderheit) werden nur saisonweise angeheuert. Einige Schulen haben sich zum *Quality Dive Club* zusammengeschlossen und versprechen unter diesem Label u. a. höhere Sicherheitsstandards.

Nicht verschwiegen seien einige Möglichkeiten, die Unterwasserwelt auch ohne direkten Wasserkontakt kennen zu lernen. Ein privates **Aquarium** an der Corniche (tgl. 9–22 Uhr, Eintritt 15 LE) stellt in kleinen Becken einige Fische und andere Meeresbewohner vor. Spektakulärer ist die Fahrt mit dem am Sindbad Resort stationierten **Unterseeboot Sindbad** (45 €, Reservierung ✆ 3444662). Allerdings geht die halbe Zeit mit Anfahrt, Einsteigen, Aussteigen und Rückfahrt von dem vor Giftun ankernden U-Boot drauf, das gerade nur auf 15 m Tiefe hinab taucht. Ein Schnuppertauchgang bietet für den gleichen Preis ein besseres Erlebnis.

Bleiben das einem Science-Fiction-Film entsprungene **Aquascope** und das verwandte **Seascope,** Fortentwicklungen der herkömmlichen Glasbodenboote, die eine ganze Kabine aus Plexiglas unter dem Rumpf haben. Bis zu 10 Personen können hier die Unterwasserwelt bestaunen. Tickets werden in den Hotels verkauft, ein Ausflug kostet 45 €.

Für wenig mehr, nämlich 55 €, können Sie beim Kleinveranstalter SimSim (siehe S. 204 und www.delphine-rotesmeer.de) einen ganztägigen Bootsausflug buchen, bei dem neben Schnorcheln auch **Treffen mit Delfinen** auf dem Programm steht – wohlgemerkt nicht im Aquarium, sondern mit frei lebenden Tieren draußen im

Karten vorderer Umschlag und S. 215

Rotes Meer

Meer, die an ihrer Rolle als Fotomodell und Mitschwimmer offenbar viel Freude haben und das Ausflugsboot schon erwarten.

● *Tauchbasen* **Jasmin Diving Center**, im Hotel Jasmin Village **(Karte S. 203, Nr. 8)**, www.jasmin-diving.com. Monica Wiget und Bianca Timm leiten eines der ältesten Tauchzentren in Hurghada – und eines der besten, wie der Verband deutscher Sport-taucher und die Leser der Zeitschrift „TAUCHEN" urteilen. Das 1988 eröffnete Jasmin Village liegt im Süden Hurghadas an einem schönen Sandstrand. Es beher-bergt auch das ProCenter Tommy Friedl für Kiter und Windsurfer (siehe unten) und ist bekannt für seine gute Kinderbetreuung, hat sogar einen kleinen Streichelzoo.

Hor Palace Diving Center, im Hotel Hor Palace **(Karte S. 203, Nr. 6)**, www.hurghada dive.de, ✆ 3465301. Tauchen bei Peter und Beate in gemütlicher und familiärer Atmo-sphäre. Günstige Angebote auch für Tauch-kurse gibt's auf der Webseite. Das Hotel, 3 Minuten vom Strand mit einem Haupthaus an der Straße und etwas ruhiger gelegenen Bungalows, ist günstig und für seine 3 Sterne in Ordnung.

James & Mac im **Giftun Village (Karte S. 203, Nr. 4)**, www.james-mac.de, ✆ 3463003, pauschal zu buchen etwa über www.orca.de. James and Mac leiten seit 1987 die Tauch-basis am schönen Strand des Giftun. Hoher Anspruch und gute Schulung. Ohne Check Dive läuft nichts und das Essen auf den Booten ist mindestens so gut wie im Hotel.

● *Tauchgründe vor Hurghada (Süd → Nord)* **Scha'ab Abu Ramada**: Eine etwa 100 mal 300 m große Riffplatte reicht bis an die Wasseroberfläche. Im Sandgrund um das Riff herum finden sich einzelne Korallentürme.

Giftun: Von achtlosen Tauchern und Boots-leuten wurden die Riffe um die beiden Inseln stark beschädigt – zu spät wurden die heute geltenden Schutzbestimmun-gen durchgesetzt. Für Schwimmer und Schnorchler eignet sich das Eiland aller-dings immer noch, und es ist mit seinem Restaurant das beliebteste Ziel der Aus-flugsboote. Alle Inseln vor Hurghada ste-hen inzwischen unter Naturschutz, einzig Giftun Kebir darf betreten werden.

Careless: Zwei Rifftürme auf einem Pla-teau mit schönen Gärten und Weich-korallen, dazu Muränen, Haie und andere Großfische. Gute Fotomotive.

Scha'ab Rur: Am Südende liegt auf 30 m Tiefe ein Wrack.

Scha'ab el-Erg: Dieses Riff ist auch für seine Rochen bekannt.

Schedwan Island: Mit einer Entfernung von drei bis vier Bootsstunden von Hurghada

Im Glasbodenboot: Korallen gucken, ohne nass zu werden

Das Hinterland von Hurghada

25 km

Gebel Dokkan

Mons Porphyrites

Hurghada

Gebel Qattar

Bir Qattar

Bir Umm Dalfa

Mons Claudianus

Gebel Schayib el-Banat

Wadi el Atrasch

Wadi Qena

Wadi Araba

Suez

El-Gouna

Giftun el-Kebir

Giftun el-Saghir

Coral Beach

Sahl Haschisch

Makadi Bay

Scharm el-Naga

Abu Soma Bay

Port Safaga

Marsa Gawasis

Bir Abu el-Diyab

Hamrawein

El-Quseir el-Qadim

El Quseir

The Brothers

Rotes Meer

Qena

Qft

Qus

El-Laqeita

Luxor

Nil

Qasr el-Banat

Bir Umm Fawachir

Wadi Hammamat

Gebel es-Siba'i

Utopia Beach

Marsa Wizr

Wadi Russumat

Gebel Umm Naqqat

Wadi Umm Ghayi

Port Ghalib

Marsa Mubarak

Marsa Abu Dabbab

Bir Shalul

Umm Rus

Elphinstone Riff

Marsa Schagra

Marsa Alam

Anschluss siehe Karte auf Seite 245

Edfu

Wadi Batramiya

Berenike

liegt Ägyptens größte Insel außerhalb der Reichweite von Tagestouren. Getaucht wird gewöhnlich in der Nähe des Leuchtturms, wo sich ein Steilhang mit Korallentürmen findet.

Abu Nuhas: Das kleine Riff, etwa eine halbe Stunde hinter Schedwan, wurde einigen Schiffen zum Verhängnis. Ein aus dem Wasser ragendes Wrack erleichtert die Orientierung.

Surfen und Kiten

Einen guten Ruf haben die Surfstationen Happy Surf (www.happy-surf.de, im Sultana Beach Hotel), Tommy Friedl (www.tommy-friedl.de, in den Hotels Jasmin und Grand Sea) und das ebenfalls unter deutscher Leitung stehende Giftun Soul Center (www.windsurfen.org, im Giftun Resort). Für einen zehnstündigen Surfkurs rechne man etwa 160 €, die einwöchige Miete für ein Surfbrett kommt auf 140–200 €. Die echten Cracks gaben aber stets Safaga den Vorzug. Mit der nahezu durchgehenden Uferbebauung haben sich die Windverhältnisse in Hurghada noch weiter verschlechtert.

Baden

Winterurlauber seien gewarnt: Obwohl das Thermometer auch von Dezember bis Februar im Durchschnitt bis auf 24 °C klettert, lässt die heftige Brise ein Sonnenbad ohne Windschutz nur im Pullover zu. Seit die *öffentlichen Strände* in ed-Dahar und Siqala Eintritt kosten, bleiben die vorher zahlreichen Spanner außen vor. Gegen einen geringen Obolus können hier auch Liegen gemietet werden. Preiswert ist auch der Strand von The Bar. Das *Jasmin Village* bietet Schnorchlern sogar ein Hausriff. Auf der sonst schattenlosen Insel *Giftun Kebir* hält der Strandclub *Mahmya* (www.mahmya.com) Liegestühle, Sonnenschirme, Getränke und Essen bereit. Der Tagesausflug einschließlich Lunchbüfett und Schnorcheltour kostet 35 € und beginnt morgens gegen 9 Uhr an der Sheraton Marina.

Eindrückliche Erlebnisse und tolle Erinnerungen nehmen fast alle Teilnehmer der **Delfintouren** mit, die SimSim-Reisen (siehe S. 204, www.delphine-rotesmeer.de) für 55 € anbietet. Der Tagesausflug im Safariboot führt weit aufs offene Meer hinaus, wo die Delfine offenbar schon darauf warten, sich mit schnorchelbewehrten Schwimmern im Wasser zu tummeln.

Zwischen Hurghada und Safaga

Die neuen Ferienstädte südlich von Hurghada setzen den in el-Gouna begonnenen Weg konsequent fort: Investmentgesellschaften kaufen vom Staat große Flächen in bester Wasserlage, überplanen das Gelände, zerlegen es in Teilstücke und verkaufen diese dann wiederum, jetzt mit sehr detaillierten Auflagen nach Art eines Bebauungsplans, an die Hotelgesellschaften. In Deutschland geht der Trend hin zur „objektbezogenen" Planung, bei der ein Investor der Gemeinde seine Wünsche und Bedingungen diktiert, zu denen er baut oder nicht. So entstand auch **Makadi Bay,** das heute ein unvermitteltes Nebeneinander von Hotelvierteln bietet, die jeweils ein Touristikkonzern plante, baute und betreibt.

Einen anderen Weg ging man in **Sahl Haschisch** und **Soma Bay:** Hier legten Projektgesellschaften für den gesamten Ort vorab Details bis hin zu Farbe und Architektur der künftigen Bauten fest, die der Erwerber mit dem Kaufvertrag übernehmen musste. Über eine Beteiligung behalten sie sich ein Mitspracherecht und einen Teil am Profit der einzelnen Hotels vor. Diese integrierten Ferienstädte haben dabei auch eine ganze Reihe zentraler Einrichtungen, die unter dem Strich Kosten sparen, aber am Roten Meer bislang nicht selbstverständlich waren: Wo vorher jedes Hotel seinen eigenen Generator und ein Klärbecken hatte, versorgt jetzt ein zentrales Kraftwerk die ganze Siedlung mit Energie, die Abwässer werden alle in eine Kläranlage geleitet. Frischwasser liefert nicht mehr die staatliche Pipeline, sondern eine private Entsalzungsanlage. Die Urlauber können sich auf öffentliche Uferpromenaden freuen – in Hurghada dagegen ist ein Strandspaziergang über die Grundstücksgrenzen hinweg nicht möglich. Schulen, Einkaufszentren und Krankenhäuser sollen die Kunststädte auch als Wohnort für eine betuchte Klientel attraktiv machen.

Sahl Haschisch, etwa 15 km südlich des Flughafens Hurghada, ist derzeit noch eine Großbaustelle und wird die Küste dereinst mit wenigstens zehn Hotels, einem weiteren Golfplatz und noch einem Jachthafen bereichern. Mit einem Kempinski und vor allem dem Oberoi, dem mit Abstand besten Hotel weit und breit, ist Sahl Haschisch auf dem Wege zu einem echten Nobelbadeort.

Oberoi Sahl Hasheesh, ✆ 3440777, 📠 3440788, www.oberoihotels.com, DZ bei Oft-Reisen oder DER-Tour ab 160 €. Das unaufdringliche Luxushotel ist mit viel Geschmack im orientalischen Stil möbliert. Selbst die bescheidenste Zimmerflucht misst noch 86 m² und besitzt neben einem begehbaren Kleiderschrank auch einen separaten Garten. Wer es sich leisten kann, trifft mit dem Oberoi die beste Wahl am Roten Meer.

Makadi Bay: Selbst wenn viele Gäste beklagen, überhaupt und besonders abends sei hier nichts los, so ist Makadi Bay doch eine der lebendigeren unter den Kunststädten am Roten Meer. Wer allerdings seine Hotelanlage verlässt, steht in der Wüste. Das Publikum ist gemischter als in Sahel Haschisch, es gibt mehr Animation und All-inclusive-Angebote, man trifft auch Leute, die sich ihren Urlaub echt abgespart haben. Fragt man Ägypter, ist Makadi Bay ungeachtet seines bunten Völkergemischs der „deutscheste" Ferienort an der Küste, und tatsächlich wird hier mindestens so viel Deutsch gesprochen wie Italienisch.

Makadi Bay

● *Information/Anfahrt* Im Internet unter www.makadi-bay-forum.de Es gibt **keine öffentlichen Busse** nach Makadi Bay. Die Hotels bieten ihren Gästen Shuttle-Busse nach Hurghada an. Vormittags kommen einige Sammeltaxis von Hurghada, in die umgekehrte Richtung bleiben nur Mitfahrgelegenheiten oder Taxis (35 LE).

● *Übernachten* **Le Meridien Makadi**, ✆ 3590590, 📠 3590595, www.lemeridien.com, DZ HP ab 80 €, 1 Woche 2 Pers. HP im DZ mit Flug ab 950 €. Mit über 1000 Zimmern und einer Fläche von 1 km² eine Stadt in der Stadt. Hier wird geklotzt, nicht gekleckert. Der größte Pool des Nahen Ostens, die meisten Treppen (leider nicht die meisten Aufzüge), das umfangreichste Freizeitprogramm (Aerobic, Karaoke, abendliches Dancing, Kinderdisco, Beach-Volleyball etc.). Von den Zimmern in verschiedenen Preislagen gefielen uns die Kategorien „Lagoon" und „Dune" am besten – sie sind größer, doch preiswerter als die Räume im Haupthaus.

Iberotel Makadi Beach, ✆ 35900-00 bis -16, 📠 3590020, www.iberotel.de, DZ AI ab 150 €, 1 Woche 2 Pers. HP im DZ mit Flug ab 1350 €. Das Makadi Beach Hotel liegt in einem Komplex zusammen mit dem **Makadi Oasis** und zwei weiteren Hotels. Die direkt an den Strand grenzende Anlage mit zwei- bis dreistöckigen Einheiten im pseudo-orientalischen Stil ist in einem Garten mit Palmen und Hibiskus hübsch angelegt. Baden im Meer ist bei Ebbe nur eingeschränkt möglich, doch es gibt auch einen beheizten Pool. Surfschule und Tauchschule unter deutscher Leitung, ein auch für Schnorchler tolles Korallenriff direkt vor dem Hotel. Einrichtung der benachbarten TUI-Hotels wie die Disco im Oasis oder Wellnessangebote im Makadi Star können mitbenutzt werden.

Soma Bay/Ras Abu Soma: „Soma" heißt eine berauschende Pflanze im fernen Indien – oder die omnipotente Staatsgewalt in Aldous Huxleys Roman „Schöne Neue Welt". Hier, 45 km hinter Hurghada, verbindet sich beides zu einem luxuriösen Ferienort mit einem Golfplatz als Mittelpunkt. *Robinson Club, Sheraton, Interconti* und das Golf- und Wellnesshotel *La Résidence des Cascades* haben bereits die Pforten geöffnet, ein *Kempinski* ist im Werden.

Rotes Meer

Karten vorderer Umschlag und S. 215

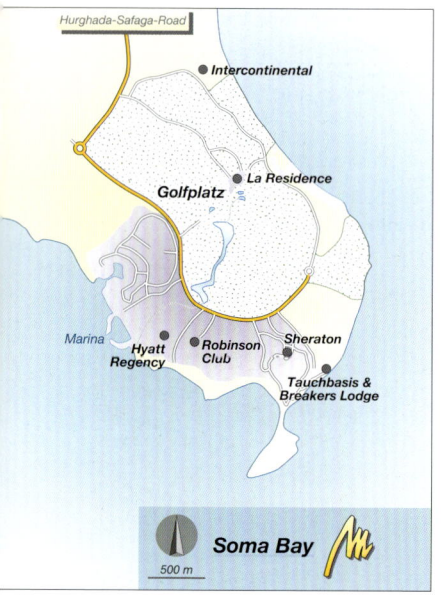

Hurghada-Safaga-Road
● *Intercontinental*
Golfplatz
● *La Residence*
Marina
Hyatt Regency ● *Robinson Club* *Sheraton*
Tauchbasis & Breakers Lodge
Soma Bay
500 m

● *Information/Anfahrt* Im Internet unter www.somabay.com. Es gibt **keine öffentlichen Busse** nach Soma Bay.
● *Golf* **The Cascades Golf and Country Club**, ✆ 3549896, www.somabay.com. Championship Course und die Übungsfläche Academy Course wurden von der Golflegende Gary Player geplant und zählen nach Umfragen zu den schönsten Plätzen der Welt. Wer gleich mit dem Hotelaufenthalt auch

ein Greenfee-Paket kauft, kommt günstiger weg als bei der Buchung vor Ort.
● *Übernachten* **La Résidence des Cascades**, ✆ 3542333, ✆ 3542933, www.residencedescascades. com, DZ ab 90 €, 1 Woche 2 Pers. DZ mit Flug ab 1200 €. Gediegener Luxus am Meer mit viel dunklem Holz und englischer Clubatmosphäre. Das Hotel spricht außer Golfspieler und Ruhesucher auch Wellnessfans an, hat es doch ein von Franzosen geleitetes Thalassozentrum mit Bädern im Stil von Tausendundeinernacht.
Sheraton Soma Bay, ✆ 3545845, ✆ 3542933, www.sheraton-somabay.com, DZ ab 90 €, 1 Woche 2 Pers. DZ mit Flug ab 1200 €. Große Hotelanlage mit teilweise langen Laufwegen. Gepflegter Allgemeinzustand, gemischtes Publikum aller Altersklassen und Nationen. Die Standardzimmer sind eher klein und hellhörig. Ideale Strandlage zum Baden und Schnorcheln; keine Einkaufsmöglichkeiten und kein Nachtleben in der Nähe.
Intercontinental Abu Soma Resort, ✆ 3260700, ✆ 3260749, www.ichotelsgroup. com. DZ ab 70 €, 1 Woche 2 Pers. DZ mit Flug ab 1100 €. 2004 eröffnet, verteilen sich die knapp 500 Zimmer des einsam gelegenen Hotels auf das Haupthaus und zwei Nebengebäude. Mediterrane Architektur und gepflegte Grünanlagen, auch im Winter beheizter Pool. Ewig langer, hoteleigener Sandstrand, Wassersportbasis. Überwiegend englischsprachiges, nicht mehr ganz junges Publikum – für Jugendliche gibt es zu wenig Action.

Port Safaga   (Bur Safaga)

Der Fremdenverkehr spielt in Safaga nur eine Nebenrolle – vielleicht zum Vorteil der Urlauber. Die Strände sind sauberer, die Riffe bislang noch intakter. Besonders Surfer schätzen wegen der guten Windverhältnisse den Standort.

Bei Safaga mündet die kürzeste und wichtigste Verbindungsstraße zwischen Nil und Rotem Meer. Der Verkehrsknotenpunkt ist zugleich der wichtigste Massengüter-Hafen der ägyptischen Ostküste und auch über eine Bahnlinie mit dem Niltal und gar den Oasen in der Libyschen Wüste verbunden. Frachtschiffe bringen die Getreideimporte, andere nehmen Aluminiumbarren aus der Schmelze von Nag Hammadi und Phosphate und Düngemittel aus den Minen von Abu Tartur auf. Safaga zieht sich als wenig aufregende, kilometerlange Straßenzeile entlang der Mauer des Hafenareals – erst ganz am Ende erreicht man das Basarviertel, in dem einzelne Läden wie „Aldi-Bazar" oder der Friseursalon „Hilton" auf touristische Kaufkraft zielen.

Bootsbau in Safaga

Das **Touristenzentrum** Safagas liegt etwa 5 km nördlich des Hafens. Abwechslung bieten Hotels und das Meer – landseits gibt es außerhalb der einzelnen Hotelareale wenig Abwechslung. Attraktionen sind für die Taucher die **Riffe** vor der Küste und für die Surfer der **Wind.** An den Hotelstränden ist das Wasser extrem flach, man kann bei Ebbe fast 50 m hinaus waten. Der Sand hat außer Salz und anderen Mineralien auch einen hohen Gehalt an radioaktiven Isotopen wie Uran und Thorium, sodass Safaga auch für **Kuren** bei Bronchitis, Rheuma und Hautkrankheiten empfohlen wird.

Zum Baden und Schnorcheln laden **Sandy Island** und die schattenlose Insel **Tobia Kebir** ein, auf der die Bootsunternehmer (Tagesausflug mit Lunch um 50 LE) aber Sonnenschutzdächer aufgebaut haben. Sandy Island wird auch gerne für Anfänger- und Checktauchgänge genutzt, Tobia Kebir eignet sich eher für geübte Taucher. Die werden vor allem an den Korallensäulen Tobia Arba ihre Freude haben, die mit großer Artenvielfalt überraschen. Alle „Tobia-Tauchgründe" liegen im Windschatten des Kaps Abu Soma und werden deshalb auch von stärkerem Wind angefahren. Weitere Nahziele für Tauchausflüge liegen 5-10 km vor der Küste.

In den Gewässern vor Safaga haben außer Tauchern auch **Hammerhaie** ihr Revier. Um ihre Beute aufzuspüren, sind diese Räuber von der Natur mit raffinierten Sensoren ausgestattet. Aus großer Ferne nehmen die Haie feinste Vibrationen im Wasser wahr, beim Nahkampf orientieren sie sich mittels elektromagnetischer Felder. Wer als erfahrener Taucher die Begegnung mit Hammer- und Grauhaien sucht, sollte sich einer der seltenen Tauchfahrten zur Arpha Bank anschließen – ein Unterwasserberg, dessen Gipfel knapp 20 m unter die Meeresoberfläche reicht, und der nur bei ruhiger See mit Echolot oder Satelliten-Navigation angesteuert wird.

Karten vorderer Umschlag und S. 215

Rotes Meer

● *Anfahrt* **Minibusse** (0,50–1 LE) pendeln zwischen dem Zentrum und der Hotelzone. Vom Terminal am Südende des Zentrums fahren täglich ein Dutzend **Busse** über Hurghada (10 LE) nach Suez (25–40 LE) oder Kairo (35–50 LE) und vom späten Vormittag bis Mitternacht auch nach Luxor (20–25 LE),

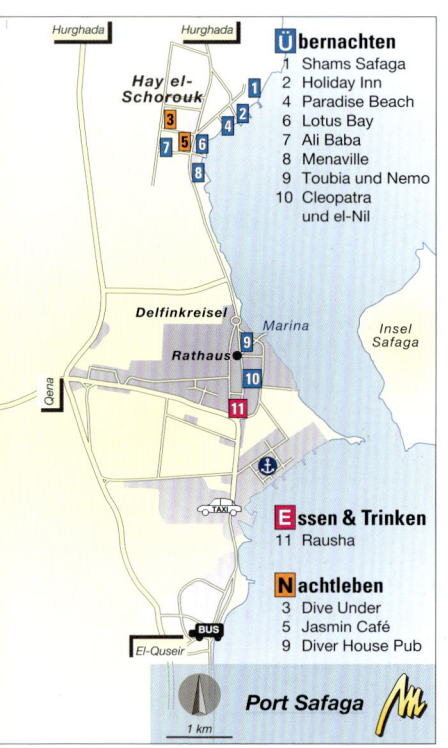

Übernachten
1 Shams Safaga
2 Holiday Inn
4 Paradise Beach
6 Lotus Bay
7 Ali Baba
8 Menaville
9 Toubia und Nemo
10 Cleopatra
   und el-Nil

Essen & Trinken
11 Rausha

Nachtleben
3 Dive Under
5 Jasmin Café
9 Diver House Pub

teilweise weiter nach Assuan (35–45 LE). Die Küste entlang gen Süden (el-Quseir, Marsa Alam, Halaib) fahren Busse am frühen Morgen und ab 16 Uhr. 1,5 km nördlich der Busstation findet man beim Hafen das Terminal der **Servicetaxis**.

Schließlich gibt es von Safaga eine **Schiffsverbindung** ins saudi-arabische Duba (Debbah). Seelenverkäufer der Reederei el-Salam (www.elsalammaritime.com) schippern täglich übers Meer. Tickets ab 300 LE vor dem Hafen bei der Agentur Telestar, ✆ 3252315, 🖷 3252317.

● *Übernachten* Die in den 90ern gebauten 4-Sterne-Anlagen (von Nord nach Süd) **Shams Safaga (1)** (www.shamshotels. com, ✆ 3251782), **Holiday Inn (2)** (www. holiday-inn.com, ✆ 3260100), das bei deutschen Gästen überaus beliebte **Paradise Beach (4)** (wwww.solymar.com, ✆ 3260017) und **Lotus Bay (6)** (✆ 3260005, www.lotus bay.com) unterscheiden sich nur wenig. Sie liegen allesamt am Wasser mit langem Sandstrand, können kleinere Alterssschwächen nicht verbergen, haben ihre eigenen Tauchzentren und Surfstationen und verlangen fürs DZ rund 60 € oder sind pauschal mit Flug für 1 Woche HP 2 Pers. im DZ ab 700 € zu haben. Die schönsten Grünanlagen hat das Lotus.

Das **Menaville (8)** (www.menaville.com, ✆ 3260064) setzt außer auf die herkömmlichen Bade- und Tauchtourismus auch auf Klimatherapie. In Zusammenarbeit mit dem Kurbetrieb im tschechischen Karlsbad wird auf dem Hotelgelände ein Kurzentrum betrieben, für dessen Gäste auch ein besonderer Abschnitt des fast 800 m langen Hotelstrands reserviert ist.

Ali Baba Hotel (7), Hay el-Schorouk, ✆ 3260600, www.hotel-alibaba.com, DZ HP 30 €. Das von einem Ägypter und seiner Schweizer Frau geleitete Hotel steht gegenüber dem Menaville, etwa 150 m landeinwärts. Geräumige und saubere Zimmer.

Toubia (9), Corniche beim Jachthafen, ✆/🖷 3251294, www.toubia.de, DZ 32 €. 20 Zimmer in einem Neubau nur wenige Schritte vom hoteleigenen Strandabschnitt. Der Besitzer Hakim spricht Deutsch, gleich um die Ecke ist Toms Diver House. Pauschal kann das vor allem von Tauchern belegte Haus auch über Orca-Reisen gebucht werden.

Nemo (9), gleich neben dem Toubia, ✆ 3256777, 🖷 325688, www.nemodive.com, 1 Woche DZ mit VP 200 €. Von den Flamen Guy und Bert gemanagt, bietet das im Herbst 2004 eröffnete Hotel 30 helle Zimmer mit Balkon und Seesicht. Im Erdgeschoss sind das Tauchzentrum und eine Cafeteria/Bar untergebracht. Auch hier gibt es auf der anderen Straßenseite einen hoteleigenen Strand.

Für durchreisende Individualtouristen mit schmalem Geldbeutel bieten sich die hauptsächlich von Einheimischen besuchten Hotels **Cleopatra** (✆ 3253926) und **el-Nil** (✆ 3252680) an, beide **(10)** an der Hauptstraße zwischen Rathaus und Moschee, DZ 100 LE.

Todesfahrten nach Safaga

Wenn sein Leben denn allein in Gottes Hand wäre, könnte sich der Mekkapilger getrost und frohen Mutes auf das Fährschiff begeben, das ihn von Safaga nach Saudi-Arabien und wieder zurück bringt. Doch für eine gesunde Überfahrt ist neben Gott auch der Kapitän verantwortlich, dazu dessen Reeder und die Kontrolleure in den Häfen. Und so hat, wer sich in Safaga einem der Schiffe mit Namen al-Salam („Frieden") anvertraut, allen Grund zur Sorge, hier seine letzte Reise zu beginnen.

14.12.1991: Die *Salam Express* läuft abends bei rauem Wetter vor Safaga auf ein Riff und sinkt binnen Minuten. Die meisten Opfer haben keine Chance mehr, aus dem angeschlagenen Schiffsrumpf auch nur an Deck zu kommen. Die Behörden melden 448 Tote – Experten schätzen die doppelte Zahl. Die genauen Umstände der Katastrophe kommen nie ans Licht.

24.06. 2002: Auf der *Al-Salam 90*, die mit 896 Passagieren auf dem Weg von Duba nach Safaga ist, bricht ein Feuer aus. Ein Besatzungsmitglied stirbt an Rauchvergiftung, mehrere werden verletzt.

17.10.2005: *Pride of al-Salam* 95 kollidiert mit dem zypriotischen Frachter *Pearl of Jebel Ali*. In der folgenden Panik werden zwei Passagiere zu Tode getrampelt. Dreieinhalb Minuten nach Abschluss der Evakuierung sinkt die Fähre.

02.02.2006: An Bord der *Al-Salam 98 Boccaccio* bricht bald nach dem Start in Duba ein Kabelbrand aus. Da keine Kohlendioxid-Feuerlöscher greifbar sind, löscht die Mannschaft mit Wasser. Dieses Löschwasser sammelt sich auf einer Seite des Fahrzeugdecks und bringt das Schiff in Schlagseite. Speigatten und Lenzpumpen funktionieren nicht, die Schieflage nimmt zu. Kapitän Sayed Omar funkt das auf Gegenkurs Richtung Doha fahrende Schwesterschiff *Santa Catherine* an, ob es die Passagiere übernehmen könne. Doch die Santa Catharine ist mit 1800 Fahrgästen bereits völlig überladen und lehnt nach Rücksprache mit dem Reeder ab, um nicht selbst in Gefahr zu geraten. Jetzt, kurz vor 2 Uhr morgens und zwei Stunden nach Ausbruch des Brands, beschließt Kapitän Sayed Omar, doch besser umzukehren. Bei diesem Wendemanöver unter starkem Wind geht das schief liegende Schiff unter. Ein Notsignal wird in Schottland aufgefangen und nach Ägypten weitergeleitet, doch in Safaga hat niemand mehr Dienst. Rettungsmaßnahmen beginnen erst nach Tagesanbruch, für knapp tausend Menschen kommt die Hilfe zu spät.

Die Hinterbliebenen jedes Opfers werden, so will es das ägyptische Recht, mit 150.000 LE entschädigt – deutlicher weniger, als internationale Konventionen vorsehen. So bleiben auch die Versicherungsprämien der schrottreifen Salam-Fähren niedrig und das Rote Meer weiter ein Revier der Seelenverkäufer. Mamdouh Ismail, Eigentümer der Al-Salam-Gruppe, hat alle Unfälle schad- und schuldlos überstanden. Als Abgeordneter im Schura-Rat, dem ägyptischen Oberhaus, genießt er parlamentarische Immunität. Zudem gehört er zum engeren Zirkel um Präsident Mubarak.

Karten vorderer Umschlag und S. 215

Rotes Meer

● *Essen & Trinken/Nachtleben (Karte S. 220)* **Rausha (11)**, frischer Fisch und maritime Schalentiere. Chef Harmada Zarzor hat sein Handwerk im Mena House und in anderen führenden Hotels gelernt. Beim Krankenhaus. ✆ 3251650.

Ali Baba 2 (7), im Ali-Baba-Hotel, ✆ 3260600, und **Ali Baba 1**, zw. Rathaus und Delfinkreisel, ✆ 3250253. Der Erfolg des auch von Externen gern besuchten Hotelrestaurants legte es nahe, eine Filiale im Stadtzentrum zu eröffnen. Hier wie dort gibt es ägyptische und internationale Küche zu maßvollen Preisen (Seafood 50 LE, andere Hauptgerichte 15–30 LE).

Dive Under (3), Bar mit rockiger Musik, man sitzt draußen und kann dabei Einheimische kennen lernen. Im Hay el-Schorouk gegenüber dem Hotel Lotus Bay.

Diver House Pub (9), die mit kostenlosem W-LAN ausgestattete Bar des Toubia Hotels ist ein weiterer Abendtreffpunkt der in Safaga ansässigen Ausländer. Wer etwas essen möchte, kann sich problemlos von **First Cook** (zwischen Rathaus und Delfinkreisel) Pizza oder Sandwichs bringen lassen.

Jasmin (5), im Internetcafé gegenüber dem Hotel Lotus Bay kann man nicht nur seine elektronischer Post abholen, sondern auch Schischa rauchen und ein Bierchen trinken.

● *Surfen* Surfer werden vielleicht das Shams Hotel bevorzugen, es hat die beste Lage zum Wind und mit dem **Club Mistral** (www.club-mistral.com) die renommierteste Surfstation. Eine Woche Windsurfen „rent & change" kostet rund 200 €, für 10 Schulungsstunden Kiting rechne man 280 €. Alternativ empfiehlt sich **Vasco Renna** (www.vascorenna.com) im Paradise Beach, die zum Surfen und Kiten gern Tagesausflüge auf die Inseln vor Safaga machen.

● *Tauchen* **Paradise Divers** im Hotel Safaga Paradise, ✆ 012-2633073 www.enjoy-diving.de. Die Basis gilt als die beste in Safaga. Deutsche Leitung, Kurse nach PADI, Kinderbetreuung, auch mehrtägige Tauchsafaris.

Barakuda (im Lotus Bay Resort), ✆ 3260049, www.barakuda-diving.com.

Ducks (im Holiday Inn Resort), ✆ 3260100, www.ducks-dive-center.de.

Menadive (im Menaville Resort), ✆ 3260060, www.menadive.com.

Orca (Orca Village), ✆ 3260111, www.orca-red-sea.com.

Sea Dream Divers (beim Toubia Hotel), ✆ 012-7819102 www.seadreamdivers.ch.

Shams Safaga diving, ✆ 3251781, www.shams-dive.com.

Toms Diver House (beim Toubia Hotel), ✆ 012-4222181 www.toms-diver-house.ch.

● *Veranstalter* Unter den Reiseveranstaltern hat sich die **Volkert Touristik GmbH**, www.volkert-touristik.de, ✆ 09357-97490, auf Sportreisen nach Safaga spezialisiert.

Aus Hurghada lernen?

Manchmal rächt sich die Natur für das, was man ihr antut. Als das *Shams Safaga* eine Betonmole 100 m weit in Meer hinaus baute, schwemmte die so veränderte Strömung dem Nachbarhotel 3200 m² Strand weg, und ein weiterer Nachbar musste sich nach einem neuen Platz für sein Tauchzentrum umschauen.

Mohammed Huweidak, dessen Familie gleich mehrere Hotels am Roten Meer besitzt, will die in Hurghada gemachten Fehler in Safaga nicht wiederholen. Zu deutlich wurde, dass dort die rasche touristische Entwicklung ihre eigenen Grundlagen zerstört. Nach Huweidaks Vorstellung wird Safaga eines Tages der Prototyp eines ökologischen Badeortes sein. Als Präsident des örtlichen Fremdenverkehrsvereins *Safaga Oceanic Society* achtet er darauf, dass die Hotelbauer den vorgeschriebenen Grenzabstand von inzwischen 220 m zur Uferlinie einhalten und keine Auffüllungen vornehmen. Und im Unterschied zu manchen anderen Umweltschützern hat Howeidak genug Einfluss und Macht, die Einhaltung des neuen Küstenschutzgesetzes auch durchzusetzen.

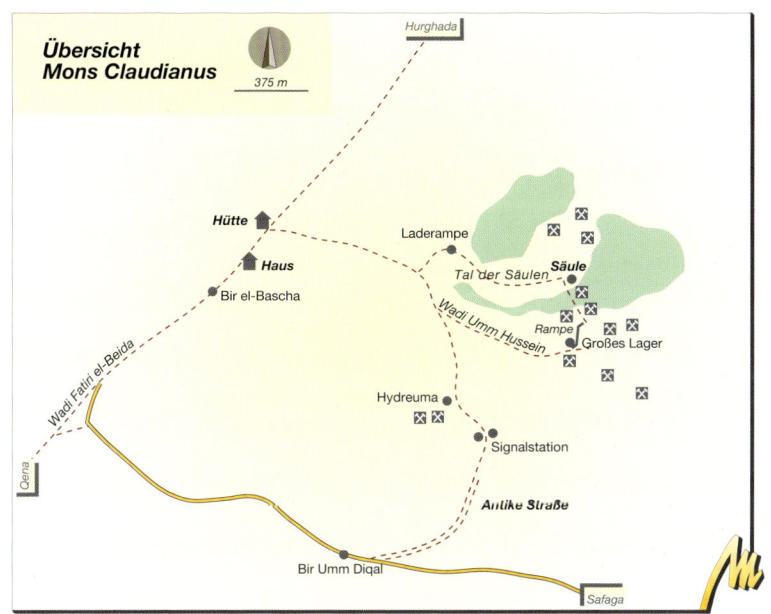

Mons Claudianus

Der Ausflug zum Mons Claudianus verspricht ein herrliches Wüstenerlebnis und interessante Relikte eines römischen Steinbruchs.

Nahe dem Gebel Fatira war der Mons Claudianus das zweite Zentrum des römischen Bergbaus in der Östlichen Wüste. Der hier gewonnene schwarz marmorierte Granit wurde bei den kaiserlichen Prachtbauten in Rom vor allem für Säulen verwendet. Die Höhenunterschiede im Steinbruch sind gering, und die Abbaustellen liegen nahe beieinander, sodass Verwaltung und Wohnquartiere an einer zentralen Stelle zusammengefasst werden konnten.

Die Steinbrüche waren vom Ende des 1. bis Mitte des 3. Jh. in Betrieb. Anders als am Mons Porphyrites arbeiteten hier keine Sträflinge, sondern ausschließlich Freiwillige – ihre Löhne waren doppelt so hoch wie im Niltal. Auf dem Speisezettel standen Weizen, Linsen, Datteln, Zwiebeln und Oliven, die alle vom Nil gebracht wurden, dazu Fisch, Eselsfleisch und natürlich Wein. Doch auch Delikatessen wie Zitronen, Nüsse, Granatäpfel, indischer Pfeffer und Austern wurden gegessen. Salat, Spinat, Kohl und Küchenkräuter zog man in eigenen Gärten vor Ort, denn frisches Gemüse wäre nach tagelangem Wüstentransport alles andere als frisch gewesen.

Anfahrt: Die von den Einheimischen *Medinet Ruman* („Römische Stadt") genannten Steinbrüche sind auf befestigter Straße relativ bequem und auch mit Pkws ohne Allradantrieb zu erreichen. Ein Permit ist nicht erforderlich, man ist nicht an die Konvoizeiten gebunden. Für ein Taxi ab Safaga rechne man 120 LE.

Nach ca. 40 km der *Safaga-Qena-Straße* biegt man zwischen Überlandleitung und Rasthaus rechts ab und an der unmittelbar folgenden Gabelung (26°42'29"N 33°35'46"E)

Karten vorderer Umschlag und S. 215

wiederum rechts auf einer schlechten Teerstraße ins *Wadi Umm Diqal*. Nach 18 km trifft man den römischen Brunnen *Bir Umm Diqal* und den Turm einer frühchristlichen Klostersiedlung. Von hier kann man (rechts) entlang der antiken Straße zu den Steinbrüchen (26°48'35"N 33°29'13"E) laufen (1 Std.). Die Teerstraße führt noch 3 km weiter ins *Wadi Fatira*, eine alte Karawanenroute zwischen Hurghada und Qena. Dieses geht es

2,5 km nach rechts, vorbei am *Bir el-Bascha* (auf einigen Karten als Bir Abd el-Wahab verzeichnet) und einem gelben Haus, bis man auf Höhe einer Hütte wiederum rechts ins *Wadi Umm Hussein* abbiegt. Fahrtechnisch ist die „Ausfahrt" aus dem Wadi Fatira bzw. die Querung desselben die schwierigste Stelle. Nach weiteren 2,5 km ist das Hauptlager der Steinbrüche nicht mehr zu übersehen.

Sehenswertes

Bemerkenswert, wie es den Römern gelang, hier mitten in der Wüste die Wasserversorgung zu sichern. Am Brunnen **Umm Mitgal,** den die britische Armee im letzten Weltkrieg instand setzte, wurde das Wasser mit einem Pumpwerk aus 40 m Tiefe gefördert und dann über ein noch als schnurgerade Steinspur auszumachendes Aquädukt zu den Steinbrüchen geleitet. Die Leitung durchsticht einen Sattel und endet im **Hydreuma,** dem etwa 60.000 Liter fassenden Tank des **Kleinen Lagers** („Claudianus I"). In der Nachbarschaft liegen die Reste einer Arbeitersiedlung, oben am Hang einige Abbaustellen.

Das **Große Lager** im Wadi Umm Hussein war ein befestigtes, mit Türmen bewehrtes Kastell von 71 x 76 m Grundfläche. Hier lebten die Arbeiter und die Soldaten, die die Steinbrüche und Transportkarawanen vor den Beduinen schützten. Die meisten Legionäre waren Ägypter, die sich wahrscheinlich gerade so langweilten wie heutige Wehrpflichtige in ihren einsamen Camps. Unter den Offizieren gab es aber auch Steinbruchspezialisten aus anderen Regionen des Reichs, die als Aufpasser und Spitzel des Kaisers ein Auge auf die Pächter hatten. Die Kader wohnten an

Bruch-Stücke im Tal der Säulen

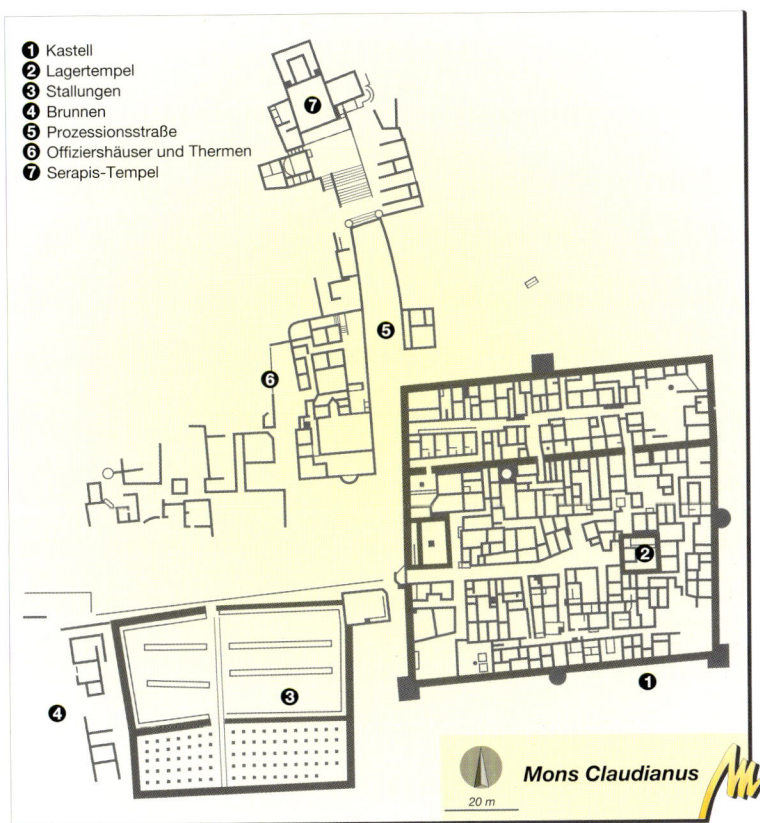

1 Kastell
2 Lagertempel
3 Stallungen
4 Brunnen
5 Prozessionsstraße
6 Offiziershäuser und Thermen
7 Serapis-Tempel

Mons Claudianus

20 m

der Nordwestecke außerhalb des Lagers und konnten hier sogar in **Thermen** dem Badespaß frönen.

Ebenfalls auf der Westseite grenzen die **Stallungen** der Transporttiere ans Lager. Essen und alle Ausrüstung musste vom Niltal herangeschafft werden – und blieben manchmal aus: *„Pachnoumis grüßt seinen Freund Petechon. Ich muss Dich ersuchen, den nachstehend genannten Personen die Prämie nicht auszuzahlen, denn ich habe für sie bisher weder Geld noch Wein erhalten: Architekton Hieronymos, Markos Sokrates und Isidoros Horion"*, lesen wir auf einer Tonscherbe.

Von den Stallungen am Lager und den Offiziershäusern vorbei läuft die **Prozessionsstraße** zur Freitreppe vor dem 110 n. Chr. geweihten **Serapistempel.** Dahinter führt ein Trampelpfad bergauf an Säulenstümpfen vorbei über den Höhenzug ins **Tal der Säulen** mit der Transportstraße zu den Steinbrüchen. Zwischen den Trümmern findet man auch eine Riesensäule von 18 m Länge.

Talseits mündet die Transportstraße mit einer **Verladerampe** ins Wadi Umm Hussein. Hier war die Endabnahme der Werkstücke. Viele Blöcke und Säulen hielten der kritischen Prüfung durch den Architekten oder die Beauftragten des Kaisers nicht stand, wurden aussortiert und blieben liegen. Vielleicht konnten die Steinhauer später noch einen Kopf oder eine kleinere Statue daraus gewinnen. Was keine Brüche und Risse zeigte, luden die Arbeiter auf Karren oder Transportschlitten. Kamele und Rindergespanne zogen die Last an den Nil, und von dort ging es per Schiff weiter bis zu den kaiserlichen Prunkbauten in Rom.

El-Quseir

Die erst wenigen Hotels bei el-Quseir bieten Bade- und Tauchferien in der Abgeschiedenheit eines kleinen Fischerortes. Mit etwas Pflege wurde dieser zu einer Perle am Roten Meer – und verliert schon wieder an Glanz.

Als einziger Ort der ägyptischen Rotmeerküste hat el-Quseir (50.000 Ew.) einen historischen Stadtkern mit Charme und Atmosphäre. Und aus dem **Fischerhafen** stechen tatsächlich noch Fischer in See. Wer wollte ihnen verdenken, dass sie Trawler mit metallenem Rumpf und neuzeitlichen Hebekränen den alten, hölzernen Segelbooten vorziehen und ihren Fang nicht mehr salzen und pökeln, sondern im Kühlhaus einlagern, bis er mit dem Lastwagen abgeholt wird. Einst schifften sich in el-Quseir die oberägyptischen Mekkapilger zur Wallfahrt gen Mekka ein. Mit dem Bau des Suezkanals und dem Ende der Segelschifffahrt geriet der Ort jedoch ins Abseits.

Die bereits 1891 vom französischen Ingenieur Nicour vorgeschlagene Eisenbahn zum Nil wurde 100 Jahre später zwar gebaut, doch nicht mehr nach el-Quseir, sondern nach Safaga. Dafür kam zu Beginn des 20. Jh. die von italienischem Kapital dominierte Phosphatgesellschaft nach el-Quseir und begründete die bis in heutige Touristenströme fortwirkende *italian connection* von Stadt und Region. Bis in die 1990er Jahre wurde am nördlichen Stadtrand das im Hinterland abgebaute Phos-

El-Quseir anno dazumal …

„Kosser besteht aus einer beträchtlichen Anzahl kleiner Häuser, die, zu unregelmäßigen Straßen angeordnet, wegen ihrer weißen Tünche ein sauberes Aussehen haben. An größeren Gebäuden ist nur das des Gouverneurs und das ehemalige Kornmagazin der Regierung, jetzt Wohnung des Arztes zu nennen, beide einstöckige, geräumige Häuser. Am Abhang der benachbarten Anhöhe, auf der Nordseite der Stadt, erheben sich die hohen Mauern eines Kastells mit etlichen alten Kanonen, deren Bedienung von einigen invaliden Soldaten aus Mehemet Alis Zeit versehen wird. Der Brunnen im Hofraum ist durch Vernachlässigung unbrauchbar geworden. Das Fort beherrscht vortrefflich den Ankerplatz der Schiffe und alle Zugänge der Stadt. Außer dieser gewahrt man einige winzige Hütten angesiedelter Ababda, die mit den Erzeugnissen ihrer Berge, mit Trinkwasser, Holz, Kohlen, Vieh, Milch, Butter und dergleichen handeln. Viele von ihnen fristen indes auch durch Fischfang und Sammeln von Meeresprodukten ihr kümmerliches Dasein."

Beschreibung Quseirs von Georg Schweinfurth, der hier vor gut hundert Jahren zufällig auf den jungen Arzt Carl Benjamin Klunzinger stieß – beide machten die Erforschung des Roten Meeres zu ihrem Lebensinhalt.

Abendmarkt in el-Quseir

phat zu Düngemitteln verarbeitet und verschifft, und noch immer arbeitet die Düngemittelfabrik in **Hamrawein,** an der Küste etwa 20 km nördlich der Stadt.

Ein ambitioniertes, von ausländischen Gebern und den Hotels finanziertes Sanierungsprogramm sollte die Umstellung vom Bergbau auf den Fremdenverkehr erleichtern. Ruhebänke möblieren eine fesche **Uferpromenade,** Cafés haben den Strand in Beschlag genommen, ganze Häuserzeilen bekamen einen neuen Anstrich. Nach der Beförderung des Bürgermeisters an die Stadtspitze von Hurghada ist das Projekt leider wieder eingeschlafen.

Typisch für die **alten Häuser** Quseirs, die eher denen von saudi-arabischer Seite des Roten Meers als jenen in Kairo ähneln, sind die *Rawashin* genannten hölzernen Erker oder Balkone. Die Fassaden sind gewöhnlich gelb gestrichen, die Farbe der Wüste, für Fensterläden und Türen nahm man Blau oder Grün. Dem Eingang ist oft eine Terrasse vorgelagert. Gehören die Stockwerke verschiedenen Eigentümern, führt eine Außentreppe nach oben. Restauriert und zum Hotel umgebaut wurde das **Beit Scheich Taufiq** an der Uferpromenade. Hinter der **Polizeiwache** am Hafen wurden die aus Mekka zurückkehrenden Pilger zunächst in das Geviert der **Quarantänestation** gesperrt, die auch als Getreidelager diente. In manchen Bauten der Altstadt erkennt man noch frühere **Pilgerherbergen.**

Auf dem Stadthügel wacht ein osmanisches **Fort** (Eintritt 10 LE) über el-Quseir. Tafeln erläutern die Bausubstanz, hier steht ein Fischerboot, dort eine Lore, dazu alte Kanonen – die Burg ist zugleich ein kleines Heimatmuseum. Zu Zeiten des Mohammed Ali Pascha bemühten sich hier französische Söldner, den im Sudan zwangsrekrutierten Soldaten des Paschas die Regeln des Kriegshandwerks beizubringen. Als die Rekruten massenweise an Krankheit und gnadenlosem Drill starben, wurde das Vorhaben abgebrochen.

Karten vorderer Umschlag und S. 215

Rotes Meer

Information/Anfahrt/Ausflüge

• *Information* Der Infokiosk am Eingang zur Festung ist nur unregelmäßig geöffnet. Einige Infos und Bilder zur Stadtgeschichte findet man bei www.soton.ac.uk/~nes104/index.html.

• *Bus* Der **Busbahnhof** liegt am nördlichen Stadtrand nahe dem Wasserturm. Die Route der lokalen **Minibusse** (0,25 LE) führt nah daran vorbei. Nach **Kairo** (10 Std., 60 LE, Abfahrt 5, 10.30, 12.30, 17.30, 20, 22.30 und 0.30 Uhr) über Safaga (10 LE) und Hurghada (20 LE). Nach **Qena** (20 LE, 3 Std.) über Qft um 5, 15 und 17 Uhr Busse; Nach **Marsa Alam** (20 LE) und **asch-Schalatin** (5 Std., 40 LE) um 7.30, 12, 17.30, 20.30 und 3.30 Uhr.

• *Servicetaxi* Die **Taxistation** befindet sich neben dem Busbahnhof. Sammeltaxis steuern die gleichen Ziele an wie der Bus, nehmen zum Nil aber gewöhnlich die län-

gere, doch schnellere Route über Safaga. Die besten Chancen auf Mitreisende hat man am frühen Vormittag.

• *Ausflüge* Ausflüge veranstaltet **Hag Adel Hassan**, der Besitzer des Restaurants Marianne (✆ 3334386, 012-7361714). Die auch im Mövenpick offerierten Programme umfassen Führungen durch die Altstadt und das Gelände der Phosphatverarbeitung oder Jeeptouren zu den Beduinen in die Wüste.

• *Mietwagen* Mietwagen mit und ohne Chauffeur verleiht Abel Rahim Hassans Firma **el-Zeyad**, Sh. Port Said, bei der Bäckerei, ✆ 012-2453212.

> **Telefonvorwahl: 065**

Übernachten/Essen & Trinken

• *Übernachten* **Mövenpick el-Quseir**, el-Qadim Bay, 5 km nördlich, ✆ 3332100, ✉ 3332128, www.moevenpick-hotels.com, DZ HP 100–150 €, bei TUI pauschal 2 Pers. 1 Woche HP im DZ mit Flug ab 1000 €. Das Hotel eignet sich ideal für einen ruhigen „Relax-Urlaub". Hektisches Nightlife, aufregende Shoppingmöglichkeiten oder Daueranimation erwarte man nicht. Die weitläufige und komfortable Anlage liegt am Meer neben einer herrlichen Sandbucht mit dem

hoteleigenen Badestrand samt vorgelagertem Riff – vom Steg lassen sich die Fische sogar trockenen Fußes beobachten. Die Gäste wohnen in eingeschossigen Reihenbungalows aus Sandstein im nubischen Stil. Zu jedem der geräumigen Zimmer gehört eine eigene Terrasse. An Sportmöglichkeiten werden Tauchen (Subex-Basis), Schnorcheln, Tennis, Squash, Reiten, Hockey, Bogenschießen und Tennis geboten, für die Kleinen gibt es einen Kinder-

El-Quseir

100 m

Essen & Trinken
2 Red Sea Restaurant
3 Marianne
4 Café del Mar
6 Fischbrätereien

Übernachten
1 El-Quseir
5 Sea Princess

Busbahnhof (1,5 km),
Mövenpick (7 km),
Port Safaga

Kirche

Sharia al - Maghreb

Sharia al - Sheikh
Abdel Ghafaar

Festung

El-Sakina

Abdel Gaffar
al-Yemeni

Sharia al - Gumhuriya

Sharia al-Oruba

Sharia el-Schorbadgi

Sharia al - Umm Salet

Sharia al - Welida

Sharia al - Drapa

Sharia Port Said

Sharia Port Said

Quarantäne-station

El-Qenawi

Polizei

Fara
Moschee

Qft (160 km)

Marsa Alam

Bäcker

El-Senoussi

2

5

6

3

4

1

T

Mövenpick-Hotel an der Bucht von Alt-Quseir

garten, für Leseratten eine umfangreiche, aus den Hinterlassenschaften der Gäste bestückte Bibliothek. Für Ausflüge stehen Mietwagen und Kamele bereit.

El-Quseir (1), Sh. Port Said, nördlich des Hafens, ✆ 3332301, DZ mit Ventilator 110 LE, mit AC 150 LE. Das Hotel ist in einem alten, renovierten Stadthaus an der Wasserfront untergebracht und mit seinen nur sechs Zimmern ein echtes Juwel! Schöne hohe und luftige Räume, jeweils drei Gastzimmer teilen sich zwei Etagenbäder. Über die Sanierung des Hauses informiert www.ismarmed.com/Papers/Theme5/Papers/Ahmed%20Rashed.pdf.

Sea Princess (5), ✆ 3331880, DZ 40 LE. Das Budgethotel liegt bei der Tankstelle am südlichen Kreisel. Trotz des neuen Anstrichs und des freundlichen Personals wirkte es beim letzten Check ziemlich fertig. Dünne Wände, Etagenbäder.

● *Essen &Trinken* **Café del Mar (4)**, Sh. Port Said. Über eine halsbrecherische Wendeltreppe erreicht man den 1. Stock eines alten Hauses, doch gibt es auch Tische an der Uferpromenade. Viel los war nicht und alles wirkte irgendwie unfertig, obwohl schon seit geraumer Zeit in Betrieb. Da Wirtin Paola aus Italien stammt, gibt's italienische Pasta- und Fischküche (fragen Sie vorher nach dem Preis). Mit Alkohollizenz.

Marianne (3), Sh. Port Said. Zu Recht beliebt und über die Jahre zu einem stattlichen Betrieb gewachsen. Man hat die Wahl zwischen der Cafeteria am Strand (mit ägyptischen Musikvideos auf Großleinwand) oder dem Restaurant auf der Terrasse des Gebäudes. Die Speisen reichen vom vegetarischen Teller (10 LE) über Hähnchen und Grillfisch bis zur Platte mit Meeresfrüchten (60 LE). Die Preise sind reell, den Meerblick gibt's gratis dazu.

Red Sea Restaurant (2), Sh. el-Gumhuriya, ist entgegen dem Namen nur eine einfache Garküche mit schmackhaften Standards wie Fuul, Felafel, gebratenen Auberginen, Chips u. Ä.

Tauchen

Im Meer um el-Quseir herrschen relativ strenge Regeln. Lärmende Wasserscooter sind ebenso tabu wie Sportangeln vom Boot. Beliebt, doch für Tagesfahrten zu weit, sind die **Brother Islands**, ein Tauchgrund fünf Bootsstunden östlich der Stadt. Kurztrips führen in die Einfahrt der **Quseir el-Qadim Bay**, wo Unterwasserarchäologen

Der Strand des Mövenpick

den Meeresgrund erforschten, andere zu den Tauchplätzen **Marsa Wizr** und **Scharm es-Sughair**, beide nahe dem Utopia Resort. Tagestouren gehen nach **Marsa Abu** **Dabbab** und zum legendären **Elphinstone Riff**, die aber von Marsa Alam aus bequemer zu erreichen sind.

> An den Hotelstränden südlich von Safaga reichen die Riffplatten oft bis nah ans Ufer. Auch wenn es einzelne sandige Einstiegsstellen gibt, durch die man ins tiefere Wasser waten kann, sollten Sie **Badeschuhe** mitbringen, um sich an den scharfen Kanten nicht die Füße zu verletzen.

El-Quseir el-Qadim

Als el-Quseir el-Qadim („Alt-Quseir") wird die archäologische Stätte beim Mövenpick von der modernen Stadt unterschieden. An den Flanken des Wadis hinter dem Hotel haben die Archäologen einige Grundmauern freigelegt, doch viel zu sehen gibt es nicht. Der heutige Badestrand war von den Römern bis zu den Mamelucken Ägyptens wichtigster Rotmeerhafen. Wendige Segler brachten Gewürze aus Indien, Seide aus China und Metallwaren aus dem Jemen. Mit **Leukos Limen** („Weißer Hafen") glaubten die Historiker auch den Namen der Hafenstadt zu wissen – so war sie jedenfalls auf der Karte des antiken Geografen Claudius Ptolemäus bezeichnet.

Eifrig spekuliert wurde dagegen über die Lage von **Myos Hormos,** eines anderen, in den Quellen weit häufiger genannten Hafens, den man nördlich von Hurghada vermutete. Viele identifizierten ihn mit Abu Scha'r, andere vermuteten ihn am Ras Gemsa. Anhand beschrifteter Tontäfelchen, mit denen die Kommandanten der römischen Straßenposten untereinander ihren Briefwechsel führten, konnten französische Forscher nun die Identität der Schutthügel von el-Quseir el-Qadim mit dem lange gesuchten Myos Hormos belegen. Zu ihren spektakulären Funden gehören Amphoren mit Graffiti in der altindischen Brahmi-Schrift.

Wo aber lag Leukos Limen? Ob aus Versehen oder nur wegen seiner vager Kenntnis war dem Claudius Ptolemäus ein folgenschwerer Irrtum unterlaufen. Auf der anderen Seite, am arabischen Ufer des Roten Meeres, gab es den Hafenort Leuke Kome („Weißes Dorf"). Ihn trug der Kartograf fälschlich auf der ägyptischen Seite ein und machte aus dem Hafen „Weißes Dorf" einen „Weißen Hafen".

Auch dem Rätsel des zunächst nur aus alten Texten bekannten pharaonischen Hafens **Saaw** sind die Forscher inzwischen auf der Spur. Bereits lange vor den Römern starteten die alten Ägypter nämlich Handelsreisen ins Weihrauchland Punt, von denen die legendäre Expedition der Pharaonin *Hatschepsut* nur eine unter vielen war. Doch die Funde in el-Quseir el-Qadim reichen nur bis in die römische Kaiserzeit zurück. 2005 entdeckten Forscher dann in der Bucht von Marsa Gawasis, 23 km südlich von Safaga, künstliche Höhlen mit Tauen, Ankern, Holzkisten und zerfallenen Schiffsplanken aus der Zeit von Amenemhet III., der vor rund 3800 Jahren herrschte.

Die Wüstenroute nach Qft

Die einsame, in el-Quseir beginnende Straße durch das Wadi Hammamat nach Qft ist die landschaftlich wie historisch interessanteste Strecke zwischen Niltal und Rotem Meer.

Die Straße folgt der alten Karawanenroute. Baedekers *Ägypten*, Auflage 1929, stellte eine Reisedauer von vier bis fünf Tagen in Aussicht – der Autobus braucht heute samt Teepause drei Stunden. Den Weg säumen Steinmännchen, Zisternen, römische Kastelle und, am auffälligsten, die Reste einer Kette von 65 in Sichtabstand voneinander aufgestellten **Türmen**. Ihre Funktion ist umstritten. Die einen halten sie für Wachttürme und gleichzeitig Wegzeichen, andere Forscher glauben in ihnen Semaphoren, also Stationen von optischen Telegrafen zu erkennen, zwischen denen mit Flaggen oder Spiegeln Nachrichten übermittelt werden konnten: sei es die Ankunft einer Karawane, eines Schiffes oder der plündernden Horden einer feindlichen Streitmacht.

Für Ausländer in Taxis und Privatwagen ist dieser Weg ins Niltal gesperrt. Tagesausflüge per Taxi von el-Quseir bis ins Wadi Hammamat (und anschließend wieder zurück) werden mal toleriert, mal nicht – die Taxifahrer wissen über die aktuelle Lage Bescheid.

Die längstens einen Tagesmarsch voneinander entfernten Kastelle *(praesidia)* bewachten die Wasserstellen und waren zugleich **Rasthäuser**. Die hier fernab ihrer Heimat in der öden Wüste stationierten Legionäre genossen das für römische Soldaten seltene Privileg, mit Frauen und Kindern leben zu können. Besonders geschätzt war der Posten am Bir Umm Fawachir. Hier gab es ausreichend Wasser, um Obst und Gemüse anbauen zu können, das mit dem Verkauf an die weniger privilegierten Praesidia auch Geld einbrachte.

Von el-Quseir nach Bir Umm Fawachir: Von el-Quseir folgt die Straße den Gleisen einer alten Phosphatbahn ins Wadi 'Ambagi, wo eine Brackwasserquelle üppige Vegetation sprießen lässt. *Wadi Beida*, das „weiße Wadi", hat seinen Namen von den herrlichen, je nach Tageslicht hellgelb bis weißen Kalksteinformationen, und der *Bir el-Inglez* (etwa bei km 25) erinnert an das britische Expeditionskorps, das die Zisterne im Jahr 1800 auf seinem Feldzug gen Oberägypten anlegte. Die Straße steigt nun merklich an, bald ändert die Landschaft Farbe und Gestalt, und das harte und dunkle Urgestein des Gebirgskerns tritt zutage.

Karten vorderer Umschlag und S. 215

Rotes Meer

Etwa 60 km nach el-Quseir und nahe der Passhöhe entdeckt man gleich neben der Straße die Ruinen der Karawanserei **el-Zerga** bzw. des leidlich erhaltenen römischen Kastells Maximianon. Eingangs des Bergbaugebiets von Bir Umm Fawachir campieren in der kleinen Oase **Bir el-Sidd** oft Ababda-Nomaden. Die Straße zeichnet die ungeschriebene Nordgrenze ihres Territoriums. Das Land jenseits dieser Linie bis hinauf ins Wadi 'Araba gehört dagegen den aus Saudi-Arabien zugewanderten Ma'aza.

Wegezoll und Hurerei

„Auf Anordnung des Mettius Rufus, Präfekt von Ägypten, ist auf vorstehender Säule durch Lucius Antistius, Unterpräfekt von Mons Berenice, eingehauen der Tarif, wie viel die Steuerpächter erheben dürfen", hieß es am Zollhaus bei Qft, dem antiken Koptos. Wie ihre italienischen Nachfahren für die Benutzung der Autostrada, baten die Römer für die Passage durch die Östliche Wüste zur Kasse. Angesichts der 120 Schiffe, die zur Zeit des Augustus alljährlich von Myos Hormos aus zur Handelsfahrt nach Indien aufbrachen, muss damals auch der Verkehr zu Lande zwischen Niltal und Rotem Meer beträchtlich gewesen sein.

Kamele kamen mit einem Obolus Wegezoll plus zwei Oboli Stempelsteuer für den Passierschein noch recht günstig weg. Zweibeiner waren nach Beruf und Geschlecht differenziert. Schiffsoffiziere zehn Drachmen, Bootsbauer und Steuermänner acht, Gehilfen und Matrosen fünf Drachmen, dazu je eine Drachme Stempelsteuer. Hatte der Bootsbauer noch einen Mast dabei, kostete das zwanzig Drachmen extra; eine Rah war mit vier Drachmen abzugelten. Zum Vergleich: Eine Monatsration Getreide, damals das Grundnahrungsmittel, kostete acht Drachmen.

Reisende Frauen galten als Luxus. „Ehrenhafte" wurden um 24 Drachmen erleichtert, Prostituierte hatten gar 112 Drachmen zu zahlen. Ob sie diese wirklich berappten? Die Grenzen zwischen ehrenhafter Mätresse und Hure waren wohl fließend. Wir wissen aus der Tonscherbenkorrespondenz zwischen den Kastellen, dass viele Soldaten sich den Sold durch Zuhälterei aufbesserten. Je nach Nachfrage an den einzelnen Wegstationen vermieteten sie „ihre" Frauen sogar an Beschützer in andere Rasthäuser weiter – den Monat für 75 Drachmen. Wiederum zum Vergleich: Am Mons Claudianus kostete der Liebesdienst den Kunden eine Drachme. Der hohe Straßenzoll sollte also nicht die Prostituierten vom Ortswechsel abschrecken, sondern war eine Art Vorausabgabe auf die guten Verdienstmöglichkeiten.

Selbst Tote bat der Steuerpächter zur Kasse. Ein Leichenzug, der von Koptos nur wenige Kilometer in die Wüste hinaus zum Friedhof marschierte, zahlte eine Drachme vier Oboli für den Gruppen-Passierschein.

Bir Umm Fawachir

Das Münchner Geologenpaar Klemm identifizierte die Gegend um den Brunnen Umm Fawachir mit dem legendären „Berg des Goldes" aus dem Turiner Minenpapyrus, einer über 3000 Jahre alten geologischen Landkarte. Das Erz der besten und schon von den Pharaonen ausgebeuteten Lagerstätten im **Wadi el-Sidd**, kurz nach Bir el-Sidd, hatte einen sagenhaften Goldgehalt von über 50 %.

Opfer für den Fruchtbarkeitsgott Min im Wadi Hammamat

In der Spätantike verlagerte sich der Bergbau näher zum Brunnen Umm Fawachir, wo heute die Straße einen scharfen Knick macht und ein Militärposten den Abzweig einer Piste zum Gebel Semna bewacht. In einem engen Seitental – lassen Sie sich von den Soldaten den Weg zeigen – liegen die erstaunlich gut erhaltenen Ruinen einer byzantinischen **Goldgräberstadt:** etwa 250 Häuser, an denen noch Eingänge, steinerne Bänke und Wandnischen auszumachen sind, dazu Kreuze und andere christliche Symbole. Kirchen und größere Bauten sucht man vergebens: Sie waren sicherlich auf dem Grund des Wadis, das zugleich als Hauptstraße diente, und wurden irgendwann von den Regenfluten weggespült.

Die **Minenstollen** reichen waagrecht bis etwa 100 m tief in den Berg. Unmittelbar vor dem Eingang wurde das ausgebrochene Erz mit harten Granit- und Basaltbrocken zertrümmert und in Steinmühlen zermahlen. Um den Brunnen Umm Fawachir findet man **Abraumhalden** aus feinem Waschsand, die teilweise erst jüngst entstanden, denn Abenteurer des 20. Jh. suchten im antiken Schutt erneut nach Gold. Zuletzt war hier ein französischer Graf zugange, der sich nach Nassers Revolution in die Heimat absetzte. Seither verfallen die Betriebseinrichtungen und Wohnbaracken neben der Straße. Doch vielleicht kehrt bald wieder Leben ein. Eine ägyptisch-australische Firma will die Schürfrechte erwerben und die alten Halden und den „Berg des Goldes" aufs Neue ausbeuten, was bei der heute im Goldbergbau üblichen Technik die Landschaft völlig verändern würde.

Wadi Hammamat

Gleich nach dem Bir Umm Fawachir ändert die Bergwelt einmal mehr ihr Gesicht: Der von Quarz- und Wasseradern durchzogene Granit weicht einer kompakten Formation von Grauwacke, einem im Erdaltertum geformten Gestein. Auf den Felswänden des Wadi Hammamat haben sich die Wüstenreisenden verewigt. Neben prähistorischen Tierbildern und pharaonischen Zeichnungen findet man

Karten vorderer Umschlag und S. 215

Rotes Meer

Hieroglyphen, griechische, nabatäische, lateinische und arabische Lettern, vom flüchtigen Graffiti bis zur sorgsam ausgeführten Gedenkinschrift – ein Freilichtmuseum, das allerdings auch Kunsträubern offen steht. Von einigen schönen Darstellungen sind nur klaffende Löcher geblieben, hier waren Räuber mit Meißel und Steinsäge am Werk.

Der heute von einem Deckel verschlossene **Bir el-Hammamat** ist ein Meisterwerk des römischen Brunnenbaus. An der Wand des Brunnenschachtes führt eine Wendeltreppe bis auf die 30 m tiefe Sohle hinab. Und unten ist tatsächlich Wasser. Neben dem Brunnen dienen drei Sarkophage jetzt als Tränken.

Die Inschriften und Felszeichnungen an den Wänden des Wadis beginnen 5 km nach Bir Umm Fawachir, begleiten die Straße auf etwa 1,5 km und enden 3 km vor dem Bir el-Hammamat.

Das Gästebuch des Wadi Hammamat

Anhand der Felsinschriften im Wadi Hammamat wissen wir über Zweck und Ziel der antiken Wüstenreisen gut Bescheid. So heißt es in einer Inschrift aus der Zeit Sesostris I. (12. Dynastie): *„Ich bin am vierten Tag des vierten Monats der Überschwemmung im 38. Jahr Ihrer Majestät Kheperkare in diese Wüste gekommen, um Steine zu transportieren. Ich breche am sechsten Tag des gleichen Monats mit achtzig Steinen wieder auf, die von 2000 Menschen gezogen werden."*

Wie man an den scharfkantigen Geröllsteinen erkennt, wurde das Wadi Hammamat als Steinbruch ausgeschlachtet. In unregelmäßigen Abständen schickten die Pharaonen Expeditionen ins „Wüstental Rehenu", um Grauwacke und Grünschiefer abzubauen. Bis zu 18.000 Menschen waren dabei beschäftigt. Die Arbeit war nicht ungefährlich. *„Mein Herr schickte mich ins Wadi Hammamat, um einen erhabenen Stein zu holen, wie ihn seit der Zeit der Götter noch niemand gebracht hatte. Acht Tage streifte ich suchend durch die Wüste und verirrte mich. Ich betete zu Min, zu Mut, zu allen Göttern der Wüste und brachte ihnen Räucheropfer."* Die Götter erhören Intef. Am nächsten Morgen wird er von seinen Männern gerettet.

Wunder begaben sich auch während einer Expedition des Wezirs Amenemhet. Nachdem schon eine Gazelle freiwillig auf den Opferstein geklettert war und sich hatte schlachten lassen, notierte der Chronist im Telegrammstil eine weitere Begebenheit auf die Felswand, die sich acht Tage später beim Ausbrechen des Sargdeckels für Pharao Mentuhotep IV. zutrug: *„Abermaliges Wunder: Hervorbringen eines Wasserstromes ... Verwandlung des Berglandes in ein Gewässer. Hervorquellen des Wassers auf der rauen Oberfläche des Steinblockes. Entdeckung eines Brunnens mitten im Wadi mit 10 x 10 Ellen, dessen ganze Oberfläche mit Wasser angefüllt war bis zu seinen Rändern, der sauber war, vor Wild geschützt ... Kein Auge hatte ihn bisher gesehen, kein Blick war auf ihn gefallen."*

Das Wadi Hammamat galt seit der Pharaonenzeit als heiliger Ort. Hier wurde Min verehrt, ein alter Gott, der „Beschützer der Jäger und Nomaden", der „Herr der Östlichen Wüste und der fremden Länder", und, welch ein Widerspruch, der Gott der Fruchtbarkeit. Die vielen Bilder des Gottes mit erigiertem Phallus an den Wänden des Wadis locken die Kunsträuber natürlich besonders. Griechen und Römer verschmolzen den Min mit ihrem Gott Pan.

Heiligengrab am Weg zum Wadi Hammamat

Zwischen el-Quseir und Marsa Alam

Südlich von el-Quseir sprießen am Küstensaum allerorten neue Ferienanlagen. Viele Investoren haben es nicht eilig, sondern wollen vorerst nur das vom Staat billigst erworbene Gründstück sichern. Dazu reicht es aus, wenn regelmäßiger Baufortschritt nachgewiesen wird, und so wird an vielen Plätzen nur periodisch und langsamst gearbeitet. Die fertigen Hotels sind dann zunächst goldene Käfige, aus denen der Gast in die Tauchgründe, doch nicht zu Lande entrinnen kann. Jenseits der Hotelmauern beginnt die Wüste. Besser ist die Lage dort, wo bereits mehrere Hotels in unmittelbarer Nachbarschaft geöffnet haben, zum Beispiel am Utopia Beach.

● *Übernachten am Utopia Beach* **Utopia Beach Club**, Ras el-Assad, 23 km südlich von el-Quseir, ✆ 065-3334530, ✉ 065-3334532, utp2000@access.co.eg. DZ 70–90 €, pauschal 2 Pers. 1 Woche AI im DZ mit Flug ab 750 €. Während das Mövenpick ein sehr breites Sportangebot und damit einen bunt gemischten Kreis sportlicher Gäste hat, sind im Utopia Beach die Taucher weitgehend unter sich. Die Tauchbasis Sub Aqua hat Deutsch und Italienisch als Verkehrssprachen. Vom Naturhafen vor dem Hotel werden Ausfahrten zu den noch selten besuchten Tauchplätzen im Süden des Roten Meers unternommen, Anfänger üben am Hausriff.

Pensee Royal Garden, 24 km südlich von el-Quseir, ✆ 012-7471144, ✉ 012-7457787, pensee@link.net, pauschal 2 Pers. 1 Woche AI im DZ mit Flug ab 800 €. Die überschaubare Anlage besteht aus einem burgähnlichen Haupthaus und Reihenbungalows. Schöne Poollandschaft, Hallenbad, zurückhaltende Animation, keine Disco. Die Einrichtungen der benachbarten Häuser Cinderella und Utopia Beach und die Tauchbasis Sub Aqua können mitbenutzt werden.

Cinderella, 27 km südlich von el-Quseir, ✆ 065-3334536, ✉ 065-3334539, cinderellahotel@link.net, DZ 60–70 $, pauschal 2 Pers. 1 Woche AI im DZ mit Flug ab 850 €. Die Anlage mit 120 Zimmern liegt zwischen den Hotels Utopia und Akassia direkt am Meer. Die Einrichtungen des Utopia können mitbenutzt werden, auch die Tauchbasis befindet sich dort. Das Hotel ist trotz Animation eher ruhig, die Bungalowzimmer haben Terrasse und seitlichen Meerblick.

Karten vorderer Umschlag und S. 215

Rotes Meer

● *Übernachten an der Mangrove Bay* **Akassia Swiss Resort**, 28 km südlich von el-Quseir, ✆ 065-333474-0 bis -8, ✆ 065-3334749, www.akassia.com, DZ AI 100 €, pauschal 2 Pers. 1 Woche HP im DZ mit Flug ab 900 €. Das Hotel liegt am Meer. Es empfängt seine Gäste, die weitgehend aus dem deutschen Sprachraum stammen, mit einer pompös überkuppelten Lobby. Großzügige Poollandschaft mit Wellenbad und natürlich auch eine Tauchbasis.

Mangrove Bay Resort, 32 km südlich von el-Quseir, ✆ 065-3334507 ✆ 065-3334511, www.mangrovebayresort.com, DZ HP 65–80 €, 1 Woche HP im DZ mit Flug ab 950 €. Anders als etwa im Utopia werden hier um 22 Uhr die Bürgersteige hoch geklappt – Ruhe pur. Die Lage weit ab vom Schuss wird mit einer Mangrovenkolonie belohnt. Zu den ein gutes Stück vom Ufer entfernten Einstiegen ins Hausriff verkehrt ein Bootshuttle von Duck's Dive Center, der Tauchbasis des Hotels.

● *Übernachten in Medinet Coraya* **Iberotel Coraya Beach**, Gorayfat Bay, 65 km südl. von el-Qusier, 5 km nördl. von Port Ghalib, ✆ 065-3750000, ✆ 065-3750009, www.iberotel.de, DZ HP ab 80 €, 2 Pers. 1 Woche HP mit Flug bei TUI ab 1000 €, als „Pharao Club" auch AI zu buchen. Die gediegene, dreigeschossige Feriendorfanlage mit etwa 350 Zimmern steht an einer schönen Bucht und wird vorwiegend von Urlaubern aus dem deutschen Sprachraum besucht, auch die Tauchschule ist unter deutscher Leitung. Die Flugbewegungen der nahen Airports stören kaum. Wer es gerne ruhig mag, sollte jedoch ein vom Pool abgewandtes Zimmer buchen.

In unmittelbarer Nachbarschaft stehen noch andere Hotels der gleichen Preiskategorie: das eher auf Familien mit Kindern zielende **Iberotel Lamaya Resort** und das gerne von Italienern gebuchte und entsprechend animierte **Sol y Mar Solaya**. Die Gäste können die Einrichtungen aller drei Hotels benutzen. Bei 1-2-Fly kann man den **Sol y Mar Samaya Club** buchen.

Flughafen Marsa Alam

Etwa in der Mitte zwischen el-Quseir und Marsa Alam kristallisiert sich die Gegend um dem Flughafen als neues Zentrum heraus. Wer gerade mit dem Flugzeug angekommen ist, merkt davon zunächst nichts. Da hier nur wenige Maschinen und fast ausnahmslos Ferienflieger landen, deren Passagiere alle mit dem Bus abgeholt werden, gibt es am Airport nicht mal ein Taxi! Vorsicht also bei günstigen Nur-Flug-Angeboten nach Marsa Alam. Wer keinen Transfer arrangiert hat, muss mit Gepäck eine halbe Stunde zur Hauptstraße marschieren oder horrende Preisforderungen geschäftstüchtiger Gelegenheitschauffeure akzeptieren.

Marsa Alam International Airport (RMF), ✆ 065-3700003, www.marsa-alam-airport.com, wird aus Deutschland etwa von Air Berlin und LTU angeflogen. Ab 2008, so heißt es, werde Egyptair Express Kairo mit Marsa Alam verbinden. Derzeit gibt es von Kairo nur recht teure Charterflüge mit Petroleum Air Services (www.pas.com.eg), zu buchen über Express Travel, ✆ +49(0)69-75612250, www.expresstravelinternational.de. Für ein Taxi ab el-Quseir rechne man 60 LE.

Port Ghalib

Die Retortenstadt, von der gleichen kuwaitischen Investorengruppe finanziert wie der Flughafen, wächst diesem vorgelagert an der Küste heran. Noch ist Port Ghalib eine gigantische Baustelle und lässt nur schwer erahnen, wie es hier einmal aussehen soll. In die Planung sind internationale Namen wie das Beratungsbüro KPMG oder die Las-Vegas-erfahrene Architektengruppe WATG einbezogen. Kino, Disco, Bowlingzentrum und natürlich viele Kneipen sollen auf einer „Unterhaltungsinsel" im Herzen der Kunststadt konzentriert werden, zwei Dutzend Hotels sind vorgesehen, natürlich auch ein Kongresszentrum. An der Uferpromenade um die Marina herum sind noble Eigentumswohnungen, Kneipen, Geschäfte und ein orientalischer Basar im Stil des Khan-el-Khalili im Werden.

Noch gibt es freie Liegeplätze an den Kais von Port Ghalib

Die von Briten gemanagte **Marina** ist schon seit geraumer Zeit in Betrieb. Als einziger sturmsicherer Hafen weit und breit ist sie Ausgangspunkt für mehrtägige Tauchtouren. Nur hier bekommen Tauchboote die notwendige Erlaubnis, Zabargad, Brother Islands oder andere geschützte und regulierte Tauchgebiete im Süden des Rotmeerküste anzulaufen. Ab und an trifft man hier auch Weltumsegler, die sich auf dem Weg in den Indischen Ozean noch einmal in der Bar des Coral Beach Hotels stärken.

Südlich von Port Ghalib, wo die alte Landstraße in der Bucht von **Marsa Mubarak** wieder das Meer berührt, hatte 2007 noch die Seekuh *(Dugong dugong)* „Denis" ihr Revier. Wie sein auf dem Meeresgrund in Marsa Abu Dabbab (siehe unten) grasender Artverwandter dürfte auch dieser Meeressäuger seine Heimat bald aufgeben, wird er doch beim Fressen von Tauchern und beim Atmen von Schnorchlern gestört.

● *Information* www.portghalib.com

● *Geld* Der einzige Geldautomat weit und breit befindet sich im Sicherheitsbereich des Flughafens.

● *Übernachten* **Millenium Coral Beach Diving Hotel**, 1 km abseits der Marina, ✆ 065-3700222, ✆ 3700221, www.millennium hotels.com, zu buchen über www.sub-aqua.de. Anfang 2006 als erstes Hotel der Stadt eröffnet, empfiehlt sich die in Terracotta und Beige gehaltene Anlage derzeit erst für Zwischenübernachtungen vor und nach einer Tauchfahrt. Spitzbögen, Naturstein, Mosaike und Bronzelaternen stiften orientalisches Flair. Zum Hotel gehört eine Tauchbasis von Emperor Divers (www. emperordivers.com).

Zum Jahresende 2007 soll das **Sahara Sun Oasis** (über TUI zu buchen) fertig sein. Das ebenfalls noch im Werden begriffene **Palace** soll einmal das luxuriöseste Hotel an Ägyptens Rotmeerküste werden. Es ähnelt mit seinem Labyrinth aus Innenhöfen, Gassen und kleinen Kuppeln schon in der Bauphase einer Zitadelle.

Karten vorderer Umschlag und S. 215

Rotes Meer

Marsa Abu Dabbab/Marsa Schagra

Beide Buchten sind gute Taucherstandorte. Marsa Abu Dabbab, 32 km vor Marsa Alam, wurde vom Kahramana-Hotel zu einem regelrechten Strandbad ausgebaut, für dessen Benutzung den Tagesgästen Eintrittsgeld abverlangt wird. In Marsa Schagra steht für den Fall der Fälle die einzige Dekompressionskammer der Gegend. In einer Bootsstunde erreicht man *Scha'ab Abu Dabbab,* eine Gruppe von Riffen mit vielen Überhängen und Durchbrüchen, an denen sich Zackenbarsche und Drückerfische tummeln sowie Schwarze Korallen sich schon in geringer Tiefe beobachten lassen. Nur eine halbe Bootsstunde ist es zum legendären *Elphinstone Riff,* einer lang gezogenen Untiefe mit nahezu lotrechten Riffkanten. Da die Riffplatte bis unmittelbar an die Wasseroberfläche reicht, kommen hier auch Schnorchler auf ihre Kosten.

● *Übernachten* **Tulip Resort**, 47 km nördlich von Marsa Alam, ✆ 010-1617002, 🖅 010-1618499. www.flash-international.net, DZ AI ab 80 €, 2 Pers. 1 Woche AI mit Flug ab 800 €. Schöne und ruhige Anlage mitten im Nichts, die gerne von Schweizern und Italienern gebucht wird. Ein Riff erschwert Schwimmern den Zugang zum Meer, doch gibt es außerhalb des Hotels einen Steg und zudem einen Shuttleservice zum Badestrand Marsa Abu Dabbab. Die italienisch geleitete Tauchbasis Ocean Diving (www.divingocean.com) ist relativ teuer.

Sol y Mar Abu Dabbab, 32 km nördlich von Marsa Alam, ✆ 010-0096001, 🖅 010-0096005, www.solymar.com, 2 Pers. 1 Woche AI mit Flug ab 1350 €. Das 2007 eröffnete Hotel mit seiner charakteristischen Kuppel liegt an einer schönen Bucht mit natürlichem Sandstrand. Italienisches Management, die Gäste kommen aus Italien, Deutschland und der Schweiz. Kinderbetreuung, Einkaufsmöglichkeiten, ein Tauchzentrum ist in der Nachbarschaft.

Equinox el-Nabaa, 30 km nördlich von Marsa Alam, ✆ 012-2353475 , 🖅 012-2396934, www.elnabaa.com, HP für 2 Pers. im Zelt 35 €, in der Hütte 40 €, DZ im Hotel 65 €. Die Anlage liegt an einer schönen Bucht, Tauchgänge beginnen direkt am Strand. Außer den Hotelzimmern gibt es noch 10 romantische Stelzenhütten sowie ein kleines Zeltdorf. Die kleine, doch feine Tauchbasis wird von einem österreichisch/dänischen Paar geleitet. Dazu gibt es eine Kite- und Windsurfstation von Happy Surf (www.happy-surf.de).

Solymar Solitaire, 24 km nördlich von Marsa Alam ✆ 012-2447933, 🖅 012-2493401, www.solymar-hotels.com, DZ AI 110 €, 2 Pers. 1 Woche AI mit Flug bei TUI ab 1000 €. Das Taucherhotel ist vor allem bei Italienern beliebt, wird aber auch in Deutschland vermarktet. Der Strand vor dem Hotel ist wegen des Riffs zum Schwimmen nicht geeignet.

Oasis, 23 km nördlich von Marsa Alam, ✆ 10-5052855, www.oasis-marsaalam.de, DZ ohne Frühstück 70–130 €, zu buchen über www.rogertours.de. Zu einem etwas günstigeren Preis könnte dieses Hotel ein Tipp für Individualisten sein. Die 30 Bungalows aus lokalem Kalkstein, alle individuell angelegt und ausgestattet, thronen auf einer Anhöhe über dem Strand. Tonnengewölbe und Kuppeln machen die Sommerhitze erträglich. Statt Animation sind in Zusammenarbeit mit Red Sea Adventures Astronomie, geologische und botanische Exkursionen, Ausflüge zu Felsinschriften und alten Steinbrüchen geplant. Ärgerlich allerdings, dass man das Riff für den Bau eines Bootsstegs pfählte. Wie das Hotel wird auch die Tauchbasis gemeinsam von Sinai Divers und Werner Lau betrieben.

Kahramana Blondie Beach Resort, das Kahramana-Hotel, in die Jahre gekommener Platzhirsch in Marsa Schagra, hat unter umweltbewussten Urlaubern an Beliebtheit verloren, als es Schlagzeilen über Ausbaggerungen und Auffüllungen des Riffs machte, um den Badegästen einen besseren Zugang zum Meer zu ermöglichen.

Marsa Schagra Village, 20 km nördlich von Marsa Alam, ✆ 012-2461656, www.redsea-divingsafari.com. Das viel gelobte, doch relativ teure Camp von Red Sea Diving Safari steht an einem der besten Tauchplätze der Region. Außer Zelten (2 Pers. VP 70 €) gibt es auch schlichte Bungalows („Mandarah", ca. 10 m², DZ VP 80 €) und komfortable Chalets („Madyafah", ca. 25 m² Raumgröße, WC, eigene Terrasse, DZ VP 110 €). Die Gebäude sind aus Naturstein und nutzen den

Wind als natürliche Klimaanlage. Ihre Handtücher bringen die Gäste, allesamt Taucher, selbst mit. Geboten werden freies Tauchen am Hausriff, tägliche Ausflüge mit Jeep und Boot zu wechselnden Tauchplätzen und natürlich die üblichen Kurse (PADI). Ein Nebencamp befindet sich in **Marsa Nakari**, 18 km südlich von Marsa Alam.

Touren zu Fuß, mit Kamel oder Jeep in die Wüste und zu den archäologischen Stätten im Südosten Ägyptens veranstaltet **Red Sea Adventures** in Marsa Schagra, ✆ 012-3993860 und 012-1056593, www.redseadesertadventures.com. Das Team um die niederländische Geologin, Hobbytaucherin und -astronomin Karen van Opstal und ihren österreichischen Partner Thomas Krakhofer wirbt in den Hotels um Marsa Alam für Tagesausflüge, organisiert für Interessenten aber auch längere Exkursionen in die noch kaum erschlossene Östliche Wüste.

Marsa Alam   (Mersa el-'Alam)

In Marsa Alam mündet einmal mehr eine Verbindungsstraße vom Niltal. Bescheidene Versorgungseinrichtungen, Militär und die Anlagen der Bergbaugesellschaften, die im Hinterland Manganerz und sogar wieder Gold gewinnen, bestimmen das Ortsbild.

Von einer Hüttensiedlung wächst Marsa Alam zur Kleinstadt mit inzwischen 6000 Einwohnern, ohne dabei schöner zu werden. Als Symbol hat man sich eine Fischtriade erkoren. An der zentralen Kreuzung, wo sich zwischen zwei Hügeln Küstenautobahn und die Wüstenstraße nach Edfu treffen, findet man Tankstelle, Supermarkt und das Hotel der Einheimischen, ganz in der Nähe auch das Einkaufsviertel. Etwas meerwärts schmückt ein Betonkunstwerk mit Fisch und Obelisk den zweiten Orientierungspunkt der Stadt, einen Verkehrskreisel, an dem die Edfu-Straße auf die alte Küstenstraße trifft.

Wallfahrt in die Wüste

Bislang wird Marsa Alam nur 14 Tage nach dem Ende des Fastenmonats Ramadan lebendig, wenn sich die Anhänger des Sufischeichs Abdul Hassan asch-Schadhili (ägyptisch: el-Schazli) zur Pilgerfahrt an das Grab des Heiligen ins Wadi Humaysara einfinden. Auch wenn er auf vielen Karten unterschlagen wird, ist der bei km 40 von der Straße nach Edfu abzweigende Weg nicht zu verfehlen und überdies in ausgezeichnetem Zustand. Die Pilger umrunden an der Gabelung dreimal das Grab des Scheichs Salim, eines weiteren Sufiheiligen. Der Legende nach wollte Scheich Schadhili an einem Ort bestattet werden, an dem noch nie ein Mensch gesündigt hatte – deshalb das Grab mitten in der Wüste, wo unter gewöhnlichen Umständen nie jemand hinkam. Die Schadhiliyya, wie der in mehrere Zweige gespaltene Orden genannt wird, findet auch in den USA und in Europa regen Zuspruch, und so pilgern am Patronatsfest auch einige Deutsche ans Grab des Ordensgründers. Wer weiß, ob nicht eines Tages gar die Kaffeeindustrie den Heiligen als Werbeträger entdeckt: Er soll die belebende Wirkung des Tranks geschätzt und den Mokka seinerzeit im Jemen salonfähig gemacht haben (www.sufimaster.org).

Karten vorderer Umschlag und S. 215

Rotes Meer

Information/Anfahrt/Verschiedenes

- *Information* Unter http://marsa-alam-online.de informiert das Team von der Riff-Villa über Marsa Alam.
- *Anfahrt* Sagen Sie dem Busfahrer genau, wo sie hin wollen, er wird sie dann dort aussteigen lassen, denn der Ort ist sehr weitläufig. Die Busstation liegt an der Straße nach Edfu.
Am Morgen fährt ein **Bus** über Edfu nach Assuan (5 Std., 30 LE). Um 11, 14, 15.30, 18 und 20.30 Uhr starten Busse entlang der Küste über el-Quseir und Hurghada (4,5 Std.) nach Kairo, frühmorgens und abends fahren Busse nach asch-Schalatin. **Servicetaxis** fahren nach Hurghada (30 LE), asch-Schalatin (20 LE) und Edfu.

- *Ausflüge* Außer Schnorchelfahrten zu den Delfinen am Samadai-Riff (25 €), Sonnenuntergängen und Beduinendinner (25 €) werden in den Hotels um Marsa Alam auch Astrotouren zum nächtlichen Sternegucken (25 €), Ausflüge auf den Kamelmarkt nach asch-Schalatin (70 €) und in den Wadi el-Gemal-Nationalpark (75 €, mit Übernachtung) angeboten. Die genannten Preise stammen von der Villa Samak.
- *Geld* Der nächste Geldautomat ist im Flughafengebäude.

Telefonvorwahl: 065

Übernachten/Essen & Trinken

- *Übernachten* **Riff Villa Samak (3)**, am Meer 1 km südlich des Kreisels, ℘ 3720001, 012-4624933, www.riff-villa.ch, DZ 350 €/ Woche, Ferienwohnung je nach Belegung pro Pers. 10–30 €, VP-Aufschlag 14 € pro Pers. Die schmucke Villa ließ einst ein Gouverneur für sich bauen, wechselte noch vor dem Einzug aber auf einen anderen Posten. Statt Massentourismus gibt's hier bei Christina und Karsten Gastfreundlichkeit in familiärer Atmosphäre. Dafür sorgen die deutsch-schweizerischen Betreiber und Tauchlehrer mit Charme und lässig entspanntem Umgang sowie mit Kind, Hund und Katz. Außer Tauchen gibt's auch Wüstenausflüge. Die Ferienwohnungen befinden sich abseits der Villa in einem Neubau im Stadtzentrum. Ein Hotel ist im Bau.
Sahara (1), an der alten Küstenstraße 2 km nördlich des Alten Kreisels, ℘ 3720181, belal elkholy@amhi.com.eg, DZ 40 €. Das im

nubischen Stil erbaute und 2006 eröffnete Haus hat 26 Zimmer in zweigeschossigen Reihenbungalows und steht ganz am Nordende der Stadt neben der Hauptstraße. Alle Zimmer mit eigenem Bad und Balkon oder Terrasse, individuell einstellbarer Klimaanlage, Sat-TV und Kühlschrank. Ein Badeplatz und die Marina sind in Gehweite.
Marsa Alam Star (2), bei der Tankstelle, ℘ 012-7761017, DZ 40 LE. Schlichte Zimmer mit Ventilator und Etagenbad, weitgehend einheimische Gäste.
- *Essen & Trinken* **King's Cap (1)**, beim Hotel Sahara, modern eingerichtet, mit Meerblick und kleiner Auswahl an warmen Speisen.
Pizzeria Abu el-Maganeen (4), südlich der zentralen Kreuzung gegenüber den Sendemasten. Daneben das **Fischlokal Mekky** und ein **Coffeeshop**.

Tauchen

Nachdem viele Tauchgründe um Hurghada und Scharm el-Scheich inzwischen an einem Unterwasser-Massentourismus leiden, weichen erfahrene Taucher immer weiter nach Süden aus. Einfache Tauchercamps versprechen hier naturnahe Atmosphäre – und bereiteten den Weg für komfortable Hotelanlagen. Außer Tauchen am Hausriff sind Jeeptouren zu den Tauchplätzen der Umgebung und natürlich Bootstauchgänge an wechselnden Zielen üblich.

Der im Ausbau begriffene **Hafen Marsa Alam** ist Ausgangspunkt für Fahrten zum bumerangförmigen *Scha'ab Marsa Alam*, dessen geschützte Innenseite sich gut für Nachttauchgänge eignet. Am Südostende geht das Riff in ein ausgedehntes Sandplateau mit einzelnen Korallentürmen über. Auch *Scha'ab Samadai* mit seinen Delfinen liegt von Marsa Alam nur eine knappe Bootsstunde entfernt.

Essen & Trinken
1 King's Cap
4 Pizzeria und Fischlokal

Übernachten
1 Sahara
2 Star
3 Riff Villa

El-Quseir

El-Quseir, 1

Krankenhaus

212

Moschee

Antenne

El-Schalatin

Marsa Alam

250 m

Etwa 12 km südlich der Stadt haben sich an der **Tondoba-Bucht** einige Camps und Tauchbasen niedergelassen, nach weiteren 5 km folgt an der **Nakari-Bucht** das Camp von Red Sea Divers.

Ecolodge Awlad Baraka, Marsa Tondoba, 13 km südlich von Marsa Alam, ☏ 012-2488062, www.aquariusredsea.com. Bungalowzimmer (70 €) mit eigenem Bad oder einfache „afrikanische" Hütten (50 €), auch Campingplatz. Restaurant und Café, Tauchbasis von Aquarius Divers.

Al-Saraya Cotton Houses, Marsa Tondoba, 13 km südlich von Marsa Alam, ☏ 012-3131157, www.blueheavenholidays.com, DZ 80 €. Auf einem aussichtsreichen Hügel 300 m abseits vom Meer stehen fünf je 40 m² große Hauszelte, die mit viel Platz, stilvollem Mobiliar sowie angebauter Dusche und WC ausgestattet sind.

Beduin Valley Lodge, Marsa Tondoba, 14 km südlich von Marsa Alam, ☏ 012-2181427, www.southredsea.net, DZ 50 €. Umweltfreundlich gebaute Einzelbungalows mit sehr kleinen Sanitärräumen. Nur stundenweise Elektrizität. Restaurant. Die zugehörige **Tauchbasis Blue Heaven Holidays** (www.blueheavenholidays.com) wird von Ayman H. Taher und der Meeresbiologin Constanze Conrad geleitet, beides engagierte Experten in Sachen Natur- und besonders Korallenschutz, die den wohl weltweit ersten Lehrpfad unter Wasser angelegt haben und in der Basis auch meereskundliche Seminare anbieten.

Scha'ab Samadai

Das der Küste vorgelagerte Hufeisenriff wird auch *Dolphinhouse* genannt, weil sich in der Lagune **Delfine** zu tummeln pflegen und hier auch ihren Nachwuchs aufziehen. Um den Stress der Tiere zu begrenzen, ist ein Teil der Lagune für Menschen völlig gesperrt. Ein zweiter dient als Kontaktzone, in dem sich Schnorchler und Delfine umgarnen dürfen, der aber für Motorboote tabu bleibt. Ranger wachen darüber, dass täglich nicht mehr als 200 Besucher kommen, jeder seinen Eintrittsobolus (15 €) entrichtet und die Öffnungszeiten von 9 bis 15 Uhr eingehalten werden – schon diese Regularien machen das Samadai-Riff zu einem der Cheops-Pyramide vergleichbaren Denkmal.

Nationalpark Wadi el-Gemal

Nach Marsa Nakari durchquert die Straße ein Sandfeld und erreicht mit der Mündung des **Wadi Ghadir** erneut eine türkisblaue Bucht. 50 km nach Marsa Alam beginnt dann gleich hinter dem **Shams Alam Resort** der Nationalpark Wadi el-Gemal. Der Park umfasst zu Lande ein Gebiet von etwa 50 x 50 km, also von der Größe des Saarlands. Im Westen reicht er bis an die Scheich-Schazli-Straße, im Osten gehört auch ein Meeresstreifen mit dem Hamata-Archipel und der Wadi-el-Gemal-Insel zum geschützten Gebiet, und im Süden endet er vor Ras Banat etwa entlang dem 34. Breitengrad. Wie der Infopavillon beim Shams Alam Resort sind auch die im Park verstreuten Stützpunkte und Unterstände der Biologen und Parkhüter den römischen Wachstationen entlang der Wüstenrouten nachempfunden.

Auf den **Inseln** ist eine beträchtliche Population von Schieferfalken *(Falco concolor)* zu Hause. Die schwarzgrauen Räuber kommen irgendwann im April aus Madagaskar, brüten den Sommer über in Klippen und Felsspalten, verfüttern unvorsichtige Passanten des herbstlichen Vogelzugs an ihre Jungen und machen sich erst dann wieder aus dem Staub, wenn die gefiederte Beute ausbleibt. Auch Fischreiher *(Pandion haliaetus)*, Raubseeschwalben *(Stern caspia)* und Weißaugenmöwen *(Larus leucophthalmus)* ziehen auf den Inseln ihren Nachwuchs auf.

Zu Lande ist mit seinen zwei und mehr Metern Flügelspannweite der Bart- oder Lämmergeier König der Lüfte. *Gypaetus barbatus* ist auch in Europas Hochgebirgen zu Hause und hat unter Hirten einen extrem schlechten Ruf, weil er als einziger Geier kranke und schwache Tiere jagt. Seine Lieblingsspeise ist Knochenmark. Um die Knochenbeute aufzubrechen, lässt er sie aus luftiger Höhe auf Felsen und ausgesuchte Steine krachen. Auch Landschildkröten, so wird berichtet, knackt der Bartgeier auf diese Art. Von einem **Beobachtungsposten** kann man mit Ferngläsern den Dorkas-Gazellen auflauern, die sich in der Dämmerung an einer von den Rangern angelegten und gefüllten Tränke laben. Streifenhyänen, Nubische Steinböcke und Klippschliefer zeigen an, dass das Habitat der Gebirgswelt des Südsinai ähnelt. So darf man gespannt sein, wann sich auch hier der erste Afghanfuchs *(Vulpes cana)* einer Kamera stellt. Dieser zentralasiatische Verwandte des Feneks wurde erst 1981 auch auf dem Sinai entdeckt.

Das **Wadi el-Gemal** („Tal der Kamele") ist ein für die örtlichen Maßstäbe relativ feuchter und nahrhafter Weidegrund. Kamele gibt es noch immer, doch dürfen diese nicht mehr grasen, sondern bekommen ihr Futter aus dem fernen Kairo geliefert. Sie tragen Ausflügler oder ziehen sogar, wohl einmalig in Ägypten, ein vierrädriges Wägelchen mit Sitzbänken und Sonnendach. Die Arbeitstiere gehören zur **Ökolodge Fustat Wadi el-Gemal**, die man nach dem Parkeingang etwa 7 km landeinwärts findet. Fustat soll an die Zeltstadt des arabischen Eroberers 'Amr Ibn el-'As vor den Toren Kairos erinnern, und in der Tat sieht die Lodge von außen aus wie ein schlichtes Zeltlager. Hinter den weißen Zeltwänden verbergen sich freilich moderne Einrichtungen wie Kino, Profiküche, gefliese Sanitäranlagen, Büro und eine Notfallambulanz.

Bislang lebt die Lodge weitgehend vom Tagestourismus. Feste Unterkünfte sollen erst in einer späteren Phase entstehen. Zum **Besucherprogramm** gehören ein einführender Film samt Briefing über den Park, Kamelreiten oder die Fahrt in besagtem Kameltaxi, eine Rast mit Beduinenkaffee und -brot, eventuell auch ein ungewöhnliches Abendessen – beispielsweise Kamelfleisch mit Walnusssauce, begleitet von Folkloredarbietungen der Beja (siehe S. 248). Die Eingeborenen arbeiten als Führer und Wächter im Park, eine janusköpfige Rolle, die ihnen Einkommen und kontrollierten Kontakt mit der Fremde gewährt, sie gleichzeitig aber auch zu Statisten und Staffage degradiert. Sie arbeiten immer in Kleingruppen einen Monat lang, dann kehren sie zu ihren Familien zurück.

Die Lodge erreicht man unter ☎ 012-1001109. Information unter www.wadi elgemal.com, schöne Fotos aus dem Park sind unter www.egyptcd.com zu finden.

Wadi Sikeit/Mons Smaragdus: Der Smaragdberg, wie ihn die Römer nannten, ist ein etwa 200 km^2 großes Areal im hinteren Teil des Nationalparks. Einst wurde hier nach dem grünen Edelstein geschürft, bis Billigimporte aus Indien und schließlich aus der Neuen Welt den Abbau unrentabel machten. Geblieben sind ein ptolemäischer **Felsentempel** und Reste der Bergarbeitersiedlung im Wadi Sikeit, dem einstigen Zentrum des Minengebiets. Ausflüge dorthin arrangiert etwa die Ökolodge im Nationalpark.

Mehr zu den Ausgrabungen unter www. egypt-archaeology.com/Sikait1a.html.

Ein neugieriger Tintenfisch

Weiter nach Berenike

Hier und dort bewacht ein Armeeposten eine Abzweigung oder eine Bucht, trifft man Fischer an einem Landungssteg oder Nomaden zwischen den Tamarisken eines Wadis. In **Abu'l-Ghosun,** 80 km nach Marsa Alam, passiert man Werkssiedlung und Verladeeinrichtungen einer Phosphatmine, die ihren Arbeitern auch eine überdimensionierte Moschee gestiftet hat. In der nächsten Bucht nach dem Hafen ruht das Wrack der „Hamada". Der kleine, 1993 hier weitab der Schifffahrtsrouten gesunkene Frachter ragt vor dem Strand bis dicht unter die Wasserfläche. Bald begleitet ein Saum von Mangrovenhainen die Küste. Vogelfreunde machen hier unvergessliche Begegnungen mit Mangrovenreihern *(Butorides striatus)* und Küstenreihern *(Egretta gularis)* und bekommen mit etwas Glück sogar den äußerst seltenen Goliathreiher *(Ardea goliath)* zu Gesicht. Im ziemlich öden **Hamata,** einer nicht mit dem Wrack zu verwechselnden Siedlung 25 km nach Abu'l-Ghosun, kündet eine wiederum recht groß geratene Moschee vom Glauben an zukünftiges Wachstum. Am Wasser warten Tauchboote auf ihre Gäste, Möwen und wilde Hunde streiten um Abfälle.

Karten vorderer Umschlag und S. 245

Rotes Meer

● *Übernachten* Shams Alam Beach Resort, Wadi el-Gemal, 45 km südlich von Marsa Alam, ☎ 012-2444932, www.shams-dive.com, DZ HP 90 €, Woche pauschal 2 Pers. HP im DZ mit Flug ab 850 €. An einer wunderschönen Bucht mit Sandstrand, Saumriff und Mangroven stehend, besticht die nicht mehr ganz neue Anlage (160 Zimmer in 11 Gebäuden) auch mit ihrer Architektur, die aus dem Vorbild nubischer Dorfhäuser postmoderne Formen entwickelte. Außer beim Tauchen – die Tauchbasis Wadi el-Gemal steht unter deutscher Leitung – und Schnorcheln kann man sich auch mit Tennis und Squash sportlich betätigen. Für die Abendunterhaltung gibt es das „Schischa-Zelt", auch Ausflüge in die verlassenen Minen der Umgebung werden angeboten.

Zabargad Dive Resort, 115 km südlich von Marsa Alam und 3 km südlich von Hamata, zu buchen nur über Orca-Tauchreisen, ☎ +49-8031-18850, www.orca.de, 1 Woche DZ HP mit drei Tagen Tauchen ab 1450 €. Das Bungalowhotel mit 55 Zimmern gruppiert sich direkt am Strand um einen großen Swimmingpool. Das für Taucher attraktive Saumriff schränkt die Bademöglichkeiten am Strand zwar ein, doch führt ein Steg über die Riffkante ins offene Wasser. Die angeschlossene Orca-Tauchbasis wird von einem Deutschen geleitet und bietet auch

Tagesfahrten zu den vorgelagerten Riffen. Originell sind der Transport der Tauchausrüstungen mit Eselskarren (das fleißige Tier heißt Ali) und die winterliche „Hotelzeit" von UTC+3, bei der die Sonne eine Stunde später aufgeht als im übrigen Ägypten.

Lahami Bay Beach Resort, Wadi Lahami, 119 km nach Marsa Alam und 10 km südlich von Hamata, ☎ 012-3173344, www.lahami bay.com, DZ 100–140 €, zu buchen beispielsweise über Thomas Cook. Die derzeit südlichste Ferienanlage am Roten Meer liegt leicht erhöht an einem langen Sandstrand, der zum Baden geeignet ist. Auch Schnorchler kommen am Riff auf ihre Kosten, das fast bis zur Wasseroberfläche emporragt. Ins Hotel integriert ist die gute, aber hochpreisige Tauchbasis Barakuda (www.barakuda-diving.com).

Wadi Lahami Village, Wadi Lahami beim Beach Resort, www.redsea-divingsafari. com, Zelt für 2 Pers. mit VP 70–80 €. Auch nach dem Bau von Bungalows und einem Sanitärblock für das Zeltlager ist dieses Camp noch immer spartanisch und der Sand ein ständiger Begleiter. Die Anlage zielt auf Kiter und erfahrene Taucher, die von hier mit Schlauchbooten die Ziele um die Qul'an-Inseln und Fury Shoal ansteuern. Es gibt keine Taucherschulung und keinerlei Rahmenprogramm.

Die Inseln/Offshore Islands

Fünf Inseln weit draußen im Meer, die nur auf Tauchsafaris angesteuert werden, versprechen fortgeschrittenen Tauchern Erlebnisse der Extraklasse.

Nach dem chaotischen Wildwuchs in den Anfangsjahren der Safaritaucherei benötigen die Boote für jede Tour ein Permit der Nationalparkverwaltung in Hurghada. Damit wird eine gewisse Exklusivität gewahrt.

Brother Islands (Achawein): Die „Zwei Brüder" liegen etwa 60 km vor el-Quseir mitten im Meer. Little Brother, der Kleine Bruder, ist nicht mehr als ein von Seevögeln bevölkerter Felsen, während der Große Bruder (Big Brother, 400 x 90 m) mit spärlicher Vegetation, einem Leuchtturm und einer Handvoll Soldaten aufwarten kann. Beide Inseln sind von Saumriffen umgeben.

Der einem Minarett ähnliche Leuchtturm wurde 1883 aufgemauert, Steine und Kalkmörtel gewannen die Arbeiter aus einem nahen Steinbruch. Die Wachmannschaft wohnt in einem schmucklosen Betonkomplex zu Füßen des Turms. Ungeachtet des Leuchtfeuers liefen auch hier Schiffe auf Grund. Die 1901 wenige Monate nach dem Stapellauf gesunkene *Numidia* war mit 150 m Länge und zwei Decks seinerzeit ein beachtlicher Brocken. Wegen der Ladung aus Eisenbahnrädern und -drehgestellen, die mit Korallen und Muscheln besetzt heute einen besonders pittoresken Anblick bieten, wird das Dampfschiff auch „Eisenbahnfrachter" genannt. Muränen bewachen die *Aida*, Big Brothers zweites Wrack. Dass der Truppentransporter 1957 ausgerechnet vor einem Leuchtturm havarierte, entbehrt nicht der

Anschluss siehe
Karte auf Seite 215

Hurghada

Marsa Alam
Marsa Tondoba
Samadai Riff
Marsa Nakari

Daedalus Riff

**Südliche
Rotmeerküste**

25 km

Edfu

Bir Ghadir
Gebel Nuqrus

Gebel Zabara
Gebel Sikeit
**Shams Alam
Resort**
**Smaragd-
Minen**
Wadi el-Gemal
Ras Honkorab

Nationalpark
Wadi-el-Gemal

Qul'an-Inseln

Abu'l-
Ghosun

**Scheich
Schadhili**

Hamata
Wadi Lahami
Gebel
Hamata

Fury Shoal

Baranis

**Berenike
Trogodytica**
Foul
Bay

Ras Banas
Mikauwa

Assuan

Zabargad
Rocky Is.

Gebel
Bodkin

Marsa Hemira
Bodkin Riff

St. John's Riff

Bir
Schalatin

Ägypten

Scharm el-Madfa

Marsa Scha'ab

"Halaib-Dreieck"

(vom Sudan beansprucht)

Aidhab

Halaib

Halaib
Gebel Elba

Kap
Elba

R
o
t
e
s

M
e
e
r

Sudan

Berenike
Panchrysia

Gebel Schallal

Ironie: Die Aida hatte vor ihrem militärischen Einsatz über Jahrzehnte als Versorgungsschiff für die Leuchttürme vor der ägyptischen Küste gedient.

Daedalus Riff (Scha'ab Abu'l-Qizan): Von Natur aus ist Abu el-Qizan eigentlich nur ein Riff. Mitten in der Schifffahrtsstraße gelegen, wurde es zu einer künstlichen Insel befestigt und mit einem Leuchtturm markiert. Wie ein Tausendfüßler reicht ein langer, auf dünnen Metallstelzen montierter Steg vom Anlegeplatz an die Riffkante. Die Wände des Riffs sind mit bunten Weichkorallen und in der Tiefe mit Gorgonien besetzt. Der Platz gilt als ideal für Begegnungen mit Haien und anderen Großfischen.

Zabargad (St. John's Island): Die größte unter den Offshore-Inseln ragt 70 km süd-östlich von Berenike bis 230 m hoch aus dem Meer. Zabargad bedeutet Nebel, die hier auch oft genug herrschen, denn das Eiland liegt in einer für rasche Wetter-wechsel berüchtigten meteorologischen Konvergenzzone. Die einzigen Bewohner Zabargads sind ein paar bedauernswerte Soldaten, die alle drei oder vier Monate abgelöst werden. Sie teilen sich die Insel mit einer beachtlichen Falken-Population *(Falco concolor)*. In der Antike und nochmals im 19. Jh. wurde auf der Insel der Halbedelstein Olivin, ein grüner Topaz, abgebaut. Getaucht wird vor allem auf der Ostseite, wo die Schiffe auch über Nacht ankern. Nahe der Anlegestelle gibt es auf dem Meeresgrund ein namenloses Wrack zu entdecken.

Rocky Island: Auch die südlichste der Inseln, ein flacher Felsen eine halbe Boots-stunde von Zabargad, kann mit einem Saumriff aufwarten. Als bester Tauchplatz gilt die nur bei ruhiger See angefahrene Ostspitze.

Der Untergang der „Neptuna"

Die Ostern 1981 vor Zabargad untergegangene *Neptuna* erinnert daran, dass auch Tauchsafaris ein böses Ende nehmen können. Der deutsche Kapi-tän und Eigner des Schiffs, so ergab die Untersuchung des Hanseatischen Seeamts, besaß weder das für die Fahrgastbeförderung notwendige Patent noch war sein Schiff für diesen Zweck zugelassen. Nach Meinung von Fach-leuten hätte ein erfahrener Schiffsführer die nach einem Motorschaden bei Windstärke 5 eingetretene Katastrophe durch rechtzeitiges Ankern und an-dere Notmaßnahmen verhindern können. So aber zerschellte die Neptuna am Riff. Besatzung und Urlauber retteten sich auf den Strand, doch der ma-terielle Schaden blieb ungeregelt. Kapitän und Schiff waren nicht versichert.

Berenike   (Baranis)

Die Hafenstadt der Ptolemäer ist heute ein Militärstützpunkt. Zu sehen gibt es Spuren eines Tempels, und im Hinterland warten Steilfelsen auf die ersten Freeclimber.

Nachdem die Straße den zum Kap Banas auslaufenden Gebirgszug überquert hat, zweigt 145 km nach Marsa Alam an einer kleinen Siedlung mit Militärposten die Stichstraße nach Baranis von der Küstenroute ab. Baranis, besser unter seinem historischen Namen Berenike bekannt, liegt an der Foul Bay im Windschatten von Kap Banas. Es hat außer seinem Hafen einen gut ausgebauten Flugplatz – im Kal-ten Krieg eine strategische Schlüsselstellung der US-amerikanischen Eingreif-truppe *Rapid Deployment Force (RDF)*, die hier zusammen mit dem ägyptischen Militär einen ausgedehnten Stützpunkt unterhielt. Irgendwann soll die Rollbahn nun für den zivilen Flugverkehr geöffnet werden. Im Hafen ankern manchmal Schiffe der Fünften US-Flotte.

Geschichte: Berenike Troglodytike, wie die Stadt zur Unterscheidung von anderen Berenikes auch genannt wird, wurde von den Ptolemäern im 3. Jh. v. Chr. gegrün-det und nach einer Königin benannt. Der *Periplus Maris Erythraei*, ein antikes Rei-sehandbuch für die Händler am Roten Meer, erklärt, warum man Berenike gegen-über den weiter nördlich und um eine Woche näher am Nil gelegenen Häfen den Vorzug gab: Die Segler ersparten sich hier das mühsame Kreuzen gegen oft bis zum

Sturm auflaufenden Nordwind, der erst auf der Höhe von Marsa Alam einsetzt. Glaubt man dem Bericht des Diodorus Siculus, war es einfacher, die Schiffe zu Lande über das Kap Banas zu schleppen als dieses zu umsegeln. Anfangs fuhren die Schiffe von Berenike vor allem nach Ostafrika, eine mit zwei Jahren Dauer zwar lange, doch sichere Rundreise. Erst unter Kleopatra, die übrigens als einzige Pharaonin auch die Sprache der Küstenbewohner ("Trogodyten") verstand, wagte man sich bis nach Indien, eine mit dem Monsun zwar nur einjährige, aber gefahrvolle Handelstour. Archäologen fanden im Siedlungsschutt von Berenike Kokosnüsse, Reis, Pfeffer, Seide, indische Töpferwaren und Glasperlen.

Sehenswertes: Mittelpunkt der antiken, gerade 1 km^2 großen Stadt (bei km 91 asch-Schalatin) war ein Serapis-Tempel, mit dessen Ausgrabung bereits Belzoni begann. Nachdem die Lagune allmählich versandet, liegt der antike Hafen, südlich der modernen Stadt, heute einen guten Kilometer vom Meer entfernt. Außer den weitgehend wieder im Sand begrabenen Fundamenten des Tempels und einigen Suchgräben, die amerikanische Archäologen ab 1993 freilegten, gibt es nichts zu sehen. Ein großes Problem war damals wie heute die Wasserversorgung der Stadt. Trinkwasser kam über ein gut bewachtes Aquädukt von einer schwimmbeckengroßen Zisterne aus dem *Wadi Qalalat*, etwa 9 km südwestlich der Stadt. Warum Berenike in der Spätantike und noch vor der Islamisierung schließlich aufgegeben wurde, bleibt unklar.

Über die Ausgrabung Berenike informiert www.archbase.com/berenike/.

Die fahnenflüchtige Wunderwaffe

In den Gründerjahren von Berenike kontrollierten die Seleukiden, die Erzfeinde der Ptolemäer, den Landweg zwischen Indien und dem Mittelmeer. Als neue Waffe setzten sie aus Indien importierte Elefanten ein, antike Panzer sozusagen. Um gleichzuziehen, brauchten auch die Ptolemäer Kriegselefanten, die sie mit speziellen Schiffen, den *elephantagoi*, von Ostafrika nach Berenike und von dort zu Lande an den Nil bringen ließen. Bei ihrem ersten Einsatz gegen die Seleukiden, in der "Elefantenschlacht" von Rafah, erwies sich die vermeintliche Wunderwaffe als wenig hilfreich: Die afrikanischen, eher kleinwüchsigen Waldelefanten ergriffen vor ihren wesentlich größeren indischen Verwandten die Flucht – und trampelten dabei die eigene, hinter ihnen in Stellung gegangene Armee nieder. Ptolemaios IV. gewann die Schlacht trotzdem, und das Schicksal der vierbeinigen Deserteure verliert sich im Dunkeln.

Hinterland: Vom Hinterland Berenikes darf man annehmen, dass sich seit dem Besuch George Murray's, der die Region in den 30er Jahren erforschte, nicht allzu viel geändert hat. Sein Buch *Sons of Ismail* ist jedenfalls die letzte Beschreibung des Gebiets. Demnach gibt es außer verlassenen Minen auch die steilsten Felsen Ägyptens, die eines Tages zu einem Revier der Freeclimber werden könnten – morgens klettern, nachmittags tauchen. Noch unerforscht ist die ptolemäisch-römische Siedlung *Schenschef* mit etwa 150 Häuschen und einer Trinkwasserquelle 15 km südlich des Wadi Qalalat.

Tauchen: Die Tauchgründe vor Berenike werden, mangels Unterkunft und landgestützter Tauchbasis in der Region, bislang vor allem von Tauchschiffen angesteuert, die auf dem Weg nach Zabargad hier Station machen. Die Riffgruppe **Fury Shoals** hat reizvolle Wracks: am Scha'ab Abu Galawa Kebir ein namenloser Schlepper, der sogar für Schnorchler gut zu sehen ist; am Erg Harni Scha'ab Sataya (auch Dolphin-Riff genannt) die einst in Stettin vom Stapel gelaufene *Adamantia K.* Am Scha'ab

Die Beja – das vergessene Volk

Das Wadi Hammamat bildet die ungeschriebene Grenze zwischen dem Territorium der arabischen Beduinen vom Stamm der Ma'aza und dem Land der *Ababda,* einem hamitischen Stamm, der mit den vorarabischen Ägyptern der Pharaonenzeit verwandt ist. Die meisten der etwa 20.000 Ababda sprechen heute Arabisch, doch mit einem Dialekt, der jedem Nil-ägypter die Haare zu Berge stehen lässt. Die *Bischarin* jedoch, ein beiderseits der sudanesisch-ägyptischen Grenze nomadisierender Stamm, sprechen noch ihre ursprüngliche, hamitische Sprache. Ababda und Bischarin gehören zur Beja-Volksgruppe, die auch im Sudan und im Norden Eritreas beheimatet ist.

Mit ihren Schafen, Ziegen und Kamelen ziehen die Beja in kleinen Gruppen von Wasserloch zu Wasserloch durch die Gebirgswüste und trinken den an Plastikfolien gewonnenen Morgentau, der im Winter nicht selten vereist ist. Noch heute leben viele Beja ohne Fernsehen, Radio, Schule, Arzt und andere Segnungen der Moderne. Treffen zwei Gruppen in der Wildnis durch Zufall aufeinander, werden im Schatten einer Akazie die aktuellen Nachrichten über Geburten, Hochzeiten und Sterbefälle ausgetauscht Exakt teilen sie einander mit, wo es geregnet hat, wie viele Tiere die sprießende Vegetation zu nähren vermag, und wer schon alles dorthin unterwegs ist.

Der ägyptische Staat hat sich um die Beja bislang nur wenig gekümmert. Mit dem Bau des Assuandammes verloren die Nomaden, die weder Zeitung lasen noch Radio hörten, ohne jede Vorwarnung ihre Sommerweiden am Nil. Wo seit Menschengedenken üppiges Grün war, standen sie eines Frühjahrs hilflos am direkten Übergang von Wüste und Wasser. Als die Ethnologin Schahira Fawzi nach der Katastrophe versuchte, den Nomaden zu erklären, warum ihre Sommerweide versank, wollte ihre Geschichte vom Staudamm niemanden recht überzeugen. „Du bist zu jung, um solche Dinge zu wissen", entgegneten ihr die Alten und erklärten ihrerseits, dass es sich um eine besonders lange und gewaltige Nilflut handeln müsse.

Den Beja blieb nur der ganzjährige Aufenthalt auf ihren Winterweiden um die spärlichen Quellen von Wadi Abrak, Wadi Hadien und am Bir Schalatin. Übervölkerung, Überweidung und blutiger Streit um die Wasserrechte waren die Folge. Einige Familien schickten ihre Söhne in die Minen zur Arbeit, andere schlossen sich ihren sesshaften Stammesgenossen in Darau und Assuan an. Diese *Aschab el-Manach,* die „Gefährten vom Rastplatz", sind der wichtigste Kontakt der Beja zur Außenwelt. Ihnen übergeben sie am Rande der Wüste ihre für den Markt bestimmten Tiere, dazu Holzkohle und Heilkräuter; jene besorgen dafür Mehl, Zucker, Kaffee und Schmuck, ohne dass durch die Hände der Nomaden eine einzige Pfundnote geht. Auf dem Markt von Darau erkennt man die Beja an ihren wulstartig um den Kopf geschlungenen Tüchern.

Tuche, Tand und Trödel – der fahrende Händler ist da!

Sataya gibt es auf dem Meeresgrund ein Amphorenfeld. An der Insel **Mukauwa** legen die Safariboote gerne an, damit sich die Taucher nach Tagen im und auf dem Wasser mal wieder die Beine vertreten können. Es scheint, als hätten sich die hier nistenden Seeadler an die Menschen gewöhnt.

Asch-Schalatin und Halaib

Mit asch-Schalatin, ausgeschildert als Al Shalaten und von von Berenike nochmals eine gute Autostunde die Küste entlang gen Süden, wird die Grenze des Sudan erreicht – so jedenfalls die sudanesische Auffassung, während die Ägypter auf der Grenze entlang dem 22. Breitengrad bestehen. Jahrzehnte schien es ohne Belang, zu welchem Staat das gerade 20.000 km² große Halaib-Dreieck und seine Nomaden denn nun gehörten. Brisant wurde die Frage, als sich eine kanadische Firma für die vor der Küste vermuteten Ölvorkommen interessierte. Der Streit, ob nun der anglo-ägyptische Vertrag von 1899 oder eine Ergänzungsvereinbarung von 1907 für den Grenzverlauf maßgeblich sei, brachte die beiden Länder an den Rand eines Krieges und ist im Prinzip noch immer ungelöst, obwohl der Sudan die ägyptische Verwaltung derzeit akzeptiert. In aller Eile „entwickelten" die Ägypter das vernachlässigte Randgebiet, errichteten Polikliniken, Moscheen und vor allem Polizeiposten und Militärstationen. Man vergab Konzessionen an Bergbaukonsortien, die hier Magnesit und den edlen, rosa-grau-schwarz marmorierten Halayeb-Marmor abbauen.

Bir Schalatin: Sein Markt, Kamele und exotische Menschen machen das 3 km von der Küste liegende asch-Schalatin zu einem zunehmend beliebten Ziel für Tagesausflüge, die in den Hotels der Marsa-Alam-Küste angeboten werden. Mit dem Haramin hat Bir Schalatin auch ein einfaches Hotel, in dem Abenteurer übernachten können.

Karten vorderer Umschlag und S. 245

Auf dem frühmorgendlichen Markt im Süden der Stadt versorgen sich nicht nur Nomaden mit dem Nötigsten – hier enden auch Kamelkarawanen aus dem Sudan, und die gewöhnlich für den Schlachthof bestimmten Tiere werden an ägyptische Händler verkauft, auf Lastwagen verladen oder von neuen Treibern übernommen. Mit ihrem Lohn erstehen die Sudanesen, oft farbenprächtig gekleidete Beduinen vom Stamm der Raschaida, dann die auch bei Touristen beliebten Fliegenwedel und Satteltaschen oder auch die gleichermaßen nützlichen Blechtöpfe, Stoffballen und andere Industriewaren.

Für Touristen endet die Fahrt gen Süden in asch-Schalatin. Die Weiterfahrt nach **Halaib**, die 170 km südöstlich gelegene Verwaltungshauptstadt des umstrittenen Bezirks, wird ihnen ebenso wenig gestattet wie die Ausreise in den Sudan.

Stark und fett vom Fisch ...

Über die Küstenbewohner berichtet der englische Forscher George F. Murray 1935: Die Fischer werden von ihren Stammesgenossen nicht als echte Ababda anerkannt – ihr Vorfahre sei auf einem Baumstamm an den Strand gespült worden. Sie fangen ihre Fische mit Speeren und Netzen, denn sie haben keine Boote oder Kanus und fürchten sich vor dem Meer. Doch weil sie vom Fisch leben, bleiben sie stark und fett, wenn die Gebirgsbewohner aus Mangel an Getreide Hunger leiden. Sogar ihre Kamele füttern sie mit Fisch, und wenn das Wasser warm genug ist, gehen die Kamele ins Meer und fressen Wasserpflanzen. Diese Leute haben sich seit Generationen an das brackige Wasser gewöhnt, das sie an den Mündungen der Wadis aus dem Boden holen. So leben sie heute von einem „Trinkwasser", das kein anderes menschliches Wesen genießen kann.

Gebel Elba

Es bleibt abzuwarten, ob die Öffnung der südlichen Rotmeerküste für den Tourismus auch den Gebel Elba erreichen wird. Vielleicht werden Naturschützer dafür sorgen, dass dieses Paradies auch künftig nur von den Nomaden und seltenen wissenschaftlichen Expeditionen betreten wird (und nicht mehr von Jagdgesellschaften hochrangiger Persönlichkeiten). Der großräumig als Naturschutzgebiet ausgewiesene Inselberg erhebt sich im Hinterland von Halaib etwa 1000 m über das Wüstenplateau. Was aus der Ferne als Fata Morgana erscheint, wird beim Besteigen des Berges zur Realität: Nebel und Wolken nehmen die Sicht. Von den Nordostwinden empfängt der Gebel Elba etwa 50 mm Regen im Jahr, dazu gibt es reichlich Tau und Kondenswasser. Kein Wunder, dass sich hier ein kleines Paradies entfaltet, in dem wahrscheinlich mehr Bäume wachsen als im gesamten Rest der ägyptischen Wüsten. 458 der insgesamt 800 in Ägypten bekannten Wildpflanzen wurden am Gebel Elba beobachtet. Lämmergeier, Adler, Wildziegen, Igel, Wildkatzen und Hyänen haben in diesem Rückzugsgebiet überlebt, einzelne Spezies wie etwa die Strauße stammen bereits aus dem subtropischen Steppengürtel südlich der Sahara.

Verlagsprogramm

- Abruzzen
- Ägypten
- Algarve
- Allgäu
- Altmühltal & Fränk. Seenland
- Amsterdam *MM-City*
- Andalusien
- Apulien
- Athen & Attika
- Azoren
- Baltische Länder
- Barcelona *MM-City*
- Berlin *MM-City*
- Berlin & Umgebung
- Bodensee
- Bretagne
- Brüssel *MM-City*
- Budapest *MM-City*
- Bulgarien Schwarzmeerküste
- Kanada – der Westen
- Chalkidiki
- Chianti – Florenz, Siena
- Cornwall & Devon
- Costa Brava
- Costa de la Luz
- Côte d'Azur
- Dolomiten – Südtirol Ost
- Dominikanische Republik
- Ecuador
- Elba
- Elsass
- England
- Franken
- Fränkische Schweiz
- Friaul-Julisch Venetien
- Gardasee
- Genferseeregion
- Golf von Neapel
- Gomera
- Gran Canaria
- Gran Canaria *MM-Touring*
- Graubünden
- Griechenland
- Griechische Inseln
- Hamburg *MM-City*
- Haute-Provence
- Ibiza
- Irland
- Island
- Istanbul *MM-City*
- Istrien
- Italien
- Italienische Adriaküste
- Kalabrien & Basilikata
- Karpathos
- Katalonien
- Kefalonia & Ithaka
- Korfu
- Korsika
- Kos
- Krakau *MM-City*
- Kreta
- Kroatische Inseln & Küste
- Kykladen
- La Palma
- La Palma *MM-Touring*
- Languedoc-Roussillon
- Lanzarote
- Lesbos
- Ligurien – Italienische Riviera, Genua, Cinque Terre
- Liparische Inseln
- Lissabon & Umgebung
- Lissabon *MM-City*
- London *MM-City*
- Madeira
- Madrid & Umgebung
- Mainfranken
- Mallorca
- Malta, Gozo, Comino
- Marken
- Mittel- und Süddalmatien
- Mittelitalien
- Montenegro
- Naxos
- Neuseeland
- New York *MM-City*
- Niederlande
- Nord- u. Mittelgriechenland
- Nordkroatien – Kvarner Bucht
- Nordportugal
- Nordspanien
- Norwegen
- Nürnberg, Fürth, Erlangen
- Oberbayerische Seen
- Oberitalien
- Oberitalienische Seen
- Ostfriesland & Ostfriesische Inseln
- Ostseeküste – Mecklenburg-Vorpommern
- Ostseeküste – von Lübeck bis Kiel
- Paris *MM-City*
- Peloponnes
- Piemont & Aostatal
- Polen
- Polnische Ostseeküste
- Portugal
- Prag *MM-City*
- Provence & Côte d'Azur
- Rhodos
- Rom & Latium
- Rom *MM-City*
- Rügen, Stralsund, Hiddensee
- Salzburg & Salzkammergut
- Samos
- Santorini
- Sardinien
- Schottland
- Schwäbische Alb
- Sinai & Rotes Meer
- Sizilien
- Skiathos, Skopelos, Alonnisos Skyros – Nördl. Sporaden
- Slowakei
- Slowenien
- Spanien
- Südböhmen
- Südengland
- Südfrankreich
- Südmarokko
- Südnorwegen
- Südschweden
- Südtirol
- Südtoscana
- Südwestfrankreich
- Teneriffa
- Teneriffa *MM-Touring*
- Tessin
- Thassos, Samothraki
- Toscana
- Tschechien
- Tunesien
- Türkei
- Türkei – Lykische Küste
- Türkei – Mittelmeerküste
- Türkei – Westküste
- Türkische Riviera – Kappadokien
- Umbrien
- Ungarn
- Usedom
- Venedig *MM-City*
- Venetien
- Wachau, Wald- u. Weinviertel
- Westböhmen & Bäderdreieck
- Wien *MM-City*
- Zakynthos
- Zypern

Aktuelle Informationen zu allen Reiseführern finden Sie im Internet unter
www.michael-mueller-verlag.de
Michael Müller Verlag GmbH, Gerberei 19, 91054 Erlangen
Tel. 0 91 31 / 81 28 08-0; Fax 0 91 31 / 20 75 41; E-Mail: mmv@michael-mueller-verlag.de

Register

A

'Ain el-Furtaga 133
'Ain Hudra 133
'Ain Suchna 180
'Ain Umm Ahmed 132
Ababda 27, 34
Abbas, Khedive 152, 164
Abrak 248
Abu Bakr 19
Abu Darag 180
Abu Scha'ar 195
Abu Zenima 94
Abu'l-Ghosun 243
Abu-Giffa-Pass 152
Aetheria (Äbtissin 23, 27, 139
Ägyptische Küche 61
Ahmet-Hamdi-Tunnel 93
Aida (Oper) 164
Aidhab 20
Akazien 14
Alkohol 75
Amenemhet III. (Pharao) 231
Anachoreten 26
Anreise 46
Antonius der Große 26, 38, 182
Antoniuskloster 182
Apotheken 84
Arisch 158
Arpha Bank 219
Assalah (Dahab) 118
Assuan 248
Äthiopische Kirche 183
Aufenthalt 57
Ayubi, Aida 45

B

Bab el-Mandab 12
Badia 196
Bahn 56
Bahr el-Baqar 172
Bakschisch 75
*Balduin (König von
    Jerusalem)* 136
Banna, Hassan el- 173
Baranis (= Berenike) 246
Bardawil-See 157
Barrakudas 71
Bartholdi, Frederic A. 170
Beacon Rock 104
Beduinen 31
Beduinenfrauen 98
Behinderte 76

Beja (Volksstamm) 27, 34,
    248
Belzoni, Giovanni Battista
    247
Berenike (= Baranis) 26, 246
Bergbau, antiker 196, 224, 234
Bergwandern 73
Bettler 75
Bevölkerung 31
Bewegungsfreiheit 50
Bier 65
Bir Abd el-Wahab 224
Bir el-'Abd 157
Bir el-Bascha 224
Bir el-Hammamat 234
Bir el-Inglez 231
Bir el-Sidd 232
Bir el-Themed 27
Bir Nasib 97
Bir Qattar 198
Bir Schalatin 249
Bir Umm Diqal 224
Bir Umm Fawachir 232
Bischarin 34
Blaue Berge 153
Blue Hole 127
Breitenbach, Bernhard von
    143
Brennender Dornbusch 144
Brother Islands 244
Bur Safaga *siehe Safaga*
Bus 53

C

Camp David 31
Camp-David-Abkommen 139
Camping 60
Carnatic (Wrack) 192
Chalkedon, Konzil von 38
Charterflüge 46
Chatillon, Rainald von 23, 27
Chrisoula K (Wrack) 192
Cleopatra (Pharaonin) 247
Clownfisch 115
Codex Sinaiticus 145
Coloured Canyon 132
Cousteau, Jacques 103

D

Daedalus Riff 245
Dahab 118
Damietta 172
Darb el-Hagg 27, 138
Darb el-Schawi 27

Darwisch, Sayid 44
Delfine 241
Description de l'Egypte 28
Devisen 49
Diplomatische
    Vertretungen 76
Dunraven (Wrack) 104

E

Einkaufen 77
Einreisebestimmungen 48
Elektrizität 78
Elephantagoi 247
Elphinstone Riff 238
El-Salam-Kanal 41
Emigranten 40
Entfernungen 52
Erdölfelder 11
Erg Harni 248
Erster Weltkrieg 29
Essen 60

F

Fahrrad 56
Fahrzeuge 49
Falken 246
Faruk (König) 29
Fastfood 60
*Fawzi, Schahira
    (Ethnologin)* 33, 248
Fayed 175
Feiertage 78
Feilschen 77
Fernsehen 87
Firdan 155
Fischesser 25, 250
Fjord 136
Forest of Pillars 97
Fotografieren 79
Foul 61
Foul Bay 246
Frauen 79
Fremdenverkehrsämter 84
Fruchtsäfte 64
Füchse 16
Fury Shoals (Riffe) 248
Fustat Wadi el-Gemal
    (Ökolodge) 242

G

Galala-Plateau 11
Garküchen 60
Gastfreundschaft 81

Gebel 'Ataqa 179
Gebel Abu Duchan 195
Gebel Banat 153
Gebel Elba 15, 250
Gebel el-Deir 149
Gebel el-Zeit 11
Gebel Fatira 223
Gebel Ferra'a 152
Gebel Klysma 185
Gebel Maghara 97
Gebel Musa (Mosesberg) 147
Gebel Qattar 198
Gebel Schayib el-Banat 11, 195
Gebel Serbal 147, 153
Gebel Tallah 152
Geld 82
Geografie 8
Geschichte 22
Gesundheit 82
Getränke 64
Gewichte 86
Geziret el-Fara'un 136
Ghardaqa siehe Hurghada
Giannis D (Wrack) 192
Giftun 20
Golf 72
Golf von Suez 179
Gouna 187
Graßmeyer, Christoph 147
Großer Bittersee 175

H

Hadsch 36
Hafez, Abdel Halim 45
Haie 70
Halaib 11, 249, 250
Hallawi-Plateau 153
Hamada (Wrack) 243
Hamata 243
Hammam Fara'un 94
Hammam Musa 100
Hamrawein 227
Hatschepsut (Pharaonin) 231
Haweitat 33
Hay en-Nur 106
Helena (Kaiserin und Heilige) 26, 142
Hochprozentiges 66
Hochseeangeln 72
Hotels 58
Hurghada 199
Hypatia (Philosophin) 39

I

Ichthyophagi (Fischesser) 25, 250
Impfungen 82
Information 84
Inlandsflüge 57
Islam 34
Islamisten 37
Ismail (Khedive) 165
Ismail, Ahmed 45
Ismailia 172

J

Jugendherbergen 59
Justinian (Kaiser) 23, 143

K

Kaffee 64
Kaffeehaus 60
Kamel 72, 74
Karneval 170
Karten 84
Kästner, Erhart 173
Katharina (Heilige) 144
Katharinenberg 150
Katharinenkloster 142
Kegelschnecke 71
Kerak 27
Klettern 118, 125
Klima 13
Klippschliefer 151
Kloster der 40 Märtyrer 152
Klosterregeln 182
Klunzinger, Carl B. 226
Klysma 176
Konvoi 51
Koptische Kirche 38
Korallen 18
Koran 34
Krankenversicherung 83
Kreuzritter 27
Kuban, Ali Hassan 45
Kuschari 62

L

Last-Minute-Angebote 47
Lepère, Gratien 164
Lesseps, Ferdinand de 164
Leuke Kome 231
Leukos Limen 230
Literatur 85
Lokale 60

M

Ma'aza 28, 33
Ma'gana Beach 134
Machfus, Nagib 85
Magdy, Sohar 45
Makadi Bay 217
Mangrovenwälder 20
Mansala-See 172
Marcha 94
Maria Schröder (Wrack) 117
Marsa Abu Dabbab 238
Marsa Alam 239
Marsa Alam Airport 236
Marsa Gawasis 231
Marsa Mubarak 237
Marsa Nakari 241
Marsa Schagra 238
Marsa Tondoba 241
Marsa Wizr 230
Maße 86
Medien 86
Meeresschnecken 115
MFO 127
Mietwagen 51
Milga 140
Minen 117
Mohammed Ali (Vizekönig) 28, 164
Mons Claudianus 223
Mons Porphyrites 194
Mons Smaragdus 243
Mosesberg (Gebel Musa) 147
Mounir, Mohammed 45
Mubarak, Hosni 42
Mukauwa (Insel) 249
Muqabila 136
Murray, George F. 247
Musik 44
Myos Hormos 230

N

Na'ama Bay 106
Nabatäer 25
Nabq 117
Nachl 138
Nakb (Taba Airport) 138
Narmer (Pharao) 24
Nasser, Gamal Abdel 29, 30
Nationalparks 21
Nawami 24
Nawamis 133

Nebi Salah (Grab) 153
Necho (Pharao) 25
Nomaden 33
Notruf 87
Nuweiba 128

O

Öffnungszeiten 87
Ökologie 17
Oktoberkrieg 31
Ölindustrie 19, 186
Osman, Ahmed Osman 173
Östliche Wüste 11

P

Paulus von Theben 26, 38, 182
Pauluskloster 182
Pelusium (antike Stadt) 156
Periplus Maris Erythraei 246
Pflanzen 14
Pharaonen-Insel 136
Photoblepharon (Fischart) 134
Politik 42
Polizei 89
Port Fuad 165
Port Ghalib 236
Port Safaga *siehe Safaga*
Port Said (Bur Sa'id) 165
Port Tawfiq 176
Post 87
Presse 86
Punt 25
Punt-Expedition 231
Putzbrassen 115

Q

Qala'at el-Gundi 27, 94
Qantara 155
Qasr Zaman 135
Qft 231
Qulzum 176
Quseir 226

R

Radio 87
Rafah 160
Ramadan (Fastenmonat) 35
Ras Abu Galum 127
Ras Abu Soma 217
Ras Banas 246
Ras el-Assad 235

Ras el-Burqa 135
Ras el-Qalb 132
Ras esch-Schaitan 134
Ras es-Sudr 93
Ras Gemsa 201
Ras Gharib 186
Ras Matarma 93
Ras Mohammed (Nationalpark) 102
Ras Nasrani 116
Ras Umm es-Sid 114
Raschaida 250
Reisekrankheiten 83
Reiten 72
Religion 34
Religiöse Stätten 88
Reptilien 16
Restaurants 60
Riff 115
Rocky Island 246
Rommel, Erwin 29
Rotes Meer 179
Ruby (Sängerin) 45

S

Sadat, Anwar el- 30
Safaga 218
Sahl Haschisch 216
Sammeltaxi 54
Sanafir (Insel) 116
Sandkatze 16
Sandy Island 219
Sankt Katharina 139
Säugetiere 15
Sax, Mustafa 45
Sayidi 45
Scha'ab Abu Dabbab 238
Scha'ab Abu Galawa Kebir 248
Scha'ab Abu Nigara 20
Scha'ab Abu Nuhas 192
Scha'ab Abu'l-Qizan *siehe Daedalus Riff*
Scha'ab el-Erg 20
Scha'ab Mahmud 104
Scha'ab Marsa Alam 240
Scha'ab Samadai 241
Scha'ab Sataya 248
Schaabi 45
Schadhiliyya (Sufiorden) 239
Schahira-Pass 118
Scham en-Nessim 170
Scharia 36
Scharm el-Maya 106
Scharm el-Scheich 104

Scharm es-Sughair 230
Schatt 93
Schedwan (Insel) 192, 214
Scheich asch-Schadhili (Grab) 239
Scheich Giray (Grab) 96
Scheich Salim (Grab) 239
Scheich Suleiman Nafa'i (Grab) 99
Schenschef 247
Schildkröten 158
Schlangen 17
Schrift 90
Schutzgebiete 21
Schweinfurth, Georg 226
Sechstagekrieg 30
Segeln 71
Serabit el-Chadim 10, 94
Shark Bay 107
Sharks Observatory 104
Sicherheit 88
Sinai 92
Sinai-Permit 48
Soma Bay 217
Southern Oasis (Dahab) 118
Souvenirs 77
Sprache 90
Sprachkurse 91
St. John's *Island siehe Zabargad*
Stadtpläne 84
Steinfisch 71
Stephanus, Pförtner 147
Stevenson, James 164
Strabo (Geograf) 26
Suez 176
Suezkanal 161, 164
Suezkrise 29
Surfen 71

T

Ta'amiya 62
Taba 137
Taba Heights 136
Tamarisken 14
Tauchen 67
Tauchkreuzfahrten 70
Tauchzentren 211
Taxi 55
Tee 64
Telefon 90
Tell el-Farama *siehe Pelusium*
Terabin (Nuweiba) 129
Theodora (Kaiserin) 143

Thistlegorm 103
Tierwelt 15
Tih (Hochfläche) 9
Timsah-See 29, 175
Tiran (Insel) 116
*Tischendorf, Lobegott
   Friedrich Constantin von*
   145
Tobia Kebir (Insel) 219
Tourismus 41
Trekking 72
Trogodyten 247
Tur 100

U

'Uyun Musa 93
Übernachten 57
Umm Bugma 97
*Umm Kulthum
   (Sängerin)* 44
Umm Mitgal 224
Umwelt 17
US-Navy 246
Utopia Beach 235

V

Verkehrsregeln 52
Verständigung 90
Visum 48
Vögel 17
Vogelzug 181
Volksmusik 45

W

Wadi 'Ambagi 231
Wadi Aleyat 153
Wadi Allaqi 33
Wadi Arada 134
Wadi Balih 196
Wadi Beida 231
Wadi el-'Ain 132
Wadi el-Arba'in 151
Wadi el-Deir 149
Wadi el-Gemal
   (Nationalpark) 242
Wadi el-Leja 151
Wadi el-Sidd 232
Wadi Fatira 224
Wadi Feiran 26, 153
Wadi Ferra'a 152
Wadi Ghadir 242
Wadi Ghazala 133
Wadi Ghuweiba 179
Wadi Hadien 248
Wadi Hammamat 233
Wadi Humaysara 239
Wadi Kid 117
Wadi Ma'amel 196
Wadi Mandar 117
Wadi Mukattab 99
Wadi Naqqat 198
Wadi Nugra 153
Wadi Qalalat 247
Wadi Qnai 117
Wadi Shrayj 152
Wadi Sikeit 243

Wadi Sudr 27
Wadi Tubuq 152
Wadi Tueiba 136
Wadi Tumilat 162
Wadi Tumilat Camp 173
Wadi Umm Diqal 224
Wadi Umm Hussein 224
Wadi Umm Sidr 196
Wadi Zawatin 152
*Wahab, Mohammed
   Abdel* 44
Wasser 64
Wassersport 67
Wechselkurs 82
Wein 66
White Canyon 133
Wirtschaft 40
Wüstendrachen 24
Wüstenspringmaus 16

Z

Za'afarana 180
Zabargad (Insel) 246
Zakat 35
Zaraniq (Naturschutz-
   gebiet) 157
Zeit 91
Zeittafel 22
Zensur 42
Zerga 232
Zoll 49
Zugvögel 17
Zweiter Weltkrieg 29